Jaime A. Restrepo

Computadoras para todos

Jaime A. Restrepo es un reconocido experto en computadoras. Ha publicado varios libros acerca de las computadoras y sus múltiples usos. Actualmente vive en Norwalk, Connecticut.

También de Jaime A. Restrepo

Internet para todos, segunda edición

Windows 98/Me para todos

Windows XP for Everyone

Computadoras para todos

Computadoras para todos

cuarta edición, revisada y actualizada

Jaime A. Restrepo

VINTAGE ESPAÑOL
UNA DIVISIÓN DE RANDOM HOUSE
NUEVA YORK

CUARTA EDICIÓN VINTAGE ESPAÑOL, NOVIEMBRE 2011

Copyright © 2001, 2006, 2009, 2011 por Jaime Restrepo

Todos los derechos reservados. Publicado en los Estados Unidos de América por
Vintage Español, una división de Random House, Inc., Nueva York y en Canadá por Random House of
Canada Limited, Toronto. Originalmente publicado en español en 2001 por
Random House Español, una división de Random House, Inc., y revisado en 2006 y en 2009 por
Vintage Español, una división de Random House, Inc.

Vintage es una marca registrada y Vintage Español y su colofón son marcas de Random House, Inc.

Microsoft es una marca registrada de Microsoft Corporation. Todos los otros nombres de compañías y
marcas que se citan en esta obra son propiedad de sus respectivos proprietarios.

Las ilustraciones de pantallas de computadoras reimprimidas con permiso de Microsoft Corporation.

Material de *Internet para todos,* copyright © 1999, 2001, 2006 por Jaime Restrepo, reproducido por
cortesía de Vintage Español, una división de Random House, Inc.

Información de catalogación de publicaciones disponible en la
Biblioteca del Congreso de los Estados Unidos.

ISBN: 978-0-307-74220-9

www.vintageespanol.com

Impreso en los Estados Unidos de América
10 9 8 7 6 5 4 3 2 1

Dedicatoria

Este libro está debidamente dedicado a
mi hija, Sara Andrea Restrepo.

Prólogo del autor

En 1996 salió al mercado mi primer libro, *De DOS a Windows,* y desde entonces el mundo de las computadoras (u *ordenadores,* como también suelen llamarlas), especialmente el Internet, ha cambiado para siempre el panorama cultural y político de nuestra sociedad. Es decir, sin importar dónde viva o dónde trabaje, las computadoras asumen papeles en partes en donde nunca ni siquiera pensábamos que fueran necesarias.

Ahora la carrera de las diferentes compañías por sacar procesadores más rápidos deja sin descanso a los ingenieros que trabajan para ellas, y ahora somos nosotros los que nos beneficiamos del tiempo adicional que tenemos para hacer nuestro trabajo y de la baja en precios que estos adelantos nos traen.

En este libro nos dedicaremos a hablar del mundo de las computadoras personales de tipo IBM PC compatible. Esto se debe a que éstas representan casi el 95% del mercado de las computadoras personales a la venta alrededor del mundo.

Hoy como siempre la compañía Microsoft está por delante en el mundo del *software;* sin esto una computadora no podría realizar tareas tan sencillas como sumar dos más dos. O sea, todavía en el mundo de las computadoras compatibles de tipo IBM PC no hay una alternativa buena al sistema operativo fabricado por Microsoft. Sólo el sistema operativo Linux parece estar ganando un poco de terreno en el campo de los servidores Web, y en las computadoras que ofrecen aplicaciones científicas.

En este libro aprenderá mucho acerca de los diferentes sistemas operativos de Microsoft y de las ventajas de usar cada uno. Por favor piénselo muy bien antes de actualizar una computadora que esté funcionando bien a una nueva versión de

Windows. A menos que su computadora sea muy rápida o tenga mucha memoria RAM, este cambio le puede decepcionar, debido a que algunos de sus programas tal vez no funcionen.

También recuerde que si alguna vez tiene un problema con una computadora que le parece serio, y la computadora está protegida por una garantía de servicio, es importante que primero trate de solucionar el problema con la ayuda de los técnicos de la compañía que se la vendió antes de llamar a un familiar o un amigo, ya que en la mayoría de los casos, las compañías le pueden ayudar de manera más rápida.

Es muy importante recalcar que hoy en día cerca del 68% de los hogares de habla hispana poseen una computadora personal. Esto es una manifestación increíble de nuestra comunidad de mantenerse al día usando las nuevas tecnologías como el Internet.

Finalmente, muchas gracias por comprar el libro, que ha sido un gran esfuerzo para llevar un poco de este mundo de las computadoras personales a aquellas personas que prefieren aprender en su propia lengua, y por favor escríbame, si le interesara discutir la posibilidad de organizar una charla o clase de computadoras, basada en el material que encontrara en este libro; mi dirección de correo electrónico es Jaime.Alberto.Restrepo@gmail.com.

—Jaime A. Restrepo

Tabla de contenido

Capítulo dos: Introducción a Microsoft Windows

Capítulo tres: Usando ventanas en Microsoft Windows

Capítulo cuatro: Funciones comunes en todas las versiones de Windows

Capítulo cinco: El sistema operativo Windows XP

Capítulo seis: Windows 7 y Windows Vista

Capítulo diez: El Explorador de Windows (Windows Explorer)

Capítulo diecinueve: Introducción al Internet

Capítulo veinte: Cómo usar el Internet

Capítulo veinticinco: El dispositivo de leer libros electrónicos Kindle de Amazon

Introducción a las computadoras personales

Introducción

La compañía IBM introdujo al mercado la primera computadora personal el 12 de agosto de 1981. Pero debido a su alto costo, al principio comprar una computadora personal era sólo un sueño para la mayoría de los hogares en los Estados Unidos.

Una computadora personal es un conjunto de piezas electrónicas, o *hardware,* que, combinadas con programas, o *software,* hacen de ésta una de las herramientas de conocimiento más útiles creadas por el hombre. Estas piezas son ensambladas, en el caso de las computadoras personales IBM PC compatibles, por centenares de compañías alrededor del mundo.

La computadora en la siguiente gráfica es una HP All-in-One 200xt Series (foto cortesía de HP), equipada con un procesador Intel® core™ i3-540 dual-core.

Hoy en día es posible comprar una computadora personal como esta del tipo IBM PC compatible por menos de 500 dólares, con la ventaja adicional de ser mucho más rápida que una computadora que pudo haber comprado por más del doble el año anterior.

Las diferencias entre una computadora del tipo IBM PC compatible y una del tipo Macintosh

Los dos tipos de computadoras personales más usados son las IBM PC compatible y las Macintosh. En este libro hablaremos de las computadoras de tipo IBM PC compatible por el hecho de que éstas representan casi el 90% del mercado de computadoras personales.

También es importante subrayar que aunque las Macintosh son sólo fabricadas por Apple, las IBM PC compatible son fabricadas por un sinnúmero de compañías diferentes alrededor del mundo.

Las computadoras IBM PC compatibles y las Macintosh son muy fáciles de diferenciar. Las diferencias principales son:

- Las computadoras del tipo IBM PC compatible usan sistemas operativos como Windows y Linux.
- Las computadoras personales fabricadas por Apple llevan un procesador fabricado por Intel.
- Las computadoras personales del tipo Macintosh usan un sistema operativo gráfico, diseñado por Apple, llamado Mac OS X v10.4 Tiger o OS X Snow Leopard.
- Las computadoras personales del tipo Macintosh también se distinguen por usar un ratón con un solo botón.

Las computadoras del tipo IBM PC compatible

Este es el tipo de computadora que sigue los mismos protocolos de la primera computadora fabricada por IBM pero con todos los adelantos modernos.

Hoy en día muchas compañías fabrican computadoras del tipo IBM PC compatible, como Dell o Gateway, y también es posible ensamblar una computadora usando piezas de diferentes compañías.

La siguiente gráfica representa una computadora personal del tipo IBM PC compatible.

Como puede ver en la gráfica anterior, una computadora personal tiene que ser complementada con algo llamado un sistema operativo, como por ejemplo Windows.

La gran mayoría de computadoras personales de tipo IBM utilizan procesadores fabricados por dos compañías. Estos a su vez vienen en diferentes velocidades de reloj, o MHz:

- *Intel:* sin lugar a dudas esta es la compañía que vende la mayoría de los procesadores para computadoras de tipo IBM PC compatible.
- *AMD:* los procesadores de esta compañía se pueden encontrar en algunas computadoras de la marca Compaq.

Las computadoras del tipo Macintosh

Este tipo de computadora ha sido fabricado por la compañía Apple desde 1985. Sobre todo, su enfoque empresarial se centra en surtir sistemas escolares de computadoras buenas.

Esta compañía siempre ha tratado de estar en la vanguardia de todas las nuevas tecnologías y esto les ha permitido sobrevivir en este ambiente de mucha competencia.

Las Macintosh usan un ratón con un solo botón y un procesador que, al igual que las computadoras del tipo IBM PC compatibles, también usan procesadores fabricados por Intel. El sistema operativo más reciente para este tipo de computadora personal es el Mac OS X Lion.

En la gráfica anterior puede ver un MacBook Air de solamente 3 libras de peso. Esta computadora portátil, o *laptop,* cuenta con una pantalla de 13,3 pulgadas, una base de 2 gigas de RAM y un procesador Intel Core 2 Duo de 1.86GHz.

Mi recomendación a la hora de comprar una computadora personal del tipo IBM PC compatible se basa en el hecho histórico de que éstas abarcan cerca del 95% del mercado de computadoras personales. Esto significa que hay una gran cantidad de compañías compitiendo por su dinero, lo que a su vez le dará la oportunidad de conseguir más equipo por un precio más bajo.

Los monitores son los componentes que menos desgaste sufren y los que más pueden afectar su capacidad de ser productivo. Por este motivo consiga siempre el monitor más grande que pueda comprar. Hoy en día se puede conseguir monitores de 19 pulgadas por menos de 200 dólares.

Los componentes principales de una computadora personal

Una computadora personal está compuesta de muchas partes diferentes cuyos nombres usted podría haber escuchado antes: por ejemplo, la unidad de disco duro, que le permite almacenar su trabajo de una manera permanente.

En este capítulo usted aprenderá a reconocer algunos de los componentes más importantes de una PC.

Éstos son los dos grupos principales de componentes encontrados en una computadora personal:

■ *Hardware:* un componente que usted puede tocar con sus manos, como por ejemplo, el teclado o el ratón.

■ *Software:* un componente que funciona virtualmente dentro de su PC, haciéndolo comprender sus órdenes: por ejemplo, el procesador de palabras Word de Microsoft.

Los componentes principales del *hardware* que usted debería aprender a reconocer son:

- El chasis de la computadora o CPU
- El monitor
- El teclado
- El ratón

Los componentes principales del *software* son el sistema operativo (por ejemplo, Windows) y la aplicación o programas de computadora (como Word 7 Home Edition).

Aunque la idea básica de una PC no ha cambiado mucho a través de los años, las PCs son mucho más rápidas, y su capacidad de almacenamiento es centenares de veces mayor que sistemas anteriores. También ha habido otros cambios más sutiles. Por ejemplo, al principio de la era de las PCs, la forma preferida para compartir datos era usando discos removibles de plástico o "Floppies". Ahora, sin embargo, muchos fabricantes de la computadora han dejado de ofrecer estas unidades, y en lugar de eso los usuarios hoy en día hacen respaldos de su trabajo a unidades removibles (que casi siempre se conectan a un puerto USB) del tipo "Flash".

Ahora me gustaría explicar por qué es importante que usted se familiarice un poco con las diferentes partes que componen su PC. Por ejemplo, usted ha estado trabajando en una compañía por un número de días, y en el segundo día la computadora que ha estado usando falla. Si la compañía para la que usted trabaja es pequeña, digamos de sólo 4 personas, capaz que usted tenga que llamar a la tienda de donde compraron la computadora. Si le aconsejan que lleve sólo el CPU pero usted no sabe qué es un CPU, usted puede pensar que tiene que llevar todas las partes a la tienda en lugar de simplemente llevar el chasis de la computadora.

El chasis de la computadora o "CPU"

El **CPU** de la computadora es el compartimiento o chasis donde las partes principales de una PC residen, y al cual usted conecta los componentes periféricos que le dejan usar la computadora, como el teclado y el ratón. El chasis de la computadora es también donde el CPU o la unidad central de proceso (este es el chip que le da a la computadora personal su habilidad para solucionar problemas) reside fijado o soldado permanentemente encima de una tarjeta de circuitos llamada la tarjeta madre o "Motherboard".

En la "Motherboard", también hay muchas otras partes, algunas conectadas por cables, y otras simplemente fijadas dentro de ranuras internas de expansión. Algunas de estas partes podrían incluir, por ejemplo, una tarjeta de red inalámbrica que le permite conectarse al Internet.

La siguiente gráfica le muestra el CPU de un modelo de computadora personal en una configuración tipo torre. La ventaja principal de este tipo de PC es que es más conveniente para poner en el suelo en lugar de sobre su escritorio.

Generalmente, este tipo de computadora, cuando se usa en casa, es también llamada una computadora de escritorio, como es el caso de esta HP Pavilion serie p6380t. Está primordialmente supuesta a realizar trabajo para individuos. Para comparación, las computadoras que almacenan cantidades grandes de información para compañías y aceptan entradas en el sistema de usuarios en una red de computadoras son llamadas computadoras servidoras o "Servers".

El monitor

El monitor de una computadora personal es muy similar al monitor de una televisión, y su propósito principal es mostrarle la información que usted necesita ver para poder comunicarse con su computadora.

Los monitores para computadora están disponibles en dos tipos principales:

- CRT (de tubo de rayos catódicos).
- LCD (de cristal líquido, que puede ser no más grueso que dos barajas de naipes. La ventaja principal de este tipo de pantalla es que le es posible, si tiene un escritorio con poco espacio, colocar su computadora y el monitor ahí).

Las pantallas LCD hace un par de años solían costar más de 1.000 dólares para una de 17", pero hoy en día usted puede obtener una de 19" por menos de 200 dólares.

Esta es una foto de una pantalla LCD. En este caso, un HP 2010i 20-Inch Diagonal HD Ready LCD Monitor. (Foto cortesía de HP). Note el perfil delgado de esta pantalla LCD, lo cual lo hace ideal para usarla en lugares donde usted no tenga el espacio para una grande de CRT.

Otra diferencia muy importante en pantallas para computadoras es algo designado el punto de separación o "dot pitch". Esto se refiere a la distancia entre los puntos diminutos que componen la imagen en una pantalla para computadoras. Cuanto más separados estén los puntos más fáciles son de notar y hacen la imagen verse granulada. Así que mientras más pequeño el tono del punto, más detallada será la imagen. Si usted está buscando un monitor, escoja uno con un dot pitch de .25mm o más pequeño.

El teclado

El teclado le permite comunicarse con su PC. Supongamos, por ejemplo, que usted quiere escribir una carta. Después de abrir un procesador de palabras, usted usa el teclado para escribir la carta y también para escribir su nombre para guardarla en su computadora.

Los teclados típicos de la computadora tienen cuatro tipos de teclas:

- *El teclado de mecanografía:* estas teclas son similares a las de máquinas de escribir estándares.

- *El teclado de tipo numérico:* éste es un conjunto de teclas numéricas que pueden funcionar como una calculadora de 10 dígitos.

- *Teclas de funciones o "Function Keys":* éstas (del F1 hasta el F12) están localizadas, en fila, en la parte superior del teclado. Algunas de estas teclas han sido asignadas, en casi todos los casos, un valor predeterminado por la mayoría de los programas para Windows, y las otras se pueden programar.

- *Teclas de control o "Control Keys":* éstas proveen control del cursor y de la pantalla, dejándole mover el cursor a lugares diferentes en una página simplemente presionando una tecla.

La siguiente gráfica muestra un teclado para una computadora personal.

Este es un teclado inalámbrico manufacturado por Logitech que le permite usar su PC desde varios pies de distancia. (Foto cortesía de Logitech).

Por favor note que el uso de estas gráficas/fotos de los productos de *hardware* de las compañías en este capítulo no constituyen una recomendación de los excelentes productos que una compañía particular tiene para la venta, sino más bien para ilustrarle las muchas alternativas que le están disponibles a usted como un usuario de computadoras.

A continuación encontrará una descripción más detallada de algunas de las teclas especializadas en un teclado para PC, y su propósito:

- *Las teclas de función programables:* se encuentran en la parte superior del teclado y están numeradas del F1 al F12. Cuando usted las presiona, la computadora recibe una orden para abrir un menú o realizar una función específica.

- *INSERT:* tecla de insetar que le ayuda a reemplazar palabras con el texto nuevo que usted escribe. Para usarla, presiónela y haga un clic sobre el principio de la palabra(s), que usted desea reemplazar. Ahora, cuando usted mecanografía, el texto nuevo pasa sobre la disposición del viejo texto. Para dejar de insertar texto, presione la llave otra vez.

- *DELETE:* tecla de borrar que le permite suprimir archivos en carpetas usando programas como el Windows Explorer. También puede suprimir texto o gráficas en programas que aceptan texto o gráficas o ambos.

- *Las teclas de comienzo (HOME), final (END), subir una página (PAGE UP), bajar una página (PAGE DOWN):* si usted, por ejemplo, está trabajando en un documento de Word que tiene varias páginas y usted presiona la tecla PAGE DOWN, la pantalla le mostrará la siguiente página en su documento.

- *Las teclas con flechitas:* le dejan mover el cursor o barrita a una posición deseable dentro de un documento con el que esté trabajando en un procesador de palabras o en cualquier otro programa que acepte texto, con la ventaja de no cambiarlo.

- *El teclado pequeño numérico (en la mano derecha del teclado):* imita a una calculadora de 10 dígitos. Estas teclas son muy útiles para entrar información en bancos de datos o en la página de una hoja de cálculo. Para habilitar el teclado pequeño numérico, presione la tecla NUMLOCK.

- *ESC:* tecla de "escapar" que le permite librarse de lo que usted está haciendo por el momento. Suponga que mientras está usando un programa, oprime la tecla F7 sin querer, pero no desea usar el corrector de palabras que ésta abrirá. Para cerrarlo rápidamente sólo tiene que oprimir la tecla ESC.

- *CTRL (para usarla manténgala oprimida):* se usa en combinación con otras teclas. Le deja realizar funciones como copiar y pegar una selección.

- *ALT (para usarla manténgala oprimida):* también se usa en combinación con otras teclas para realizar funciones como guardar, abrir archivos, apagar y prender la computadora (CTRL + ALT + DEL en Windows, por ejemplo).

El teclado de las computadoras portátiles (debido a las restricciones del espacio) es ligeramente diferente al que encontrará en una computadora regular, aunque usando la tecla de funciones o la llave FN usted todavía puede lograr un buen nivel de funcionamiento. Por ejemplo, usted puede usar la característica del teclado pequeño numérico de esta manera: presione la tecla FN y después la tecla NUMLK. Ahora mire el teclado de la computadora portátil y lea los números que comparten espacio con las letras regulares en este teclado. Por ejemplo, en el teclado de mi computadora portátil, cuando presiono FN + NUMLK, y la letra *k,* esto produce el número 2 en mi página.

NOTA Si desea practicar usar el teclado de una computadora, lo puede hacer visitando el sitio web: http://www.powertyping.com/dvorak/typing.html

Cómo crear los acentos del español usando combinaciones de teclas

Si vive en los Estados Unidos y sólo tiene acceso a un teclado sin los acentos en español, puede usar la información en esta página para hacerlos usando combinaciones de teclas. Esto le será muy útil saber cuando esté enviando correos electrónicos o escribiendo sus cartas personales.

En general, este proceso consiste en sostener la tecla ALT mientras se escribe una combinación de números.

Los acentos de más uso son:

ALT + 160 = á

ALT + 130 = é

ALT + 161 = í

ALT + 162 = ó

ALT + 163 = ú

ALT + 164 = ñ

ALT + 165 = Ñ

ALT + 129 = ü

ALT + 154 = Ü

ALT + CTRL + SHIFT? = ¿ (o ALT + 0191)

ALT + CTRL + SHIFT! = ¡ (o ALT + 0161)

Hacer los acentos —usando estas combinaciones de letras— sólo funciona cuando las realiza usando un teclado de tamaño normal, y por lo general nunca funcionan si las trata de hacer en una computadora portátil o *laptop*. En una *laptop,* por ejemplo, si está escribiendo usando Word, puede agregar los acentos de la siguiente manera: 1) haga clic en el sitio en su documento donde desea añadir el símbolo; 2) haga clic sobre la pestaña de "Insert"; 3) haga clic sobre "Symbol" (en las últimas versiones de Word, búsquelo al extremo derecho de esta cinta o "Ribbon"); y 4) por último busque el símbolo que desea añadir a la página y hágale clic para añadirlo. Ahora, si el símbolo que desea usar no aparece inmediatamente después de hacer clic sobre "Symbol", entonces haga clic sobre más símbolos ("More Symbols"), búsquelo y hága doble clic para añadirlo a su documento. Finalmente haga clic sobre "Close", para cerrar esta ventana de diálogo.

El ratón

El ratón o "mouse" que se conecta a una computadora personal es un dispositivo electrónico que se usa con la mano, tiene dos o tres botones y es el componente más importante para ayudarle a usar una computadora personal.

Usando un ratón, usted puede completar la mayoría de las funciones necesarias para usar una PC, como por ejemplo imprimir un documento o abrir un archivo.

Algunos ratones también tienen una rueda en el medio. Esta rueda es muy apropiada para navegar páginas en el Internet o para trabajar entre las páginas en un documento que haya creado usando un procesador de palabras.

La siguiente gráfica muestra un ratón típico para uso con una PC.

Microsoft fabrica el ratón que usted ve en esta foto. (Foto cortesía de Microsoft). Hoy en día hay muchas otras marcas de ratones en el mercado. Estas son algunas de las funciones que usted puede hacer usando el ratón:

- abrir y cerrar programas
- mover ventanas
- copiar archivos
- trabajar con menús

Los ratones para computadoras son vendidos en dos tipos principales, PS2 (puerto redondo) y USB (puerto rectangular), y usted debe conseguir uno según el tipo de puerto disponible en su computadora. Si su computadora no tiene un puerto tipo PS2, entonces tiene que usar un ratón del tipo USB. Pero si su sistema tiene ambos puertos, usted puede usar un ratón de cualquiera de estos dos tipos.

Cómo usar el ratón en Windows

Windows se basa en lo que en el mundo de las computadoras se conoce como una Interfaz Gráfica del Usuario, o GUI. Y el usuario de una computadora, para aprovechar de esta interfaz gráfica, necesita usar un ratón.

Ruedita de la mitad

Botón Izquierdo   Botón Derecho

Esta gráfica muestra las partes más importantes de un ratón para computadoras personales (en este caso, uno hecho por Microsoft):

- El botón izquierdo se usa para abrir programas de computadora o hacer selecciones. A todo lo largo de este libro, la instrucción "hacer clic" quiere decir que presione el botón izquierdo del ratón una vez. Cuando usted lee la instrucción para hacer doble clic, presiónelo dos veces (sin hacer una pausa).

- El botón derecho se usa para abrir menús desplegables, como el menú de Propiedades o "Properties" que se abre cuando hace clic con el botón derecho sobre "My Computer", y después clic con el botón izquierdo sobre "Properties".

- La rueda intermedia, presente en la mayoría de los ratones vendidos hoy, puede usarse en lugar de la barra de desplazamiento en la ventana en la que usted está trabajando para acercarse de modo amenazador a un documento (ruédelo hacia usted) o regresar a la página previa (ruédelo fuera de usted). Es su elección. Algunos programas aún le dejan usar la rueda del ratón como un tercer botón del ratón.

El indicador, con forma de una flecha, que se mueve por la pantalla cada vez que usted mueve el ratón, representa la posición de éste en el monitor de la computadora. Si usted sube el ratón, el indicador se mueve hacia arriba en la pantalla. Si usted baja el ratón, el indicador se mueve hacia abajo en la pantalla.

Las diferentes formas que toma el indicador del ratón en la pantalla de su computadora

Es importante reconocer las diferentes formas que toma el indicador del ratón cuando usted lo mueve alrededor de la pantalla. Por ejemplo, si usted mueve el indicador del ratón sobre:

- cualquier parte en el escritorio virtual o "Desktop", el menú de comienzo o "Start" o los menús de cualquier programa, éste retendrá la forma de una flecha;

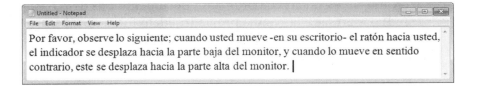

- el área de trabajo de un documento de procesamiento de texto, retiene la forma de una "I" (llamada la herramienta de seleccionar texto);

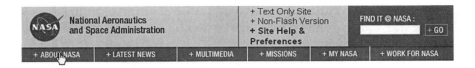

- un enlace en una página web, cambia a una mano pequeña.

Por ejemplo, si usted presiona el botón izquierdo del ratón mientras el indicador del ratón se encuentra sobre el "Desktop" sin iconos, nada ocurrirá. Pero si usted presiona el botón derecho del ratón sobre el "Desktop" sin iconos, un menú desplegable se abrirá ofreciéndole una lista de nombres, de la cual puede hacer una selección.

Los diferentes tipos de memoria

La idea principal de usar una computadora es crear algún tipo de documento, como una carta a su hermano o un currículum vitae para buscar trabajo. Una vez que usted termina de redactar tal documento, usted puede o guardarlo o cerrarlo sin guardarlo.

Estos son los dos tipos principales de memoria que encontrará en una computadora personal:

- La memoria temporal
- La memoria permanente

La memoria temporal (como puede ver en la siguiente gráfica) o RAM, es usada por sus programas para almacenar su trabajo mientras la computadora está prendida. Cuando la computadora está apagada, esta información es borrada de esta barra de memoria y sólo la información que usted ha guardado a un dispositivo de almacenamiento permanente es conservada.

Este es un juego o "kit" de 3 módulos de memoria del tipo XLR8™ 6GB (3 x 2GB) DDR3 1600 (PC3–12800) CAS 9 Triple Channel Memory, fabricado por PNY.

Generalmente, RAM es el tipo de memoria que hará la mayor diferencia cuando usted necesita tener muchos programas diferentes abiertos al mismo tiempo para completar su trabajo. Por ejemplo, si usted tiene una computadora con una giga de RAM y a veces le parece lenta (cuando usted tiene varios programas abiertos al mismo tiempo), y si todo lo demás está funcionando bien (también teniendo en cuenta que su unidad de disco duro no está lleno hasta casi su máxima capacidad), el comprar más RAM (como por ejemplo otro gigabyte) mejorará mucho el rendimiento de su computadora.

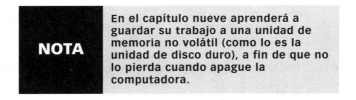

NOTA En el capítulo nueve aprenderá a guardar su trabajo a una unidad de memoria no volátil (como lo es la unidad de disco duro), a fin de que no lo pierda cuando apague la computadora.

Hoy en día hay dos tipos de dispositivos ampliamente usados en PCs para almacenar datos permanentemente:

- La unidad de disco duro: éste es el dispositivo de mayor uso para almacenar datos en una PC.
- Las unidades de memoria "Flash": estos son dispositivos electrónicos sin partes movibles. Se usan para transferir datos entre computadoras y también para guardar las fotos que usted toma con su cámara digital.

Ambos tipos de memoria le permiten a usted encontrar la información (en forma de archivos) que ha guardado ahí, aun después de mucho tiempo, inclusive después de que la computadora y/o la cámara (que también usa memoria del tipo "Flash") haya estado apagada por mucho tiempo.

Las siguientes dos fotos muestran los dos dispositivos más ampliamente usados que están disponibles para guardar el trabajo que crea con su computadora de manera permanente.

En la foto de la izquierda puede ver una unidad de disco duro 2 TB Sata fabricado por Western Digital.

La otra foto es una unidad de memoria removible SanDisk Cruzer® 32GB del tipo "Flash".

La ventaja principal de usar la memoria "Flash", sobre el disco duro es que estas memorias no tienen partes movibles, así que buscar el trabajo que usted guardó es bastante rápido. Su inconveniente principal es que, debido a su portabilidad, si usted guarda trabajo importante sólo a esta unidad de memoria y usted la extravía, no le quedará ningún otro recurso que volver a hacer el trabajo que perdió.

¿Qué es un sistema operativo?

Un sistema operativo es como un policía de tráfico virtual dentro de la computadora. Realiza tareas básicas como reconocer los comandos que usted le da a la computadora usando el teclado, y también enviar la información al monitor para permitirle ver el trabajo que usted está creando y guardando en su computadora. Además controla dispositivos periféricos como las impresoras. Sin un sistema operativo, nada ocurriría dentro de la computadora personal. Con él, la orden y la productividad son posibles.

El sistema operativo de más uso en el mundo es el de Windows, producido por Microsoft.

Ahora, la mayoría de las computadoras vendidas tienen alguna versión del sistema operativo de Windows. Algunas computadoras todavía pueden tener versiones anteriores. De hecho, usted puede aprovecharse de la mayoría de las instrucciones en este libro aunque la computadora que usa tenga Windows XP instalado.

Siga estos pasos para averiguar qué versión de Windows está instalada en su computadora:

1. Primero vaya al "Desktop" y haga clic con el botón derecho del ratón sobre el icono "My Computer".
2. Ahora dé un clic sobre "Properties".

En el "General Tab", usted podrá ver claramente el nombre del sistema operativo que está instalado en su computadora.

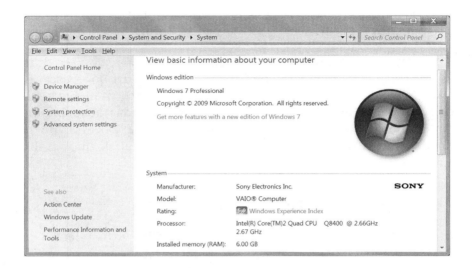

En la gráfica de arriba, por ejemplo, puede ver la ventana de propiedades del sistema o "System Properties" de una computadora Sony VAIO. Debajo de la sección de información del Sistema, puede ver la información completa acerca de la versión del sistema operativo Windows que esta computadora tiene, y a qué nivel.

Guía para aquellas personas que quieran comprar una computadora personal

Hoy en día es casi seguro afirmar que cualquier computadora que compre, si gasta al menos $1.000, tendrá suficiente memoria y la cantidad adecuada de dispositivos necesarios para cubrir las necesidades computacionales que pudieran tener la mayoría de los usuarios para la casa, los cuales sólo necesitan usar el Internet, el correo electrónico, un procesador de palabras o guardar e imprimir las fotos que sacan con una cámara digital.

A continuación verá una lista de los elementos que debe tener en cuenta si está en el mercado para comprar una computadora personal, en orden de importancia:

- El tipo de procesador y la velocidad de éste
- Cantidad de memoria RAM
- Espacio en el disco duro
- Tamaño del monitor
- Unidad de crear CDs ("CD Writer") o DVDs ("DVD writer")

Para darle un poco más idea de las ventajas de tener más o menos de algunos de estos componentes, vea la siguiente tabla:

CATEGORÍA	CONCEPTO	SUGERENCIA
El Procesador o CPU	Éste es el cerebro de la computadora, y junto con el sistema operativo de Windows, hace que la computadora sea una herramienta de trabajo útil	Mi recomendación es que si tiene la opción de conseguir más RAM o un procesar mucho más rápido, consiga más RAM
Memoria RAM	Este es el tipo de memoria que le permite usar programas mientras la computadora está prendida	Para una computadora con Windows 7, debe conseguir al menos 4 gigas de RAM
Los dispositivos de memoria permanentes, como lo son el disco duro o las unidades removibles de USB Flash	Este es el tipo de memoria que le permite guardar su trabajo, inclusive después de que la computadora haya estado apagada por mucho tiempo	Hoy en día cualquier computadora que consiga con un disco duro de al menos 250 gigas debe ser suficiente para la mayoría de los usuarios

Unidades de medida pertinentes en el mundo de las computadoras:

1 Megabite = 1024 kilobites. Por ejemplo, piense que 1 megabite es suficiente para guardar cerca de 4 cartas en Microsoft Word (sin gráficas). 1 gigabite o giga = 1.000 megabites. 1 giga es suficiente para guardar cerca de una hora de vídeo digital.

¿Qué marca de computadora personal le conviene comprar?

Esta pregunta fue resuelta hace años, cuando la mayoría de las compañías que manufacturaban computadoras personales se fueron a la quiebra, dejando el mercado a las compañías más grandes, como: Dell, Hewlett-Packard, IBM y unas cuantas más. Y aunque no le puedo recomendar una en particular, fui al Internet para comparar precios. Tal vez hayan cambiado un poco cuando este libro salga al mercado, pero por lo general todos los precios que vi me parecieron favorables.

Por ejemplo, mientras escribía este libro, encontré en el Internet dos paquetes de computadoras del tipo IBM PC compatible de Dell y HP. A continuación verá sus detalles. La primera es para una computadora HP All-in-One 200xt series y la segunda es para una Dell Studio XPS 7100.

	HP All-in-One 200xt series	Studio XPS 7100
Monitor	21.5" high-def LED widescreen LCD PC	21.5" Dell ST2210 Full HD Monitor with VGA cable
Procesador	Intel(R) Core(TM) i3-540 dual-core processor [3.06GHz, 512KB L2 + 4MB shared L3 cache, DMI 2.5GT/s]	AMD Phenom™ II X4 945 + ATI Radeon HD 5450 1GB
Memoria Ram	8 GB DDR3-1333MHz SODIMM [2 DIMMs]	8GB Dual Channel DDR3 SDRAM
Disco Duro	640GB 7200 rpm SATA 3Gb/s hard drive	1TB - 7200RPM, SATA 3.0Gb/s, 16MB Cache
Optical Drive	Slim-tray DVD burner with LightScribe	Optical Drive 16X DVD+/-RW Drive

En la gráfica anterior puede ver una tabla comparando las diferentes especificaciones más importantes de cada uno de estos dos paquetes.

Como puede ver, son muy similares, aunque la Dell tiene más espacio en el disco duro. Ahora el procesador de la Dell no es de Intel, sino de AMD. Tal vez por eso pueden ofrecerle un disco duro de más capacidad. Y los precios son muy similares —casi $1,000 por la Dell y $900 por la HP. O sea, cualquiera de estos dos paquetes es muy bueno, y le corresponde a usted elegir en cuál de estas dos compañías usted confía más. Si lo que necesita es una *laptop*, éstas también las fabrican, o busque otras marcas, como Toshiba y ACER.

Recuerde que cuando esté comprando una computadora en línea, a contraste de los paquetes cerrados que pueda encontrar en una tienda en su ciudad, usted puede añadir o quitar componentes a un paquete, como por ejemplo memoria extra, o escoger un disco duro de más capacidad. Por ejemplo, en ambos paquetes, es muy fácil quitarles o añadirles ciertos componentes con sólo hacer clic sobre "Customize" para crear paquetes a la medida.

Mi última recomendación es que considere comprar una computadora que incluya una de las nuevas unidades Blu-ray Disc™. En esta gráfica de un disco de Blue-ray puede ver la presentación comercial de un disco de este tipo. Lo que es más impresionante es la capacidad que puede guardar: 50 gigas, o sea, cerca de 10 veces más que un DVD regular.

También es importante considerar las recomendaciones de amigos o familiares. Si ellos le recomiendan que compre una computadora marca IBM porque ellos han tenido una buena experiencia con las computadoras que han comprado de esta excelente compañía, entonces puede que éste sea el mejor camino a tomar.

Ventajas de usar una computadora personal

Algo indiscutible es que el uso de las computadoras personales ha cambiado por completo la sociedad en que vivimos. Es decir, tendríamos que viajar muy lejos para encontrar un sitio que no haya sido afectado por esta revolución, que en la mayoría de los aspectos ha sido muy positiva.

Las siguientes son algunas de las ventajas de usar una computadora personal:

- La de permitirle crear documentos y guardarlos por mucho tiempo. En la mayoría de los casos los archivos que usted prepare en una computadora personal estarán disponibles hasta el día en que los borre de una manera permanente.

- La rapidez con la cual puede encontrar información. Es decir, si tuviera que buscar una carta en un archivo de 50.000 cartas, tardaría tiempo en encontrarla, mientras que con una computadora este proceso no toma más de varios segundos.

- La de poder comunicarse con parientes y amigos con el correo electrónico casi instantáneamente.

- La de poder terminar las tareas escolares en menos de la mitad de tiempo que tomaba antes, gracias a las enciclopedias en línea.

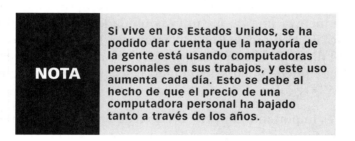

NOTA

Si vive en los Estados Unidos, se ha podido dar cuenta que la mayoría de la gente está usando computadoras personales en sus trabajos, y este uso aumenta cada día. Esto se debe al hecho de que el precio de una computadora personal ha bajado tanto a través de los años.

Cómo escoger un lugar apropiado para usar la computadora

Esto a veces puede que no sea una decisión fácil de tomar, ya que a veces una casa o apartamento sólo tiene determinado espacio libre en el cual se puede instalar una computadora personal. Otro elemento importante es el escritorio que usará, ya que idealmente éste debe tener una bandeja para el teclado y el ratón.

En la siguiente gráfica se puede ver claramente cómo el escritorio tiene una bandeja para el teclado y el ratón. La bandeja es muy útil si le permite mantener los codos a un ángulo de 90 grados; de lo contrario, puede tener problemas de salud.

Las siguientes son mis recomendaciones para escoger un área de trabajo:

- El área de trabajo debe estar bien iluminada. Es decir, el monitor no debe ser la fuente más grande de luz en la habitación donde la usa.
- Evite colocar la computadora cerca de calentadores o de entradas de aire.
- Coloque la computadora en un salón donde la luz del día no pegue directamente en la pantalla.

Cómo proteger las muñecas cuando usa una computadora personal

Una computadora personal puede ayudarle en muchos aspectos, pero su uso frecuente también le puede causar problemas en diferentes partes del cuerpo debido a una posición incorrecta que toma mientras la esté usando.

En la siguiente gráfica puede ver la posición **incorrecta** de mantener los codos mientras usa una computadora personal.

Posición incorrecta

Si las muñecas le comienzan a molestar después de usar la computadora por largos ratos, puede que se deba a uno de los siguientes motivos:

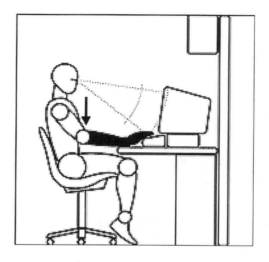

1. El teclado está a un nivel muy alto y le es preciso doblar las muñecas para escribir con él.

2. Su asiento está muy bajo, y por eso tiene que doblar los codos para alcanzar el teclado.

> **PARE**
>
> Si siente dolor, entumecimiento, debilidad de manos, hinchazón, tiesura en las manos o en cualquier parte del cuerpo, como por ejemplo la espalda, entonces debe consultar con un profesional calificado de salud. Este es el único que le puede decir con certeza cuál es el problema que usted tiene y recomendarle los pasos a tomar para que se mejore.

Es muy importante que SIEMPRE asuma una posición correcta para protegerse las muñecas, ya que éstas son muy propuestas a enfermedades que le puede hacer muy doloroso efectuar cualquier movimiento con las manos.

En la siguiente gráfica puede ver la posición **correcta** para usar el teclado. Es decir, los codos deben estar en un ángulo de 90 grados.

Posición correcta

Para evitar problemas con las muñecas si le es preciso usar la computadora por un rato largo, debe hacer lo siguiente:

1. Sólo use un teclado cuya posición no le requiera doblar la muñeca. Fíjese en la gráfica anterior y vea cómo los codos están en un ángulo de 90 grados y el resto del antebrazo forma una línea casi recta.

2. Si su asiento está muy bajo, consiga con el cual no tenga que doblar los codos para usar el teclado.

3. Tome descansos frecuentes. Por lo general, nunca debe trabajar más de una hora sin tomar un descanso.

> **!** Si tiene alguna duda acerca de un dolor en el cuerpo, no espere ni un día y consulte a un doctor inmediatamente. Si desea más información acerca de la postura correcta para usar una computadora personal, visite este sitio web: http://ergo.human.cornell.edu/AHTutorials/typingposture.html.

Las impresoras personales

Una impresora es un dispositivo electrónico que copia lo que se ve en la pantalla al papel. Así se puede hacer cincuenta copias de una carta sin tener que hacer fotocopias. Las impresoras personales vienen en muchos tamaños, calidades y hasta en colores diferentes. Los siguientes son los dos tipos principales:

Las impresoras de tinta

Una impresora de tinta, como su nombre indica, funciona inyectando tinta al papel. En casi todos los casos, este tipo de impresora puede imprimir a color. Lo hace al mezclar sus tintas para formar miles de colores.

El costo inicial de estas impresoras es más bajo comparado con el costo de las impresoras láser, pero si usted añade el costo de los cartuchos de tinta, a largo plazo las impresoras de tinta pueden resultar más costosas que las láser.

En la foto de abajo, puede ver una de las mejores impresores de tinta disponibles hoy en día, la EPSON Artisan 50. (Foto cortesía de Epson). Esta impresora puede imprimir en diferentes tipos de papel. Por ejemplo, pueden imprimir copias fieles de fotos tomadas por cámaras digitales en papel de fotografía.

NOTA

En una impresora de tinta lo que más cuesta son los cartuchos de tinta. Estos dan unas 600 páginas de texto y 420 páginas de gráficas. Los cartuchos de color sólo dan unas 300 páginas, y cuestan casi lo mismo que los de blanco y negro.

Las impresoras láser

Las impresoras láser funcionan de manera semejante a las copiadoras Xerox. Es decir, tienen un rodillo que es magnetizado por un láser, y éste a su vez recoge partículas de plástico que son fundidas al papel usando un elemento que calienta el papel. Este proceso es bastante rápido y muy eficiente.

Por lo general, las impresoras láser son mucho más costosas al principio que las de tinta, pero a largo plazo pueden ser más rentables, ya que los cartuchos duran mucho más. Pero su mayor desventaja es que la mayoría de estas impresoras sólo pueden imprimir en blanco y negro. Existen impresoras láser a color, pero son hasta más costosas. La siguiente gráfica muestra una impresora láser modelo LaserJet P1006, fabricada por HP.

Esta impresora tiene la ventaja de ser un poco más rápida que las impresoras de tinta y también usa cartuchos que duran más.

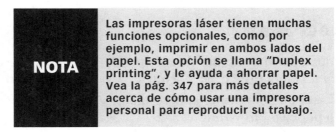

NOTA

Las impresoras láser tienen muchas funciones opcionales, como por ejemplo, imprimir en ambos lados del papel. Esta opción se llama "Duplex printing", y le ayuda a ahorrar papel. Vea la pág. 347 para más detalles acerca de cómo usar una impresora personal para reproducir su trabajo.

La importancia de usar un buen protector de voltaje

Las computadoras personales contienen miles de piezas electrónicas muy delicadas que se desgastan más rápidamente en la presencia de corrientes de voltajes altas. En algunos casos, como durante las tormentas eléctricas, los truenos pueden dañar permanentemente las piezas internas de la computadora.

En la mayoría de los casos, estos daños no están cubiertos por su garantía de servicio, y por este motivo siempre es muy importante que use un protector de voltaje. Será la mejor inversión para proteger su computadora las 24 horas del día de los cambios del voltaje.

En la siguiente gráfica puede ver un protector de voltaje SurgeMaster II, de ocho enchufes de corriente, fabricado por Belkin.

Este protector de voltaje cuenta inclusive con una entrada para proteger la línea de entrada al módem, ya que a veces ésta también puede recibir una sobrecarga de corriente.

Para recordar

- Los dos tipos más usados de computadoras personales son las IBM PC compatible y las Macintosh.
- Una computadora personal necesita un sistema operativo, como por ejemplo Windows.
- Una computadora personal está compuesta de componentes de *hardware* y *software.*
- El procesador o CPU es el componente más importante de una computadora personal.

- El disco duro es la unidad de almacenamiento permanente de más uso en las computadoras personales.

- La memoria RAM es miles de veces más rápida que el disco duro.

- Los acentos del español se pueden hacer usando combinaciones de teclas.

- Hoy en día se puede comprar un sistema IBM PC compatible completo (CPU y monitor) de muy buena calidad por menos de 500 dólares.

- Evite colocar su computadora cerca de calentadores o de entradas de aire.

- Un protector de voltaje bueno puede proteger a su computadora las 24 horas del día de los cambios de voltaje de la corriente.

Introducción a Microsoft Windows

2

¿Qué es un sistema operativo?

Un sistema operativo es como un supervisor que permite que los programas funcionen dentro de la computadora. Una computadora sin un sistema operativo es sólo un conjunto de componentes electrónicos incapaces de realizar tareas tan fáciles como hacer una suma.

Los sistemas operativos actuales han mejorado en comparación con versiones anteriores. También han aumentado en su complejidad y capacidad de controlar más dispositivos nuevos que se pueden adaptar a las computadoras.

Hoy en día, la mayoría de las computadoras personales usan uno de los siguientes sistemas operativos:

- *Windows:* un producto de Microsoft.
- *Macintosh System OS 10.X:* el sistema operativo que usan las computadoras de marca Apple.
- *UNIX:* un sistema operativo muy robusto que se usa más que todo en computadoras que son usadas para programación y para servidores que administran los portales cibernéticos.
- *Linux:* una versión de UNIX.

NOTA En este libro aprenderá acerca del sistema operativo Windows de Microsoft, ya que tiene el mayor número de usuarios en todo el mundo.

El sistema operativo Windows

Este sistema operativo está basado en lo que se llama un *interface* gráfico para usuarios (GUI, por sus siglas en inglés) y que consiste en una serie de ventanas. Cada una de estas ventanas representan un programa, y éstas, a su vez, comparten todos los recursos en una computadora.

Windows salió a la venta por primera vez en el año 1995. La última versión de éste ha cambiado mucho en comparación con la versión original.

El éxito de este sistema operativo se debe a muchos factores, pero se puede decir que el más importante es lo económico que ahora son las computadoras personales de tipo IBM PC compatible.

Algunos de los beneficios de usar Windows son:

■ Una base instalada de billones de usuarios alrededor del mundo. Esto significa que hay una gran disponibilidad de programas y dispositivos para esta plataforma de trabajo.

■ En Windows, una vez que aprenda a usar un programa, le será muy fácil no sólo usar casi todas las funciones básicas de todos los demás programas hechos para Windows, sino también guardar y abrir archivos.

■ Otra ventaja de Windows es la capacidad, dependiendo de la cantidad de memoria instalada en la computadora, de poder trabajar con varios programas al mismo tiempo.

■ Poder realizar casi todas las funciones necesarias para usar este sistema operativo llevando el ratón a las ventanas y haciendo clic sobre ellas.

Las diferentes versiones de Windows

Microsoft divide sus sistemas operativos de dos maneras: los diseñados para ser usados en la casa, y los diseñados para ser usados en oficinas. Esto se debe a la necesidad de distinguir claramente la clase de soporte que deben incluir en los dos tipos de sistema.

Por ejemplo, al principio el sistema operativo Windows NT 4.0 (diseñado para ser usado en una red), ni siquiera ofrecía soporte para dispositivos USB. Pero constaba del soporte nativo para proteger archivos en redes locales (LAN, por sus siglas en inglés), si usan el tipo de partición NTFS.

Las versiones de Windows para uso en la casa más usados hoy en día son:

- Windows 7
- Windows Vista
- Windows XP

Las versiones de Windows para uso en redes locales, o LAN, son:

- Windows 7 Pro
- Windows Vista Business
- Windows XP Pro

Windows XP Home Edition y Windows 7/ Vista Home Basic

Estos son los sistemas operativos de más uso para el hogar, y proveen la mayor cantidad de soporte para usar diferentes tipos de dispositivos de todos los sistemas operativos (para computadoras personales) en el mercado.

La siguiente gráfica representa el área de trabajo de Windows 7 Home Premium.

En el próximo capítulo aprenderá más acerca de este excelente sistema operativo, el cual es la última versión de Windows.

Windows XP Pro y Windows 7/ Vista Business

Estos son los sistemas operativos de más alto rendimiento, dise-ñados por Microsoft para ser usados en computadoras personales del tipo IBM PC compatible.

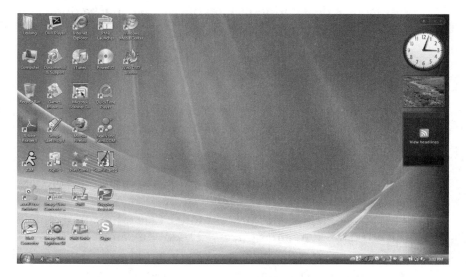

La pantalla de arriba representa el área de trabajo de Windows Vista Pro.

A pesar de que Windows XP salió hace años, es de esperarse que muchas compañías todavía lo sigan usando por un tiempo más. Esto es debido al alto costo que tiene reemplazarlo, que a veces también implica reemplazar las computadoras debido a que no son suficien-temente poderosas para aceptar al nuevo sistema operativo.

Ventajas de las diferentes versiones de Windows

Dado que son tan parecidos, no es evidente que uno de estos sis-temas operativos tenga ventajas sobre otro, pero en realidad existen diferencias que son bastante marcadas entre ellos. Las diferentes versiones de Windows ofrecen ventajas para diferentes tipos de usuarios.

Las ventajas de cada uno de los sistemas operativos para la casa son:

- Menor costo de mantenimiento
- La facilidad de usar estos sistemas en computadoras con procesadores de menos poder sin que se note mucha diferencia en su rendimiento.

Las ventajas de cada uno de los sistemas operativos diseñados para uso en redes locales son:

- Mejor protección de los archivos para discos duros que usan el tipo de partición NTFS, ya que ésta protege sus archivos con un nivel de seguridad adicional.
- La posibilidad de asegurar archivos. En estos sistemas operativos se puede asignar derechos a un archivo para que sólo determinados usuarios los puedan usar.
- La capacidad de usar dos procesadores. Esta es una función muy útil para compañías que usan bases de datos.
- La posibilidad de compartir archivos e impresoras. En computadoras personales conectadas a una red, el compartir recursos es una de las funciones más fáciles de realizar.

Para recordar

- Microsoft Windows es el sistema operativo para computadoras personales de más uso en todo el mundo.
- Casi todas las funciones necesarias para usar este sistema operativo se pueden realizar llevando el ratón sobre una serie de ventanas y haciendo clic sobre ellas.
- Windows 7 Home es uno de los sistemas operativos más avanzados para uso en la casa.
- Windows 7, Vista y XP son las versiones de Windows con el mayor número de usuarios en todo el mundo.

Usando ventanas en Microsoft Windows

Introducción

Una ventana en Windows es un espacio cuadrado o rectangular con bordes bien definidos que usted ve en la pantalla de su computadora. A medida que trabaja en Windows con diferentes programas, podrá ver que ventanas de diferentes tamaños (dependiendo de su propósito) se abrirán en la pantalla de su computadora.

Cada ventana que usted ve en su pantalla representa un programa o proceso; por ejemplo, si había estado trabajando con su cuenta de cheques en línea y no ha movido el teclado o el ratón en esa pantalla, entonces una ventanita puede abrirse, recordándole que debe hacer algo en este sitio web o la sesión se terminará.

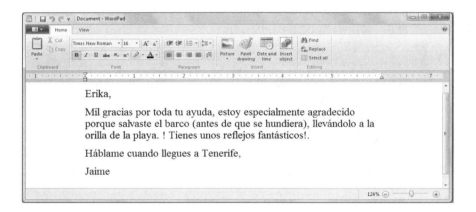

Por ejemplo, una ventana como la que ve en la gráfica de una pantalla que capturé en mi propia computadora se abrirá en la pantalla de la computadora cuando usted elige abrir el procesador de palabras Wordpad, el cual está incluido en todas las versiones diferentes de Windows.

Una computadora personal del tipo IBM PC compatible, usando una versión de Windows y dependiendo de la cantidad de memoria RAM que tenga instalada, puede tener varios programas o procesos corriendo al mismo tiempo. Y en la mayoría de los casos, cada uno de estos programas o procesos recibirá su propia ventana.

Por favor tenga presente que cuando usted toma la acción de escribir en su teclado, esta acción sólo se aplica a la ventana activa, o sea, la más prominente en la pantalla de la computadora. Ésta tiene la barra de título, donde ve el nombre del programa y del archivo con el cual está trabajando, de color azul oscuro.

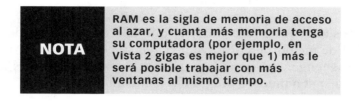

NOTA

RAM es la sigla de memoria de acceso al azar, y cuanta más memoria tenga su computadora (por ejemplo, en Vista 2 gigas es mejor que 1) más le será posible trabajar con más ventanas al mismo tiempo.

El concepto de un programa o proceso por ventana

Windows consiste en una serie de ventanas, y cada una de éstas representa un programa o el menú de un programa.

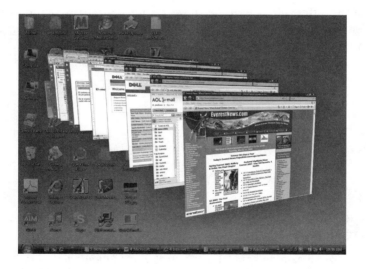

En la gráfica de arriba de Windows Vista puede ver una serie de ventanas, como flotando, y en cada una de ellas puede ver algunos detalles acerca del programa que contienen.

Por ejemplo, en Windows puede tener abierto, para darle una idea:

- Un procesador de palabras
- Un navegador
- Una hoja de cálculo
- Una calculadora electrónica

Y muchos otros programas más, ya que esto es sólo limitado por la cantidad de memoria RAM instalada en su computadora. Mientras más RAM tenga, por ejemplo 6 gigabytes en vez de 3, más fácil le será trabajar con muchos programas al mismo tiempo.

Las partes principales de una ventana típica en Windows

La ventaja principal de usar una computadora personal con cualquier versión de Windows es que, una vez que usted aprenda a usar un programa, descubrirá que su ventana tiene similitudes con la de otros programas, aun si estos programas fueron escritos por compañías diferentes. Esto se debe a que las partes principales de una ventana típica en Windows son muy parecidas de programa a programa.

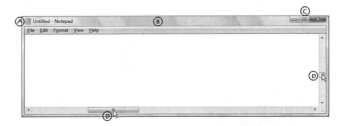

Siguiendo la gráfica de arriba aprenderá a familiarizarse con las partes principales de una ventana típica de Windows:

Ⓐ La caja de control o "Control Box": Cuando usted le hace clic sobre la esquina izquierda superior de una ventana, un menú desplegable le ofrece las siguientes selecciones: restaurar, **mover, cambiar de tamaño, minimizar, maximizar** o **cerrar** la ventana. Para trabajar con ellas, simplemente haga clic sobre la que desea usar.

Ⓑ La barra de títulos es la barra fija en la parte alta de una ventana. Si usted tiene varias ventanas abiertas al mismo tiempo, la barra de títulos de la ventana activa será de un color azul oscuro; las barras de títulos de las ventanas inactivas serán de color azul claro.

C En la esquina derecha superior podrá ver tres símbolos:

- Si usted hace clic sobre el signo de menos ("Minimize"), la ventana es minimizada. Esto quiere decir que la ventana está temporalmente escondida de vista, y todo lo que usted verá es su icono en la barra de tareas. Para restaurarla, sólo es necesario hacerle clic en su icono en la barra de tareas.

- En la mitad de estos símbolos, verá uno o dos cuadrados ("Restore Down"): si ve un cuadrado y hace clic sobre él, hará que la ventana ocupe toda la pantalla. Si ve dos cuadrados y hace clic sobre ellos la ventana tomará menos espacio en su pantalla.

- Si usted hace clic sobre el signo de la *X* ("Close"), la ventana se cerrará.

D Para trabajar con el contenido que está fuera de vista, por ejemplo con una carta en la cual esté trabajando, haga clic sobre la guía en las barras de desplazamiento o "Scroll Bars" (ya sea la horizontal o la vertical), sostenga el botón izquierdo del ratón y muévala hacia arriba o abajo o hacia la izquierda o la derecha para ver el contenido escondido. También puede hacer clic sobre las flechitas que están a cada uno de los extremos de las "Scroll Bars".

El área de trabajo en una ventana

El área de trabajo de una ventana es el espacio que le permite escribir información en el programa, como por ejemplo: el espacio en blanco en donde usted escribe una carta usando Word para Windows, o las casillas que ve en un sitio web cuando está llenando una forma en línea usando Internet Explorer. Más adelante aprenderá a reconocer cuándo un programa está listo, buscando el cursor destellante en su área de trabajo, para que usted escriba en él.

También es importante que recuerde que el área de trabajo de los programas instalados en su computadora puede ser ligeramente diferente de programa a programa. Pero en la mayoría de los programas que usará, su área de trabajo será muy similar, como lo son por ejemplo los procesadores de palabras, que le permiten escribir su carta inmediatamente después de que el programa se abre. Ahora, en algunos programas gráficos, usted debe tomar pasos adicionales antes de poder empezar a trabajar en ellos.

Por ejemplo, en la gráfica de arriba, usted puede ver un formulario del Servicio de Ciudadanía e Inmigración de Estados Unidos (USCIS, por sus siglas en inglés). Este formulario, el cual fue creado con una versión especial del programa Adobe Acrobat, es muy particular porque le deja escribir su información directamente antes de imprimirlo y se puede encontrar en el Internet.

Los diferentes tipos de ventanas

En una computadora con cualquiera de las diferentes versiones de Windows, notará que cada vez que usted hace clic o doble clic sobre un icono o una etiqueta en un menú desplegable, una ventana se abrirá. Ahora, algunas de estas ventanas llenan toda la pantalla de su computadora y otras sólo una parte; algunas pueden ser ajustadas de tamaño mientras que otras no.

Estos son los tres tipos más comunes de ventanas que usted verá mientras esté trabajando en cualquiera de las diferentes versiones del sistema operativo Windows:

- La ventana de programa o "Program Window" representa un programa en la pantalla de la computadora. Generalmente, éste es el único tipo de ventana que puede ser cambiada de tamaño.

- La ventana de diálogo o "Dialog Box Window" es el tipo de ventana secundaria que se abre dentro de la ventana de un programa. Por ejemplo, cuando usted elige imprimir haciendo clic sobre "File" y después sobre "Print", una ventana pequeña se abrirá en la pantalla y le ayudará a seleccionar la parte del documento que usted desea imprimir. Las ventanas de diálogo se cierran una vez que usted haga una selección en ellas y elija hacer clic sobre OK para confirmarla, o cuando oprima la tecla ESC. Este tipo de ventanas, por lo general, pueden ser movidas de un área a otra de su pantalla, pero no pueden ser cambiadas de tamaño.

- Las ventanas que aparecen automáticamente o *pop-up windows* también se consideran ventanas de tipo secundario, y se abren automáticamente cuando usted está haciendo algo tan simple como visitar un sitio web. Este tipo de ventana, generalmente, tampoco se puede cambiar de tamaño, pero es posible moverla a otro sitio en su pantalla. Y, por favor, recuerde que si usted está visitando un sitio web y usted tiene Windows XP o Vista y el navegador Internet Explorer, éste bloquea algunas de estas ventanas. Sólo tiene que presionar y sujetar la tecla CTRL mientras la página carga para temporalmente permitir que estas ventanas le muestren la información pertinente. Y siempre tenga en cuenta que hacer clic sobre una ventana tipo *pop-up* automática que se abre después de visitar algunos sitios web puede hacer estropear su copia de Windows o sus archivos personales.

Por favor tenga presente que cuando usted escribe en su teclado, esta acción sólo se aplica a la ventana activa, o sea, la más prominente en la pantalla de la computadora.

Cómo trabajar con los diferentes tipos de ventanas en Windows

Los ejemplos a continuación le ayudarán a reconocer y trabajar con los tres tipos principales de ventanas que usted verá mientras está usando el sistema operativo Microsoft Windows.

■ La ventana de un programa

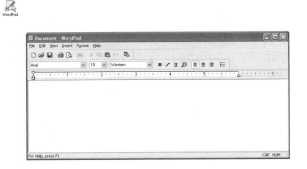

Este es el tipo de ventana que usted verá cuando abre un programa de Windows. Por ejemplo, en la gráfica de arriba usted puede ver la ventana que se abre cuando le haga clic al icono de WordPad.

Si su computadora tiene suficiente memoria RAM (como por ejemplo, 3 gigas), usted podrá mantener diferentes programas abiertos al mismo tiempo; inclusive le será posible tener varias instancias del mismo programa, y sobre todo podrá cambiar del uno al otro con sólo hacerle clic a su icono en la barra de tareas. El poder cambiar de un programa que haya abierto a otro es una función de Windows, y no es afectada por la cantidad de memoria que tiene su computadora.

Por ejemplo, si está redactando una carta (usando el procesador de palabras WordPad) y desea empezar a redactar una segunda carta manteniendo el documento que abrió previamente y en el cual todavía está trabajando, haga clic sobre el icono de WordPad de nuevo para abrir una nueva instancia de WordPad en una ventana diferente.

NOTA

Recuerde que si abre un programa y su ventana es muy pequeña puede ajustar el tamaño hasta que ésta llene toda la pantalla de la computadora siguiendo los pasos que verá al final de este capítulo.

■ La ventana de diálogo

Esta es la ventana secundaria que se abre dentro del programa en el cual está trabajando cuando usted le pide a este programa que realice ciertas tareas (como, por ejemplo, que abra un documento o imprima el trabajo que ahora tiene en la pantalla).

Para aprender a trabajar con las diferentes opciones que verá en este tipo de ventana, abra el procesador de palabras WordPad:

Ⓐ Por favor note en la barra de títulos de la ventana del programa el nombre de archivo (si usted ya ha elegido guardarlo) y el nombre del programa al cual pertenece esta ventana.

Ⓑ Por ejemplo, para abrir una ventana de diálogo típica, haga clic sobre la opción de archivo "File" y después hágale clic a la opción de imprimir o "Print"; ahora podrá ver la ventada de diálogo de "Print" que debe abrir para imprimir su trabajo.

Una ventana de diálogo tiene que estar cerrada antes de que usted pueda regresar a trabajar en el programa desde el cual fue abierta, lo que se puede hacer o escribiendo la información que le pide y después haciendo clic sobre "Close" o "OK", o haciendo clic sobre la *X* en la esquina superior derecha de la ventana.

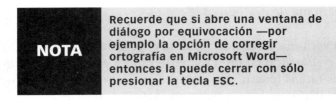

NOTA   Recuerde que si abre una ventana de diálogo por equivocación —por ejemplo la opción de corregir ortografía en Microsoft Word— entonces la puede cerrar con sólo presionar la tecla ESC.

Es también muy importante que usted aprenda a trabajar con las diferentes opciones que usted verá en estas ventanas de diálogo, y que usted usará para hacer cambios a la configuración de un programa.

Estas son algunas de las opciones que usted verá en una ventana típica de diálogo:

A *Pestañas o "Tabs":* **éstas están disponibles para trabajar en ventanas de diálogo que tienen varias páginas de opciones. Para cambiar a una página diferente, sólo es necesario hacer clic en la pestaña o "Tab" que corresponde a la página con la cual desea trabajar. Alternativamente, oprima y sostenga la tecla CTRL y después presione la tecla "TAB" para cambiar entre las diferentes páginas que están disponibles en una de estas ventanas de diálogo.**

B *Menús de despliegue vertical o "Pull Down Menus":* **por ejemplo, si ve un nombre con una flechita al lado, haga clic sobre ella para ver una lista de las opciones disponibles en este menú desplegable. Una vez que el menú desplegable se abra, usted puede usar las teclas de las flechitas (la que apunta hacia arriba y la que apunta hacia abajo), para hacer una selección. Cuando ésta esté señalada, oprima la tecla de confirmar o ENTER. O, en esta lista, haga clic a la opción con la cual desea trabajar.**

C *Cajitas de seleccionar o "Check Boxes":* éstas le dejan seleccionar opciones en una ventana de diálogo. Para escoger una opción, simplemente hága clic sobre la casilla de verificación. Ahora verá una *X* o una marquita afirmativa que le indica que esta opción está seleccionada. Para deseleccionarla, simplemente hágale clic de nuevo.

D *Rueda de opciones o "Spinner":* ésta es una cajita con la cual usted —en la mayoría de los casos— puede trabajar de dos maneras: a) haciendo clic sobre el valor que muestra, escribiendo directamente el valor que desea usar y oprimiendo la tecla ENTER, o b) haciendo clic sobre las flechitas para reducirlo o aumentarlo. Por ejemplo, hága clic sobre la flecha que apunta hacia arriba para aumentar un valor y en la que apunta hacia abajo para disminuirlo.

Si usted quiere ensayar usar algunas de las diferentes opciones disponibles en una de estas ventanas de diálogo, abra cualquier procesador de palabras, como por ejemplo el de Word 2010/2003 para Windows, haga clic sobre herramientas o "Tools", y después sobre opciones o "Options". Ahora por ejemplo usted puede hacer clic en cualquiera de las Tabs (para trabajar en las diferentes páginas de opciones), o también puede abrir los menús desplegables. En las nuevas versiones de Office, verá menos de este tipo de opción. O sea, todo está muy integrado en lo que se llama el "Ribbon", o la cinta, de Office.

En la siguiente gráfica puede ver la ventana de diálogo que verá cuando haga clic sobre "File" y después sobre "Print".

Esta es la forma de trabajar con algunas de las opciones que usted verá en algunas ventanas de diálogo:

Ⓐ *Botones de radio o "Radio Buttons":* **ésta es una lista de opciones mutuamente exclusivas. Si usted ve un punto junto al nombre de una opción, esto quiere decir que la opción ya ha sido seleccionada. Usted sólo puede escoger una opción en una de estas listas, haciendo clic sobre ella.**

Ⓑ *Celdas de escribir valores o "Text Field":* **éstas le permiten escribir valores que le ayudan a un programa a ejecutar su petición. Para comenzar a trabajar con él, haga clic en el espacio en blanco.**

Por ejemplo, en esta ventana de diálogo, usted puede escribir el número de la primera y de la última página que usted desea imprimir y hacer clic sobre "Print" para, de esta manera, si está trabajando con un documento muy voluminoso, imprimir sólo las páginas con las cuales quiere trabajar.

La guía movible o "Slider" se usa para aumentar o disminuir un valor (por ejemplo, la resolución de su monitor).

Para aumentar un valor, coloque el indicador del ratón encima de esta guía y, mientras usted presiona y sostiene el botón izquierdo del ratón, muévala hacia la derecha. Si mueve la guía hacia la izquierda disminuirá el valor del ajuste que usted está tratando de cambiar.

■ La ventana tipo *pop-up*

Este es un tipo diferente de ventana secundaria que es usada en su mayor parte por compañías para enviarle anuncios comerciales a su computadora. Estas ventanas, por lo general, se abren automáticamente cuando usted visita un sitio web. Ahora, en la mayoría de los casos, si hace clic sobre la información que ve en una de estas ventanas, su navegador abrirá una página nueva mostrándole información acerca de un servicio o producto que ellos le quieren vender. Usted no tiene que cerrar estas ventanas para regresar al trabajo que estaba haciendo antes de que apareciera; si usted desea la puede mover a otra parte de la pantalla, o cerrarla haciendo clic sobre la *X* en la parte superior derecha de la ventana.

En la gráfica de arriba puede ver una ventana típica tipo *pop-up*. Para contestar a la oferta, simplemente haga clic sobre ella.

Cómo ajustar el tamaño de la ventana de un programa usando el ratón

La ventana de un programa que no cubre toda la pantalla puede ser ajustada de tamaño. Si la ventana cubre toda la pantalla, sólo puede hacer clic sobre el cuadrado de Minimizar o Maximizar localizado en la esquina superior derecha para reducirla de tamaño. Una vez que la ventana no esté tomando toda la pantalla, usted puede ajustarle el tamaño manualmente o cambiarla de posición en la pantalla. Haciéndole clic dos veces a la barra de títulos (donde ve el nombre del archivo y del programa), de una ventana que está tomando toda la pantalla también hará que ésta ocupe menos de la pantalla completa. Para restaurarla a que ocupe la pantalla, hága doble clic de nuevo sobre su barra de títulos.

Antes de manualmente ajustar el tamaño de una ventana que no esté tomando toda la pantalla, coloque el indicador del ratón sobre cualquiera de sus lados, e inclusive una de sus esquinas, y espere a que éste cambie de forma a una flecha doble.

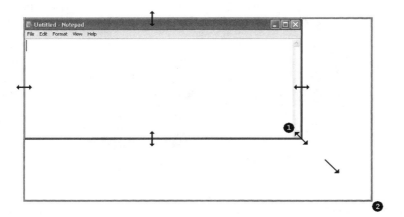

Estos son los pasos para ajustar el tamaño de una ventana en Windows que no está ocupando toda la pantalla:

1. Para comenzar, lleve el indicador del ratón sobre cualquiera de las esquinas o uno de los cuatro lados de cualquier ventana de programa que desee cambiar de tamaño. Después de que el indicador del ratón se haya convertido en una flecha doble, oprima y sostenga el botón izquierdo del ratón y después arrastre la esquina o el lado con el que desea trabajar hasta que esté del tamaño deseado.

2. Para terminar, retire sus dedos de los botones del ratón y podrá ver la ventana con el tamaño nuevo. En la mayoría de los casos, si usted cierra la ventana de un programa después de ajustar el tamaño y la abre de nuevo, debería ocupar el mismo espacio que ocupó en la pantalla de la computadora en el momento que usted la cerró.

Recuerde que usted no puede ajustar el tamaño de ventanas de diálogo ni de *pop-up,* y que estos tipos de ventanas sólo pueden ser cambiadas de lugar en la pantalla o cerradas.

Cómo mover una ventana de un lugar a otro en su pantalla usando el ratón

A medida que usted usa su computadora con Windows, notará que a veces la pantalla se puede ver un poco desordenada con las diferentes ventanas que ha abierto, y por este hecho a veces la ventana con la cual usted desea trabajar puede estar tapada por otra ventana que usted abrió previamente. Por este motivo, a veces le puede ser necesario saber cómo mover una ventana que no está ocupando toda la pantalla de la computadora a un lugar diferente en la pantalla.

Siguiendo la próxima gráfica, usted aprenderá a mover la ventana de un programa —en este ejemplo usé la calculadora electrónica— a otro lugar en la pantalla para poder trabajar mejor con un programa que abrió previamente.

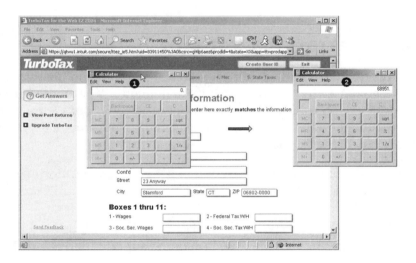

Estos son los pasos, como usted puede ver en esta captura de la pantalla, para mover un programa en la pantalla con el fin de que no cubra la información con la cual usted desea trabajar:

A. Por favor note que cuando usted abre un programa para Windows, su ventana se abrirá encima de cualquier otra ventana que estaba ya abierta. Por ejemplo, si abre la calculadora electrónica y ésta se abre encima de la ventana de un programa en el cual necesita escribir números, cámbiela de lugar de la siguiente manera: 1) haga clic en su barra de títulos y 2) después oprima y sujete el botón izquierdo del ratón. Ahora puede moverla a otro lugar en la pantalla de la computadora. Cuando esté en el lugar apropiado, retire su mano del ratón.

B. Ahora puede ver que esta ventana ocupa una posición nueva en la pantalla de la computadora, fuera del área de trabajo de la ventana con la cual desea trabajar.

Usted aun puede mover una ventana hasta la parte extrema derecha de la pantalla, escondiendo la mayor parte de su contenido. En el ejemplo que ve arriba, usted todavía podrá leer los totales en la calculadora electrónica. Usted también puede regresar a trabajar con sus programas, si estos están minimizados, haciéndoles clic a sus iconos en la barra de tareas o "Taskbar".

Cómo cerrar una ventana

Una vez que la ventana de un programa se abra, le será posible trabajar en su área de trabajo casi inmediatamente. Y recuerde que si usted ha estado trabajando en un programa (como por ejemplo un procesador de palabras en el que esté redactando una carta), entonces asegúrese de guardar su trabajo a menudo.

Y cuando usted termine de trabajar en un programa, después de guardar su trabajo lo puede cerrar de una de estas cuatro maneras:

- Haciendo clic sobre "File" y después sobre "Exit".
- Haciendo clic sobre la X en la esquina superior derecha de la ventana.
- Haciendo clic sobre la esquina izquierda superior de la ventana y escogiendo "Close".
- Presionando y sujetando las teclas ALT y F4.

La siguiente ventana de diálogo aparece cuando trata de cerrar una ventana sin haber guardado previamente el trabajo que estaba haciendo.

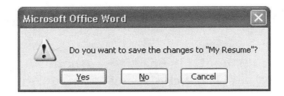

Esta es la manera de trabajar con esta ventana:

- Para guardar su trabajo como un archivo en la computadora, haga clic sobre "Yes". (Si ésta es la primera vez que guarda su documento, otra ventana se abrirá para ayudarle a guardarlo, es decir, darle el nombre que desea usar para el documento nuevo y también para ayudarle a escoger dónde lo quiere guardar).

- Para cerrar el programa sin guardar su trabajo, haga clic sobre "No". De esta manera usted perderá el trabajo que ha hecho desde que guardó el documento por última vez. (Si nunca lo ha guardado lo perderá completamente).

- Para regresar a trabajar en su documento, haga clic sobre cancelar o "Cancel".

Esta ventana de diálogo también aparecerá si usted inicia el proceso de apagar su computadora haciendo clic sobre el botón de "Start", deseleccionando apagar ("Shut Down") y todavía tiene documentos con los cuales ha estado trabajando y no ha guardado todavía.

NOTA

En el capítulo nueve, usted aprenderá los pasos necesarios para guardar su trabajo a un dispositivo de almacenamiento permanente (como lo es la unidad de disco duro) y también cómo recuperarlo más tarde.

Para recordar

- Una ventana en Windows es un espacio cuadrado que usted ve en la pantalla de su computadora.

- Cada ventana que usted ve en su pantalla representa un programa o proceso que usted le pidió a la computadora que hiciera.

- Un icono en Windows es una gráfica asociada con un programa, una carpeta o inclusive uno de sus archivos.

- El área de trabajo de una ventana es el espacio que le permite escribir información en el programa.

Funciones comunes en todas las versiones de Windows

4

El escritorio virtual ("Desktop") de Windows

El escritorio virtual o "Desktop" de una PC que usa una de las diferentes versiones de Windows es la primera pantalla que verá en la mayoría de los casos, a menos que una computadora haya sido configurada para abrir automáticamente un programa en particular cuando usted la prende.

¿Por qué es importante saber esto? Porque en el escritorio virtual encontrará muchos iconos, que después de que usted les haga clic dos veces, abrirán sus programas, carpetas o archivos.

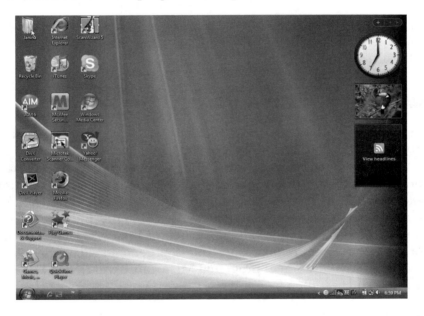

Si el "Desktop" de Windows no es visible porque está escondido detrás de una de las ventanas que ha abierto, entonces usted lo puede ver de esta manera:

a) minimizando o escondiendo las ventanas que están en frente del "Desktop" como pudo ver anteriormente en el capítulo de trabajar con ventanas, haciendo clic sobre el símbolo de menos en la esquina superior derecha de las ventanas de los programas que están abiertos en el momento, o b) haciendo clic (como puede ver en la gráfica anterior) sobre el botón de "Show Desktop", en la barra de herramientas rápida ("Quick Launch"), que a su vez está en la barra de tareas.

Si no puede ver el botón de "Show Desktop", lo puede habilitar haciendo clic con el botón derecho del ratón sobre cualquier parte libre de iconos en la barra de tareas, llevando el indicador sobre "Toolbars" y hacia la derecha o izquierda (depende de qué lado este menú abra), hacia abajo y finalmente haciendo clic sobre "Quick Launch".

En Windows 7, esta opción de mostrar el "Desktop" está en el extremo de la parte derecha de la barra de tareas. Para usarla sólo hágale clic (como una pestaña).

Los iconos en Windows

Un icono en Windows es una gráfica asociada con un programa, una carpeta o inclusive uno de sus archivos. Haciendo clic sobre un icono, usted puede abrir el programa, carpeta o archivo asociado con éste. Los iconos de programas en Windows se reconocen por tener una etiqueta con el nombre del programa al que pertenece. En Windows los iconos de sus archivos casi siempre pueden ser reconocidos porque el programa que usted usó para crearlos los personaliza. Por ejemplo, los iconos que son generados cuando usted crea un archivo usando el programa Microsoft Excel tienen una pequeña *X* en la esquina izquierda.

Por ejemplo, en esta captura de pantalla del "Desktop" de una computadora con Windows XP note en medio de estos iconos el icono que representa el navegador de web Mozilla Firefox (junto a la flecha).

My Documents Express Scribe RealPlayer AOL Quick Refere... Mozilla Firefox

My Computer Free Games & Music Rhapsody blank.bmp My resume.doc

En Windows, para encontrar más información acerca de un icono particular, lleve el indicador del ratón sobre él y déjelo allí por unos segundos. En el ejemplo que usted ve arriba, puede leer el nombre del programa que creó este archivo: "Tipo: Microsoft Excel Worksheet", una hoja de cálculo hecha con el programa Microsoft Excel.

Cómo trabajar con un icono en Windows

En una computadora personal con el sistema operativo Windows, usted trabajará con los iconos que ve en su pantalla llevando el indicador del ratón sobre ellos y después haciendo uno o dos clics con uno de los dos botones del ratón. Usted también puede trabajar con iconos usando el teclado, presionando la tecla ENTER una vez que el icono esté resaltado, pero esto es más difícil de hacer.

Cómo abrir programas usando el ratón

Si el icono de un programa está ubicado en el "Desktop", "Explore" o el programa de "My Computer" (Windows XP) o "Computer" (Windows 7/Vista), haga doble clic sobre él. Esta acción abrirá el programa, la carpeta o el archivo que el icono representa. Para abrir programas desde el menú "Start", sólo es necesario hacer clic una vez sobre su nombre.

Por favor note que cuando usted hace clic con el botón derecho del ratón sobre uno de sus iconos, otro menú se abrirá ofreciéndole una cantidad de opciones que puede elegir con sólo hacer clic sobre el nombre de la opción.

Como puede ver en el siguiente ejemplo, cuando hice clic sobre el icono de "My Documents" (Windows XP) oprimiendo el botón derecho del ratón, un menú desplegable se abrió mostrando una larga lista de acciones que pueden ser ejecutadas con sólo hacer clic una vez sobre el nombre de cada acción. Para abrir, por ejemplo, el Windows Explorer, solamente es necesario hacer clic sobre "Explore".

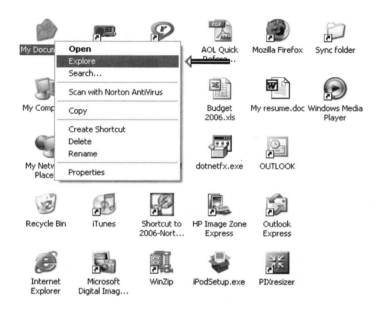

Usted también puede fácilmente borrar un icono que ya no necesite de esta manera: selecciónelo y oprima la tecla DELETE. Pero tenga en cuenta que si este icono es un atajo a un programa o a un archivo, esta acción no suprime el programa o los archivos asociados con él.

Cómo utilizar la barra de tareas ("Taskbar") para usar otro programa que está abierto

Esta es la barra que usted verá a lo largo de cualquiera de los lados (ya que usted la puede mover a cualquiera de los cuatro lados de la pantalla) de la pantalla de una computadora personal que tenga una de las diferentes versiones de Windows. Cada vez que usted abre un programa, el nombre de éste dejará un icono en esta barra de tareas, como una huella virtual, para recordarle que el programa está abierto.

En la gráfica de arriba, verá en la parte izquierda de la barra de tareas el botón "Start" (en Windows 7/Vista este botón es redondo y en Windows XP es rectangular), y en la mitad de esta barra verá los perfiles de los programas que están abiertos. En esta barra de tareas también puede ver otra información adicional, en la extrema derecha (si la barra de tareas está alineada horizontalmente con la parte baja del monitor), como la hora, en un área llamada área de notificación o "Systray". En esta parte de la barra de tareas también podrá ver algunos iconos que representan programas que se abren automáticamente casi todas las veces que prende la computadora.

Siguiendo la gráfica de arriba aprenderá a regresar a trabajar con los programas cuyos iconos o huellas vea ahí. Esto se hace de la siguiente manera:

1. Primero busque el nombre del programa con el cual desea regresar a trabajar. Por ejemplo, si estaba escribiendo una carta usando Microsoft Word, haga clic sobre el icono con la *W* para abrir este programa.

2. Ahora, entre los documentos de Word que tiene abiertos, que están agrupados verticalmente, busque el archivo con el que estaba trabajando. Por favor, note que, en Windows Vista, conforme lleva el ratón sobre los iconos en este grupo otra ventana se abre mostrándole una vista preliminar de cada uno de estos archivos. Cuando encuentre el que desea, hágale clic.

Como pudo ver anteriormente, la función principal de la barra de tareas en Windows es la de darle información acerca de los programas que actualmente están abiertos en la computadora y ayudarle a regresar a trabajar con los que puedan estar temporalmente escondidos detrás de otras ventanas porque si tiene muchos programas abiertos todas sus huellas no caben en esta barra de tareas, y entonces éstas son distribuidas a través de diferentes páginas. De esta manera, si no puede ver la huella de un programa que usted abrió previamente en la primera página de la barra de tareas, búsquela en la siguiente página.

Siguiendo la gráfica de arriba aprenderá a regresar a trabajar con los programas cuyas huellas no vea en la barra de tareas. Se hace de esta manera:

1. Para ver la segunda página de programas que ha abierto, hágale clic a "<".

2. Ahora, en las guías señaladas por el indicador, hágale clic a la guía que apunta hacia abajo para ver los iconos que están ahí.

3. Inmediatamente, en la segunda página, hágale clic al icono del programa al cual desea regresar a trabajar. Si espera mucho, la vista de la página adicional se cierra, y sólo verá la primera página de la barra de tareas.

Otra de las maneras que también puede usar para regresar a un programa que ha abierto pero que está escondido detrás de la ventana de otro programa es moviendo un poco la ventana del programa que lo está cubriendo parcialmente y después haciendo clic sobre la barra de título —es decir, en la cual usted ve el nombre del programa— de la ventana del programa que desea usar, para hacer que ésta avance hasta el frente de todas las otras ventanas.

En Windows 7, cuando tiene más de una instancia del mismo programa abierto, y quiere regresar a trabajar con una de las otras instancias, éstas son agrupadas de una manera diferente que en versiones anteriores de Windows.

Esta es la manera de regresar a trabajar con un programa que esté agrupado (como ve en la gráfica anterior) en Windows 7:

1. Comience haciendo clic sobre el icono del *grupo* al cual desea regresar a trabajar (Como por ejemplo Internet Explorer), y después hálelo un poco hacia arriba. En este ejemplo puede ver varias páginas web que usted ha visitado y todavía están abiertas.

2. Ahora note como cada una de las páginas web que ha visitado tiene una presentación previa. Finalmente, lleve el indicador sobre la página web a la cual desea regresar y después hágale clic para que ésta suba al frente de su pantalla.

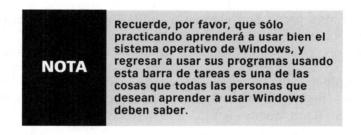

NOTA
Recuerde, por favor, que sólo practicando aprenderá a usar bien el sistema operativo de Windows, y regresar a usar sus programas usando esta barra de tareas es una de las cosas que todas las personas que desean aprender a usar Windows deben saber.

El cursor destellante

Esta es la barrita "l" que usted verá destellar o parpadear (por esto recibe el nombre de cursor destellante) en el área de trabajo de cualquier programa que le permita escribir texto, como por ejemplo, el cursor destellante que verá en el área de trabajo de un procesador de palabras que usted use para escribir cartas. Este cursor destellante también es visible en cualquier casilla en la cual usted pueda estar trabajando, en una página web, en el sitio web de una compañía que le está ofreciendo una tarjeta de crédito. También verá el cursor destellante en el momento de darle un nombre a un archivo (en frente de "File Name") en la ventana que se abre cuando usted elija guardarlo. Su propósito principal es indicarle el punto exacto en el cual, por ejemplo, si usted oprimiera la tecla *A*, esta letra aparecería en el documento con el cual está trabajando.

Si quiere practicar seguir el cursor destellante, abra el programa de Windows WordPad, de la siguiente manera: si tiene Windows 7/Vista, haga clic sobre el botón "Start" e inmediatamente escriba "WordPad" y después oprima la tecla ENTER. Alternativamente, *si su computadora tiene Windows XP,* haga clic sobre el botón "Start", ahora suba el indicador del ratón hacia arriba y después hacia la derecha sobre "Run", escriba la palabra "WordPad" y después oprima la tecla ENTER. Ahora fíjese que inmediatamente este programa se abre presentándole una pantalla limpia en la cual puede crear un nuevo documento. Ahora note que el cursor "I" aparece destellando en la esquina superior izquierda de este programa.

Por ejemplo, escriba la siguiente frase: "El camión salió para Buga a las 12 de la mañana". Ahora fíjese que a medida que usted escribe, el cursor destellante queda siempre a la derecha de la última letra que acaba de escribir. Ahora presione la tecla ENTER dos veces para bajar el cursor destellante dos líneas. Por favor note que el cursor destellante está de nuevo a la izquierda de la página (directamente debajo de la primera letra de la primera línea).

NOTA
La única vez que usted no verá el cursor destellante en una de estas situaciones es cuando usted ha hecho una selección de texto, o después de seleccionar una gráfica.

Cómo cambiar la posición del cursor destellante

Como vimos en la sección anterior, la posición del cursor destellante decidirá dónde en su documento lo que usted escribe aparecerá en el área de trabajo del programa que está usando. Esto la mayoría de las veces es muy fácil de determinar: por ejemplo, usted comienza a trabajar en una carta usando un procesador de palabras o en un nuevo mensaje de correo electrónico, lo cual de inmediato coloca el cursor destellante en la esquina superior izquierda de la página, y ahora usted puede empezar a trabajar. Estas son teclas que usted puede usar para mover la posición del cursor destellante:

- *La tecla TAB:* mueve el cursor incrementalmente (cada vez que usted la presiona) a una posición preprogramada en su documento. Recuerde que si el cursor destellante está a la izquierda de una palabra o línea de texto y usted presiona la tecla TAB, esa palabra o línea de texto también se trasladará a la derecha. Esta tecla también es ideal para trasladar el cursor a otro cuadrito de entrar texto en un sitio web.

- *La tecla **espaciadora** o "Space Bar":* cuando usted la oprime una vez, crea un espacio a la derecha del cursor destellante. Por ejemplo, después de escribir una palabra, presione esta tecla para dejar un espacio entre la palabra que usted acaba de escribir y la nueva palabra que usted está a punto de escribir. Si el cursor destellante está a la izquierda de una palabra o frase y usted presiona la tecla espaciadora una vez, esto hará que éstos también se muevan hacia la derecha.

- *Las cuatro **flechas en la parte derecha de su teclado**:* para navegar entre el texto **que usted ha escrito** sin estropearlo. Por ejemplo, si usted acaba de escribir una carta y olvidó escribir una palabra o una letra en una palabra, usted puede usar la flecha derecha o la izquierda para situar el cursor destellante delante del punto exacto donde necesita añadir algo. Ahora escríbala, y se hará a la derecha de la palabra que elija. Por favor recuerde que estas teclas con las flechitas no pueden mover la posición del cursor destellante a un lugar en la página donde usted no haya escrito nada, o al menos haya presionado la tecla espaciadora anteriormente.

Alternativamente, usted también puede usar el ratón para mover el indicador (sobre una parte del documento donde puede añadir texto, usando la herramienta de seleccionar texto o "Text Select Tool", que es parecido a un cursor flotante) sobre el documento en el cual usted está trabajando, haciendo clic exactamente adelante de la palabra donde usted quiere comenzar a escribir (el texto nuevo). Por ejemplo, usted puede hacer clic al principio de una carta que desea cambiar *mientras* (antes de que usted le haga clic a enviar o "Submit") pueda ver el cursor destellante en la casilla de añadir texto.

O use las siguientes teclas: HOME, END, PAGE DOWN y PAGE UP (vea la pág. 11).

Las teclas INSERT, BACKSPACE y DELETE

Cómo usar estas teclas cuando esté trabajando con programas que aceptan texto es una de las cosas más importantes que debe aprender para trabajar mejor dentro de programas que aceptan la entrada manual de texto. Estas son estas teclas, y cómo usarlas:

- *La tecla de añadir o* INSERT: esta es una tecla que usted puede usar para sobrescribir/reemplazar texto con el nuevo texto que usted escriba. Para usarla, presiónela una vez. Por ejemplo, si usted necesita reemplazar la palabra "Nueva York" con la palabra "Manhattan", hágalo de la siguiente manera: 1) coloque el cursor destellante antes de la *N* en "Nueva York", y 2) presione la tecla INSERT. Ahora comience a escribir la palabra "Manhattan". Después presione INSERT de nuevo para dejar de reemplazar texto. Si no lo hace, usted se arriesga a sobrescribir otra letra en la palabra siguiente. Hay dos maneras de saber si la tecla INSERT está habilitada: 1) si cuando está trabajando con un procesador de palabras, como lo es Word y ve en la barra de información inferior las siglas OVR en letras oscuras, o 2) si el cursor destellante está a la izquierda de una palabra y a medida que escribe nuevas palabras el texto original es reemplazado. Esto quiere decir que la función de insertar todavía está habilitada. Para desactivarla, presione esta tecla de nuevo. En un teclado para computadoras portátiles está tecla tiene el nombre INS.

■ *La tecla de retroceso o* BACKSPACE: ésta es una tecla que cuando es presionada mueve el cursor destellante un espacio hacia la izquierda. Si hay texto a la izquierda del cursor destellante, esta tecla le ayuda a quitar letra por letra cada vez que la presiona. Por ejemplo, si el cursor está destellando a la derecha de la palabra "Triángulo" y oprime BACKSPACE, nueve veces, ésta será borrada.

■ *La tecla de borrar o* DELETE: ésta hace exactamente lo que su nombre indica, ayudarle a borrar palabras, gráficas e inclusive archivos o carpetas (una vez que estén seleccionados). Por ejemplo, si el cursor está destellando a la izquierda de la palabra "Casa" y oprime la tecla DELETE cuatro veces, ésta será borrada. Para usar esta tecla simplemente presiónela. En una computadora portátil esta tecla tiene el nombre DEL.

Recuerde que la tecla ENTER también es bastante crucial, y cuando usted la oprime mientras está trabajando, por ejemplo, en una carta que está redactando con un procesador de palabras, esta acción mueve el cursor a la siguiente línea. Si usted presiona y sostiene la tecla CTRL y después la tecla ENTER una nueva página es creada, y si antes este documento tenía una sola página, ahora tendrá dos. Presionar esta tecla también le ayudará a trabajar con las ventanas de diálogo para contestar afirmativamente a la pregunta que le hace; por ejemplo, si la pregunta en la ventana es si desea proseguir y ve que una de las opciones es "OK" y oprime la tecla ENTER, esto funcionará de la misma manera que hacer clic sobre "OK".

Cómo cambiar de un programa que está usando a otro mediante el teclado

En Windows es posible cambiar muy fácilmente de un programa que tenga abierto a otro usando la combinación de teclas ALT + TAB. En la siguiente gráfica se puede ver en el centro del recuadro lo que verá cuando usa esta combinación de teclas. Para cambiar de un programa que esté usando a otro, oprima y sostenga la tecla ALT y después use la tecla TAB como un interruptor virtual, oprimiéndola una vez por cada programa que tenga abierto. Cuando encuentre el que desea usar, retire la mano del teclado.

ALT + TAB

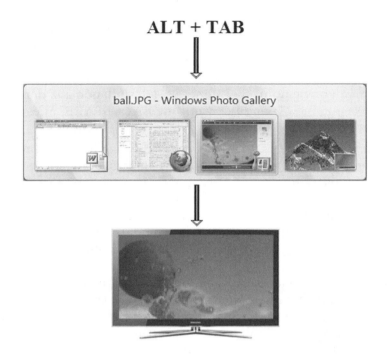

ball.JPG - Windows Photo Gallery

Cómo usar los menús desplegables en Windows

En la siguiente gráfica se puede ver una representación de estos nuevos menús que se abren cuando usted elige un comando en algunos programas para Windows. Cuando llegue a un icono de dos flechitas, coloque el indicador sobre éste y espere hasta que se pueda ver el resto del menú.

La siguiente gráfica representa el nuevo tipo de menú desplegable en Windows. Para trabajar con este tipo de menú, hágalo de la siguiente manera:

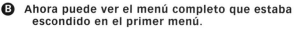

Ⓐ Cuando elija "Tools" verá el primer menú. Si la función con la cual desea trabajar no se ve, coloque el indicador sobre las dos flechitas que apuntan hacia abajo y manténgalo en esta posición.

Ⓑ Ahora puede ver el menú completo que estaba escondido en el primer menú.

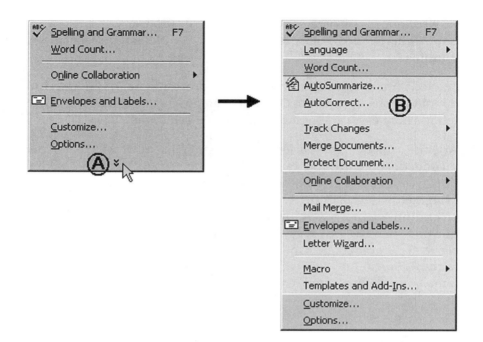

Cómo cambiarle el tipo y tamaño de letra a lo que escribe en sus programas para Windows

La mayoría de los programas con los cuales crea documentos, como los procesadores de palabras y algunos programas gráficos, tienen una configuración que, a) venía predeterminada con el programa o b) usted escogió.

Por ejemplo, si abre un procesador de palabras como Word y comienza a redactar una carta, el tipo y tamaño de la letra que puede ver en el área de trabajo es el tipo y tamaño que se encuentran guardados en el sistema. A esto en el mundo de las computadoras se le llama configuración "default" o de sistema. Si este tipo o tamaño de letra no le agradan, los puede cambiar.

Esta capacidad —de poder cambiar el tipo y tamaño de letras— le es casi siempre disponible en procesadores de palabras como Word.

He aquí las dos maneras principales de hacer estos cambios:

* Seleccione el tipo y tamaño de letra que desea usar y empiece a escribir. Ahora todo lo que escriba de ahora en adelante reflejará estos cambios.

* Seleccione el texto que ya ha escrito previamente, o que importó de uno de sus documentos, y ahora cámbiele el tipo y/o tamaño de letra. Ahora éste cambiará reflejando esta selección.

Además, puede usar varios tipos y tamaños de letra dentro del mismo documento con el cual está trabajando. De esta manera puede comenzar a escribir en el tipo Times New Roman, cambiar en la siguiente línea a Courier, cambiarle el tamaño a la letra y después, en el último párrafo, cambiar el texto al tipo Ariel Black. Y recuerde que en la mayoría de los casos estos cambios se pierden, una vez que cierra el programa que usó. En ese caso, el programa regresará a usar la configuración de sistema, es decir, el tipo y tamaño de letra que tenía antes de que usted los cambiara.

Las diferentes maneras de seleccionar texto

Como pudo ver anteriormente, el primer paso para cambiarle el tipo o tamaño de letra a algo que ya haya escrito es seleccionarlo. Esto se puede hacer muchas veces en un solo documento hasta llegar al resultado que desea.

Las siguientes son las tres maneras de seleccionar texto para cambiarle el tipo o tamaño de letra:

- *Cómo seleccionar una sola palabra:* haga doble clic sobre la palabra con el ratón, o selecciónela (como si estuviera barriendo), jalándola mientras sostiene el botón izquierdo hasta que esté resaltada.

- *Cómo seleccionar una línea completa en un documento:* coloque el indicador sobre el comienzo de la línea y después haga clic, sosteniendo el botón izquierdo y jalándo el ratón hasta que esté resaltada.

- *Cómo seleccionar un documento completo:* coloque el indicador en cualquier parte del documento y use la combinación de teclas CTRL + A.

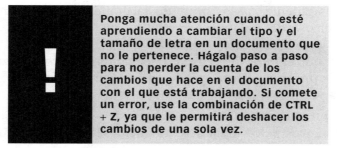

Ponga mucha atención cuando esté aprendiendo a cambiar el tipo y el tamaño de letra en un documento que no le pertenece. Hágalo paso a paso para no perder la cuenta de los cambios que hace en el documento con el que está trabajando. Si comete un error, use la combinación de CTRL + Z, ya que le permitirá deshacer los cambios de una sola vez.

Cómo seleccionar varias palabras a la vez

En Windows es posible seleccionar una o varias palabras a la vez en un documento para después cambiarlas de tipo y tamaño de letra. Esta función se usa muy a menudo para resaltar palabras que expresen ideas importantes en presentaciones o en cartas de negocios.

La siguiente gráfica le ayudará con el proceso de seleccionar una o varias palabras a la vez.

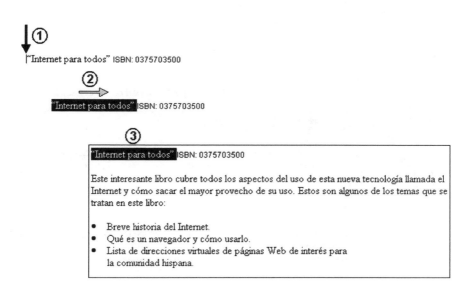

Siga los siguientes pasos mirando la gráfica anterior para seleccionar una o varias palabras a la vez:

1. Coloque el indicador en el espacio anterior al comienzo de la primera palabra que desea seleccionar y haga clic una vez.

2. Después, mientras sostiene el botón izquierdo del ratón, comience a seleccionar el texto que desea cambiar (como barriendo) y para terminar, retire la mano del ratón.

3. Finalmente, se puede ver como "Internet para todos" está seleccionado. Es decir, aparece resaltado.

Cómo seleccionar una línea completa

Se puede seleccionar una línea completa de manera muy fácil con un solo clic. A veces es necesario hacerlo para cambiar un título. También puede ser muy útil para centrar un título.

La siguiente gráfica representa la manera de seleccionar una línea completa dentro de un documento.

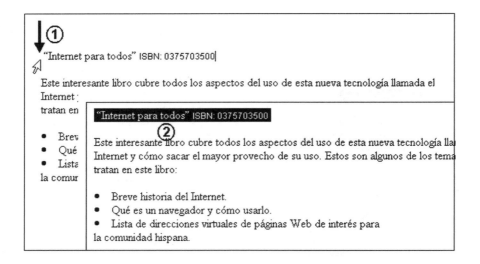

Siga los siguientes pasos, mirando la gráfica anterior, para seleccionar una línea completa:

1. Coloque el indicador sobre este punto a la izquierda del comienzo de la línea que desea seleccionar, indicado por la flecha, y note cómo el indicador se transforma en un ángulo de casi 45 grados. Entonces haga clic una vez.

2. Finalmente se puede ver cómo toda la primera línea de este documento está seleccionada.

Cómo seleccionar un documento completo

Ahora aprenderá a seleccionar un documento completo. Esto puede ser muy útil si recibe correo electrónico con letras muy pequeñas y las quiere cambiar.

La siguiente gráfica representa la manera de seleccionar un documento completo.

Siga los siguientes pasos, mirando la gráfica anterior, para seleccionar todo lo que se ve en la pantalla cuando abre un documento:

1. Coloque el indicador sobre cualquier parte dentro del documento que desea seleccionar y haga clic una vez.

2. Ahora use la combinación de teclas CTRL + A. Como puede ver en la gráfica anterior, todo el texto en este documento se ha resaltado. *Ahora retire las manos del teclado y lea la siguiente información.*

Cómo evitar perder trabajo cuando tenga texto seleccionado

Es muy importante que al terminar este ejemplo *retire las manos del teclado* mientras tenga el documento completo seleccionado y que sólo use el indicador del ratón. Esto se debe a que si en este momento (mientras tenga todo el documento seleccionado) pulsa cualquier tecla en el teclado, la computadora asumirá que usted desea reemplazar todo el texto seleccionado con el valor de la tecla que acaba de pulsar.

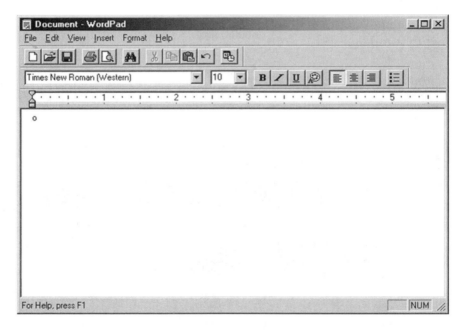

De esta manera, un documento de cien páginas puede parecerse al documento anterior donde sólo puede ver una "O" que oprimió por equivocación. Si esto le sucede, puede recuperar su documento usando la combinación de teclas CTRL + Z.

Cómo cambiar el tipo de letra en Word

Word 2010 es el procesador de palabras que viene incluido con Office 2010. Los ejemplos que verá a continuación fueron hechos con este programa y también le sirven para cambiar el tipo de letra en versiones anteriores y otros programas que forman parte del grupo de Office como Excel y PowerPoint.

Estos cambios también se pueden hacer varias veces en el mismo documento con el cual esté trabajando. De esta manera, puede tener un documento que muestre varios tipos y tamaños de letra diferentes. Ésta es una de las ventajas más grandes de usar una computadora personal, en vez de escribir en un papel: la de poder usar muchos tipos de letra diferentes y cambiarle su tamaño con sólo unos pocos clics del ratón.

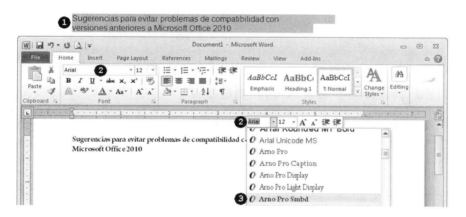

Estos son los pasos que debe seguir para cambiarle a una selección de texto el tipo de "font" o fuente en Word:

1. Para comenzar, haga clic sobre la pestaña de "Home" y después seleccione el texto que desee cambiar, como pudo ver anteriormente.

2. Después haga clic sobre el nombre de la fuente que aparece aquí, y —en el menú desplegable que abre— haga clic sobre otro tipo de letra para escogerla. Por favor note que si usted pasa el indicador sobre un tipo de fuente, la selección que hizo previamente cambiará, reflejando cómo se vería si hiciera este cambio. Alternativamente, en Office 2007/2010 también

puede hacer clic sobre la pestaña de "Home" y después hacer clic sobre la fuente que aparece aquí, y después —en el menú desplegable que se abre— escoger otra fuente diferente. Pero tenga en cuenta que estos cambios se perderán cuando cierre el programa.

3. Una vez que encuentre el tipo de fuente que desea, hágale clic una vez. Si cambia de opinión y no le gusta este cambio use la función de deshacer o "Undo" usando la combinación de teclas "CTRL + Z".

Ahora, si desea usar un tipo de letra diferente al que aparece en la pantalla cuando escribe, también puede seguir los pasos a continuación, pero en vez de seleccionar texto, sólo seleccione la fuente y el tamaño que desea. Y de ahora en adelante estos cambios se reflejarán en su documento.

Cómo cambiar la fuente en otros programas para Windows

Si su computadora no cuenta con la última versión de Office, y sólo tiene acceso al procesador básico de una versión previa de Windows (como por ejemplo Windows XP), entonces los ejemplos que siguen a continuación le ayudarán a aprender a cómo hacer estos cambios en su propio programa.

Recuerde que estos pasos le sirven para cambiar el tipo de letra que aparece en la pantalla *mientras* escribe.

Siga la siguiente gráfica para cambiar el tipo de letra en WordPad.

Una vez que tenga seleccionada una palabra de un documento:

1. Coloque el indicador sobre esta guía y haga clic una vez.
2. Para ver todos los tipos de letra que tiene, coloque el indicador sobre la guía mientras sostiene el botón izquierdo del ratón y jálela hacia arriba.

Ahora se puede ver en el siguiente recuadro los diferentes tipos de letras instalados en esta computadora. También puede ver cómo

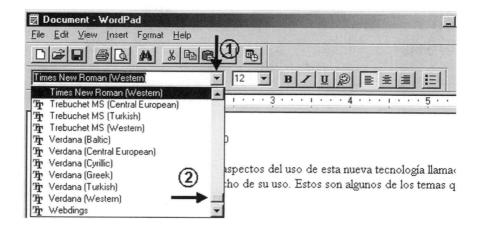

cada uno de estos tipos de letra tienen dos "T" a la izquierda. Esto significa que son del tipo "TrueType", los cuales se ven iguales tanto en la página impresa como en la pantalla.

Por ejemplo, si desea usar el tipo de letra "Comic Sans MS [Western]", sólo haga clic sobre éste, después coloque el indicador en cualquier parte de su documento, y haga clic una vez.

Si tiene dudas de si el tipo de letra de verdad cambió porque es tan parecida a la anterior, coloque el indicador al comienzo de la palabra y haga clic. Ahora podrá ver claramente el tipo de letra que es. En este caso, es "Comic Sans MS [Western]".

Cómo cambiar el tamaño de letra en Word

Esta es una función muy útil que puede usar para resaltar su trabajo. De la misma manera como pudo ver anteriormente, también puede cambiarle el tamaño a algo que haya escrito o simplemente elegir un tamaño diferente a la letra que ve en la pantalla de trabajo cuando escribe, para que de ahora en adelante el tamaño de la letra que escribe sea de menor o de mayor tamaño.

En algunos programas nuevos para Windows, también notará en los menús una "A" con una flechita para arriba y una "A" con una flechita para abajo. Cuando selecciona la "A" con la flechita para arriba, el texto que seleccionó o el texto que está escribiendo aumentará de tamaño. Y si escoge la "A" con una flechita para abajo, éste aparecerá reducido de tamaño.

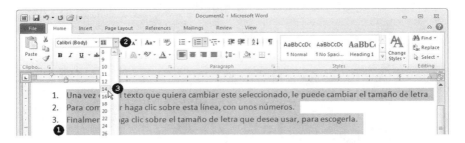

1. Una vez que el texto que desea cambiar esté seleccionado, le puede cambiar el tamaño de letra, siguiendo estos dos pasos.

2. Haga clic sobre esta casilla con unos números (en la pestaña de "Home").

3. Haga clic sobre el tamaño de letra que desea usar.

En la siguiente gráfica puede ver lo que hay que hacer si necesita usar un tamaño de letra que no está en el menú tipo cortina.

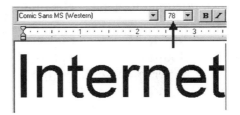

Por ejemplo, si necesita usar un tamaño de letra más grande, lo puede hacer así:

1. Seleccione el texto que desea cambiar.

2. Coloque el indicador en el cuadrito (indicado por la flecha), y escriba el número que desea usar y después oprima la tecla ENTER. Si las letras son demasiado grandes una vez hecho el cambio, use la combinación de teclas CTRL + Z para deshacerlo, y luego utilice otro tamaño de letra.

Cómo usar negritas, hacer letra cursiva y subrayar

Para enfatizar una palabra se puede usar negritas, cursivas o subrayar la palabra. Para usar estas funciones, seleccione, de la misma manera que aprendió en las páginas anteriores, la palabra o las palabras que desea cambiar.

La siguiente gráfica le ayudará a cambiar una selección al tipo de letra en negritas o "Bold".

Así se cambia de texto regular a texto en negritas:

1. Primero seleccione el texto que desea cambiar.

2. Ahora haga clic sobre la "B" señalada por la flecha, o use la combinación de teclas CTRL + B. Para terminar, coloque el indicador en cualquier parte del documento, y haga clic una vez.

Ahora se puede ver en la siguiente gráfica cómo el texto seleccionado quedó más oscuro. Se puede usar esta función para cambiar un par de palabras o todo un documento.

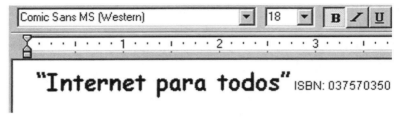

La siguiente gráfica le ayudará a cambiar una palabra o palabras a cursivas.

Así se cambia de texto regular a cursivas o "Italics":

1. Primero seleccione el texto que desee cambiar.
2. Ahora haga clic sobre la "I", señalada por la flecha, o use la combinación de teclas CTRL + I. Para terminar, coloque el indicador en cualquier parte del documento, y haga clic una vez.

Ahora se puede ver en la siguiente gráfica cómo el texto seleccionado ha cambiad:

La gráfica de la página siguiente le ayudará a subrayar o "Underline" una palabra o palabras.

Así se subraya texto:

1. Primero seleccione el texto que desea cambiar.
2. Ahora haga clic sobre la "U", señalada por la flecha, o use la

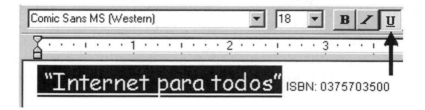

combinación de teclas CTRL + U. Para terminar, coloque el indicador en cualquier parte del documento, y haga clic una vez.

Ahora se puede ver en la siguiente gráfica cómo el texto seleccionado está subrayado.

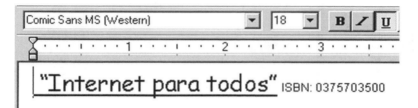

Se puede usar esta función para cambiar un par de palabras o todo un documento.

Cómo actualizar su copia de Windows

Windows, en casi todas sus versiones, está compuesto de miles de archivos de *software.* Y por este motivo, a veces pueden surgir problemas o incompatibilidades de estos archivos con otro *software* que usted compre o baje del Internet o inclusive con la manera como los usuarios de Windows lo usan. Estas incompatibilidades pueden causar problemas con su copia de Windows.

Por esto, a veces, cuando Microsoft se entera de las incompatibilidades de una versión especifica de Windows, ellos ponen a su disposición —de manera gratuita— actualizaciones al *software* de Windows, que podrían ser tan poco como un solo archivo a muchas docenas de ellos, a personas que tienen copias legales de Windows.

Si piensa que su computadora, si usa una de las diferentes versiones de Windows, no está funcionando bien, tal vez puede considerar actualizar su *software*. Pero antes de comenzar este proceso, le recomiendo que guarde todo su trabajo, es decir los archivos con los cuales ha estado trabajando, y asegúrese de que tiene una conexión al Internet (es decir, que su módem de cable o DSL estén prendidos). A continuación verá la manera de actualizar su *software* de Windows.

En Windows 7/Vista:

Haga clic sobre el botón START, e inmediatamente escriba: *"Windows update"* y después oprima la tecla ENTER.

Ahora, si la ventanita que abre le avisa que hay actualizaciones disponibles para su computadora (*"Install updates"*), entonces haga clic sobre el botón *Install updates* (señalado por la flecha) para comenzar este proceso. De otra manera ciérrela, haciendo clic sobre la *X,* en la esquina superior derecha.

Cuando este programa termine, le preguntará si desea apagar y reiniciar la computadora. Si no está muy ocupado en el momento que el sistema operativo le ofreció instalar sus actualizaciones, elija apagar y reiniciar su computadora.

El proceso de actualizar su computadora en Windows XP es muy fácil, y lo importante es que tenga una conexión al Internet; de otra manera la computadora no podrá ir al sitio web de Microsoft para buscar actualizaciones a su *software*.

Este es el proceso de buscar actualizaciones al *software* de Windows XP:

1. Para comenzar, haga clic sobre el botón "Start"
2. Ahora lleve el indicador del ratón sobre "All Programs" (sin hacerle clic), y después un poco hacia la derecha y hacia arriba
3. Finalmente haga clic sobre "Windows Update" para comenzar este proceso

Si esta es la primera vez que usted visita este sitio web, entonces una ventanita se abrirá pidiéndole permiso para que instale un *software* (llamado un *plug-in*) para permitirle a este sitio web actualizar su copia de Windows. Para aceptar, haga clic sobre "Install" o "OK", de otra manera la computadora no podrá entrar a este sitio web a buscar el *software* necesario para actualizar su computadora.

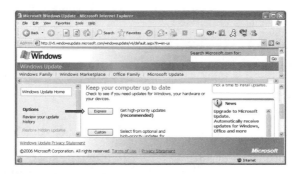

Finalmente, cuando vea la ventana de arriba, que puede o no ser un poco diferente a la que ve aquí, haga clic sobre "Express" para comenzar este proceso de instalar el *software* más reciente que necesita su computadora. Después, cuando vea el mensaje "Download and Install Now", haga clic sobre él. Cuado vea el mensaje "Instalation Completed", haga clic sobre "Close" para cerrar esta ventana. Si ve el mensaje "Continue", entonces haga clic sobre él para continuar instalando más *software*.

Alternativamente, abra su navegador de Internet y escriba el enlace http://windowsupdate.microsoft.com en la casilla de direcciones de la página web de Microsoft para actualizar Windows, y después oprima la tecla ENTER.

La manera correcta de apagar una computadora

Apagar una computadora es algo que debe aprender a hacer correctamente, debido a que un sistema operativo sube muchos archivos a la memoria temporal, y a veces estos, cuando la computadora se apaga súbitamente, se pueden estropear. Además de tener esta precaución, debe siempre recordarse de guardar su trabajo antes de comenzar este proceso, porque aunque la computadora le avise que tiene trabajo por guardar, éste puede ser tan rápido que es posible que no le dé tiempo de guardar el trabajo que no ha guardado una vez que empiece el proceso de apagar la computadora.

He aquí las maneras de apagar una computadora en las tres versiones más populares de Windows:

En Windows 7:

1. Haga clic sobre el botón "Start".
2. Haga clic sobre "Shut Down".

En Windows Vista:

1. Haga clic sobre el botón "Start"
2. Jale el indicador del ratón sobre la parte baja de los dos paneles que abren aquí, sobre la flecha (al lado del símbolo de un candadito) y después sobre "Shut Down"

En Windows XP:

1. Haga clic sobre el botón de comienzo o "Start".
2. Haga clic sobre apagar computadora o "Turn Off Computer".
3. Haga clic sobre "Turn Off" para apagar la computadora.

Y por favor tenga en cuenta que si hay otros usuarios de la computadora que han entrado a ésta (usando sus nombres de usuario) pero que no han elegido salir, la computadora le avisará y le preguntará si todavía desea seguir apagando la computadora. Adicionalmente, si elige otra opción como por ejemplo "Restart", la computadora se apagará y se reiniciará de nuevo. Por último, si empieza el proceso de apagar la computadora o de reiniciarla y le avisa que hay trabajo que todavía se debe guardar o que todavía hay otros usuarios con sesiones abiertas en la computadora, oprima la tecla de escapar o "ESC", para regresar a su sesión de Windows y resolver estas dudas.

Para recordar

- El "Desktop" de Windows es la primera pantalla que verá cuando prende su computadora.

- Un icono en Windows es una gráfica asociada con un programa, una carpeta o inclusive uno de sus archivos.

- Cada vez que usted abre un programa, el nombre de éste dejará un icono en la barra de tareas.

- El cursor destellante es la barrita "|" que usted verá destellar o parpadear (por esto recibe el nombre de cursor destellante) en el área de trabajo de cualquier programa que le permita escribir texto.

- Use la combinación de teclas ALT + TAB para cambiar de un programa que tenga abierto a otro.

- Cambiar el tipo y tamaño de letra es una función muy útil si desea hacer títulos con letras más grandes o desea usar diferentes tipos de letra.

- Si comete un error mientras cambia el tipo y tamaño de letra, use la combinación de teclas CTRL + Z para deshacerlo.

- Windows viene instalado con muchos tipos de letra diferentes, y si le añade Microsoft Office, éste le dará muchos más tipos de letra.

- Recuerde siempre de apagar la computadora usando los pasos descritos en este capítulo; de lo contrario puede perder el trabajo que no ha guardado o peor, estropear la copia del sistema operativo instalada en la computadora.

El sistema operativo Windows XP

Introducción

Windows XP estuvo disponible en cinco versiones diferentes. En este capítulo aprenderá a hacer varias funciones que son comunes a todas.

Una de las mejoras de las cuales más se habla con relación a este sistema operativo es que es mucho más estable con respecto a versiones anteriores de Windows. Por este motivo es difícil (aunque no imposible) que un solo programa que haya abierto previamente que no esté funcionando bien se apodere completamente de la computadora y le haga imposible usarla.

La gráfica de abajo representa las dos ediciones comerciales de Windows XP de mayor uso.

Actualización a Microsoft Windows XP Home Edition
con paquete de Servicio 2

Actualización a Microsoft Windows XP Pro Edition
con paquete de Servicio 2

Ventajas de usar Windows XP

Para una pequeña empresa el costo inicial de Windows XP puede parecer muy alto, pero al final cambiar a Windows XP puede ahorrarle mucho dinero en soporte técnico.

Según Microsoft, éstas son algunas de las ventajas de Windows XP en comparación con Windows 98:

- XP es al menos 10 veces más confiable que Windows 98. Esto fue el resultado de pruebas de la industria llevadas a cabo por la compañía eTesting Labs. Las pruebas también determinaron que el tiempo promedio de funcionamiento de un sistema Windows XP Professional, es decir, el tiempo que funciona sin tener ningún problema serio, es por lo menos 10 veces más confiable que el de Windows 98SE.

■ Encontrará mejores herramientas de prevención y de recuperación de archivos, los cuales mantienen sus programas de negocios activos y funcionando con un mínimo de problemas.

■ Una de las ventajas de usar este excelente sistema operativo es que le exige menos esfuerzo, tiempo y frustración en administrar sus computadoras. También encontrará útil la opción de recuperar el sistema o "System Restore". Asimismo encontrará que éste tiene mejor protección para el *software* que maneja dispositivos o *device drivers* al emplear el "modo de compatibilidad". Éste le permite instalar *software* compatible sin tener problemas con el sistema operativo. Por último, encontrará muy útil la capacidad de recuperar el uso de la computadora después de una falla, que sucede cuando una aplicación deja de funcionar.

■ También notará que una computadora personal que use este sistema operativo reiniciará más rápidamente, y en la mayoría de los casos terminará las tareas en mucho menos tiempo. Esto le permite a usted dedicar más energía a sus negocios y menos en administrar su computadora.

Windows XP está basado en la tecnología NT, la misma tecnología que se usa en Windows 2000 y NT 4.0. Este sistema operativo añade estabilidad, movilidad y facilidad de manejo a las computadoras personales.

La gráfica de la próxima página representa el escritorio virtual de Windows XP. En esta gráfica notará que esta edición de Windows XP es la Media Center Edition, que es una versión con programas adicionales para trabajar con multimedios.

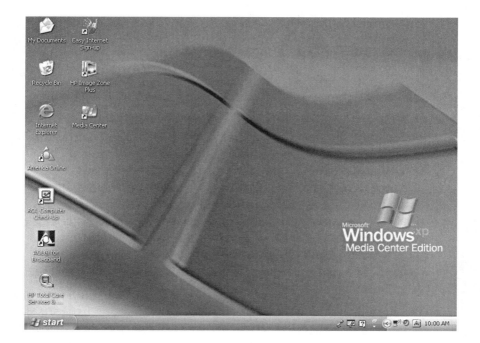

Por favor note que el área de trabajo de Windows XP se parece mucho a las versiones anteriores de Windows.

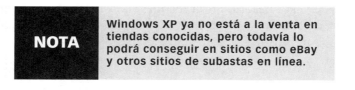

NOTA Windows XP ya no está a la venta en tiendas conocidas, pero todavía lo podrá conseguir en sitios como eBay y otros sitios de subastas en línea.

El menú de comienzo

El menú de comienzo es una de las diferencias más fáciles de notar si usó una computadora con una versión anterior de Windows, como por ejemplo Windows 98.

Para trabajar con el menú de comienzo, sólo es necesario hacer clic sobre el botón "Start". Después puede ver que una ventana se abre, presentándole una serie de opciones en las cuales puede hacer clic para usar la computadora.

En la siguiente gráfica puede ver que el nombre del usuario (la persona que está usando la computadora ahora) es Luis Felipe. Si en su casa hay varios usuarios, en la parte de arriba también podrá ver el nombre del usuario que la esté usando en un momento dado. De lo contrario, sólo verá "Admin" o cualquier otro nombre.

El menú de comienzo en Windows XP agrupa al lado izquierdo un número de programas que la computadora se acuerda haber usado anteriormente, y al lado derecho herramientas de trabajo, como las que debe usar para manejar sus archivos (como el icono de "My Computer") y las que usa para administrar la computadora ("Control Panel").

Si desea usar uno de estos programas en el menú de comienzo lo puede hacer de esta manera:

1. Primero haga clic sobre el botón "Start" para abrir el menú de comienzo.
2. Después jale el indicador hacia arriba, buscando el programa con el cual desea trabajar.
3. Finalmente, haga clic sobre el icono que representa el programa que busca para abrirlo.

Si el icono del programa que desea usar no se encuentra en el menú de comienzo, es necesario abrirlo navegando al menú de todos los programas o "All Programs".

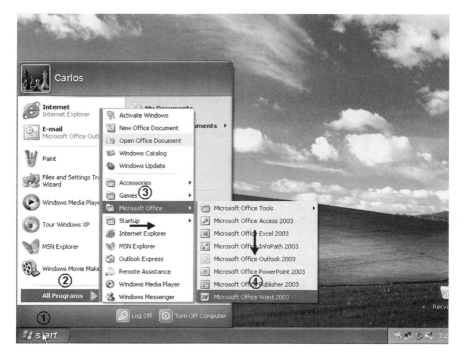

Por ejemplo, siga estos pasos para buscar en el menú "All Programs" (en una computadora con Windows XP) el procesador de palabras Word (si éste fue instalado en su computadora), siguiendo la gráfica de arriba:

1. Haga clic sobre el menú de comienzo.
2. Suba un poco el indicador del ratón y después haga clic sobre "All Programs".
3. Después lleve el indicador del ratón sobre el grupo de programas que busca, en este caso el grupo de Microsoft Office.
4. Finalmente, haga clic sobre el icono del programa que busca, en este ejemplo Microsoft Office Word 2003.

Cómo cambiar el menú de comienzo estándar al menú clásico

Si en el pasado usaba una computadora personal con una versión anterior de Windows, y está muy acostumbrado al menú de comienzo que se usaba anteriormente, también le será posible usar éste en Windows XP. Estos son los pasos para cambiar la configuración del menú de comienzo a la versión clásica (igual al de Windows 98):

1. Haga un clic con el botón derecho sobre "Start" para abrir la ventana de diálogo y así cambiar las propiedades del menú de comienzo.

2. Después haga clic sobre "Properties" para abrir la ventana de hacer cambios en la configuración de la barra de tareas y en el menú de comienzo.

En la próxima ventana le será posible cambiar la configuración del menú de comienzo a la versión clásica:

Siga estos pasos para cambiar la configuración del menú de comienzo, siguiendo la gráfica anterior:

1. Una vez que este menú abra, haga clic sobre "Classic Start Menu".
2. Después haga clic sobre "Apply" para seleccionar el menú clásico de comienzo.
3. Finalmente haga clic sobre "OK".

Si más tarde decide que prefiere usar el menú de comienzo de Windows XP, puede seguir estos pasos para regresar y deshacer este cambio haciendo clic sobre "Start Menu" en vez de "Classic Start Menu".

Cómo trabajar con cuentas de usuarios localmente

Como pudo ver anteriormente, una de las ventajas de usar Windows XP es que se pueden proteger sus archivos de intrusos locales o ajenos (a través del Internet). Esto se logra en parte con el uso de cuentas de usuarios, que le permiten a cada una de las personas que usa la computadora proteger sus propios archivos.

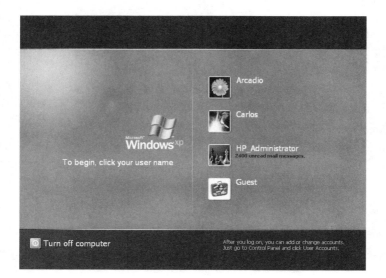

En la gráfica de la página anterior puede ver un ejemplo de la pantalla que verá en una computadora con tres usuarios. La cuenta de visitante o "Guest" es muy limitada. Si trabaja en una computadora con sólo una cuenta de usuario, y esta cuenta no tiene una contraseña, nunca verá la ventana de arriba.

Para entrar a una computadora (con Windows XP), haga clic sobre el nombre de usuario que le corresponde. Si esta cuenta tiene una contraseña o "Password", escríbala y después haga clic sobre el indicador verde para entrar a la computadora.

Una de las primeras preguntas que verá cuando esté preparando una computadora nueva por primera vez, con Windows XP instalado (o una que acaba de actualizar a Windows XP), es ¿Quién usará esta computadora? o "Who will use this computer?".

En este momento puede ser buena idea escribir los nombres o la palabra que desea usar para cada usuario (como en el ejemplo de arriba), de las personas que tendrán acceso a esta computadora. Si no está seguro de qué nombre usar, puede regresar más tarde y añadirlo. Más adelante aprenderá a añadirle contraseñas a las cuentas de usuarios para evitar que otros usuarios entren a la computadora usando su cuenta.

También es importante recordar que todas las cuentas de usuarios cuyos nombres añadió a esta lista (en el preciso momento cuando prendió la computadora por primera vez, después de comprarla en la tienda), recibirán derechos de administrador de la computadora. Por este motivo tal vez pueda ser mejor sólo añadir el nombre suyo, y después añadir las cuentas de los otros usuarios más tarde.

Para trabajar con cuentas de usuarios localmente es necesario abrir el panel de controles y después el programa para trabajar con cuentas de usuarios o "User Accounts".

Para hacer esto primero abriremos la ventana de "Run"; desde ésta le es posible abrir un programa si sabe el nombre de su archivo.

Siga estos pasos para abrir el panel de control o "Control Panel" desde la ventana de "Run":

1. Haga clic sobre el menú de comienzo.

2. Ahora busque el icono de "Run", y después haga clic sobre éste.

3. En la ventana al lado de "Open", escriba "Control" y después oprima la tecla ENTER.

Después de que se abra el panel de control, busque el icono de "User Accounts".

User Accounts

Haga clic sobre este icono para abrir el programa de manejar cuentas de usuarios y contraseñas. En computadoras con el tercer paquete de servicio (SP3), tal vez sea necesario hacer clic sobre "User Accounts" de nuevo en la ventana de diálogo que se abrirá después de hacer clic sobre "User accounts" en el panel de control.

Cómo crear una cuenta de usuario local

A continuación aprenderá a añadir una cuenta de usuario local para permitirle a otra persona usar esta computadora.

Si cerró el programa para manejar "User Accounts" y contraseñas, ábralo de nuevo siguiendo los pasos que aprendió en la página anterior.

La siguiente gráfica representa el programa para trabajar con cuentas de usuarios locales en Windows XP.

Si desea añadir una cuenta de usuario local para darle acceso a esta computadora, haga clic sobre "Create new account" para crear una cuenta nueva.

Por favor recuerde que tanto para añadir o borrar cuentas de usuarios como cambiar contraseñas de otros usuarios, es necesario entrar a la computadora con una cuenta de usuario que pertenezca al grupo de los administradores de la computadora. De lo contrario, el único cambio que podrá hacer un usuario con una cuenta limitada usando el programa de cuentas de usuarios es cambiar su propia contraseña.

Creating a user account

Want to create a user account for someone? This is a task that only a computer administrator can do. If you want to create a new account, ask someone with a computer administrator account to help you.

En la gráfica de arriba puede ver el mensaje que verá si el usuario que está tratando de añadir o borrar una cuenta de usuario no tiene suficientes derechos para hacerlo. Si compra una computadora con Windows XP Home Edition, es buena idea que cree una contraseña para la cuenta del administrador de la computadora.

> **!** Si recibió una computadora con Windows XP Pro, será necesario crear una contraseña para la cuenta del administrador local cuando prende la computadora por primera vez. También es muy importante que trate de usar una combinación de números o letras que le sean fáciles de recordar, ya que si la pierde puede que le sea imposible entrar a usar la computadora.

Una vez que la próxima pantalla abra, le será posible abrir una cuenta de usuario local en una computadora con Windows XP. Este proceso se puede repetir muchas veces para abrir cuentas de usuario local para todas las personas que usan una computadora.

Siga estos pasos (ilustrados en la gráfica siguiente) para crear una cuenta local en Windows XP después de hacer clic sobre "Create new account":

Name the new account

Type a name for the new account:

(1) | Arcadio |

This name will appear on the Welcome screen and on the Start menu.

(2) [Next >] [Cancel]

Pick an account type

○ Computer administrator   ⊙ Limited

(3)

With a limited account, you can:
- Change or remove your password
- Change your picture, theme, and other desktop settings
- View files you created
- View files in the Shared Documents folder

Users with limited accounts cannot always install programs. Depending on the program, a user might need administrator privileges to install it.

Also, programs designed prior to Windows XP or Windows 2000 might not work properly with limited accounts. For best results, choose programs bearing the Designed for Windows XP logo, or, to run older programs, choose the "computer administrator" account type.

(4)

[< Back] [Create Account] [Cancel]

1. En esta casilla escriba el nombre de usuario que desea usar. Podría ser, por ejemplo, la primera inicial de su nombre más el apellido.

2. Después haga clic sobre "Next", para ver la segunda parte de este proceso.

3. Ahora haga clic sobre el tipo de acceso que desea asignar a este usuario. Por ejemplo, para un menor o para alguien que no sabe usar bien la computadora, haga clic sobre "limitado" o "Limited". Para una persona de confianza que sepa usar la computadora, puede elegir administrador de la computadora o "Computer Administrator".

4. Por último, haga clic sobre "Create Account".

Cómo añadir una contraseña a una cuenta de usuario local

Cuando preparó la computadora por primera vez, tal vez creó cuentas de usuarios locales para darles a todas las personas que viven en su hogar acceso a su computadora. Pero recuerde que inmediatamente después de abrir estas cuentas, no están protegidas, por lo que es muy buena idea añadirles una contraseña.

También es importante añadirle una contraseña a la cuenta de administrador, es decir, un usuario que puede añadir, borrar y en general administrar los privilegios de las otras cuentas en Windows XP Home Edition. De esta manera el administrador puede designar qué privilegios tienen los otros usuarios con cuentas limitadas. Por ejemplo, un usuario con una cuenta de usuario local sólo puede cambiar su propia contraseña si tiene una.

Una vez que el programa para trabajar con cuentas de usuarios se abra, siguiendo los pasos de las páginas anteriores haga clic sobre el nombre del usuario con el cual quiere trabajar. Por ejemplo, si es un administrador y desea añadirle una contraseña a su cuenta, haga clic sobre la cuenta que dice "Computer administrador". Este libro fue escrito usando una computadora Hewlett-Packard. Por lo tanto, notará que dice "HP_Administrator". Dependiendo del tipo de computadora que tenga, puede que diga "Admin" o algo parecido.

Cuando la próxima ventana se abra, le será posible añadir una contraseña a una cuenta de usuario, y es una buena idea apuntarla y guardarla en un lugar muy seguro.

What do you want to change about your account?

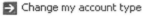 Change my name

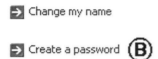 Create a password

 Change my picture

➡ Change my account type

➡ Set up my account to use a .NET Passport

HP_Administrator
Computer administrator
Ⓐ

En la ventana de arriba, desde la cual puede hacer varios cambios a una cuenta de usuario local en una computadora personal con Windows XP, por favor note estos dos detalles:

Ⓐ Este es el nombre de la cuenta con la cual está trabajando. Note que debajo del nombre de la cuenta dice "Computer administrator". Si esta fuera una cuenta limitada diría "Limited Account".

Ⓑ Haga clic sobre "Create a password", para añadirle una contraseña a esta cuenta de administrador. Si más tarde la desea cambiar, regrese a esta ventana y haga clic sobre " Change password".

PARE

Es importante que cuando esté trabajando con contraseñas en Windows XP o 2000, se percate bien de lo que está haciendo. Por ejemplo, si cambia la contraseña del administrador en una computadora con sólo un usuario y después la olvida, le será muy difícil entrar a la computadora sin la ayuda de un experto en computadoras.

Recuerde que una contraseña le ofrece un nivel básico de seguridad. Es decir, una vez que entre a la computadora con su nombre de usuario y su contraseña, su trabajo está un poco más protegido de lo que estaría si esta computadora sólo tuviera un solo nombre de usuario que todos usan.

Esta es la manera de añadir una contraseña a una cuenta de usuario en Windows XP:

Create a password for your account

Type a new password:

[••••••••••]

Type the new password again to confirm:

[••••••••••]

If your password contains capital letters, be sure to type them the same way every time you log on.

Type a word or phrase to use as a password hint:

[Nombre de mi perro]

The password hint will be visible to everyone who uses this computer.

③

[Create Password]   [Cancel]

1. Escriba la contraseña que desea usar exactamente igual en la primera y en la segunda casilla. Recuerde que puede usar una combinación de letras y números, y si usa una letra que no está permitida, el sistema operativo le avisará.

2. En esta casilla escriba una pista. Si acaso se le olvida su contraseña, la pista le ayudará a recordar qué palabra o combinación de palabras y letras usó. Esto no tiene sentido en una computadora a la cual varias personas tengan acceso, porque esta pista la pueden ver todas las otras personas que usan la computadora.

3. Por último, haga clic sobre "Create a password". Si no escribió la contraseña que desea usar exactamente igual en la primera y la segunda casilla, el sistema operativo también le avisará de esto y tendrá que escribirla de nuevo.

Cómo cambiar una contraseña a una cuenta de usuario

Los pasos para cambiar una contraseña en su propia cuenta (si tiene una cuenta limitada o de administrador) o en la cuenta de otros usuarios (si tiene una cuenta de administrador), son muy similares a los de añadir una contraseña. Para empezar, siga los pasos de las páginas anteriores, y después de escoger el usuario con el cual desea trabajar, haga clic sobre "Change your password".

Change your password

Type your current password:

```
●●●●●●●●●●    ①
```

Type a new password:

```
●●●●●●●●●●
```

Type the new password ②gain to confirm:

```
●●●●●●●●|
```

If your password contains capital letters, be sure to type them the same way every time you log on.

Type a word or phrase to use as a password hint:

```

```

The password hint will be visible to everyone who uses this computer.

③

[Change Password]   [Cancel]

Esta es la manera de cambiarle la contraseña a una cuenta de usuario en Windows XP:

1. Escriba la contraseña que desea cambiar. Si se le olvidó la contraseña y tiene una cuenta limitada, le puede pedir a un usuario que tenga una cuenta de administrador que se la cambie.

2. En la primera y la segunda casilla, escriba la contraseña que desea usar exactamente igual. Recuerde que puede usar una combinación de letras y números, y si usa una letra que no está permitida, el sistema operativo le avisará.

3. Por último, haga clic sobre "Change password". Si no escribió la contraseña que desea usar exactamente igual en la primera y la segunda casilla, el sistema operativo le avisará de esto y tendrá que comenzar de nuevo.

Cómo compartir carpetas o archivos con otros usuarios de la misma computadora

En Windows XP es muy fácil compartir carpetas o archivos para que otros usuarios que usan la misma computadora los puedan usar. Lo único que tiene que pensar es qué carpeta o archivos desea compartir para que otros usuarios que también usan la misma computadora tengan acceso a estos.

Para seguir este ejemplo, primero abra la carpeta de "My Documents". Ésta por lo general está en el escritorio virtual.

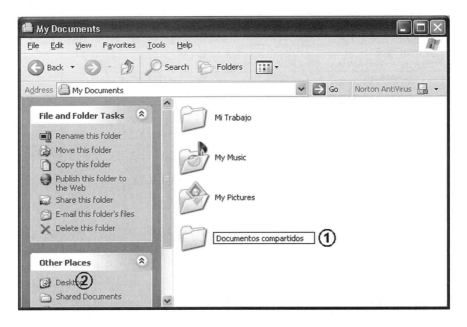

Para compartir una carpeta o un archivo en Windows XP sólo es necesario moverlo a la carpeta de documentos compartidos o "Shared Documents" de la siguiente manera:

1. Busque la carpeta o el archivo que desea compartir. Para este ejemplo haga una nueva carpeta, haciendo clic sobre "File" y después sobre "New" y después sobre "Folder". Para este ejemplo déle a esta carpeta el nombre de "documentos compartidos", y después haga clic en la parte libre de esta ventana.

2. Finalmente haga clic sobre la carpeta o el archivo que desea compartir, mientras sostiene el botón izquierdo del ratón, y arrástrelo hasta la parte izquierda de esta ventana sobre "Shared Documents".

En el futuro, lo único que tendrán que hacer usted y todos los demás usuarios que usan esta computadora es abrir esta carpeta de "Shared Documents". Entonces verán todas las carpetas y archivos compartidos en esta computadora.

Por ejemplo, para ver la carpeta que creó anteriormente y que después movió a "Shared Documents", regrese a la carpeta de "My Documents".

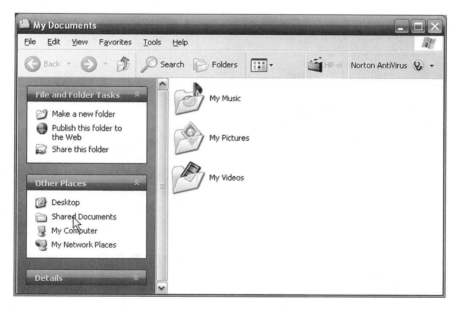

Una vez que esta ventana se abra, haga clic sobre la carpeta de "Shared Documents" para abrirla y ver su contenido.

Recuerde que cuando elija compartir una carpeta o un archivo, éste ya no será visible en el sitio donde lo creó originalmente. Esto al principio lo puede confundir un poco, pero recuerde que siempre lo puede mover de nuevo a la carpeta donde estaba antes.

Cuando se abra la ventana de "Shared Documents", le será posible trabajar con estas carpetas o archivos con la misma facilidad con la que trabaja con sus mismas carpetas y sus propios archivos.

Para abrir un documento, como por ejemplo la "Carta a Gonzalo", haga doble clic sobre éste. Cuando termine de trabajar con este documento, éste estará disponible a los demás usuarios.

Cómo cerrar un programa que no responde

Una de las ventajas de Windows XP es que los recursos que cada programa usa están muy bien aislados de los otros. De esta manera, si un programa falla es posible cerrarlo sin que éste afecte a otro que esté usando. En este sistema operativo, es muy raro que un solo programa haga que la computadora se congele.

Primero abra la ventana del administrador de las tareas que se están ejecutando en esta computadora al oprimir la combinación de teclas CTRL + ALT + DEL.

Esta es la manera de cerrar un programa que no esté funcionando en Windows XP:

1. Primero lleve el indicador sobre el nombre del programa que no está respondiendo ("Not responding") y haga clic una vez para elegirlo.
2. Después haga clic sobre "End Task".

Información acerca de los paquetes de servicio

Más o menos una vez al año, Microsoft hace mejoras para actualizar Windows XP. Estas actualizaciones contienen todas las últimas soluciones y mejoras que Microsoft ha puesto a la disposición de los usuarios a lo largo del año anterior. Estas actualizaciones (denominadas paquetes de servicio o "Service Pack") le permiten obtener cómodamente y de una sola vez la versión más reciente para usar dispositivos, mejoras de seguridad, parches y algunas modificaciones del producto solicitadas por los usuarios que hayan tenido problemas con alguna parte de este excelente sistema operativo.

Todo el contenido del último paquete de servicio fue diseñado para solucionar asuntos relacionados con la seguridad y para agilizar el uso de XP en redes locales o LANs.

Estas son algunas de las mejoras incluidas con el paquete de servicio:

- Una versión nueva de "Windows Installer", o instalador de Windows. Este es un programa que mantiene la cuenta de que programas están instalados o han sido removidos de su computadora.

- Una versión más ágil, la 6.1, del programa "Remote Desktop", u oficina remota, que es usado por usuarios para conectarse entre computadoras con Windows XP a otras con Windows 7/Vista.

- Este paquete de servicio también añade soporte para WPA2, que es el nuevo estándar de seguridad inalámbrica que sale del estándar IEEE 802.11i.

Casi todos estos nuevos elementos se manejan desde el nuevo centro de seguridad de Windows. Este se encuentra en el "Control Panel".

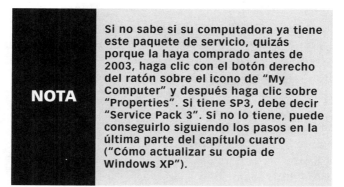

NOTA

Si no sabe si su computadora ya tiene este paquete de servicio, quizás porque la haya comprado antes de 2003, haga clic con el botón derecho del ratón sobre el icono de "My Computer" y después haga clic sobre "Properties". Si tiene SP3, debe decir "Service Pack 3". Si no lo tiene, puede conseguirlo siguiendo los pasos en la última parte del capítulo cuatro ("Cómo actualizar su copia de Windows XP").

Para recordar

- Windows XP es todavía, años después de salir al mercado, uno de los sistemas operativos de más uso en todo el mundo.

- Windows XP puede funcionar por mucho tiempo sin un solo evento en el cual sea necesario apagar la computadora.

- Para añadir o borrar usuarios es necesario entrar a la computadora con una cuenta que pertenezca al grupo de los administradores.

- En Windows XP es muy fácil compartir carpetas o archivos entre los diferentes usuarios que usan la computadora.

- Si un programa falla en Windows XP es posible cerrarlo sin que éste afecte a otro programa que esté usando.

- Microsoft ofrece actualizaciones o mejoras, sin cargo alguno, a este excelente sistema operativo Windows XP cada vez que encuentra que algo no está funcionando bien con él, o cuando encuentran que personas maliciosas han encontrado una manera de comprometer su computadora mientras esté conectado al Internet.

- El último paquete de servicio, que contiene todas las mejoras hechas a través del año, es el número 3. Éste también se conoce como SP3.

Windows 7 y Windows Vista

Introducción

Windows 7 y Windows Vista son las dos últimas versiones de la familia de sistemas operativos de Windows, producidos por Microsoft: Windows Vista salió a la venta el 30 de enero de 2007, y Windows 7 salió a la venta el 22 de octubre de 2009 (es decir con un poquito más de dos años de diferencia). Este último es tan parecido a Windows Vista que casi se puede decir, al menos en la superficie, que es una mejora a Windows Vista, la cual no tuvo tanta aceptación por los usuarios de Windows, quienes en muchos casos no actualizaron sus computadoras a éste y se quedaron usando Windows XP, esperando a la nueva versión de Windows que Microsoft denominó Windows 7. Hoy en día, si compra una computadora nueva del tipo IBM compatible en una tienda como Wal-Mart, lo más probable es que venga con una de las diferentes versiones del sistema operativo Windows 7 instalado.

Las diferentes versiones de Windows 7 y Windows Vista

Windows 7, a la venta hoy en día, está disponible en varias versiones diferentes, que están divididas en dos grupos principales: a) las ediciones para uso en la casa y b) las ediciones para usuarios de negocios que trabajan en una red local o "LAN". Windows Vista, cuando estuvo a la venta, también estuvo disponible en ediciones para la casa y para negocios. En este capítulo aprenderá funciones que son comunes a todas las diferentes versiones de Windows 7 y Windows Vista, como por ejemplo, cómo trabajar con cuentas de usuarios y cómo cambiar los permisos de acceso o añadir una contraseña a cuentas limitadas y cuentas de administrador.

Esta es la primera ventana que verá en una computadora con Windows 7 (muy parecida a la de Windows Vista). En la gráfica de la próxima página, puede ver el "Desktop" o escritorio virtual de Windows. Desde aquí se realizan la mayoría de las funciones necesarias para usar la computadora. Por favor note el botón de "Start", indicado por la flechita. Con hacerle clic a éste podrá ver la mayoría de los recursos disponibles para usar la computadora.

Cómo trabajar con la ventana de "Getting Started" de Windows 7

Para trabajar con uno de los iconos que ve en el "Getting Started" o centro de comienzo, hágale clic. Para cerrar esta ventana hágale clic a la X, en la parte superior derecha. Una vez que la cierre podrá ver el resto de los iconos que tenga en el "Desktop". Esta ventana en Windows 7, al contrario de lo que sucedía en Windows Vista donde la ventana de "Welcome Center" abría cada vez que prendía la computadora (a menos que seleccionara quitarle la marquita a "Run at Startup" para que no abriera cada vez), sólo abre la primera vez que prende su computadora. Si desea verla de nuevo, haga clic sobre el botón "Start" e inmediatamente escriba "Getting Started". Ahora puede trabajar con las opciones que ve ahí, haciéndoles clic a sus iconos.

¿Qué es nuevo en Windows 7? (con respecto a Windows Vista)

Como pudo leer anteriormente, Windows 7 —producido por Microsoft— es la última versión de Windows. Este nuevo sistema operativo se parece mucho a Windows Vista visualmente. Por ejemplo, en

la versión Home Premium de Windows 7 también se puede usar la
función de "Aero" (que apareció primero en Windows Vista) para
hacer que los iconos sean como transparentes, como también para
abrir programas. Es decir, si ya sabe abrir programas usando el
nuevo menú de "All Programs" de Windows Vista, entonces se le
hará muy fácil usar una computadora con Windows 7 ya que este
menú funciona de la misma manera.

Esto es típico de los cambios que Microsoft ha introducido entre las
diferentes versiones de Windows, que han salido una después de la
otra, de no cambiarlas mucho, con el objeto de minimizar la curva de
aprendizaje por la cual tienen que pasar los usuarios. Y como siempre sucede con versiones más nuevas de Windows, las funciones
más básicas en este nuevo sistema operativo se realizan de la misma
manera, como se realizaban en versiones anteriores de Windows.
Como por ejemplo, si oprime la combinación de letras CTRL + O
después de abrir un programa, la ventana que le ayuda a encontrar
el trabajo que ha guardado previamente abrirá.

Pero aun así hay algunas diferencias que vale la pena notar:

- Windows 7 funciona mejor en una computadora con las mismas especificaciones, CPU, disco duro y memoria RAM, que si
  ésta tuviera Windows Vista instalada.
- La calculadora incluida con este sistema operativo es más ver-
  sátil, y esto se debe a que ahora cuenta con la función de Pro-

gramador y Estadísticas. Para cambiar de una calculadora a otra es muy fácil, y se hace de esta manera: a) para comenzar haga clic sobre "View" y b) ahora escoja el tipo de calculadora que desea usar.

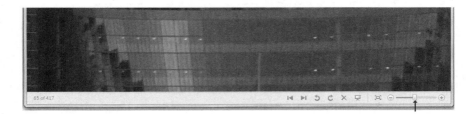

- El procesador de palabras WordPad, incluido con Windows, usa el mismo menú del tipo cinta, o sea está organizado de la misma manera que los que encontrará en los programas de Office 2010 y 2007, aunque el botón de "Office" (como está presentado en Office 2007) no está, ni la palabra "File" (como en Office 2010), y ahora para entrar al menú de guardar es necesario hacer clic sobre esta guía que indica hacia abajo. Cuando le hace clic a ésta, podrá realizar funciones como: guardar su trabajo, abrirlo e imprimirlo.

- El programa de Paint, o pintura, es mucho más completo que el que viene incluido con versiones anteriores de Windows, y usando éste podrá crear imágenes muy avanzadas.

■ Adicionalmente, en varios programas incluidos con Windows 7 (como WordPad y Windows Live Photo Gallery) encontrará que usar la función de vista preliminar, una guía horizontal, también se hace de la misma manera como se efectúa en el grupo de programas de Office 2010. Para usar esta función, lleve el indicador del ratón sobre la guía (indicada por la flecha), oprima y sostenga el botón izquierdo del ratón y mueva esta guía para la izquierda (si desea reducir la vista de lo que tiene en la pantalla) o hacia la derecha (si desea agrandarla).

■ En Windows 7 puede pegar programas a la barra de tareas, haciéndole clic (con el botón derecho del ratón) sobre el nombre del programa, y después eligiendo "Pin to Taskbar". Una vez que el programa esté "pegado" a la barra de tareas, es muy fácil abrirlo haciéndole sólo un clic.

■ En Windows 7 no es posible, como se podía hacer en Windows Vista, cambiar al "Classic Start Menu" o menú de comienzo clásico (como se usaba en Windows 98).

Si actualizó su computadora a Windows Vista de Windows XP y el rendimiento de ésta no le satisface, considere actualizarla a esta nueva versión de Windows 7. Ahora, si quieres comprar una computadora nueva, del tipo PC IBM compatible, lo más probable es que ésta ya venga instalada con una de las seis diferentes versiones de Windows 7.

¿Qué es nuevo en Windows 7/Vista (con respecto a versiones anteriores de Windows)

Windows 7/Vista le ofrece muchas mejoras sobre todas las diferentes versiones anteriores del sistema operativo Windows. Por ejemplo, usando uno de estos sistemas operativos le será más fácil buscar sus archivos, como también crear objetos de multimedios, usando el nuevo programa de crear DVD "Windows DVD Maker".

Una de las mejoras más fáciles de notar disponible en la mayoría de las ediciones de Windows 7/Vista es un nuevo "GUI" o interfase gráfica para el usuario (que en este sistema operativo se llama Windows Aero), que hace más agradable toda la experiencia visual de trabajar con una computadora que tenga uno de estos sistemas operativos porque ahora los iconos son más vistosos y los menús más llamativos.

En Windows 7/Vista también es más sencillo crear redes locales, siempre y cuando todas las computadoras que desea conectar a la red usen uno de estos sistemas (o sea, no es tan fácil si trata de conectar computadoras que usen versiones anteriores de Windows, como por ejemplo Windows XP, a una red que tenga computadoras con Windows 7/Vista) con el objetivo de compartir archivos e impresoras.

Pero en general una de las mejoras más importantes que encontrará mientras esté usando uno de estos dos sistemas operativos —sobre usar versiones anteriores de Windows— es que mejora la seguridad de su experiencia usando una computadora con Windows, y es por este motivo que muy a menudo verá cuando usa una computadora con Windows 7/Vista que el sistema operativo le pregunta si desea en realidad realizar la tarea que le acaba de pedir a la computadora que complete (como por ejemplo remover un programa de su computadora). El programa que controla estos mensajes se llama el "User Account Control" (UAC, por sus siglas en inglés) y cuando abre una computadora con uno de estos dos sistemas operativos y trate de hacer varias funciones (como instalar programas), verá estos mensajes muy a menudo. Y la próxima gráfica le muestra un ejemplo de cómo trabajar con esta ventanita que abre cuando trata de hacer una función que el sistema operativo no está seguro si usted realmente desea efectuar y que le pedirá que confirme su selección.

En este ejemplo de una ventana de diálogo que capturé en mi computadora, puede ver la ventanita que se abrió cuando traté de abrir un archivo que encontré en el Internet. En este momento me está preguntando si permito que un programa llamado Power-Point se abra para mostrarme este archivo. Si esto le sucede, y si desea permitir cualquier acción (como por ejemplo abrir un archivo que encontró en el Internet), haga clic sobre "Allow". De otra manera (por ejemplo, si trató de abrir un archivo por equivocación y una ventana similar se abre), haga clic sobre no permitir o "Don't allow". Más adelante aprenderá a ajustar este "User Account Control" a su gusto e inclusive cómo deshabilitar esta función de Windows 7 y Windows Vista para que el sistema nunca le pregunte si en realidad desea realizar una acción en la computadora.

Cómo abrir programas

En Windows 7/Vista, usted todavía podrá abrir sus programas de la misma manera que en versiones anteriores de Windows: con un solo clic si los encuentra en el menú de "Start" y dos clics si los ve en

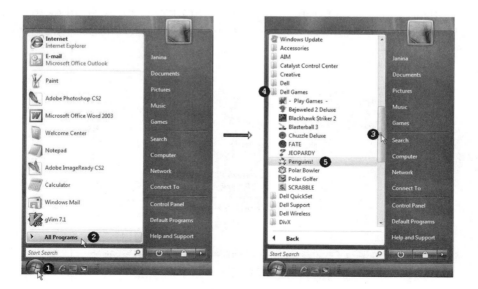

el "Desktop". La diferencia más marcada entre esta nueva versión de Windows y versiones anteriores de Windows está en la manera particular de cómo los debe hallar desde el botón "Start".

Esta es la manera de hallar y abrir programas desde el menú de comienzo en Windows 7/Vista:

1. Para comenzar haga clic sobre "Start".

2. Ahora lleve el indicador del ratón sobre "All Programs", y haga clic.

3. A continuación, si no puede ver el icono del programa o el grupo de programas al cual éste pertenece, haga clic sobre la guía señalada con la flechita, oprima y sujete el botón izquierdo del ratón y jálela hacia arriba o hacia abajo hasta que lo encuentre. Si su ratón cuenta con una ruedita en la mitad podrá moverla para buscar en esta lista de programas el que necesita usar.

4. Por ejemplo, si el programa que busca se llama Dell Games, haga clic sobre el icono del grupo de Dell Games (los grupos de programas son de color amarillo), para ver la lista de programas disponibles dentro de este grupo. Para cerrar una lista de programas, haga clic de nuevo una sola vez.

5. Finalmente, haga clic sobre el nombre del programa que desea abrir. En este ejemplo hice clic sobre Penguins! para abrirlo. Para regresar a ver el panel original haga clic sobre regreso o "Back".

Adicionalmente, en estos dos paneles —visibles inmediatamente después de que hace clic sobre el botón "Start"— encontrará atajos para llegar a algunos de sus programas y archivos que se pueden abrir con sólo hacer clic sobre su respectivo icono; por ejemplo, si hace clic sobre "Computer", una ventana se abrirá mostrándole todos los discos duros y de red disponibles desde la computadora en la cual está trabajando.

Otra manera, nueva en Windows 7/Vista, de abrir programas e inclusive encontrar archivos que guardó en su computadora, es escribir su nombre inmediatamente después de hacer clic sobre "Start".

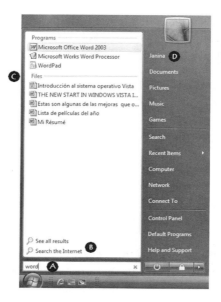

Estos son los pasos para buscar los archivos o programas con los cuales desea trabajar, después de hacerle clic a "Start":

Ⓐ Para comenzar, inmediatamente después de que este panel se abra, escriba la(s) palabra(s) que describan el programa/archivos/información que está buscando. En este ejemplo, escribí la palabra "*Word*".

Ⓑ En esta parte verá dos opciones: ver todos los resultados en una ventana independiente en el Explorador "See all results", o buscar esta información en el Internet o "Search the Internet". Para usar una de estas opciones, sólo haga clic sobre la que desea usar.

Ⓒ Ahora la computadora le presentará una lista categorizada de todos los archivos o programas guardados en su computadora cuyos nombres son similares a lo que está buscando. Para trabajar con uno de los resultados de esta búsqueda, sólo haga clic sobre su nombre. Por ejemplo, si está buscando el procesador de palabras Word y escribió la palabra "*Word*", verá (si tiene Word instalado en su computadora) su nombre debajo de "Programs". Para abrir este programa, haga clic una vez. Si tiene más de una versión de un programa que desea usar y ve más de un nombre similar, tendrá que escoger cuál desea usar haciéndole clic.

Ⓓ Por favor note en la parte superior de este menú el nombre del usuario (en este ejemplo, Janina) que en este momento está usando la computadora.

A veces, si el programa que está buscando es muy popular, como por ejemplo Word, es suficiente oprimir la tecla ENTER inmediatamente después de escribir su nombre para abrirlo (siempre y cuando esté instalado en su computadora).

Cómo cambiar de una ventana a otra

Una de las ventajas de Windows 7/Vista sobre versiones anteriores de Windows es la facilidad con la cual se puede cambiar a trabajar con una ventana diferente que contiene un programa con el cual necesite trabajar entre todas las que ha abierto con sólo hacer varios clics del ratón.

En Windows 7, cambiar de un programa —entre los programas que tenga abiertos— a otro, es muy fácil de hacer, usando una combinación del teclas.

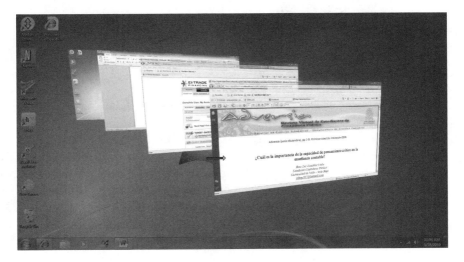

Esta es una manera de cambiar de un programa a otro que tenga abierto en Windows 7:

1. Para comenzar, oprima y sostenga la tecla de Windows (la que tiene el logo de Windows)
2. Ahora, paulatinamente, oprima la tecla TAB.

Cuando la ventana del programa que esté buscando aparezca al frente de este grupo "volante" de ventanas, retire sus dedos del teclado. Alternativamente, como también se podía efectuar en versiones anteriores de Windows, para cambiar de un programa que tenga abierto a otro: 1) *oprima y sostenga* la tecla ALT y b) después, paulatinamente, oprima la tecla TAB. Retire sus dedos del teclado cuando el círculo de seleccionar esté sobre el nombre de la ventana que contiene el programa con el cual desee trabajar.

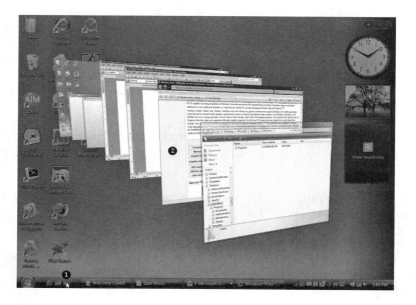

Como puede ver en esta gráfica, ésta es la manera de cambiar a otra ventana diferente, entre las que ha abierto, en Windows Vista:

1. Para empezar haga clic sobre el icono de cambiar ventanas. Este casi siempre estará localizado en la parte inferior izquierda de la barra de tareas. Si sostiene el indicador del ratón sobre él sin hacerle clic, podrá ver las palabras "Switch between windows".

2. Ahora puede ver rendiciones previas de las ventanas con las cuales está trabajado. Si desea, puede usar la ruedita de su ratón para cambiar el orden de estas ventanas que aparecen flotando en la pantalla. Una vez que vea la ventana con la cual desea trabajar, hágale clic una vez.

Si no puede ver el icono de "Switch between windows" en la barra de tareas o si tiene varios programas abiertos y su computadora no le muestra estas ventanitas flotantes, entonces regrese a su "Desktop" y siga estos pasos:

1. Haga clic con el botón derecho del ratón sobre cualquier espacio libre de iconos y escoja "Personalize".

2. Ahora haga clic sobre "Theme", haga clic sobre el nombre que está debajo de "Theme" y haga clic en esta lista sobre "Windows Vista".

3. Por último, haga clic sobre "Apply", y después confirme esta elección haciendo clic sobre "OK" (vea la pág. 69 para otra manera de cambiar de un programa a otro).

Cómo cambiar el menú de comienzo estándar en Windows Vista al menú clásico

Si previamente había usado una versión anterior de Windows, antes de cambiar a Windows Vista y todavía no se ha podido acostumbrar a usar el menú de Windows Vista, es posible cambiarlo al menú clásico de Windows 98 siguiendo las instrucciones que siguen a continuación:

1. Para comenzar, haga clic con el botón derecho del ratón sobre "Start".

2. En la ventana de diálogo que se abre, haga clic sobre "Properties".

3. En esta ventana de diálogo que se abre a continuación, seleccione "Classic Start Menu" haciéndole clic una vez.

4. Finalmente, hágale clic sobre "Apply", y después oprima la tecla ENTER.

Si desea regresar a usar el menú de comienzo estándar a Windows Vista, sólo tiene que seguir estos mismos pasos y escoger "Start Menu" y después, para confirmar esta elección, hacer clic sobre aplicar o "Apply" y oprimir la tecla ENTER.

Por favor tenga en cuenta lo siguiente: si tiene una computadora con el sistema operativo Windows XP instalado y ésta le está funcionando perfectamente bien, entonces no le recomiendo que la actualice —usando lo que se llama un *upgrade*— a esta nueva versión de Windows a menos que tenga un programa que le es indispensable que sólo funcione en una computadora personal con Windows Vista.

En Windows 7 no es posible cambiar al menú clásico de comienzo, o al menos no usando las herramientas que vienen incluidas con el sistema operativo.

Introducción al programa de añadir/cambiar cuentas de usuarios

Una cuenta de usuario es como una membresía virtual a la computadora, como por ejemplo la cuenta de usuario "JenniferClavijo01", la cual tiene el fin de aislar parte del trabajo del usuario que la usa del trabajo que hacen los otros usuarios que también tienen acceso a la computadora.

En Windows 7/Vista, usted puede trabajar con cuentas de usuarios, teniendo en cuenta los siguientes parámetros:

- Si tiene una cuenta de administrador ("Administrator") de la computadora, le será posible añadir cuentas de usuarios adicionales (para darle acceso a otras personas) al igual que hacerles mantenimiento a estas cuentas (como por ejemplo cambiarles o quitarles las contraseñas) y hacer cambios en la computadora, como por ejemplo remover programas que ya no necesite.

■ Si su cuenta es estándar ("Standard"), entonces le será posible añadir y cambiar su propia contraseña y hacer algunos cambios en la computadora.

A continuación puede ver tres ejemplos que le ayudarán a entender un poco más algunas de las situaciones en las cuales usted pueda necesitar usar este programa de añadir o cambiar cuentas de usuarios locales en Windows 7/Vista:

1. Su hermana acaba de llegar de Colombia a vivir con usted, y desea abrirle una cuenta de usuario para permitirle que use la computadora. En este caso puede entrar a la computadora, siguiendo los pasos a continuación para crear esta cuenta. Usted le puede asignar a esta cuenta derechos de administrador de la computadora o derechos estándar, los cuales le permiten a su hermana trabajar con los programas instalados en la computadora, pero le dan menos flexibilidad al trabajar con la configuración de la computadora.

2. Si desea añadir una contraseña a su propia cuenta, abra el programa de añadir y cambiar usuarios para añadirle una contraseña. En este caso no tiene que preocuparse si su cuenta es estándar o de administrador, porque es su propia cuenta.

3. Su madre perdió su contraseña, y ahora necesita entrar urgentemente a la computadora. En este caso, si su cuenta es de administrador de la computadora, le será posible entrar. Usando el programa de trabajar con cuentas de usuarios, podrá escoger la cuenta de su madre y cambiarle la contraseña a una nueva, que ella podrá usar casi inmediatamente.

Cómo crear una nueva cuenta de usuario

Es muy útil aprender cómo trabajar con sus cuentas de usuarios locales con el objeto de regular quién la usa y proteger su propio trabajo de los otros usuarios que también tienen acceso a la computadora. En las páginas que siguen aprenderá a hacer esto.

Para comenzar a trabajar con las cuentas de usuarios en su computadora, hágale clic al menú de comienzo de Windows 7/Vista visible casi siempre en la parte inferior izquierda de la barra de tareas. Inmediatamente escriba *"User account"*. Éste debe aparecer en la parte superior del panel que abre debajo de "Programs". Para continuar sólo es necesario hacerle clic una vez.

Ahora, en la ventana que se abre, haga clic sobre manejar otra cuenta o "Manage another account".

Ⓐ Para crear una nueva cuenta de usuario local, mire la parte inferior de esta ventana, y después haga clic sobre "Create a new account".

Ⓑ Alternativamente, si desea trabajar con una cuenta de usuario que ya existe, para por ejemplo añadirle o cambiarle su contraseña, hágale clic a su nombre o icono.

Por favor recuerde que tanto para añadir o borrar cuentas de usuarios como también para cambiar las contraseñas de otros usuarios, es necesario entrar a la computadora con una cuenta de usuario que pertenezca al grupo de los administradores de la computadora. De lo contrario, el único cambio que podrá hacer un usuario con una cuenta estándar usando el programa de "User Accounts", es cambiar su propia contraseña.

Si escogió crear una nueva cuenta de usuario haciendo clic sobre "Create a new account", ahora otra ventanita se abrirá para asistirle con esta tarea.

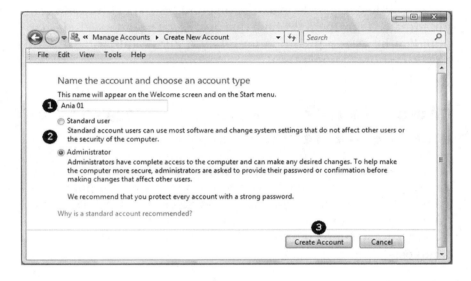

Estos son los pasos para abrir una nueva cuenta de usuario en Windows 7/Vista:

1. Para comenzar haga clic dentro de la primera casilla, y después escriba el nombre de usuario que desea crear. Podría usar, por ejemplo, un nombre más un número: "Ania01".

2. Ahora haga clic sobre el tipo de acceso que desea asignar a este usuario. Si no cambia la selección del sistema, que es "Standard", un usuario usando este tipo de cuenta sólo podrá cambiar su propia contraseña y hacer algunas labores de mantenimiento de la computadora. Si necesita que este nuevo usuario tenga más acceso a la computadora, entonces haga clic sobre "Administrator". Por ejemplo, para un menor o para alguien que no sabe usar bien la computadora, es por lo gene-

ral suficiente que tengan una cuenta estándar. Para una persona de confianza que sepa usar la computadora, puede elegir "Administrator".

3. Por último, haga clic sobre "Create Account".

De ahora en adelante, después de que termine de crear esta cuenta de usuario, el nombre que eligió —en este caso Ania01— aparecerá en la lista de cuentas de usuarios disponibles para entrar a la computadora en la primera ventana que aparece al prenderse. Si la computadora ha estado prendida un rato y quiere cambiar de usuario, haga clic sobre "Switch User".

Cómo añadir o cambiar la contraseña a una cuenta de usuario

Como pudo ver anteriormente, la mejor manera de proteger su trabajo de otros usuarios que tengan acceso a la misma computadora es asignándole una contraseña a su cuenta de usuario local. De lo contrario, cualquier usuario de la computadora puede entrar a su espacio virtual haciendo clic a su nombre de usuario y trabajar con sus archivos.

Para comenzar a añadirle una contraseña a la cuenta de usuario que usó para entrar a la computadora, haga clic sobre "Start". Lleve el indicador del ratón hacia arriba y después hacia la derecha, y por

último haga clic sobre el avatar o dibujito localizado encima del nombre del usuario. Después haga clic sobre "Create a password". Si la opción de añadirle una contraseña a una cuenta de usuario no aparece allí, esto quiere decir que la cuenta ya está protegida con una contraseña.

Estos son los pasos para añadirle una contraseña a una cuenta de usuario local en Windows 7/Vista:

1. Escriba la contraseña que desea usar de manera exacta —palabra por palabra— en la primera casilla y después oprima la tecla TAB para llegar a la segunda casilla (o haga clic sobre ella) y escríbala de nuevo. Recuerde que usted puede usar una combinación de letras y números, y si usa un símbolo que no está permitido, el sistema operativo le avisará, y tendrá que escribir otra contraseña.

2. En esta casilla escriba una pista. Por si acaso se le olvida su contraseña, la pista le ayudará a recordar qué palabra o combinación de palabras y números usó. Esto puede que no tenga sentido en una computadora a la cual varias personas tengan acceso porque esta pista la pueden ver todas las otras personas que usan la computadora, y que tal vez ya saben la respuesta. Este paso es opcional.

3. Por último, haga clic sobre "Create password". Si se equivocó al escribir la contraseña que desea usar exactamente de la misma manera en la primera y la segunda casilla, entonces el sistema operativo también le avisará de esto y tendrá que escribirla de nuevo en ambas casillas.

Cómo cambiar su contraseña o la de otro usuario

Por favor tenga en cuenta lo siguiente: en la mayoría de los casos, aún en sitios web a los cuales necesita tener acceso, la manera como debe escribir una contraseña es *muy* específica, y tiene que recordar esto cuando quiera regresar a usar la computadora o regresar al sitio web donde la creó. Es decir, que si escogió la contraseña "Costarica06", escribiendo la primera "C" en mayúscula, cuando regrese a este sitio tiene que escribir: "Costarica06", y si escribe "costarica06" con la primera "c" en minúscula, el sistema operativo no le permitirá acceso a la computadora hasta que la escriba exactamente de la manera como la creó: "Costarica06". Y en caso de que no se acuerde, puede pedirle a otro usuario de la computadora que tenga una cuenta de administrador que entre con su nombre de usuario y le haga el favor de cambiarle la contraseña a una de su preferencia.

Si más tarde la desea cambiar a otra, siga los pasos que leyó anteriormente. Después haga clic sobre "Change password" y siga los paso que verá a continuación.

Estos son los pasos que puede seguir, guiándose por esta pantalla, para cambiar una contraseña en una cuenta de usuario local en Windows 7/Vista:

1. Para comenzar, escriba la contraseña que ha estado usando. Si se olvidó de ella, tendrá que borrarla haciendo clic sobre "Remove Password" y después.

2. Escriba la nueva contraseña que desea usar de manera exacta —palabra por palabra— en la primera casilla y después en la segunda casilla. Recuerde que puede usar una combinación de letras y números, y si usa una letra que no está permitida, el sistema operativo le avisará.

3. En esta casilla escriba una pista. Por si acaso se le olvida su contraseña, la pista le ayudará a recordar qué palabra o combi-

nación de palabras y números usó. Esto puede no tener sentido en una computadora a la cual varias personas tengan acceso porque esta pista la pueden ver todas las otras personas que usan la computadora. Este paso es opcional.

4. Por último, haga clic sobre "Create password". Si se equivocó al escribir la contraseña que desea usar de la misma manera en la primera y la segunda casilla, entonces el sistema operativo también le avisará de esto y tendrá que escribirla de nuevo en ambas casillas.

Cómo entrar a una computadora con Windows 7/Vista

En una computadora personal con Windows 7/Vista, la primera pantalla que verá le mostrará el nombre de todas las cuentas de sus usuarios; de esta manera no tendrá que escribir el nombre de usuario que desea usar, ya que todos son visibles aquí. Sin embargo, si la computadora que usa sólo tiene un nombre de usuario y no está protegido con una contraseña, la computadora le permitirá empezar a trabajar inmediatamente sin que sea necesario que haga clic en ninguna parte.

Para usar una computadora con Windows 7/Vista, después de prenderla oprimiendo el botón de alimentación de la corriente, haga clic sobre el nombre del usuario que le corresponde. Recuerde que si esta cuenta de usuario está protegida con una contraseña tiene que escribirla en la línea que verá a continuación. Después haga clic sobre la flechita verde para obtener acceso a la computadora. Ahora, si la cuenta que usa no está protegida con una contraseña, sólo es necesario hacer clic al nombre de usuario que desea usar para conseguir acceso a la computadora.

Por favor tenga en cuenta que si la configuración de la computadora de vez en cuando entra en suspenso por causa de la manera como está configurada, en este caso le será necesario, cuando regrese a usarla de nuevo, que siga los pasos anteriormente enumerados, es decir, hacerle clic al nombre de usuario y proveer una contraseña (si su cuenta tiene una).

Cómo usar la función de cambiar de usuario

Esta es la función que debe usar para permitirle, temporalmente, a otro usuario de la computadora que entre a la computadora para

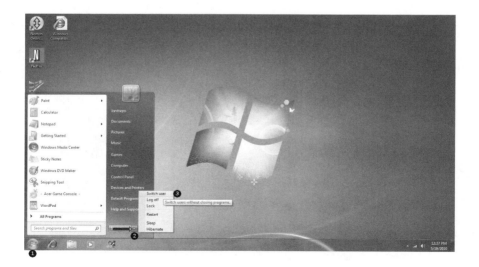

poder completar su trabajo. El usuario sólo tiene que hacer clic sobre su propio nombre de usuario sin necesidad de cerrar los programas que está usando.

Estos son los pasos para cambiar de usuario en Windows 7/Vista:

1. Para comenzar, haga clic sobre el botón "Start".

2. Ahora jale el indicador del ratón hacia la derecha sobre esta guía (señalada por un indicador).

3. Después jálelo hacia arriba y finalmente haga clic sobre "Switch User".

Ahora usted verá una pantalla idéntica a la que vio en la página anterior. Podrá trabajar en ésta de la misma manera que cuando prende la computadora. Por ejemplo, si su hija María, que tiene el nombre de usuario "Maria78", necesita imprimir —sin que usted ("David33") tenga que cerrar sus propios programas— ella puede hacer clic sobre su nombre de usuario, "Maria78", entrar a la computadora y cuando termine de usarla seguir los pasos que vio anteriormente. En vez de escoger "Switch User", deberá hacer clic sobre "Log Off" para salir completamente, o si todavía desea regresar a trabajar más en su espacio virtual, puede hacer clic de nuevo sobre "Switch User".

Cómo cerrar un programa que no le responde

Una de las ventajas de usar Windows 7/Vista es que los recursos que cada programa usa están muy bien aislados de los otros. De esta manera, si un programa falla es posible cerrarlo sin que éste afecte a otro que esté usando. Cuando usa una computadora con uno de estos dos sistemas operativos, notará que es muy raro que un solo programa que no esté respondiendo haga que la computadora se congele completamente.

Primero abra la ventana del administrador de tareas oprimiendo la combinación de teclas CTRL + ALT + DEL, y después haga clic sobre "Start Task Manager" para abrir el administrador de tareas.

Esta es la manera de cerrar un programa que no esté funcionando en Windows 7/Vista:

1. Primero lleve el indicador sobre el nombre del programa que no le está respondiendo ("Not responding") y haga clic una vez para elegirlo.
2. Después haga clic sobre "End Task".

A veces también puede ver, cuando uno de sus programas deja de funcionar, una ventanita que le pide que escoja "Restart the program" (reiniciar el programa), "Close the Program" (cerrar el programa) o "Wait for the program to respond" (espere a que el programa responda de nuevo). Para trabajar con la opción que le convenga más, hágale clic. Por ejemplo, si un programa en el cual ha estado haciendo trabajo por las últimas diez horas deja de trabajar y todavía no lo ha guardado, tal vez valga la pena esperar un rato haciendo clic sobre "Wait for the program to respond", porque si hace clic sobre "Close the program", todo lo que no ha guardado se perderá.

Cómo controlar sus cuentas de usuarios

Como pudo ver anteriormente, Windows 7/Vista son, hasta la fecha, los dos sistemas operativos más seguros que ha sacado Microsoft. La mayoría de las mejoras incluidas con estos dos sistemas suceden invisiblemente a nivel de los archivos del sistema operativo, pero otras son más obvias. Por ejemplo, el nuevo "User Account Control Settings", o panel de controlar las propiedades de las cuentas de los usuarios, le pregunta —cuando está instalando un programa— si de verdad desea realizar esta acción. En este caso, si es la tarea que desea hacer, entonces haga clic sobre "Continue". De lo contrario, si no lo desea, haga clic sobre "Cancel".

Esta es una mejora de seguridad que a algunos usuarios les puede gustar, y a otros les va a fastidiar. Por este motivo Microsoft, a través de "User Account Control Settings" (siempre y cuando entre a la computadora con una cuenta de administrador), le permite habilitarla o deshabilitarla y, en el caso de Windows 7, hacerle ajustes (como por ejemplo cambiarlo para que siempre le notifique o nunca, dependiendo de su preferencia).

Esta es la manera de trabajar con las opciones de "User Account Control Settings":

En Windows 7:

Haga clic sobre el botón de "Start" y escriba: "Change User Account Control Settings". Después, oprima la tecla ENTER".

Luego, estas son las diferentes opciones que encontrará:

- "Always notify": siempre avíseme cuando un programa trata de instalar *software* o hacer cambios a la computadora, o cuando yo trato de hacer cambios a la configuración de Windows.

- "Notify me only when programs..."/"Default": solamente notifíqueme cuando un programa trata de hacer cambios a mi computadora, y no me notifique cuando yo trato de hacer cambios a mi computadora.

- "Never notify": nunca notifíqueme cuando un programa trata de hacer cambios a mi computadora o cuando yo trato de hacer cambios a mi computadora.

Para cambiar de una opción a otra, lleve el indicador del ratón sobre la guía señalada por la flecha, oprima el botón izquierdo del ratón y después jálela hacia arriba para aumentar la protección, o hacia abajo para disminuirla. Por último, haga clic sobre "OK" para confirmar que de verdad desea hacer este cambio. Puede que la computadora le pregunte si en realidad desea hacer este cambio. Para ello, haga clic sobre "Yes" para hacer este cambio, o "No" para no hacerlo. Ahora es necesario que reinicie la computadora para que se aplique este cambio que acaba de hacer.

En Windows Vista:

En Windows Vista esta opción sólo se puede habilitar o deshabilitar. O sea, no se puede ajustar. Para deshabilitar esta función (esta opción siempre está habilitada, a menos de que usted o un usuario de la computadora la haya deshabilitado previamente), hágalo de esta manera, después de hacer clic sobre el botón de "Start":

1. Escriba "Control Panel", y después oprima la tecla ENTER.

2. Haga clic sobre "User Accounts and Family...", y después sobre "User Accounts".

3. En esta ventana haga clic sobre "Turn User Account Control On or Off". Ahora debe ver la ventanita que le pregunta si quiere (para hacer cambios aquí tiene que hacer clic sobre la opción correspondiente) continuar o cancelar (si esta ven-

Turn on User Account Control (UAC) to make your computer more secure

User Account Control (UAC) can help prevent unauthorized changes to your computer. We recommend that you leave UAC turned on to help protect your computer.

☑ Use User Account Control (UAC) to help protect your computer

[OK] [Cancel]

tanita no aparece, entonces ya sabe que esta opción NO está habilitada). Cuando *esta opción está habilitada*, verá una marquita al lado de "Use User Account...". Si esto es lo que desea, que esta opción esté habilitada, entonces haga clic sobre "Cancel" para regresar a su trabajo.

4. Ahora, si desea deshabilitar esta opción, haga clic sobre "Use User Account...", para quitarle la marquita que ve ahí, y después haga clic sobre "Restart Now" para reiniciar la computadora inmediatamente, o "Restart Later", para que este cambio sea hecho una vez que apaga la computadora y la prende de nuevo.

Si más tarde decide que desea habilitar de nuevo esta función, regrese aquí, haga clic sobre "Use User Account..." para añadirle una marquita, y después sobre "Restart Now" o "Restart Later".

Para recordar

- Windows 7/Vista son las versiones más recientes de la familia de sistemas operativos de Windows.

- Windows 7/Vista son los sistemas operativos más seguros que Microsoft ha sacado hasta la fecha.

- En Windows 7/Vista el menú de comienzo o "Start" es más intuitivo y se ajusta mejor a su manera de trabajar.

- Una cuenta de usuario es como una membresía virtual a la computadora.

- Para crear cuentas de usuarios use el programa "User Accounts".

- Estos son los dos tipos de cuentas que puede crear: estándar y de administrador.

- Cree una contraseña para proteger su cuenta de usuario.

- Para entrar a una computadora con Windows 7/Vista, haga clic sobre el nombre del usuario que le corresponde.

- Use el nuevo "User Account Control Settings" en Windows 7/Vista para trabajar con las opciones de proteger sus cuentas de usuarios.

Cómo utilizar los archivos y las carpetas en Microsoft Windows

7

Introducción

Un archivo para computadoras, como por ejemplo, un resumé que envía por correo electrónico para buscar trabajo, consiste en bits de datos registrados por un programa de computadora a una unidad de almacenamiento de datos (como el disco duro) conectada a su computadora u a otro medio de memoria no volátil. El usuario le da un nombre distintivo que sirve como registro del trabajo que usted ha realizado usando un programa de computadora. Una vez éste sea guardado de manera permanente a su computadora, le será posible regresar a él en el futuro, buscarlo y abrirlo, para trabajar con él.

Un archivo es fácil de reconocer por el nombre que usted escogió en el momento en que lo guardó cuando está usando una de las herramientas del sistema operativo para usar archivos (como por ejemplo, Explorer). En el ejemplo de arriba, usé el nombre "Carta a mis amigos de Buga" para un nuevo archivo. Por favor tenga en cuenta que el nombre de un archivo en Windows puede consistir de hasta 255 letras.

Una carpeta es la unidad de almacenamiento virtual donde usted puede guardar sus archivos, separándolos en diferentes carpetas para que estén más organizados, y por consiguiente sean más fáciles de hallar cuando los necesite. El ejemplo de arriba le da una idea de cómo puede hacer esto, por ejemplo, guardando sus archivos según el año en el cual los creó.

El método de guardar el trabajo que hace en una computadora por el año en que lo creó puede ser especialmente útil si usted tiene un negocio.

Adicionalmente, como puede ver en la gráfica anterior, usted no sólo puede dividir su trabajo por el año en que lo creó, sino, por ejemplo, también podría crear dos carpetas adicionales dentro de la carpeta del año 2011: una conteniendo sus archivos personales y la otra conteniendo los que están relacionados con su trabajo. Inclusive, si desea, usted podría crear carpetas adicionales dentro de cada una de estas carpetas.

Cómo crear un archivo de computadoras

Usted crea un archivo de computadora cada vez que termina el proceso de usar la función de guardar o "Save". Otros archivos son creados automáticamente por algunos de los programas instalados en su computadora como, por ejemplo, una lista de las veces que su computadora se conectó al Internet sin ningún problema.

Estos son algunos ejemplos de cómo un archivo puede ser creado:

- Usted abre un procesador de palabras para escribir una carta, y después escoge guardarla. Este archivo es ahora un registro electrónico de la carta que usted puede abrir en cualquier momento para hacerle cambios o para imprimirla.
- Usted toma algunas fotos con su cámara digital, y después las transfiere a su computadora. Ahora éstas pueden ser fácilmente encontradas, buscándolas en la carpeta en la cual usted las guardó.

En general, hay dos tipos importantes de archivos de los cuales usted debe saber:

- Archivos de programas ("Program Files")
- Archivos de datos ("Data Files")

En la siguiente gráfica, usted puede ver los dos tipos de objetos que verá cuando está usando Explorer. Éstas son las carpetas (los símbolos en amarillo que ve en esta gráfica), que a su vez pueden contener carpetas adicionales o archivos o ambos, y los archivos individuales.

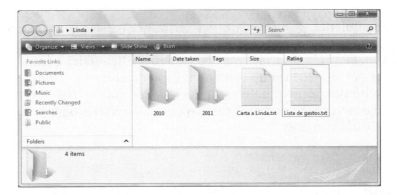

La diferencia entre un archivo de programas y uno de datos

Un archivo de programas es el tipo de archivo necesario para que un programa trabaje correctamente. Hoy en día un programa para computadoras puede estar compuesto de miles de archivos.

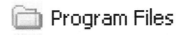

En Windows, el nombre de la carpeta en la cual, por lo general, los archivos de programas son guardados (creada en el momento en que un programa es o fue instalado en su computadora) se llama "Program Files". (Si usted desea, en el momento que esté instalando un programa, puede elegir guardarlo a una carpeta diferente, pero no se lo recomiendo). En algunas versiones de Windows, la carpeta "Program Files" está escondida como precaución para evitar que usted borre algún archivo que se encuentra en ella.

Un "Data File" es el tipo de archivo que usted crea usando un programa.

La carpeta sugerida por Windows para almacenar sus archivos de datos es la carpeta de mis documentos o "My Documents" (en Windows Vista, ésta se llama solamente documentos o "Documents"). Adicionalmente, debajo de ésta encontrará otras tres carpetas: mi música ("My Music"), mis fotos ("My Pictures") y mis archivos cargados ("Downloaded Files"), pero usted puede elegir guardar su trabajo en cualquier carpeta a la cual tenga acceso desde su computadora.

La diferencia principal entre los archivos de programas y los archivos de datos es simple: si usted borra por cualquier motivo uno o más de los archivos necesarios para que un programa funcione, lo más probable es que éste no se abrirá más (Los archivos que creó con este programa, siempre y cuando no estén guardados en la misma carpeta que borró, no serán afectados. La única excepción sería una situación en la cual usted ha borrado un programa que mezcla archivos de datos con los archivos de programas en la misma carpeta, en cuyo caso puede que no le sea posible recobrar los archivos de datos que borró). Por otra parte, si usted borra uno de sus archivos de datos, el programa que usó para crear el archivo todavía funcionará de manera normal; en este caso simplemente habrá perdido el tiempo que le tomó en crearlo.

Cómo crear un nuevo archivo

El proceso para crear un nuevo archivo es simple: en cualquier momento después de que usted abre un programa, aunque no haya escrito ni una sola palabra, elija la función de "Save" para comenzar el proceso de crear un archivo. Enseguida una ventanita de diálogo se abrirá pidiéndole que escoja el nombre que le quiere dar a este archivo, y la carpeta o unidad de almacenamiento permanente (como por ejemplo el disco duro C:\). Esta ventanita también le sugerirá donde guardarlo. Algunos programas también le sugieren que use un nombre, como el encabezamiento de un documento pero éste se puede cambiar. Una vez que usted haya rellenado esa información, haga clic sobre "Save" para crear su archivo.

Estos son los pasos para crear un nuevo archivo de datos usando el procesador de palabras Notepad:

1. Haga clic sobre "Start", y después jale el indicador del ratón sobre "All Programs".

   - Ahora, si tiene Windows 7/Vista, comience haciendo clic sobre el botón de "Start" y haga clic sobre "All Programs". Luego, busque el grupo de programas "Accesories" y haga clic sobre él. Finalmente, haga clic sobre Notepad.

   - Si tiene Windows XP jale el indicador hacia la derecha y hacia arriba y después coloque el indicador del ratón encima del nombre del grupo "Accesories" y jálelo un poco hacia la derecha y hacia abajo. Finalmente, haga clic sobre Notepad para abrir este procesador de palabras.

2. Ahora haga clic sobre "File" y después sobre "Save", y en la ventanita que se abre escriba en frente de "File Name" un nombre distintivo para su archivo. Después haga clic sobre "Save" para guardarlo como un archivo nuevo.

Una vez que termine de seguir estos pasos, el documento que guardó permanecerá disponible en la unidad de almacenamiento permanente en donde la almacenó hasta que usted lo cambie de lugar o lo borre.

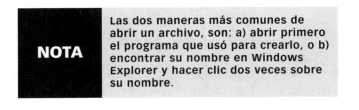

NOTA   Las dos maneras más comunes de abrir un archivo, son: a) abrir primero el programa que usó para crearlo, o b) encontrar su nombre en Windows Explorer y hacer clic dos veces sobre su nombre.

Cómo trabajar con carpetas

Una carpeta en una computadora personal funciona como un espacio virtual en una unidad de almacenamiento permanente (como, por ejemplo, el disco duro) que tiene un propósito similar al que tiene una carpeta normal en una oficina: guardar su trabajo de una manera permanente y organizada, con el fin de que más tarde lo pueda encontrar con relativa facilidad.

Tenga en cuenta que cada una de las carpetas con las que trabajará en Windows puede aceptar todos los diferentes tipos de archivos que usted puede crear usando sus programas, por ejemplo, documentos, música, fotos, vídeos y archivos de programas. Windows automáticamente crea alguna de las carpetas que encontrará en su computadora, como la carpeta "My Documents" (en Windows 7/Vista, ésta se llama solamente "Documents"), y si ve otros nombres, seguramente son carpetas que fueron creadas por sus programas, por usted o por cualquier otro usuario con acceso a la computadora.

Una carpeta en una computadora personal le permite almacenar archivos, siempre y cuando siga las siguientes reglas:

- Cualquier carpeta puede guardar suficientes archivos hasta llenar el espacio disponible en el dispositivo de almacenamiento particular con el que usted está trabajando (por ejemplo, el disco duro C:\).

- Una vez que ésta se llene hasta su capacidad máxima, ya no le será posible añadir más archivos a esta carpeta particular o a ninguna otra carpeta en la unidad de almacenamiento con la que esté trabajando.

- Ninguna carpeta puede contener dos archivos con el mismo nombre y la misma extensión (estas son las tres letras que tal vez pueda ver al final del nombre de un archivo), pero carpetas diferentes pueden contener un archivo con el mismo nombre.

El sistema operativo no le permitirá tener dos copias de un documento con el nombre "mi currículum.doc" en la misma carpeta "2011", pero usted puede crear una sub-carpeta adicional dentro de la carpeta "2011" llamada "Personal" y ahí puede tener una copia adicional de este archivo con el mismo nombre. En la siguiente página hablaré más sobre cómo almacenar archivos (aun unos con el mismo nombre) en carpetas diferentes con el objectivo de organizar su trabajo de una manera más segura.

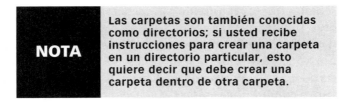

NOTA

Las carpetas son también conocidas como directorios; si usted recibe instrucciones para crear una carpeta en un directorio particular, esto quiere decir que debe crear una carpeta dentro de otra carpeta.

La carpeta de documentos

Esta es la carpeta predeterminada para almacenar sus archivos de datos en Windows. Y está presente en todas las diferentes versiones de Windows. Su icono, por lo general, está en la parte superior izquierda de su "Desktop".

Para abrir la carpeta de "Documents" en Windows 7/Vista, o "My Documents" en Windows XP, y comenzar a trabajar con los archivos que haya guardado ahí, haga lo siguiente: en Windows 7/Vista haga doble clic en su "Desktop" (si éste está cubierto por programas, escóndalos) sobre la carpeta con el nombre del usuario que está usando la computadora (en este ejemplo hice clic sobre "Book Account", como puede ver en la gráfica de arriba) y después sobre "Documents". Si su computadora cuenta con una versión anterior de Windows (como por ejemplo Windows XP), busque en su "Desktop" el icono de "My Documents" (éste por lo general está en la parte superior izquierda de su "Desktop"), y después hágale doble clic para abrir esta carpeta.

NOTA Aunque el sistema operativo le sugiera que usted guarde su trabajo en la carpeta de "My Documents", es también posible guardarlo en cualquier otro dispositivo de guardar archivos de manera permanente al cual tenga acceso desde su computadora.

Qué hacer si no puede ver la carpeta de documentos en su escritorio virtual

En la página anterior pudo ver los pasos para abrir la carpeta de documentos en Windows para trabajar con los archivos que haya guardado ahí. Pero esto sólo es posible si usted eligió previamente ver esta carpeta en su "Desktop"; de otra manera, tendrá que buscarla usando Windows Explorer.

Para añadir este icono al "Desktop", siga los siguientes pasos:

En Windows 7/Vista:

1. Haga clic con el botón derecho del ratón sobre cualquier parte libre de iconos en su "Desktop". Si no lo puede ver, entonces primero esconda las ventanas y programas que tiene abiertos.

2. Ahora, en el menú que se abre, escoja "Personalize".

3. Después, en la próxima ventana que se abre, escoja "Change "Desktop" icons".

4. Finalmente, haga clic sobre "User Files", y después sobre "Apply" y por último sobre "OK". Ahora podrá ver en su "Desktop" el icono que añadió.

En Windows XP:

1. Haga clic con el botón derecho del ratón sobre cualquier parte libre de iconos en su "Desktop". Si no lo puede ver, entonces primero esconda las ventanas y programas que tiene abiertos.

2. Ahora, en el menú que se abre, haga clic sobre "Properties".

3. Después, en la próxima ventana que se abre, escoja la pestaña "Desktop".

4. Después haga clic sobre todos los iconos que ve debajo de "Desktop icons" para seleccionarlos.

5. Finalmente, haga clic sobre "Apply", y después sobre "OK". Ahora podrá ver en su "Desktop" sus respectivos iconos.

Recuerde que también hay otras maneras de llegar a esta carpeta de "Documents" o "My Documents" que encontrará en su "Desktop". También se puede encontrar en la ventana que se abre para ayudarle a guardar o abrir archivos. Esto es algo que usted elige.

Cómo crear una carpeta adicional

Como pudo ver anteriormente, una de las ventajas de usar carpetas en Windows es la de permitirle organizar su trabajo de la manera que más le convenga, de acuerdo con el trabajo que hace. Para hacer esto tendrá que crear carpetas adicionales, con nombres que usted escoge. En Windows encontrará varios programas desde los cuales usted puede crear una nueva carpeta, como Windows Explorer, e inclusive lo puede hacer desde la ventana de diálogo que se abre cuando usted elige guardar un documento.

Las instrucciones que siguen a continuación le ayudarán a aprender a crear una nueva carpeta a partir de la carpeta de "Documents" o "My Documents".

Estos son los pasos para crear una nueva carpeta en Windows 7/ Vista (si tiene Windows XP, salte a la próxima sección):

1. Para comenzar haga clic sobre el botón de "Start", después lleve el indicador del ratón hacia arriba y sobre el panel de la derecha.

2. Ahora haga clic sobre la carpeta de "Documents".

3. En Windows 7, haga clic sobre "New Folder". En Windows Vista haga clic sobre "Organize", y después sobre "New Folder". Alternativamente, haga clic con el botón derecho del ratón —en el panel de la derecha— sobre cualquier espacio en blanco, y después escoja "New". Después jale el indicador

del ratón hacia la derecha sobre la lista de opciones que abre y después hacia arriba. Finalmente, haga clic sobre "Folder".

Documents library
IdentityCRL

Name		Date modified	Type	Size
New folder		5/18/2010 3:12 PM	File folder	
production		3/8/2010 11:22 AM	File folder	

Name		Date modified	Type	Size
Trabajo	◁━━━	5/18/2010 3:12 PM	File folder	
production		3/8/2010 11:22 AM	File folder	

4. Ahora puede escribir inmediatamente en la casilla en azul el nombre que desea usar para esta carpeta. Por ejemplo, "Trabajo". Después haga clic afuera de esta casilla para confirmarle al sistema operativo que éste es el nombre que desea usar.

Estos son los pasos para crear una nueva carpeta en Windows XP. Primero abra Windows Explorer de la siguiente manera:

1. Haga clic con el botón derecho sobre el botón de "Start", y después elija "Explore".

2. Ahora haga clic sobre la carpeta "My Documents", debajo de "Folders".

3. Ahora haga clic con el botón derecho del ratón en el panel de la derecha sobre cualquier espacio en blanco, y después escoja "New", jale el indicador del ratón hacia arriba y haga clic sobre "Folder".

4. Ahora puede escribir inmediatamente en la casilla en azul el nombre que desea usar para esta carpeta. Por ejemplo, "Trabajo". Después haga clic afuera de esta casilla para confirmarle al sistema operativo que este es el nombre que desea usar.

Ayuda adicional para cuando esté nombrando carpetas

Por favor note que después de que usted elija crear una carpeta nueva, como pudo ver en las páginas anteriores, verá un icono con el nombre "New Folder". Ahora usted podrá escoger un nombre a su gusto, o usar el que el sistema operativo le sugiere. De otra manera, la carpeta retendrá el nombre sugerido de "New Folder", y si crea carpetas adicionales al mismo nivel de esta carpeta y no las nombra usted, éstas recibirán los nombres "New Folder1", "New Folder2" y así sucesivamente.

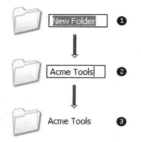

Por favor siga estos pasos para entender mejor el proceso de cambiarle el nombre sugerido, "New Folder", a una carpeta nueva:

1. Una vez que haya decidido crear una carpeta, haga clic dentro de la etiqueta "New Folder", y entonces use la tecla BACK-SPACE para suprimir el nombre que ve ahí. Si el nombre dentro de la celda no está seleccionado (como azulado), lentamente haga doble clic sobre él hasta que lo esté.

2. Ahora escriba el nombre que usted quiere usar para esta carpeta nueva.

3. Finalmente, haga clic fuera de la carpeta para que el sistema operativo acepte este nombre que acaba de crear.

Tenga presente que usted no puede usar un nombre que ya haya sido asignado a otra carpeta *al mismo nivel de la carpeta que está creando.* Si usted desea, puede cambiarle el nombre a una de las carpetas que creó antes solamente un poco, como por ejemplo añadirle una letra o un número. Una vez que la carpeta es creada, usted puede guardar los archivos que crea o recibe en ella.

Usted también podría cambiarle el nombre a una carpeta que ya haya creado previamente después de encontrarla en la parte derecha de Windows Explorer, o inclusive en la ventana de diálogo que se abre para ayudarle a guardar su trabajo, de la siguiente manera: 1) lentamente haga clic dos veces sobre el nombre de la carpeta, 2) después oprima la tecla de la flechita derecha → para deseleccionar su nombre. Ahora use las flechitas ← o → para situar la herramienta de seleccionar texto "l" a la derecha de la palabra a la cual desea añadirle una letra, por ejemplo, a la derecha de "Trabajo", si sólo desea añadirle un "1", y después escríbalo. Si desea quitar letras a una palabra, posicione el "l" usando las flechitas a la derecha de las letras que desea suprimir, y después use la tecla BACKSPACE para quitarla(s). Si posiciona el "l" a la izquierda de una letra que desea suprimir, use la tecla DELETE, oprimiéndola poco a poco. Cuando termine de cambiar el nombre, haga clic afuera de él para que el sistema operativo lo acepte.

Para buscar más adelante el trabajo que guardó a una carpeta y que a su vez está guardada en la carpeta "Documents" o "My Documents", haga clic sobre ésta y después sobre la carpeta que contiene el archivo que busca.

Cuando encuentre el archivo que está buscando, haga clic dos veces sobre su nombre para abrirlo.

Si prefiere, también puede abrir primero el programa que usó para crear el documento, como por ejemplo Word, hacer clic sobre "File" y después sobre "Open". Usando la ventana que se abre a continuación, haga clic en la carpeta de "Documents" y después en la carpeta que lo contiene para abrirlo.

Para recordar

- Usted crea un archivo de computadora cada vez que usted termina el proceso de usar la función de "Save" para guardarlo.
- Una carpeta funciona como un espacio virtual en una unidad de almacenamiento permanente.
- La carpeta "Documents" (Windows 7/Vista) o "My Documents" (Windows XP) es la predeterminada para almacenar sus archivos de datos en Windows.
- Para organizar mejor el trabajo que hace en Windows, cree carpetas adicionales.

Cómo copiar, cortar y pegar

Introducción

Una de las ventajas principales de Windows es la facilidad con la cual se puede compartir información entre sus programas. Esto se consigue con solo oprimir combinaciones de teclas o haciendo unos clics con el ratón, y generalmente, usar uno o el otro es cuestión de preferencia personal.

El proceso principal para completar esta tarea se llama copiar ("Copy"), cortar ("Cut") y pegar ("Paste"), y éste le permite copiar o reducir una selección de texto y/o gráficas que haya escogido y pegarla a otra línea/página en el mismo documento con el que esté trabajando, e inclusive a otro documento completamente diferente.

Como verá, ésta es una función muy útil. Una vez que la aprenda a hacer bien le puede ayudar a ahorrar mucho tiempo y aumentar mucho su productividad: las siguientes situaciones le darán una idea más clara de cómo puede compartir información entre sus programas usando este proceso.

- Usted está visitando un sitio web y encuentra unas palabras que le gustaría usar en un documento que está redactando en Word. En este caso, puede seleccionarlas, copiarlas y pegarlas a su documento usando el ratón; todo esto *sin tener que escribirlas de nuevo.*

- Usted está usando Word para crear una circular que desea utilizar para anunciar su negocio y desea que ésta muestre diez copias de su nombre y el número de su teléfono, pero *no quiere escribir esta información diez veces.* De hecho, usted sólo necesita escribir esta información una vez, y después seleccionarla, copiarla y pegarla dentro del mismo documento cuantas veces necesite.

Tenga en cuenta que compartir información entre sus programas usando los comandos de copiar, cortar y pegar le será posible en los siguientes casos:

- Copiar y pegar gráficas y texto a un procesador de palabras que pueda aceptar a ambos tipos de información, como lo es Word, por ejemplo.

- Copiar y pegar gráficas de un programa gráfico a otro que pueda recibir gráficas. Por ejemplo, usted puede copiar o cortar algunas partes de una gráfica que hizo con Paint y después pegarlas en un documento en Word.

- Copiar y pegar texto a un programa que acepte sólo gráficas (como Paint, por ejemplo), creando primero lo que se llama una caja de texto o "Text Box". Pero este proceso no le permitirá copiar y pegar gráficas a un programa que solo acepte texto, como por ejemplo Notepad.

El pizarrón virtual o "Clipboard" de Windows

El pizarrón virtual o "Clipboard" de Windows es un programa que funciona automáticamente en el trasfondo (y que en realidad usted nunca tiene que abrir), cuya única función es la de guardar información temporalmente cada vez que usted elige copiar/cortar una selección. Esta información ahora estará lista para ser pegada. Y aunque esto funciona automáticamente, lo menciono aquí porque este programa hace posible —una vez que elige copiar una selección— cerrar el programa de donde la copió, ya que Clipboard mantendrá guardada esta selección hasta que usted la necesite.

Por último, por favor tenga en cuenta que el contenido del Clipboard *cambia cada vez* que elige la función de copiar/cortar, y que éste también es borrado cuando usted apaga la computadora.

Los pasos generales que debe seguir para copiar, cortar y pegar

En la gráfica que sigue puede ver los iconos (que encontrará en la mayoría de los programas para Windows) que puede usar para copiar, cortar y pegar. En casi todos los programas que componen el grupo de Office verá este tipo de icono (en las nuevas versiones de este programa estos botones se encuentran en la pestaña de Home).

Los pasos para completar el proceso de copiar, cortar y pegar son muy fáciles de aprender. Usando las instrucciones que verá en este

Copiar o "Copy"

Cortar o "Cut"

Pegar o "Paste"

capítulo y con un poquito de práctica, usted se convertirá en un experto.

Éstos son los pasos generales que debe seguir para copiar, cortar y pegar (para más información acerca de cómo seleccionar, vea la pág. 72):

1. Haga una selección de texto y/o gráficas de:
   - tan poco como una sola palabra, usando el ratón o el teclado; o
   - todo lo que ve en la ventana activa, oprimiendo la tecla CTRL y la tecla "A". En algunos programas también puede hacer clic sobre editar ("Edit") y después sobre "Select All".

2. Ahora elija copiar o cortar esta selección en una de las siguientes formas (recuerde que la opción de cortar sólo funcionará en documentos que usted ha creado y que tiene derecho a editar):
   - colocando el indicador del ratón sobre la selección sombreada, oprimiendo el botón derecho del ratón sobre ésta y eligiendo "Copy" o "Cut".
   - haciendo clic (en las últimas versiones de Office, como la 2010 y 2007) primero en la pestaña de Home y después sobre el icono de "Copy" o sobre "Cut". En algunos programas, también puede hacer clic sobre el menú de edición o "Edit" y después sobre copiar o cortar.
   - presionando la combinación de teclas CTRL + C (para copiar) o CTRL + X (para cortar).
   - haciendo clic sobre el botón de "Copy" o el de "Cut" en la barra de herramientas de un programa.

- seleccionando "Copy" o "Cut" en el menú que se abre cuando oprime el botón derecho del ratón sobre una gráfica con la cual desea trabajar.

3. Escoja adonde desea pegar esta selección que hizo previamente de la siguiente manera:

   - Si desea pegar la información en el mismo documento, haga clic sobre la pagina/línea donde lo desea pegar (use las flechitas, ←/→, para situar el cursor destellante). Ahora, si desea pegar esta información a un programa diferente, entonces cambie a éste oprimiendo y sosteniendo la tecla ALT y después —muy despacio— oprimiendo y soltando la tecla TAB hasta que lo encuentre. Cuando lo encuentre retire los dedos del teclado. También puede hacerle clic sobre el icono del programa que desea usar, si lo ve en la barra de tareas. Ahora lleve el indicador *exactamente encima del lugar en su documento donde quiere pegar esta selección* y haga clic. De otra manera la información que está guardada en el Clipboard será pegada exactamente al lado del cursor destellante.

   - Si usted acaba de abrir un documento nuevo, y no selecciona un sitio particular a donde pegar esta información que copió/cortó, entonces será pegada al comienzo del documento.

4. Finalmente pegue esta selección en una de las siguientes formas (Recuerde que usted puede pegar cuantas veces necesite, y en cada caso obtendrá la misma información del Clipboard hasta que elija copiar o cortar de nuevo, lo cual cambiará la información que resultará si elige pegar):

   - Haga clic en la pestaña de Home, y después sobre el icono de "Paste".

   - Haga clic sobre "Edit" y después sobre "Paste".

   - Haga clic sobre la opción de "Paste" en el menú que abre cuando usted presiona el botón derecho del ratón sobre una selección que hizo previamente.

   - Haga clic sobre el icono de "Paste" en la barra de herramientas del programa.

   - Presione la combinación de teclas CTRL + V.

Si, cuando haga clic con el botón derecho del ratón sobre una selección, las opciones de copiar y cortar no están disponibles, eso quiere decir que la selección que había seleccionado previamente fue accidentalmente deseleccionada, y la debe seleccionar otra vez. Inmediatamente después de que usted termine de copiar una selección, debería hacer clic en cualquier parte de la página para deseleccionarla, para que de esta manera no pueda ser accidentalmente suprimida, si usted oprime cualquier tecla en su teclado.

Y por favor, tenga en cuenta que si se equivoca al hacer un cambio, puede usar la función de deshacer o "Undo", oprimiendo la combinación de teclas CTRL + Z cuantas veces sea necesario para eliminar todos los cambios no deseados (pero tenga en cuenta que cada programa tiene un nivel en el cual ya no se puede deshacer más, y algunos programas, como Notepad, sólo le permitirán deshacer el último cambio que usted haya realizado). Esto sólo funciona si usa esta función *inmediatamente* después de cometer un error. Si espera mucho tiempo tal vez no le será posible deshacer este error.

Cómo copiar una gráfica

Copiar un objeto gráfico, como por ejemplo una foto que usted encontró en un sitio web, es muy fácil de hacer, y generalmente no es necesario seleccionarlo antes de copiar.

En la gráfica anterior puede ver una foto de una tela africana que encontré en el sitio web del Museo Nacional de Arte Africano.

Para copiar una foto: haga clic con el botón derecho del ratón sobre la imagen que usted desee copiar y después, en el menú que abre, sobre "Copy" (aunque en algunos sitios también puede decir "Copy Image"). Después de copiar la foto, ésta es enviada al Clipboard, donde estará lista para ser pegada a cualquiera de sus documentos que la puedan recibir. Siempre recuerde darle el crédito al autor de la información/fotos que usted encuentra y usa, inclusive en tareas de la escuela.

NOTA Por favor note las otras opciones con las cuales también puede trabajar en este menú desplegable, como por ejemplo "Save Picture As" (la cual guardará la foto en su disco duro).

Algunos ejemplos prácticos de cómo copiar, cortar y pegar

Si ya tiene claro cómo completar el proceso de copiar, cortar y pegar, adelántese al siguiente capítulo, pero si todavía tiene dudas, siga los siguientes ejemplos.

En el primer ejemplo, crearemos una lista de direcciones, pegando la información directamente debajo de la primera que escribió manualmente.

Para comenzar, abra cualquier procesador de palabras y escriba su nombre y dirección *una sola vez*. Después selecciónela usando el ratón (como puede ver en la siguiente gráfica) y por último cópiela (CTRL + C). Haga clic en otro sitio en el documento para *deseleccionarlo*. Ahora esta información está lista para ser pegada en el mismo documento, o inclusive en otro que tenga abierto, cuantas veces le sea necesario.

Ahora oprima la tecla ENTER dos veces para que la copia de la dirección quede debajo de la primera (dejando una línea de separación). Después, pegue la dirección, oprimiendo la combinación de teclas CTRL + V. Repita este proceso cuantas veces quiera. Ahora puede imprimir esta lista, cortar cada dirección y pegarlas a su correspondencia.

Andres Mario Rojas
1 Lost Way
Newark, NJ 23456

Andres Mario Rojas
1 Lost Way
Newark, NJ 23456

De una manera similar también puede crear un anuncio para, por ejemplo, alguilar un apartamento. Para comenzar, usando un procesador de palabras, redacte la información general acerca del apartamento, dejando un espacio al final del documento. Después, en la segunda página de este documento, cree unas diez instancias de su nombre y teléfono (usando las instrucciones anteriores) e imprima estas dos páginas. Por último, recorte la información en la cual repitió su nombre y teléfono y péguela, de lado, al final de la primera hoja.

Después puede ir a un sitio donde hagan copias y copiar la circular. Esta parte también se puede hacer en algunos programas, pero requiere muchos pasos más.

En esta misma circular puede añadir una foto del apartamento, usando los pasos que describo en esta sección acerca de cómo copiar y pegar una gráfica.

En la siguiente secuencia de gráficas, verá el proceso de mover partes de un documento a otro sitio dentro del mismo documento. Este ejemplo se puede seguir usando cualquier procesador de palabras, como Notepad o Word.

This is what happened:

I was on the red bus for about 15 minutes and asked that I be told at what stop to get step-off, to go to Buckingham Palace.

At said stop, I got off the bus.

I boarded a red bus, at Victoria Station, after paying for the tour and the tower of London Ticket

I was then told, to wait for the one of the Blue Line buses, which would take me to Buckingham Palace.

Para seguir este ejemplo, redacté una carta en un procesador de palabras como la que ve arriba y después seleccioné las palabras que comienzan, "I boarded a red bus, at Victoria Station...". Después presioné la combinación de teclas CTRL + X, para remover el tercer párrafo.

En la siguiente gráfica, puede ver que esta selección de palabras fue removida del tercer párrafo de esta carta. (Si esta es información que desea repetir a través de una carta, debe usar CTRL + C para copiar en vez de cortar).

This is what happened:

I was on the red bus for about 15 minutes and asked that I be told at what stop to get step-off, to go to Buckingham Palace.

At said stop, I got off the bus.

|

I was then told, to wait for the one of the Blue Line buses, which would take me to Buckingham Palace.

Dado que el espacio donde estaba el tercer párrafo está vacío, puede subir el próximo párrafo si desea, oprimiendo la tecla BACKSPACE, una o dos veces.

Prepare un sitio en el documento para pegar el texto que removió de esta manera:

1. Lleve el indicador antes de la primera "I" (de "I was on . . .") y haga clic una vez. El cursor destellante debe ahora ser visible antes de la "I".

2. Oprima la tecla ENTER dos veces y después oprima la flecha que indica hacia arriba (↑) dos veces para subir el cursor destellante. Éste ahora debe estar más o menos en el lugar que puede ver en la gráfica anterior.

This is what happened:

⟹ |

> I was on the red bus for about 15 minutes and asked that I be told at what stop to get step-off,
> to go to Buckingham Palace.

> At said stop, I got off the bus.

> I was then told, to wait for the one of the Blue Line buses, which would take me to Buckingham Palace.

Ahora puede pegar el texto que envió al Clipboard, usando la combinación de teclas CTRL + V. Por favor tenga presente que el cursor destellante marca el punto donde el contenido del Clipboard será pegado.

This is what happened:

⟹ I boarded a red bus, at Victoria Station, after paying for the tour and the tower of London Ticket|

> I was on the red bus for about 15 minutes and asked that I be told at what stop to step-off,
> to go to Buckingham Palace.

> At said stop, I got off the bus.

> I was then told, to wait for the one of the Blue Line buses, which would take me to Buckingham Palace.

Ahora puede ver el párrafo que removió anteriormente, en el lugar donde antes estaba la línea que comenzaba con: "I was on the red bus...".

Recuerde que, cuando esté usando copiar y pegar, puede usar la tecla espaciadora para añadir espacios adicionales entre palabras que esté moviendo si éstas quedan muy juntas. Y le recomiendo que por favor no cierre un archivo con el que esté trabajando mientras esté usando copiar y pegar, hasta que esté seguro que todos los párrafos con los cuales estaba trabajando están completos.

Estos son los pasos que debe seguir para copiar y pegar un texto que ha redactado en un procesador de palabras a un mensaje de correo electrónico:

1. Abra un procesador de palabras y redacte una carta (en Word, si presiona la tecla F7, el corrector de ortografía/gramática se abrirá). Ahora seleccione el texto completo de la carta, haciendo clic en cualquier parte de este documento y después

oprimiendo la combinación de teclas CTRL + A. Finalmente, oprima las teclas CTRL + C para copiarlo al Clipboard, donde esta selección permanece lista para ser pegada.

2. Ahora comience a redactar un mensaje de correo electrónico nuevo. Para este ejemplo elegí crear un mensaje usando Windows Mail (como puede ver en la siguiente gráfica), pero esto funciona igual en cualquier cliente de correo electrónico que use.

Una vez que este nuevo correo abra, haga clic sobre la parte principal de éste y oprima la combinación de teclas CTRL + V, para pegar el mensaje que seleccionó y copió anteriormente. Ahora termine su mensaje de correo electrónico, añadiéndole la dirección de la persona a la cual se lo desea enviar y haga clic sobre "Send" para enviarlo.

Para recordar

- Use copiar, cortar y pegar para mover texto y/o gráficas entre sus programas para Windows.
- El pizarrón virtual o "Clipboard" guarda —temporalmente— la información que eligió copiar.
- La información en el Clipboard cambia cada vez que elige copiar o cortar.
- Si comete un error, lo puede deshacer usando la combinación de teclas CTRL + Z.

Cómo guardar y abrir archivos

Introducción

El proceso de almacenamiento del trabajo que hace con su computadora a un dispositivo de almacenamiento permanente (como es el disco duro fijo C:\) es similar al proceso de almacenamiento de archivos en papel a un archivador de oficina, pero con la principal ventaja de que los archivos guardados en una computadora pueden recuperarse en segundos, a diferencia del tiempo que podría tardar en encontrar los que escribió en un papel y que después guardó en una gaveta en un archivador de oficina.

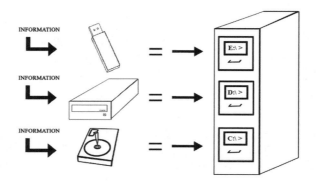

Considere, por ejemplo, que su computadora personal cuenta con un disco duro y una unidad de CD–ROM, y fuera de esto conecta —al puerto USB— una unidad removible del tipo "Flash". Entonces imagínese que es como un archivador virtual con tres gavetas. (Refiérase a la gráfica de arriba). Si abre la primera gaveta, ésta le mostrará los contenidos del primer disco duro (éste por lo general es el C:\). En la segunda gaveta verá el contenido de un disco que haya puesto en la unidad de CD–ROM o DVD. En una computadora con un segundo disco duro, dependiendo de su configuración, la unidad de CD–ROM o DVD podría recibir la letra E:. Por última, si conecta una unidad de memoria del tipo "Flash", esta puede recibir la próxima letra disponible que puede ser la E, la F, etc. Adicionalmente si más tarde conecta otra unidad del tipo "Flash" también recibirá la próxima letra disponible.

Por favor recuerde siempre guardar el trabajo importante que hace en su computadora tan pronto como abra el programa que seleccionó para crearlo. Por ejemplo, si comienza a redactar su currículum usando Word, y hay una interrupción del suministro eléctrico —u otras circunstancias imprevistas— usted perderá el trabajo que no haya guardado. Una vez que haya guardado su trabajo, como un archivo de computadora con un nombre en particular, éste le estará disponible en la carpeta/unidad de almacenamiento en la que lo guardó hasta que lo mueva o lo borre.

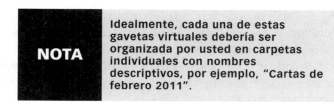

NOTA Idealmente, cada una de estas gavetas virtuales debería ser organizada por usted en carpetas individuales con nombres descriptivos, por ejemplo, "Cartas de febrero 2011".

Las ventanas de diálogo que se abren cuando elige guardar o abrir

Para guardar y abrir archivos de manera eficiente en Windows, es necesario familiarizarse con los diferentes botones y partes que verá en las ventanas secundarias que se abren cada vez que usted escoge el comando de guardar ("Save"), o abrir ("Open"), en uno de los programas con los que está trabajando.

Por ejemplo, para ver este tipo de ventana de diálogo, abra el programa WordPad de la siguiente manera:

1. En Windows 7/Vista, haga clic sobre el botón de "Start"; ahora escriba "WordPad" y después oprima la tecla ENTER. En Windows XP, haga clic sobre el botón de "Start"; ahora lleve el indicador del ratón sobre "All Programs". En versiones más antiguas de Windows, haga clic sobre "Start" y luego en "Programs". Ahora jale el ratón hacia la derecha sobre "Accesories" y luego hacia abajo. Finalmente, haga clic sobre el icono de WordPad para abrirlo.

2. Una vez que este programa se abra, haga clic sobre "File". A continuación, haga clic sobre "Save". Ahora la ventana de diálogo "Save" se abrirá. Ésta es casi idéntica a la de "Open".

Windows 7/ Vista

Windows XP

Lo primero que notará en esta gráfica, de Windows 7/Vista, es el nombre de la carpeta, que en este ejemplo aparece en frente del nombre de usuario, en este caso Evelyn05, cuando está guardando un archivo o abriéndolo. En esta gráfica dice "Documents". En la segunda de Windows XP, fíjese en el nombre de la carpeta que aparece en frente de "Save in" si va a guardar un archivo, o "Look in" si está buscando archivos que desea abrir.

Tenga en cuenta que esta ventana de diálogo sólo se abre la primera vez que usted elige el comando "Save" y siempre cuando elige "Save As". Ahora es necesario 1) seleccionar dónde en su disco duro (como una carpeta en particular) desea guardar su archivo, y 2) escoger un nombre para él. De ahí en adelante, cuando haga cambios a un archivo existente y seleccione el comando "Save", esta ventana no se abrirá. Esta ventana se abrirá sólo haciendo clic sobre "File" y luego sobre "Save As". En Office 2007, sería cuando hace clic sobre el botón de Office y después sobre "Save As". La ventana de diálogo "Open" se abre siempre que decide abrir un archivo escogiendo el comando "Open".

Para entender mejor cómo usar este tipo de ventana en Windows Vista, verá en estas dos páginas siguientes más información acerca de cómo usarla para guardar o abrir archivos.

- El área de "Save As" u "Open".
  - **A** En este lado verá el nombre de la carpeta a cuyo nivel está trabajando actualmente. Si usted guardó un archivo mientras esta casilla decía "Documents" y después hizo clic sobre "Save", el archivo será guardado dentro de la carpeta "Documents". Luego, para abrir ese archivo más adelante, navegue el árbol de carpetas hasta que en esta casilla diga "Documents". Ahora busque el archivo y luego haga doble clic sobre él para abrirlo.

B Estos son los nombres de las sub-carpetas y los archivos guardados dentro de la carpeta cuyo nombre ve en la casilla donde ahora ve una "A". Para guardar su trabajo en una sub-carpeta distinta cuyo nombre esté visible en esta área, por ejemplo "2011", haga doble clic sobre él. Si la carpeta que desea usar para guardar o buscar su trabajo no aparece en esta área, entonces haga clic en uno de los enlaces del costado izquierdo, por ejemplo, el de "My Computer".

C Haga clic en esta flecha, la cual sólo está disponible cuando está azulada, para subir (es decir, retroceder) un nivel. Por ejemplo, si hizo doble clic en una de las sub-carpetas que se encuentran bajo la carpeta "Documents", como "2010", para trabajar con sus contenidos (archivos y carpetas) y ahora desea volver al nivel "Documents", simplemente haga clic en el botón de la flecha hacia la izquierda.

En la siguiente página, aprenderá a trabajar con los otros botones o áreas que verá en esta ventana de diálogo para entender mejor cómo usarlos para almacenar y abrir el trabajo que hace con una computadora con Windows 7/Vista.

Ⓐ *"Desktop":* usted será llevado al nivel del escritorio virtual de Windows.

"Recent Places": verá los nombres de las carpetas donde ha guardado archivos recientemente y también los nombres de estos archivos. Por ejemplo, si está en el proceso de guardar un archivo y ve la carpeta "2011" ahí, puede hacer doble clic en su nombre para agruparlo con otros que ha estado guardando en esta carpeta. Si ve el nombre de un archivo con el que ha trabajado recientemente, haga doble clic en él para abrirlo.

"Computer" (no está disponible en versiones más antiguas de Word): le dará acceso a todos los recursos disponibles desde su computadora.

"Documents": le dará acceso a los archivos y carpetas dentro de la carpeta "Documents".

"Pictures": le dará acceso a los archivos y carpetas dentro de la carpeta de fotos.

"Music": le dará acceso a los archivos y carpetas dentro de la carpeta de música.

Ⓑ Si hace clic sobre uno de estos enlaces y después sobre "Folders", podrá ver casi todas las carpetas en las cuales puede guardar y abrir su trabajo.

Note que a la derecha de esta imagen, cuando hace clic sobre "Folders" y ve una barra de desplazamiento, la puede usar para ver más carpetas que ahora están fuera de vista de la siguiente manera: lleve el indicador del ratón sobre esta guía, señalada por la flecha, oprima y sostenga el botón izquierdo del ratón oprimido y después jálelo hacia arriba o hacia abajo hasta encontrar su trabajo. Visite la sección sobre cómo usar el explorador de Windows para aprender más acerca de cómo navegar el árbol de carpetas.

Por ejemplo, si necesita buscar algo que guardó a la unidad de almacenamiento J:, una unidad "Flash" removible que está usando, haga clic primero sobre "My Computer" para ver la lista de letras correspondientes a las unidades de almacenamientos conectadas a la computadora, y después haga clic sobre la letra asignada a su unidad "Flash" para trabajar con los archivos o carpetas guardados en ella.

Adicionalmente, en Windows 7/Vista, también puede hacer clic (en la ventanita que abre cuando está guardando o abriendo su trabajo) en este tipo de guía (en este ejemplo puede ver cinco y la de la extrema izquierda está señalada por una flechita), para buscar una carpeta/unidad de almacenamiento donde desea guardar su trabajo o para buscar —después de hacer clic sobre abrir o "Open"— la unidad de almacenamiento o la carpeta donde guardó su documento.

Por ejemplo, si desea guardar una carta —que esté redactando— a una unidad de almacenamiento removible (como un *flash drive* del tipo USB), entonces haga clic sobre la primera guía, para estar en la raíz de la computadora, después haga clic sobre "Computer" y después sobre la letra que le fue asignada a su unidad de almacenamiento. Ahora puede comenzar a buscar la carpeta donde desea guardar su trabajo (en este ejemplo escogí la 2011). Más tarde cuando la esté buscando regrese de la misma manera, y cuando la encuentre hágale clic para abrirla.

Ahora, para que entienda mejor cómo usar las ventanas de diálogo en Windows XP, le mostraré en las páginas que siguen todas las diferentes formas en que puede usarlas, destacando en cada una de ellas los distintos botones o áreas que debe usar para guardar o abrir archivos:

■ El área de guardar "Save in" o buscar "Look in".

A Este es el nombre de la carpeta a cuyo nivel está trabajando actualmente. Por ejemplo, si usted le dio a un archivo el nombre de "Letter to Gabby", mientras que enfrente a "Save in" dice "My Documents" e hizo clic sobre "Save", el archivo será guardado a nivel de la carpeta "My Documents". Luego, para abrir este archivo más adelante, navegue el árbol de carpetas hasta que enfrente de "Look in" diga "My Documents". Ahora busque el archivo y luego haga doble clic sobre él para abrirlo.

B Estos son los nombres de las sub-carpetas y los archivos que se encuentran en el nivel de la carpeta cuyo nombre está enfrente de "Save in" o "Look in". Para guardar su trabajo en una sub-carpeta distinta cuyo nombre esté visible en esta área, por ejemplo la "2010", haga doble clic en su nombre. Si el nombre de la carpeta que desea usar para guardar o buscar su trabajo no aparece en esta área, entonces haga clic en uno de los botones del costado izquierdo (por ejemplo el de "My Computer") o haga clic enfrente de "Save in" o "Look in" para buscarlo.

C Haga clic en esta flecha para subir (es decir, retroceder) un nivel. Por ejemplo, si hizo doble clic en una de las sub-carpetas que se encuentran dentro de la carpeta "My Documents" y ahora desea volver al nivel "My Documents", simplemente haga clic en el botón de la flecha hacia arriba.

En las páginas que siguen, aprenderá a trabajar con los otros botones o áreas que se encuentran en esta ventana de diálogo, a fin de ayudarle a entender mejor cómo usarla para almacenar y recuperar el trabajo que hace con una computadora que tenga Windows XP.

En la siguiente gráfica, puede ver la lista de los distintos lugares de almacenamiento con los que puede trabajar cuando hace clic en el nombre de la carpeta que ve en frente de "Save in" o cuando hace clic en el nombre de la carpeta que ve en frente de "Look in".

Ⓐ **Para comenzar, haga clic sobre el nombre de la carpeta que aparece en frente de "Save in" —o si va a abrir un archivo, en frente de "Look in"— para ver los nombres de las distintas unidades y recursos de almacenamiento disponibles para guardar y abrir archivos.**

Ⓑ **Para trabajar con uno de estos recursos de almacenamiento a los cuales tiene acceso desde su computadora, haga clic sobre su nombre, como por ejemplo:**

   • *"Desktop":* **usted será llevado al nivel del escritorio de Windows.**

   • *"My Documents":* **usted será llevado al nivel de la carpeta "My Documents".**

   • *"My Computer":* **se le dará acceso a todos los recursos disponibles desde su computadora. En este ejemplo hice clic sobre "J:" para guardar mi trabajo ahí.**

   • *"My Network":* **si trabaja en una red de área local (LAN), al hacer clic en este icono se mostrarán las carpetas de la red a las que tiene acceso.**

Por ejemplo, si usted decide guardar un archivo después de escoger el "Desktop" para posteriormente buscarlo y abrirlo, necesitará regresar haciendo clic sobre el botón "Desktop" en el costado izquierdo de esta ventana de diálogo.

Tenga en cuenta que en algunos programas para Windows la ventana de diálogo que abrirá cuando elige guardar o abrir su trabajo no tendrá los mismos botones o iconos que ve en el lado izquierdo de esta gráfica, y usted sólo trabajará con este tipo de lista de menú desplegable que se abre cuando hace clic en el nombre de la carpeta enfrente de "Save in" o "Look in", si abre, como se muestra en la página anterior.

■ Los botones y atajos directos en el costado izquierdo de las ventanas de diálogo "Save As" u "Open".

Estas son las descripciones de estos botones y atajos. Por ejemplo, si hace clic sobre:

Ⓐ *"My Recent Documents" o "History":* **podrá ver los nombres de las carpetas donde ha guardado archivos recientemente y también los nombres de esos archivos. Por ejemplo, si está en el proceso de guardar un archivo y ve la carpeta "2011" ahí, puede hacer doble clic en su nombre para que el nuevo archivo que está guardando pueda agruparse con otros que ha estado guardando en esta carpeta. Si ve el nombre de un archivo con el que ha trabajado hace poco, sólo haga doble clic en él para abrirlo.**

Ⓑ *"Desktop":* **usted será llevado al nivel del escritorio virtual de Windows.**

Ⓒ *"My Documents":* **se le dará acceso a los archivos y carpetas dentro de la carpeta "My Documents".**

Ⓓ *"My Computer" (No es visible en versiones más antiguas de Windows):* **se le dará acceso a todos los recursos disponibles desde su computadora.**

ⓔ *"My Network":* si trabaja dentro de una red de área
local (LAN), al hacer clic en este icono podrá ver
las carpetas de la red a las que tiene acceso.

En la pág. 172, usted vio cómo buscar la unidad de almacenamiento
J: para guardar o abrir un archivo (que podría ser una unidad
"Flash" removible que está usando para guardar su trabajo)
haciendo clic primero enfrente de "Save in" o "Look in" si está
abriendo un archivo). De igual manera, puede llegar a la misma
unidad J: haciendo clic en el botón "My Computer" y, cuando se le
presente la lista de letras de unidades, sólo haga doble clic en la
letra asignada a su unidad "Flash" para trabajar con ella.

Cómo guardar archivos usando la opción de "Save"

No puedo dejar de hacer hincapié en el hecho de que almacenar su
trabajo en una computadora personal es similar a guardar documentos que haya escrito en papel en un archivador de oficina regular,
pero de una manera virtual. Además, una vez que guarda su trabajo
en una unidad de almacenamiento permanente, lo podrá encontrar
después (a menos que lo haya movido o eliminado) en el mismo
lugar en el que lo guardó.

Este es el proceso general para guardar su trabajo como un archivo
en Windows:

1. Abra el programa de computadora que necesita usar. Si desea
   escribir una carta, abra un procesador de palabras como Word.

2. Ahora, haga clic sobre "File" y luego sobre "Save" y finalmente use la ventana de diálogo que aparece en las páginas
   anteriores para seleccionar la carpeta donde desea guardar su
   documento y escoger un nombre para el archivo. Una vez que
   haga esto, haga clic sobre "Save". Alternativamente, haga un
   borrador del archivo primero y seleccione guardarlo más
   tarde. En Office 2007, haga clic sobre el botón de Office y
   después sobre "Save".

3. Cuando haya terminado de crear y guardar su trabajo, cierre el
   programa haciendo clic sobre "File" y luego sobre "Exit".

Ahora repasaremos paso por paso este proceso de guardar de un nuevo documento:

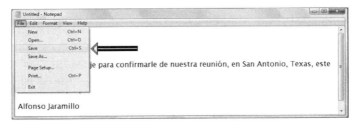

1. Primero, haga clic sobre "File" y luego seleccione "Save", como puede ver en esta gráfica, o bien oprima y mantenga presionada la tecla CTRL y después la tecla "S".

Si ve este botón (de un disco flexible pequeño) en la barra de herramientas de un programa, entonces también puede hacer clic sobre él para comenzar el proceso de guardar su trabajo.

2. Ahora, si su computadora tiene Windows 7/Vista, debe utilizar su ventana de diálogo "Save As" para mostrarle a su programa exactamente dónde —es decir, en qué unidad de disco duro o dispositivo de almacenamiento removible y en qué carpeta— desea guardar su trabajo. Observe en la siguiente gráfica, en la casilla superior, que si desea guardar un archivo en este momento, éste se guardará en la carpeta "2011". Si desea guardarlo a una unidad o carpeta diferente, entonces selecciónelo ahora, antes de hacer clic sobre "Save".

Si tiene Windows XP, también puede utilizar la ventana de diálogo "Save As" para decirle a su programa exactamente dónde desea guardar su trabajo. Observe en la siguiente gráfica, en frente de "Save in", que si desea guardar un archivo en este momento, éste se guardará en la carpeta "Trabajo".

Si desea guardar su trabajo en una unidad o carpeta diferente, entonces selecciónela ahora, antes de hacer clic sobre "Save".

3. Ahora, debe darle a su archivo un nombre descriptivo y escribirlo en el espacio a la derecha de "File name". En algunos programas, usted también puede utilizar el nombre sugerido (que el programa que esté usando toma del encabezado del documento). Para comenzar a colocar el nombre de su archivo, primero haga clic en el espacio a la derecha de "File name"; ahora presione la tecla de flecha hacia la derecha y use la tecla BACKSPACE para reducir parte o el nombre completo sugerido y luego ingrese el nombre que desea. **Advertencia:** si intenta guardar su trabajo usando un nombre que ya ha usado para otro archivo que está guardado en la misma carpeta, entonces recibirá un mensaje preguntándole si desea reemplazar el archivo; lo que significa sobrescribir el archivo preexistente con el que está guardando. Si no está seguro, haga clic sobre "No" y cambie el nombre del archivo que desea guardar. Por ejemplo, si quiere guardar un documento llamado "Currículum", pero desea mantener el archivo "Currículum" original, entonces coloque un "2" al final del archivo para usar "Currículum2" para su nuevo archivo.

Finalmente, haga clic sobre "Save" para almacenar de manera permanente su trabajo. De ahora en adelante, cada vez que haga cambios a este archivo en particular, haga clic sobre "File" y luego sobre "Save" o, si lo ve, haga clic en el icono en la barra de herramientas de un programa. Tenga en cuenta que, después de que le haya puesto el nombre, no volverá a ver esta ventana de diálogo cuando escoja guardar sus cambios. Esto ocurre a menos que utilice el comando "Save as", que verá más adelante en este capítulo, para guardarlo en una carpeta o unidad diferente o para cambiarle el nombre.

En este momento, siempre y cuando no haya hecho clic sobre el botón de "Save", incluso puede crear una sub-carpeta adicional para organizar o agrupar mejor los archivos que desea guardar. Por ejemplo, si anteriormente creó una carpeta llamada "2011", pero no desea mantener todos sus archivos de trabajo y archivos personales mezclados, entonces cree dos sub-carpetas, una llamada "Personal" y la otra llamada "Trabajo" —ambas dentro de la misma carpeta "2011"— usando la misma ventana de diálogo "Save As" que abre cuando selecciona guardar su trabajo.

Esta es la manera de crear sub-carpetas en Windows Vista usando la ventana de "Save As" (siga la gráfica anterior):

A Este es el nombre de la carpeta a cuyo nivel está trabajando actualmente.

B Haga clic sobre esta flecha que está apuntando hacia la izquierda para retroceder un nivel y buscar otra sub-carpeta en la cual prefiere guardar su trabajo.

C Haga clic sobre el icono "New folder" (nueva carpeta)" para comenzar a crear una nueva sub-carpeta bajo el nombre de la carpeta que actualmente puede ver en la casilla de arriba de esta ventana.

D Ahora haga clic en el nombre destacado "New folder" y use la tecla BACKSPACE para eliminarlo. Enseguida, escriba un nombre para ella y haga clic fuera de ésta. Repita este proceso para crear cuantas carpetas desee. En versiones anteriores de Office, si aparece enseguida una pequeña ventana escriba el nombre de la nueva carpeta y haga clic sobre "OK" para usarla de inmediato.

E A veces, immediatamente después de que usted crea una nueva carpeta, ésta aparacerá seleccionada, como la carpeta en la cual guardará el documento que empezó a guardar después de hacer clic sobre "Save". Si este no es el caso y quiere usar esta nueva carpeta para guardar su trabajo, haga doble clic en su nombre para usarla.

F Finalmente, haga clic en frente de "File Name" y escriba un nombre descriptivo que desea usar para el nuevo archivo, y luego haga clic sobre "Save" para almacenar su trabajo.

De ahora en adelante, si desea abrir este archivo para trabajar con él, regrese a la misma sub-carpeta donde lo guardó. Una vez que vea el nombre del archivo, haga doble clic sobre él para abrirlo.

Esta es la manera de crear sub-carpetas en Windows XP usando la ventana de "Save As":

A Este es el nombre de la carpeta a cuyo nivel está trabajando actualmente.

B Haga clic en esta flecha verde que está apuntando hacia arriba para retroceder un nivel y buscar otra sub-carpeta en la cual prefiere guardar su trabajo.

C Haga clic sobre el icono "Create new folder" para comenzar a crear una nueva sub-carpeta bajo el nombre de la carpeta que actualmente puede ver enfrente de "Save in".

D Ahora haga clic en el nombre destacado "New folder" y use la tecla BACKSPACE para eliminarlo. Ahora escriba un nombre para ella y haga clic fuera de ésta. Repita este proceso para crear cuantas carpetas lo desee. Para utilizar esta nueva carpeta para guardar sus archivos, haga doble clic sobre ella. En versiones anteriores de Office, si aparece enseguida una pequeña ventana, escriba el nombre de la nueva carpeta y haga clic en "OK" para usarla de inmediato. Para volver a la carpeta desde la cual creó esta carpeta, haga clic en el botón de flecha hacia arriba.

E Para este ejemplo, hice doble clic en la nueva carpeta "Work" para usarla.

F Finalmente, haga clic en frente de "File Name" y escriba un nombre descriptivo que desea para el nuevo archivo, y luego haga clic sobre "Save" para almacenar su trabajo.

De ahora en adelante, para hacer cambios a este archivo regrese adonde lo guardó. Una vez que vea el nombre del archivo, haga doble clic sobre él para abrirlo.

Cómo guardar archivos usando la opción de "Save As"

"Save as" es una opción muy útil que le permite (a lo contrario de la opción "Save") preservar un archivo original y a la vez hacer varias copias de ese archivo con nueva información, es decir, si desea hacerle cambios a un archivo, pero también desea mantener el documento original sin cambios. Con "Save As" podrá crear versiones nuevas de ese mismo documento sin afectar al archivo original. Puede usar esta función si crea o recibe un *template*, el cual es una plantilla diseñada para ser usada varias veces como base para crear otro documento. Una tarjeta de pago para registrar los horarios de un empleado es un ejemplo de un *template*. Con "Save As" podrá crear un documento nuevo cada semana con la información nueva y a la vez mantener el documento original sin cambios como una guía. (Recuerde que este nuevo documento también se tendrá que guardar cuando termine, haciendo clic sobre "File" y luego sobre "Save" para guardar los cambios que ha hecho).

En la gráfica que sigue, puede ver dos documentos: en la izquierda puede ver la versión original de una tarjeta de registro de horario llamada "Timecard.doc" que se creó para permitir que los empleados de una empresa registren de manera electrónica sus horas. A la derecha hay una copia del documento, en el cual un empleado, Walter Sarmiento en este caso, escribió su información para la semana. Éste se guardó con un nombre diferente y ahora existen dos archivos, lo cual permite que el archivo original no sea afectado por estos cambios semanales.

Timecard.docx

Timecard.doc

Acme Insurance

Employee Name;

Week Ending;

Hours Worked;

Notes;

Waltersarmiento 05132011.docx

Timecard.doc

Acme Insurance

Employee Name; Walter Sarmiento

Week Ending; 05/13/2011

Hours Worked; 37

Notes; Sale a Vacaciones el 07/15

El procedimiento para hacer esto es simple: 1) cada semana, el empleado abre el *template* "Timecard.doc", 2) **inmediatamente** hace clic sobre "File" y luego sobre "Save As", 3) le da un nuevo nombre y 4) llena la tarjeta con su información para esa semana. Ahora observe el nuevo nombre del archivo: "WalterSarmiento 05132011.docx".

Alternativamente, si desea mantener el archivo original usando "Save As" pero no quiere cambiarle el nombre, puede guardarlo **de inmediato** en una *carpeta diferente* y hacer los cambios que necesita.

Para practicar este proceso de "Save As", abra un procesador de palabras y luego escriba una carta con las palabras exactas del *template* "Timecard.doc". Ahora haga clic sobre "File" y luego sobre "Save". Déle el nombre "Timecard.doc" y haga clic sobre "Save". Déjelo abierto. A continuación verá los pasos que debe seguir para trabajar con este archivo usando "Save As".

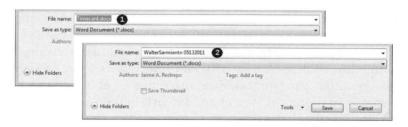

Estas son las instrucciones para usar la opción "Save As":

1. En el documento que acaba de crear "Timecard.doc", haga clic sobre "File" y luego sobre "Save As". Para cambiar el nombre del archivo mientras éste está destacado, presione BACK-SPACE. De lo contrario, presione la tecla de la flecha hacia la derecha y use la tecla DELETE cuantas veces necesite para cambiar el nombre.

2. Escriba el nuevo nombre del archivo. En este ejemplo usé el nombre "WalterSarmiento05132011", una combinación del nombre del empleado y la fecha de trabajo, pero simplemente la adición de un número o una letra al final del nombre (como "Timecard1") será suficiente para proteger el archivo original. **Precaución**: mientras está cambiando los nombres de archivos, trate de mantener la extensión, en este caso ".docx" (si la ve).

Ahora estará trabajando con el documento nuevo. Note que el original está guardado en la computadora pero ya no está abierto. Recuerde que cuando termine de hacerle cambios al documento nuevo, es necesario hacer clic sobre "File" y luego sobre "Save" para guardar estas modificaciones.

Puede usar esta función cada vez que necesite mantener un archivo original y hacerle copias. Por ejemplo, si crea un currículum para un trabajo y desea mantenerlo como una guía, puede abrirlo y usar "Save As" para crear nuevas versiones con información nueva.

También puede usar "Save As" para trabajar con archivos de distintos tipos, como de Excel o fotos, no sólo archivos de texto. Piense en lo siguiente: usted tomó una excelente foto digital de sus nietos. Ahora, usando un programa gráfico, desea cambiarle el brillo o el contraste, pero quiere poder regresar al archivo original para compararlo. Para empezar, abra el archivo original e inmediatamente haga clic sobre "File" y luego sobre "Save As". Guarde este archivo con un nombre diferente como vio anteriormente. Ahora siga trabajando en este nuevo archivo y haga todos los cambios que desee hacer. Esto garantiza que si después necesita regresar a la copia original estará ahí, archivada con seguridad en la carpeta original donde la guardó.

sunset wallacks
June 2010.JPG

sunset wallacks
June 2010 A.JPG

Observe en esta gráfica un archivo original (que se llama "sunset wallacks June 2010.jpg") y una copia del archivo original, que guardé usando "Save As" en la misma carpeta, utilizando el nombre "sunset wallacks June 2010 A.jpg" (observe la "a" al final), lo que permite guardarlo junto con el archivo original.

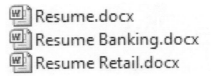

Resume.docx
Resume Banking.docx
Resume Retail.docx

Después de un tiempo, como puede ver en esta imagen, si ha utilizado bien este proceso, tendrá muchos archivos en su computadora (incluso en la misma carpeta) con nombres similares.

Cómo abrir archivos usando la opción de "Open"

Después de que haya escogido guardar un archivo en una carpeta en su unidad de disco duro u otro dispositivo de almacenamiento, el archivo permanecerá ahí, listo para ser abierto en cualquier momento (hasta que lo elimine o lo mueva).

Estas son algunas de las formas de abrir un archivo guardado en su computadora con Windows:

- Abra el programa que usó para crearlo. Haga clic sobre "File" y luego sobre "Open". A continuación encuentre la carpeta donde lo guardó y después haga doble clic en su nombre para abrirlo o un solo clic en su nombre y después en el botón de "Open" para abrirlo. En Office 2007 haga clic sobre el botón de Office, y después sobre "Open".

- Abra Windows Explorer o "My computer", navegue a la carpeta donde guardó el archivo y luego haga doble clic en su nombre para abrirlo.

- Si el archivo fue guardado en el "Desktop" o usted le hizo un atajo o "Shortcut" ahí, regrese a éste, y cuando lo encuentre haga doble clic en su nombre para abrirlo. Desde su "Desktop" también puede hacer doble clic en la carpeta de "My Documents" para ver las carpetas o archivos guardados en ella.

Por ejemplo, abra Windows Explorer y navegue a la carpeta o subcarpeta donde ha guardado un archivo.

Cuando encuentre el archivo que está buscando (en este ejemplo "Letter to Tom.doc" en la sub-carpeta "August"), haga doble clic sobre su nombre para abrirlo.

Observe en esta imagen que el archivo "Car Photo" no muestra una extensión de archivo válida (como ".doc."), por ello, al hacer doble clic en su nombre no se abrirá. Usted todavía podrá abrirlo abriendo primero un programa compatible (note que el nombre "Car Photo" sugiere que es un archivo gráfico). De esta manera: 1) encuentre un programa gráfico en su computadora y ábralo, 2) haga clic sobre "File" y luego sobre "Open" y después navegue a la carpeta donde se encuentra el archivo, 3) haga clic en frente de "Files of Type" (tipo de archivo) y cámbielo a "All formats" (todos los formatos) o "All Files (*.*)" y 4) ahora encuentre el archivo y, por último, haga doble clic sobre su nombre para abrirlo.

Como usted pudo ver anteriormente, la manera más común de abrir un archivo es primero abrir el programa que usted usó para crearlo. Pero si el archivo le fue enviado adjunto a un mensaje de correo electrónico, entonces puede determinar, mirando la extensión del archivo, qué tipo de programa puede usar para abrirlo.

Esta es una lista de las extensiones, que son como el apellido de un archivo, más comunes y los nombres de los programas que puede usar para abrirlos:

- *.doc* o *.docx*: este es el tipo de archivo creado por el procesador de palabras Word.
- *.xls* o *.xlsx*: este es el tipo de archivo creado por la hoja de cálculo Excel.
- *.ppt* o *.pptx*: este es el tipo de archivo creado por el programa de crear presentaciones PowerPoint.
- *.bmp*: use el programa de Paintbrush, que viene incluido con todas las diferentes versiones de Windows.
- *.jpg*: use cualquier programa gráfico instalado en su computadora, como por ejemplo Adobe Photoshop.

Note que, empezando con la versión 2007 de Office, las extensiones *.doc*, *.xls* y *.ppt* recibieron una "x" al final de la extensión del archivo, pero aun así le será posible trabajar con archivos creados en estas versiones nuevas si todavía tiene una versión anterior a Office 2007/2010. Lo único que tiene que hacer es bajar el *software* adicional que le recomiende el programa cuando trata de trabajar con un archivo creado en una versión más reciente de Office.

Este es el paso inicial para abrir un archivo usando la opción de abrir o "Open" después de abrir el programa que utilizó para crearlo o uno que sea compatible con él:

Haga clic sobre "File" y luego seleccione "Open" u oprima y mantenga presionada la tecla CTRL y después oprima la tecla O. En Office 2007 haga clic sobre el botón de Office, y después sobre "Open".

Si ve este botón (de una carpeta pequeña) en la barra de herramientas de un programa, entonces también puede hacer clic sobre él para comenzar el proceso de buscar o abrir sus archivos.

Ahora la ventana de diálogo abrir u "Open" se abre (lo que es explicado en las páginas anteriores). En las siguientes páginas, aprenderá a terminar el proceso de trabajar con las distintas unidades de almacenamiento disponibles en su computadora para abrir su trabajo.

Esta es la manera de usar la ventana de diálogo "Open" para abrir un archivo en Windows:

1. Para comenzar, regrese a la carpeta donde previamente guardó el archivo. Mire en la casilla de arriba de la ventana de "Open" en Windows 7/Vista, o "Look in" en Windows XP, para ver si ese es el nombre de la carpeta donde lo guardó o, si no lo encuentra, haga clic en los botones en el costado izquierdo de esta ventana para navegar a la carpeta donde lo guardó.

2. Una vez que encuentre el archivo, en este ejemplo "Carta a Sara", haga doble clic sobre él para abrirlo. Si hizo clic una sola vez en el archivo para seleccionarlo, entonces haga clic en el botón de "Open" para abrirlo.

3. Ahora su archivo se debe abrir. Si hace cambios al archivo, entonces debe guardarlos usando "File" + "Save" o, de manera alternativa, presione y sostenga la tecla CTRL y después la tecla S, o bien haga clic en el icono del disco flexible (si lo ve) en la barra de herramientas del programa.

Trate de recordar el nombre exacto de la carpeta y/o sub-carpeta en donde guardó su archivo. Si guardó, por ejemplo, un archivo en la sub-carpeta "trabajo" dentro de la carpeta "2011" y ahora lo está buscando en otra sub-carpeta "trabajo" dentro de la carpeta "2006", no lo encontrará. Tiene que buscar en el sitio exacto en donde lo guardó, y no en otra sub-carpeta con el mismo nombre.

También es importante saber cuando está buscando los archivos con los que desea volver a trabajar que en algunas situaciones éstos podrían no ser visibles de inmediato en la ventana de diálogo "Open", aun cuando esté buscándolos en la carpeta donde los guardó.

Por ejemplo, si las barras de desplazamiento son visibles —vea las flechas en esta imagen—, esto significa que hay más archivos, carpetas o información para encontrar. Para ver estos archivos o carpetas que no puede ver en esta ventana, haga clic en la guía azul vertical u horizontal y sostenga el botón izquierdo del ratón. Ahora muévala hacia abajo o hacia arriba para verlos (a veces también es útil seguir estas mismas pautas y hacer clic en las guías horizontales

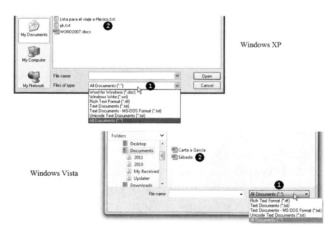

para mover el contenido de esta ventana, de lado a lado, para buscar la fecha en que fue creado un archivo), o bien haga clic en el panel principal (donde ve los archivos y carpetas) y luego presione la tecla **PAGE DOWN** o **PAGE UP** para verlos.

A veces es posible que siga sin poder ver el nombre de un archivo que está buscando. Si éste es el caso, trate de abrirlo de esta manera, de acuerdo con la gráfica de arriba:

1. Haga clic en frente de "Files of type" en Windows XP o en el espacio en la parte baja de la ventana de abrir en Windows 7/Vista y luego seleccione "All Documents (*.*)" o "All Files (*.*)".

2. Cuando vea el nombre del archivo que está buscando, cuyo icono podría verse diferente de los que ve en esta ventana, haga doble clic sobre él para abrirlo.

Si el archivo con el cual necesita trabajar todavía no se abre, puede ser que su programa no sea compatible con él. Esto ocurre generalmente con archivos que ha recibido adjuntos a mensajes de correo electrónico.

Otras maneras de abrir archivos

Como vimos anteriormente, usted también puede abrir un archivo desde el "Desktop", "My Computer" o inclusive Windows Explorer haciendo doble clic en su nombre. Ahora se abrirá el programa que fue usado para crear el archivo, o uno que sea compatible con un archivo que recibió.

Por ejemplo, para usar Windows Explorer: haga clic con el botón derecho del ratón sobre el botón de "Start", y luego seleccione "Explore".

Una vez que Windows Explorer se abra, navegue a la carpeta donde está guardado el archivo que está buscando y luego ábralo de esta manera:

Ⓐ Esta es la carpeta donde está guardado el archivo de muestra.

Ⓑ Ahora puede comenzar a buscar el archivo con el que desea trabajar (en este ejemplo, estamos buscando "letter to Vanessa"). Una vez que lo encuentre, haga doble clic sobre el nombre del

archivo y éste se abrirá. Si éste es un archivo que
se le envió adjunto a un correo electrónico y no
tiene el programa que lo creó, puede que el
archivo no se abra.

C Si está buscando un archivo por la fecha en que fue
creado, haga clic en el menú de ver o "View" y
seleccione detalles o "Details" para ver
información adicional (la fecha, por ejemplo). Si
está buscando una foto en particular, puede
seleccionar "Thumbnails" (vistas en miniatura)
para ver una vista preliminar de las fotos en esta
carpeta.

A veces cuando busca archivos que ha guardado, es posible que los
tenga que buscar en varias carpetas diferentes o inclusive en diferentes unidades de almacenamiento, haciendo clic primero sobre
"Computer" (Windows 7/Vista) o "My Computer" (Windows XP).

Cómo abrir archivos con los que ha trabajado recientemente

La creación de archivos de documentos en Windows es muy fácil.
Sin embargo, buscar el archivo después puede ser problemático si
está apurado y no recuerda dónde lo guardó.

Afortunadamente, Windows le permite abrir los archivos con los
cuales trabajó hace poco con sólo hacer varios clics del ratón.

Para ver una lista de los documentos que ha abierto recientemente, haga lo siguiente:

1. Haga clic sobre el botón de "Start".

2. Mueva el indicador del ratón hacia arriba.

3. Después jálelo hacia la derecha sobre "My Recent Documents" (documentos recientes). En Windows 7/Vista dice, "Recent Items".

4. En esta lista, haga clic para seleccionar el nombre del archivo en el que desea trabajar. Si eliminó o movió un archivo, entonces verá un mensaje de que no se puede encontrar el archivo. En Windows 7/Vista, haga clic con el botón derecho del ratón sobre "Recent Items" y después sobre "Clear recent" para borrar los nombres que esta lista guardó si desea. (Note que esto no borrará el archivo de su computadora).

Si no ve esta opción en el menú de "Start" (Windows 7/Vista), haga clic con el botón derecho del ratón en el botón de "Start" y luego seleccione "Properties". Ahora haga clic debajo de "Privacy" y después sobre "Store and display". Si no ve esta opción en el menú de "Start" (Windows XP), haga clic con el botón derecho del ratón en el botón de "Start" y luego seleccione "Properties". Ahora haga clic en "Customize" (personalizar), luego haga clic en la ficha "Advanced" (opciones avanzadas). Asegúrese de marcar "List my most recently..." (mostrar los documentos abiertos recientemente). Para borrarlos, haga clic sobre "Clear list" (borrar lista).

NOTA Esta lista cambia de manera constante, lo que significa que a medida que abre archivos, algunos nombres desaparecerán de la lista y sólo verá los que ha abierto más recientemente.

Inclusive, algunos programas, como Word y WordPad, también mantienen en su menú de "File" una lista muy corta de los archivos con los que ha trabajado recientemente. Esta lista cambia cada vez que abre un archivo.

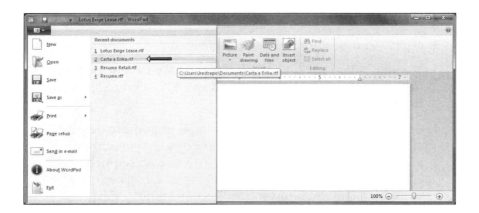

Para ver la lista de documentos con los que ha trabajado reciente-mente en WordPad o en la mayoría de los programas de Microsoft Office:

1. Abra Word o WordPad (si ese es el procesador de palabras que ha utilizado) y haga clic en "File". El nombre de los documentos con los que ha trabajado recientemente —usando WordPad de Windows 7 o casi cualquier programa de Office 2007— se encuentran en la parte derecha de este menú que abre. Ahora, si todavía usa una versión de Windows anterior a Windows 7, estos documentos se encuentran en la parte de abajo del menú de "File". En Office 2010, haga clic sobre "File" y después sobre "Recent". Los documentos con los cuales ha trabajado se encontrarán en el panel de la derecha (como puede ver en la gráfica anterior). En el Office 2007, haga clic sobre el botón de Office, y esta lista aparecerá a la derecha de la ventana que se abre, debajo de "Recent".

2. En la parte inferior de este menú desplegable, verá una lista de los nombres de sus archivos.

3. Para volver a trabajar con un archivo en particular cuyo nom-bre vea en esta lista, haga clic sobre él.

Cuando vuelva a abrir el documento, éste debe verse exactamente como lo dejó la última vez que lo guardó. Ahora usted puede hacerle cambios o imprimirlo. Sin embargo, si ha eliminado o movido estos archivos a otra ubicación, entonces el programa le dará un mensaje de que no pudo encontrarlo.

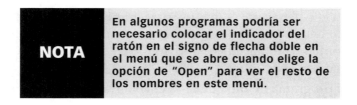

NOTA En algunos programas podría ser necesario colocar el indicador del ratón en el signo de flecha doble en el menú que se abre cuando elige la opción de "Open" para ver el resto de los nombres en este menú.

Cómo encontrar un archivo

Si no recuerda el nombre exacto del archivo que está buscando ni el sitio donde lo guardó, entonces puede usar el programa "Search" (búsqueda) para encontrarlo. Si tiene una versión diferente de Windows, como Windows 98, esta opción dirá "Find" en lugar de "Search", pero los pasos que debe seguir serán similares.

En Windows 7/Vista, sólo es necesario hacer clic sobre el botón de "Start", e inmediatamente escribir el nombre del archivo que está buscando. Cuando lo vea debajo de "Files", hágale clic para abrirlo.

En Windows XP, haga clic con el botón derecho del ratón sobre el botón de "Start" y luego haga clic sobre "Search".

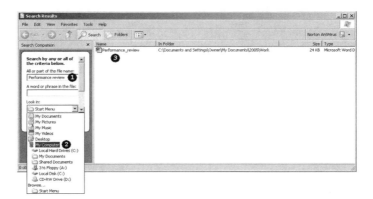

Ahora, siga estos pasos para encontrar un archivo que guardó a un disco duro local o que copió desde otra computadora y ahora no recuerda adonde lo copió:

1. Haga clic en este espacio en blanco y escriba el nombre (o parte del nombre) del archivo que está buscando. Para este ejemplo, escribí "Performance review".

2. Haga clic debajo de "Look in" para ampliar la búsqueda y luego haga clic sobre "My Computer" y después en la letra de la unidad de almacenamiento donde cree que está ubicado. Luego haga clic sobre "Search".

3. Si el programa de búsqueda lo encuentra, usted verá su nombre en el panel de la derecha (en este ejemplo, encontró un nombre de archivo "Performance review"). Ahora sólo es necesario hacer doble clic en su nombre para abrirlo.

Tenga en cuenta que si ha trabajado con un archivo que ha guardado en carpetas distintas usando el mismo nombre, este programa le mostrará una lista de archivos con el mismo nombre y extensión que están guardados en carpetas diferentes. Entonces es posible que usted tenga que abrir algunos de estos archivos para encontrar la versión exacta que necesita.

La importancia de respaldar el trabajo que hace en la computadora

Nunca asuma que el trabajo que hace usando una computadora personal estará ahí para siempre. De vez en cuando, una computadora podría ser víctima de una sobretensión que destruye la información guardada en las unidades de almacenamiento conectadas a ella, o bien usted (o alguien con acceso a la computadora) podría borrar accidentalmente un archivo muy importante. También un virus de computadoras podría afectar sus archivos.

La pregunta que tiene que hacerse es, ¿qué haría si un día necesita un archivo muy importante y no lo puedo encontrar en el disco duro?

Esto es lo que recomiendo:

- Si trabaja para una compañía, siga meticulosamente el proceso de respaldo de archivos que recomienda su departamento de IT (Information Technology o tecnología de informática). Si no sabe cuáles son las pautas que debe seguir para respaldar su trabajo, ¡entonces pregunte!

- Si usted es dueño de un pequeño negocio, busque y contrate a un profesional de IT que pueda ayudarlo a formular un plan de recuperación para ayudarle a mantener su negocio a flote en caso de que su computadora principal deje de funcionar.

- Si usted es un usuario doméstico, puede usar programas comercialmente disponibles (como el *software* Nero Burning) si cuenta con el equipo adecuado en su computadora (un grabador de CD o DVD) para respaldar sus archivos.

- Tenga mucho cuidado cuando esté trabajando con sus archivos. En esta imagen puede ver un mensaje donde se le pregunta si desea enviar un archivo al "Recycle Bin" (canasta de reciclaje). Usted puede ver este mensaje cuando selecciona eliminar un archivo. Si esto no es lo que desea hacer, oprima la tecla ESC para cerrar esta ventana de diálogo, o bien haga clic sobre "No".

Por ejemplo, mientras escribía este libro, creé respaldos de todos los diferentes capítulos en él y me los envíe por correo electrónico. Esto me garantizó que si mi computadora dejaba de funcionar, yo podría recuperar mi trabajo abriendo mi cuenta de correo electrónico, y después bajándolos de ahí.

Cómo respaldar sus archivos a un CD o DVD en Windows

Si su computadora no cuenta con un programa para crear CDs o DVDs (como por ejemplo, Nero), entonces puede utilizar Windows Explorer para crear copias de respaldo de los archivos creados en su computadora, siempre y cuando su computadora tenga el *hardware* necesario. Tenga en cuenta que Windows XP sólo le permite hacer respaldos de su trabajo usando discos de CD-R o CD-RW y no a discos de DVD. En Windows XP, para grabar DVDs necesita un grabador de DVD y un *software* comercial (como lo es Nero).

Para respaldar su trabajo a CDs o DVDs en Windows 7/Vista, comience abriendo Windows Explorer haciendo clic con el botón derecho del ratón sobre el botón de "Start", y después sobre "Explore".

Estos son los pasos, como puede ver en esta gráfica de una pantalla que capturé en mi computadora, para comenzar el proceso de respaldar su trabajo a un CD o DVD en Windows 7/Vista:

1. Para comenzar navegue a la carpeta que contiene el o los archivos que desea respaldar, y haga clic para ver su contenido en el panel derecho de Windows Explorer.

2. Seleccione el o los archivos que desee guardar:

   • Para seleccionar un archivo o una carpeta, haga clic una vez sobre él. Ahora, si la carpeta en la cual están los archivos que desea respaldar está dentro de otra carpeta, hágale doble clic a la carpeta en la cual está la carpeta que contiene los archivos que desea respaldar, para estar a ese nivel.

   • Para seleccionar un grupo de archivos contiguos que desea respaldar, haga clic en el panel de la derecha, después oprima y sostenga la tecla SHIFT. Luego haga clic sobre el primer archivo o carpeta que desea seleccionar y después en el último. Ahora levante el dedo del teclado. Si los archivos que necesita seleccionar están ocultos detrás de la ventana, entonces haga clic en las guías al final de las barras de desplazamiento vertical mientras sigue sosteniendo la tecla SHIFT hasta que encuentre el último que desea seleccionar. Luego haga clic en él para destacar la selección completa. Para seleccionar archivos o carpetas no contiguas, o ambos, siga las primeras instrucciones para seleccionar un grupo que sea contiguo, y luego oprima y mantenga sostenida la tecla CTRL y después haga un solo clic en todos los archivos o carpetas adicionales que desea seleccionar.

3. Ahora haga clic con el botón derecho del ratón en cualquiera de los archivos o carpetas seleccionados y después jale el indicador del ratón sobre "Send to" o enviar a.

4. Finalmente, muévalo hacia la derecha o la izquierda (derecha, en esta captura de pantalla) y hacia abajo y después haga clic sobre la unidad de grabación de CD o DVD. Si su computadora tiene el sistema operativo Windows 7, inclusive verá la opción, si el disco es del tipo RW o sea reusable, de usar este disco como una unidad de USB "Flash" (en este caso podrá añadir, cambiar o borrar archivos o carpetas cuando lo necesite), o de guardarlo como un disco tipo DVD, que no se

puede usar de nuevo, y que se puede usar en DVDs y en computadoras con unidades de DVD incorporadas. Si escoge usarlo como una unidad de USB, la computadora la preparará de esta manera, y después copiará los archivos que envió ahí. Ahora podrá usar este disco en cualquier computadora que tenga un sistema operativo de Windows, que sea al menos Windows XP o una versión más reciente de este.

Ahora puede ser que una ventanita ovalada se abre automáticamente, con el mensaje: "You have files...". Para comenzar este proceso, haga clic sobre ella. Ahora la ventana de Explorer se abre, mostrándole los archivos que están listos para ser grabados a su unidad de CD o DVD.

5. A continuación, oprima el botón de abrir su unidad de CD o DVD y ponga el tipo de disco apropiado (esto depende del tipo de unidad que su computadora tenga) para empezar el proceso de respaldar la información que está en su computadora. Tenga en cuenta que puede usar o un nuevo disco o uno que haya usado previamente.

6. Ahora, si el menú de "AutoPlay" se abre automáticamente, haga clic sobre "Burn files to disc", escriba el nombre de este respaldo, como por ejemplo "Primer respaldo" y después haga clic sobre "Show formatting options". Después escoja "Masters" y haga clic sobre "Next", o próximo.

Alternativamente, si no pudo ver la ventanita ovalada con el mensaje de que había archivos listos para ser grabados a un CD o DVD ni el menú de "AutoPlay", haga clic con el botón derecho del ratón sobre el menú de "Start", haga clic sobre "Explore" y después busque la unidad de CD o DVD, haciendo clic en "Computer" en el panel izquierdo de la ventana del Explorer, que desea usar para esta tarea. Haga clic para ver los archivos que fueron enviados ahí, temporalmente, para ser copiados a un CD o DVD.

Después haga clic sobre "Burn to disc", y en la ventanita que abre a continuación, cuyo título dice "Prepare this disc", escriba un nombre para este respaldo, aunque si ya lo escogió previamente después de hacer clic sobre "Burn files to disc" en el menú de "AutoPlay", entonces sólo es necesario que haga clic sobre "Next".

Si el proceso de copiar sus archivos al disco que usted escogió (CD o DVD) terminó sin ningún problema, verá una ventana con el título "You have successfuly written your files to disc" que le avisa que tuvo éxito en copiar sus archivos al disco. Para cerrarla, haga clic sobre terminar o "Finish". Ahora quite su CD o DVD, márquelo y guárdelo en un lugar seguro. Si esta operación no terminó, tendrá que repetirla de nuevo. Y si después de tratar varias veces por su cuenta todavía no puede completar esta tarea y tiene un negocio con archivos que no puede perder, entonces es preciso que emplee a un asesor profesional de computadoras calificado que le ayude ha hacerlo.

Los pasos para respaldar su trabajo a CDs en Windows XP

Comience abriendo Windows Explorer, haciendo clic con el botón derecho del ratón sobre el botón de "Start" y después haciendo clic sobre "Explore".

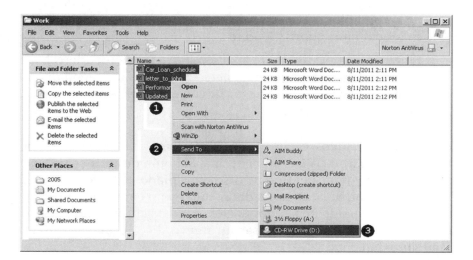

Ahora navegue a la carpeta que contiene el o los archivos que desea respaldar, y luego siga estas instrucciones para enviarlos a su grabador de CD en Windows XP:

1. Seleccione los archivos que desee guardar:
   - Para seleccionar un archivo o carpeta, sólo haga clic sobre él o ella.
   - Para seleccionar un grupo de archivos contiguos que desea respaldar, haga clic una vez en el panel de la izquierda en el nombre de la carpeta en la cual están guardados los archivos que necesita respaldar. Ahora haga clic en el panel de la derecha, después oprima y sostenga la tecla SHIFT y luego haga clic sobre el primer archivo o carpeta que desea seleccionar y después en el último. Ahora levante el dedo del teclado. Si los archivos que necesita seleccionar están ocultos detrás de la ventana, entonces haga clic en las guías en la barra de desplazamiento vertical mientras sigue sosteniendo la tecla SHIFT hasta que encuentre el último que desea seleccionar y luego haga clic en él para destacar la selección completa. Para seleccionar archivos o carpetas no contiguas, o ambos, siga las primeras instrucciones para seleccionar un grupo que sea contiguo y luego presione y mantenga oprimida la tecla CTRL. Después haga un solo clic en todos los archivos o carpetas adicionales que desea seleccionar.

2. Ahora haga clic con el botón derecho del ratón en cualquiera de los archivos o carpetas seleccionados y después jale el indicador del ratón sobre "Send to".

3. Finamente, muévalo hacia la derecha o la izquierda (derecha, en esta imagen) y hacia abajo para seleccionar la unidad de grabación de CD. Ahora haga clic con el botón izquierdo del ratón para seleccionarla.

Ahora estos archivos están en un lugar temporal, esperando ser copiados a un CD o DVD. Ahora oprima el botón de abrir su unidad de CD o DVD y ponga el tipo de disco apropiado (esto depende del tipo de unidad que su computadora tenga) para empezar el proceso de hacer un respaldo de la información que está en su computadora. Tenga en cuenta que puede usar un nuevo disco o uno que haya usado previamente.

Para comenzar el proceso de grabarlos, haga clic en la misma ventana que tiene abierta de Windows Explorer sobre el icono de "My Computer", y luego seleccione la letra de la unidad de CD o DVD a la cual los envió.

Cuando vea esta pantalla, como puede ver en esta gráfica, ahora podrá respaldar sus archivos siguiendo estos pasos:

1. Para comenzar, haga clic con el botón derecho del ratón sobre la unidad de CD o DVD a la cual envió los archivos que seleccionó previamente, por ejemplo la unidad de almacenamiento D:. Ésta debe decir "CD-RW" o "DVD-RW".

2. Ahora jale el indicador del ratón hacia arriba o hacia abajo sobre este menú (esto depende de lo cerca que esté su ventana del borde de la pantalla), y después haga clic sobre "Write these files". Si usted necesita borrar un disco CD-RW que ya tiene la información, haga clic sobre "Erase these CD-RW". Cuando este programa termine de borrarlos, entonces usted puede repetir estos pasos y hacer clic sobre "Write these files to CD". Si la operación se completó, entonces verá el mensaje "Finished writing files to disc", en su pantalla. Más tarde, si necesita estos archivos o carpetas, puede usar este respaldo que hizo para recobrarlas a su disco duro.

Si tiene dudas acerca del tipo de unidad de CD-R o CD-RW que se encuentra instalada en su computadora, lea la documentación que vino con ella. Y si su computadora no tiene una de estas unidades, la puede comprar en una tienda que venda *hardware* para computadoras.

NOTA También es importante que marque estos CDs o DVDs con un marcador de tinta especial para marcar CDs o DVDs y que los guarde en un sitio seguro, donde no estén expuestos a muchos cambios de temperatura.

Para recordar

- Por favor recuerde siempre guardar el trabajo importante que hace en su computadora tan pronto como abra el programa que seleccionó para crearlo.

- Para guardar y abrir archivos de manera eficiente en Microsoft Windows, es necesario familiarizarse con los diferentes botones que verá en las ventanas secundarias que se abren cada vez que usted escoge la orden "Save".

- El proceso para almacenar su trabajo en una computadora personal es similar a guardar documentos que haya escrito en papel en un archivador de oficina regular, pero de una manera virtual.

- Para guardar un archivo use la opción de "Save".

- Para abrir un archivo use la opción de "Open".

- Si trabaja para una compañía, siga meticulosamente el proceso de respaldo de archivos que recomienda su departamento de IT.

El Explorador de Windows (Windows Explorer)

Introducción

Windows Explorer es el programa principal (el otro es "My Computer", que en Windows 7/Vista se llama solamente "Computer") para trabajar con archivos y carpetas en computadoras que usan cualquier versión de Windows.

Inclusive, si su computadora forma parte de una red de área local (LAN), entonces también le será posible utilizar Windows Explorer para trabajar con los archivos y carpetas a los cuales tiene acceso desde ahí.

Usando Windows Explorer podrá realizar, entre otras cosas, las siguientes tareas:

- Crear nuevas carpetas para mejor organizar su trabajo.
- Copiar archivos y carpetas de una carpeta a otra. Por ejemplo, para crear respaldos o duplicaciones del trabajo que hace con su computadora.
- Mover archivos de una carpeta a otra o de un disco duro a otro. Esta función es útil cuando usted se queda sin espacio en su disco duro y quiere mover datos a una nueva unidad de disco duro, o cuando usted quiere mover todo el contenido de una carpeta a otra.
- Abrir los archivos que haya guardado en su computadora o a un recurso en una red local a la cual pertenece. Hágalo de esta manera: primero halle el nombre del archivo que desea abrir y después hágale clic dos veces para abrirlo.

Y recuerde que es cuestión de preferencia personal si usted decide utilizar Windows Explorer o el programa "My Computer" ("Computer" en Windows 7/Vista), para manejar sus archivos y carpetas. Cualquiera de los dos programas le debe traer los mismos resultados.

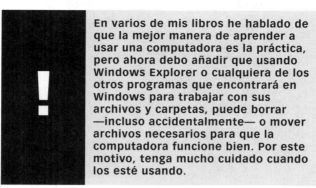

En varios de mis libros he hablado de que la mejor manera de aprender a usar una computadora es la práctica, pero ahora debo añadir que usando Windows Explorer o cualquiera de los otros programas que encontrará en Windows para trabajar con sus archivos y carpetas, puede borrar —incluso accidentalmente— o mover archivos necesarios para que la computadora funcione bien. Por este motivo, tenga mucho cuidado cuando los esté usando.

Cómo abrir Windows Explorer

Para comenzar a trabajar con Windows Explorer ábralo de la siguiente manera:

En Windows 7/Vista:

1. Haga clic sobre el botón de "Start" (éste casi siempre está localizado en el lado izquierdo de la parte inferior de su pantalla).
2. Ahora jale el indicador del ratón hacia arriba sobre "All Programs", haga clic una vez y busque el grupo de programas "Accesories" (si éste no es visible haga clic sobre la guía de al lado, sostenga el botón izquierdo del ratón y jálela hasta que vea el grupo de programas "Accesories") y hágale clic una vez.
3. Finalmente hágale clic al programa "Explorer" para abrirlo.

En Windows 7/Vista, también puede escribir "Windows Explorer" inmediatamente después de hacer clic sobre el botón de "Start" y después hacer clic sobre "Windows Explorer" para abrirlo, o sólo oprimir la tecla ENTER.

Como puede ver en la siguiente imagen de Windows 7, la carpeta que aparece seleccionada inmediatamente después de abrir Windows Explorer es la de "Libraries", o bibliotecas. En Windows Vista la carpeta que aparecerá selecciónada inmediatamente después de abrir Windows Explorer es la de "Documents", que corresponde al usuario que está usando la computadora en ese momento.

En Windows XP:

1. Haga clic sobre el botón de "Start".

2. Ahora lleve el indicador del ratón sobre "All Programs", y después jálelo hacia arriba sobre el grupo de programas "Accesories".

3. Ahora lleve el indicador del ratón sobre la flechita al final del nombre de este grupo, y después hacia abajo. Una vez que el indicador esté encima de "Windows Explorer", hágale clic para abrirlo.

Como puede ver en esta gráfica de Windows XP, la carpeta selec-cionada en el panel izquierdo es la de "My Documents". Como vimos anteriormente, esta es la carpeta que el sistema operativo casi siempre le sugiere para que guarde su trabajo.

Cómo identificar los diferentes objetos en la ventana de Windows Explorer

Cuando usted abre Windows Explorer, notará que éste le puede mostrar la estructura jerárquica completa de cada uno de los dispositivos de almacenamiento permanentes a los cuales tiene acceso desde la computadora donde está trabajando, como son sus discos duros o los que están en la red local o LAN, especialmente las carpetas que están contenidas en ellos.

En Windows 7/Vista:

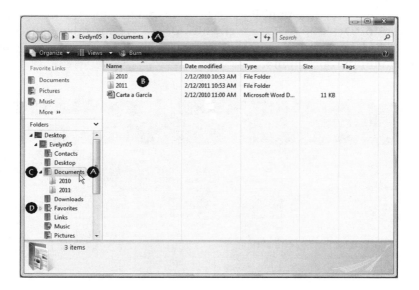

Por favor tenga en cuenta lo siguiente al trabajar con Windows Explorer en Windows 7/Vista:

A Este es el nombre de la carpeta seleccionada, en este ejemplo "My Documents", y cuyos contenidos usted puede ver en el panel de la derecha. En este ejemplo también puede ver, en la casilla de direcciones virtual o "Address bar", el nombre de la carpeta seleccionada, en este caso "Documents". Como pudo ver previamente, en Windows 7 la primera carpeta que aparece seleccionada inmediatamente después de abrir Windows Explorer es la de "Libraries". Para trabajar con sus documentos haga doble clic sobre la carpeta de "Documents".

B En este ejemplo, puede ver las carpetas y archivos que se encuentran a nivel de la carpeta o unidad de almacenamiento seleccionada a la izquierda.

C Por favor note la dirección de esta guía o flechita la cual está apuntando hacia abajo, indicando que debajo de la carpeta que ha seleccionado hay más carpetas o archivos, que en este ejemplo son "2010" y "2011". Para trabajar con su contenido sólo es necesario hacerles clic.

D Esta flechita le indica que si hace clic sobre la carpeta podrá ver las sub-carpetas que están guardadas debajo de ella.

Por favor note que también dice en la parte superior del panel izquierdo "Desktop". Si hace clic allí, podrá ver los mismos iconos que usted ve cuando su computadora se prende y todavía no ha abierto ningún programa.

En el panel izquierdo de la ventana del Explorador en Windows Vista, también podrá ver atajos a los siguientes recursos:

- "My Computer".

- "My Network Places", los cuales le muestran los recursos de la red (si está en una red local) que usted está autorizado a acceder.

- Y por último el "Recycle Bin", que guarda los archivos que suprimió.

Para llegar a uno de los recursos con cuyos contenidos quiere trabajar, sólo es necesario hacer clic una vez sobre el símbolo "▷" al lado de su nombre. Por ejemplo, cuando hace clic al lado de "My Computer", verá todos los dispositivos de almacenamiento conectados a su computadora, como por ejemplo E:.

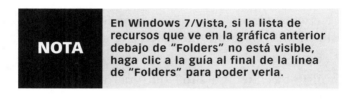

NOTA — En Windows 7/Vista, si la lista de recursos que ve en la gráfica anterior debajo de "Folders" no está visible, haga clic a la guía al final de la línea de "Folders" para poder verla.

En Windows XP:

Por favor tenga en cuenta lo siguiente cuando esté trabajando en Windows XP:

Ⓐ Este es el nombre de la carpeta, en este ejemplo "My Documents", y cuyos contenidos usted puede ver en el panel de la derecha. En este ejemplo también puede ver en la casilla de direcciones o "Address bar" su nombre: "My Documents".

B Estos son los objetos, carpetas y archivos, que se encuentran a nivel de la carpeta o unidad de almacenamiento seleccionada a la izquierda.

C Por favor note los símbolos "+" y "–" al lado de los nombres de las carpetas o unidades de almacenamiento. Si ve "+" significa que si hace clic sobre él podrá ver mas carpetas o archivos que tal vez estén dentro de esta carpeta, como es el caso de las carpetas "2010" y "2011".

En el panel izquierdo de Explorer también puede ver atajos a los siguientes recursos:

- "My Computer".

- "My Network Places", que le muestran los recursos de la red (si esta en una red local) que usted está autorizado para acceder.

- Y por último el "Recycle Bin", que guarda los archivos que suprimió.

Para llegar a lo que contienen, sólo es necesario hacer clic sobre el símbolo "+" al lado del recurso con cuyos contenidos quiere trabajar. Por ejemplo, cuando hace clic al lado de "My Computer", le mostrará todos los dispositivos de almacenamiento conectados a su computadora, como por ejemplo la unidad removible de almacenamiento de datos que recibió E:.

Cómo trabajar con la opción "View" (ver)

En Windows Explorer, e inclusive cuando usted está usando el programa "My Computer" o cuando está guardando o abriendo archivos, podrá ver mucha información acerca de carpetas y archivos que están guardados en su computadora, pero a veces esta información puede que no le sea muy útil si no puede ver la fecha en que fueron creadas, o al menos de qué tipo de archivo son. Por ejemplo, si puede ver que un archivo tiene la extensión o apellido de archivo, ".docx", esto le indica inmediatamente que éste es el tipo de archivo que fue creado usando el procesador de palabras Microsoft Word.

Ahora, para poder ver bien esta información es necesario que aprenda a usar las opciones de ver o "View" en Windows XP o en Windows 7/Vista cuando está trabajando en sus carpetas o archivos. Y estas opciones son:

- *Tira de película ("FilmStrip"):* le dejará mirar sus fotos digitales en una secuencia. Esta vista está solamente disponible en la carpeta de "My Pictures" o en carpetas que Windows XP reconoce como carpetas de fotos digitales. Esta opción no está disponible en Windows 7/Vista.

- *Vistas en miniatura ("Thumbnails"):* le permiten ver rendiciones preliminares pequeñas de sus archivos gráficos o iconos de grandes archivos.

- *Tejas ("Tiles"):* muestran los iconos de los archivos en orden alfabético a través de columnas. Además, al lado de cada icono podrá ver el nombre completo de la carpeta que representa.

- *Iconos ("Icons"):* también le muestran los iconos de los archivos y carpetas guardados en su computadora alfabéticamente a través de columnas. Esta es la opción más común en Windows 7/Vista.

- *La lista ("List"):* como su nombre indica, le mostrará una lista de sus archivos o carpetas en orden alfabético en una sola columna. Esta vista le deja ver muchas más carpetas o archivos al mismo tiempo.

- *Detalles ("Details"):* le permitirá ver mucha más información acerca de sus carpetas y archivos en una sola columna, como por ejemplo; su tamaño, el tipo de archivo, la fecha en que fue creada, cambiada o modificada.

Por favor recuerde que usted puede cambiar de una vista preliminar a otra cuantas veces quiera hasta que encuentre la vista preliminal que le convenga más. Cabe agregar que cuando hace un cambio aquí, por ejemplo si desea ver los detalles de sus carpetas o archivos, y cierra el Explorador, la próxima vez que lo habra verá los detalles de sus carpetas o archivos hasta que cambie la vista preliminal de nuevo.

A continuación verá los pasos necesarios para cambiar la vista preliminar de sus archivos y carpetas en Windows XP y en Windows 7/Vista. Abra su respectivo explorador de Windows y escoja en el panel de la izquierda la carpeta con cuyos contenidos desea trabajar.

En Windows 7/Vista:

En Windows 7/Vista las opciones de "View" para trabajar con los diferentes objetos (como las unidades de almacenamiento como el disco duro y los archivos que contiene que usted ve en el Explorador e inclusive en las ventanas de diálogo que se abren cuando usted elige guardar un archivo usando "Save" o cuando abre un archivo usando "Open") son un poco diferentes a las que se usaban en otras versiones de Windows (como por ejemplo Windows XP). Pero con un poquito de práctica le será muy fácil conseguir los resultados que desea. Como por ejemplo cambiar la vista preliminar de unos archivos digitales, de lista a rendición previa (por favor note que en Vista esto ya no se llama "Thumbnails", sino que se maneja con Iconos). Para comenzar, escoja en el panel de la izquierda al abrir el Explorer en Windows 7/Vista de la manera indicada previamente la carpeta con cuyos contenidos desea trabajar.

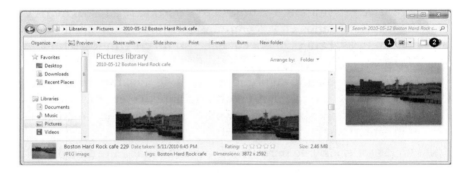

Esta es la manera de cambiar la opción de la vista preliminar de archivos y carpetas en Windows 7:

1. Para comenzar, haga clic sobre la flechita para abajo al lado del botón de "View" o vista preliminar de archivos y carpetas. Éste no tiene una etiqueta con su nombre, pero al igual que sucede con otros botones en Windows, si deja el indicador del ratón un par de segundos sobre él, éste le dirá perfectamente qué hará cuando le hace clic.

   Ahora lleve el indicador del ratón sobre esta barrita o "Slider", oprima el botón izquierdo del ratón y sosténgalo. Después, jálela hacia arriba para aumentar el tamaño de la vista preliminar de los archivos y carpetas, o hacia abajo para disminuirla.

Extra Large Icons

Large Icons

Medium Icons

Small Icons

List

Details

~~Tiles~~

Content

2. Si desea ver la vista preliminar de los archivos que encontró en el panel de la derecha, entonces haga clic sobre "Show view panel" o muestre el panel de la vista preliminar. Ahora otro panel abrirá a la derecha de los archivos que seleccione, mostrándole el archivo que tenga seleccionado en el panel de la mitad.

En Windows Vista:

Estos son los pasos para cambiar la vista preliminar de archivos y carpetas en Windows Vista:

1. Primero haga clic sobre el botón de "View" en la barra de herramientas de Windows Explorer. Por favor tenga en cuenta que el botón para cambiar la vista preliminar en la ventana de diálogo que se abre cuando elige guardar o abrir un documento es este: Views ▾ (También notará que éste no tiene la etiqueta de "Views"). Para usarlo, también es necesario hacer clic sobre él, y en éste encontrará las mismas opciones para trabajar con la vista preliminar.

2. Ahora haga clic sobre la selección de "View" que usted desea usar.

Por ejemplo, si está buscando una foto en la carpeta "My Pictures", y no sabe exactamente cuál es la que desea enviar por correo electrónico, cambie la vista preliminar de esta carpeta, con la cual está trabajando a "Thumbnails", para de esta manera poder ver las fotos y buscar entre ellas la que desea enviar. Si hace clic sobre la pequeña guía que ve, y oprime y sostiene el botón izquierdo del ratón sobre ella y la sube y baja, esta acción también cambiará la vista preliminar de los archivos o carpetas que seleccionó en el panel izquierdo.

En Windows XP:

Estos son los pasos para cambiar el "View" de archivos y carpetas en Windows XP:

1. Para comenzar, haga clic sobre el botón de "View" en la barra de herramientas de Windows Explorer o sobre cualquier otra ventana en donde vea este símbolo. Como por ejemplo, la ventana de diálogo que verá cuando decide guardar un documento.

2. Ahora haga clic sobre la selección de vista preliminar que usted desea usar.

Por ejemplo, si está buscando una foto en la carpeta "My Pictures" y no sabe exactamente cuál es la que desea enviar por correo electrónico, cambie la vista preliminar de esta carpeta, con la cual está trabajando con "Thumbnails", para de esta manera poder ver la foto que busca y así saber el nombre exacto del archivo que necesita enviar.

Por ejemplo, después de abrir Windows Explorer y seleccionar los "Thumbnails" de una carpeta de fotos, éstas se verán como miniaturas, lo que le facilitará escoger con cuál quiere trabajar.

Estos son los pasos para buscar un programa que le permita trabajar con las fotos en Windows XP o 7/Vista que haya guardado a una carpeta:

1. Para comenzar, haga clic en el panel izquierdo sobre el nombre de la carpeta en la cual guardó las fotos que está buscando para verlas en la ventana de la derecha.

2. Ahora lleve el indicador del ratón sobre una de las fotos, después haga clic con el botón derecho del ratón sobre ella y después jálela hacia abajo hasta llegar a la opción que dice abrir con o "Open With".

3. Finalmente, lleve el indicador de ratón hacia la derecha, o hacia el lado que abre el menú, y después haga clic sobre el nombre del programa que desea usar para ver esta foto, como por ejemplo "Windows Picture and Fax Viewer". Este programa es muy básico, pero es fácil de usar.

Como alternativa, en vez de seguir los pasos 2 y 3, intente hacer doble clic sobre la foto con la cual desea trabajar para ver si el programa co-

rrecto para trabajar con fotos digitales se abre automáticamente. Una vez que un programa para editar fotos se abra, les puede cambiar el brillo o imprimir según las instrucciones particulares de ese programa. Y si su computadora no tiene un programa especial para trabajar con fotos digitales, puede bajar uno gratis del sitio web de la compañía HP en esta dirección virtual o enlace: *http://www.hp .com/united-states/consumer/digital_photography/free/software/index_ww_ eng.html.*

Cómo cambiar la anchura de las columnas que usted ve cuando está usando "Details" (detalles)

Como pudo ver anteriormente, cuando usa detalles o "Details", podrá ver más información a través de varias columnas de diferente anchura. Pero si, por ejemplo, la anchura de una de estas columnas es demasiado estrecha, la información que verá puede que sea muy difícil de descifrar. Para arreglar esto, amplíela. A veces puede ser necesario disminuir la anchura de varias columnas un poco para poder aumentar la anchura de otra columna.

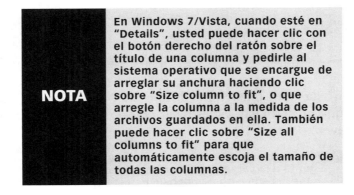

Para cambiar la anchura de las columnas en Windows:

A Como puede ver en esta gráfica, esta carpeta contiene tres archivos cuyos nombres comienzan con las palabras "Updated Resume...", pero la columna no es lo suficientemente ancha como para mostrarle su nombre completo.

B Para verlo, ensanche la columna de nombre o "Name" llevando primero el indicador del ratón a la línea que separa la columna que usted quiere ensanchar o acortar. Cuando el indicador del ratón cambie a una flecha doble, haga clic, y después oprima y mantenga oprimido el botón izquierdo del ratón mientras jala esta guía hacia la izquierda o derecha, según usted quiera hacer: ensanchar o disminuir el tamaño de la columna.

Haga clic sobre el título, o mejor dicho, sobre su nombre de etiqueta, para ordenar la lista de carpetas o archivos que ve en esta columna de acuerdo a diferentes criterios. Por ejemplo, si usted hace clic sobre la parte superior de la columna "Name", estos nombres son mostrados en orden alfabético.

NOTA

En Windows 7/Vista, cuando esté en "Details", usted puede hacer clic con el botón derecho del ratón sobre el título de una columna y pedirle al sistema operativo que se encargue de arreglar su anchura haciendo clic sobre "Size column to fit", o que arregle la columna a la medida de los archivos guardados en ella. También puede hacer clic sobre "Size all columns to fit" para que automáticamente escoja el tamaño de todas las columnas.

Cómo expandir o esconder carpetas

Tenga en cuenta que, cuando usted está trabajando en Windows Explorer, algunas de las carpetas con las que usted necesita trabajar podrían estar escondidas de vista porque están guardadas dentro de sub-carpetas.

Los pasos para poder ver y trabajar con las sub-carpetas que están dentro de una carpeta en Windows 7/Vista son similares, pero los símbolos son diferentes de los que se usaban en versiones previas de Windows. Para comenzar, después de abrir Windows Explorer, lleve el indicador del ratón encima de las carpetas con las cuales desea trabajar.

Para ver una sub-carpeta, si ésta ya no está visible, en Windows 7/Vista:

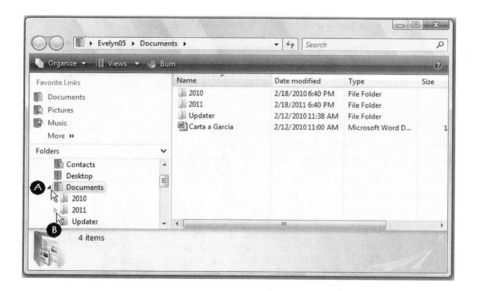

Siguiendo esta gráfica, usted puede aprender a trabajar con las sub-carpetas que no son visibles, es decir que no han sido expandidas, en Windows 7/Vista:

A Por favor note el símbolo que apunta hacia abajo junto a la carpeta de "Documents" que le indica que las sub-carpetas debajo de esta carpeta ya deben estar visibles.

B Ahora por favor note que al lado de la carpeta
"2011", hay un símbolo parecido a éste: ▷, lo que
le indica que puede expandir esta carpeta (o la
carpeta con la que usted quiere trabajar) con sólo
hacer clic una vez sobre el símbolo "▷".

Para esconder las sub-carpetas, tal vez porque desea ver/trabajar con otras, sólo es necesario hacer clic sobre el símbolo que apunta hacia abajo. Ahora las sub-carpetas están escondidas de nuevo, hasta que haga clic sobre el símbolo ▷ de nuevo.

Para ver una sub-carpeta que no está visible en Windows XP:

En la gráfica de arriba usted puede ver que hay un signo "+" junto a la carpeta 2011. Para expandir esta carpeta (o la carpeta con la que usted quiere trabajar), haga clic una vez sobre el símbolo "+".

Ahora podrá ver las sub-carpetas que están guardadas dentro de la carpeta "2011". Adicionalmente, si, por ejemplo, usted hace clic sobre la sub-carpeta "August" (que también muestra un símbolo "+"), también podrá ver las sub-carpetas guardadas debajo de ésta. Para re-esconder las sub-carpetas en este ejemplo, usted sólo tiene que hacerle clic al símbolo "–" al lado de la carpeta 2011.

NOTA

Dependiendo de cuántas carpetas y sub-carpetas usted haya creado en su unidad de disco duro, puede ser necesario expandir varias hasta encontrar la sub-carpeta con cuyo contenido usted quiere trabajar.

Cómo hacer una selección de archivos o carpetas

El primer paso cuando esté usando Windows Explorer, antes de trabajar con sus carpetas o archivos (por ejemplo, copiarlos, moverlos o suprimirlos) es el de seleccionarlos en el panel derecho. Esto puede hacerse con el ratón, el teclado o ambos.

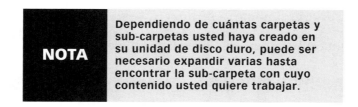

Para hacer selecciones, como puede ver en este ejemplo, siga estos pasos:

A Para comenzar haga clic sobre el nombre de la carpeta en el panel izquierdo con la cual quiere trabajar. Ahora puede ver los archivos y carpetas con los que quiere trabajar en el panel derecho.

B Para seleccionar un grupo de archivos o carpetas en orden consecutivo, haga clic sobre el primero y después oprima y sostenga la tecla SHIFT.

C Por último, haga clic sobre el último archivo o carpeta que desea, y después levante su dedo de la tecla SHIFT. Si los archivos o carpetas que usted está tratando de seleccionar están extendidos a través de muchas páginas, inmediatamente después de hacer clic sobre el primero y sostener la tecla SHIFT lleve en indicador del ratón sobre la guía gris en la barra de desplazamiento y haga clic sobre ésta. Inmediatamente después, sostenga el botón izquierdo del ratón mientras lo jala hacia abajo o hacia arriba, dependiendo de la orientación de los archivos que está tratando de seleccionar. Finalmente, retire sus manos del teclado y del ratón.

Para hacer una selección de archivos o carpetas que no estén en orden consecutivo, oprima y sostenga la tecla CTRL y después hágale clic a los archivos o carpetas que desee seleccionar. Para seleccionar un sólo archivo o una sóla carpeta, simplemente hágale clic una vez. Después de seleccionar un grupo de archivos o carpetas consecutivas, también puede presionar y sujetar la tecla de CTRL y hacer clic sobre cualquier otro archivo o carpeta que desea añadir a esta selección.

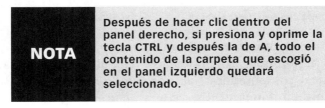

NOTA Después de hacer clic dentro del panel derecho, si presiona y oprime la tecla CTRL y después la de A, todo el contenido de la carpeta que escogió en el panel izquierdo quedará seleccionado.

Usted también puede usar sólo el ratón, haciendo el movimiento de "barrer" para seleccionar bloques consecutivos de archivos y carpetas, aun con los que se encuentren a través de páginas diferentes debajo de la misma carpeta.

Estos son los pasos para seleccionar archivos y carpetas usando el ratón:

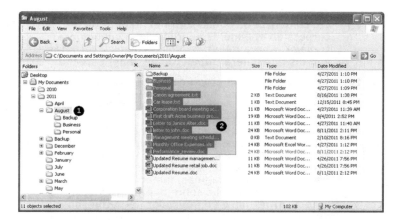

1. Primero localice y haga clic sobre el nombre de la carpeta con cuyo contenido usted quiere trabajar para ver los archivos o carpetas contenidos en ella en el panel derecho.

2. Ahora lleve el indicador del ratón a*fuera del primer o último archivo que desea seleccionar* (sin hacer clic todavía). Ahora haga clic y presione y sujete el botón izquierdo del ratón mientras lo mueve, como barriendo, hasta que todos los archivos o carpetas con los cuales desea trabajar estén seleccionados. Finalmente, retire su dedo del botón izquierdo del ratón.

Para excluir uno de estos archivos o carpetas que acaba de seleccionar porque no necesita trabajar con ellos, presione y sujete la tecla CTRL, y haga clic sobre cada uno de estos archivos o carpetas con los cuales no desea trabajar.

Usando simplemente el ratón para seleccionar archivos o carpetas puede ser un poco más difícil de hacer para alguien que está aprendiendo a usar computadoras, ya que puede mover archivos o carpetas involuntariamente. Si esto le sucede y se da cuenta inmediatamente, *oprima y sostenga la tecla CTRL y después la tecla Z para recobrar los archivos o carpeta que haya movido o borrado por equivocación.* Esto sólo funciona si lo hace inmediatamente después de hacer un cambio.

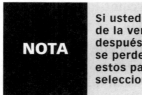

NOTA

Si usted hace clic en cualquier parte de la ventana de Windows Explorer después de hacer una selección ésta se perderá y será preciso que siga estos pasos de nuevo para seleccionarlos otra vez.

Cómo copiar o mover una selección de archivos y/o carpetas

En las páginas anteriores, usted aprendió a hacer selecciones de archivos y carpetas. Ahora usted aprenderá a aplicar acciones a estas selecciones para poder realizar tareas como copiarlas o moverlas usando Windows Explorer.

En Windows 7/Vista:

Estos son los pasos para copiar una selección de archivos o carpetas en Windows 7/Vista:

1. Para comenzar, en el panel izquierdo, busque y haga clic sobre la carpeta con la cual desea trabajar.

2. Ahora, en el panel derecho, seleccione todos los archivos y carpetas que desea copiar o mover.

3. Finalmente, si las desea copiar, lo puede hacer de dos maneras: a) haciendo clic sobre "Organize" y después sobre "Copy", o b) oprimiendo las teclas CTRL + C. Ahora, si desea mover esta selección usando el ratón, busque en el panel de la izquierda el nombre de la carpeta a la cual desea mover esta selección, sin hacerle clic, es decir, usando solamente las guías de expandir o esconder carpetas. Ahora, en el panel derecho, haga clic sobre uno de los archivos o carpetas que seleccionó y que desea mover de lugar, e inmediatamente oprima y sostenga el botón izquierdo del ratón. Después jale esta selección hasta llegar sobre el nombre de la carpeta en el panel izquierdo adonde los desea mover. Ahora retire sus dedos de los botones del ratón.

Por favor note que cuando está moviendo una selección, antes de retirar su dedo del botón izquierdo del ratón el sistema operativo le muestra el nombre de la carpeta a la cual está moviendo esa selección. Por este motivo, no retire su dedo del botón izquierdo hasta que lo encuentre.

En Windows XP:

Esta es la forma, como usted puede ver en la gráfica anterior, de copiar o mover una selección de archivos o carpetas a otra carpeta utilizando el Explorador de Windows XP:

Ⓐ Para comenzar, busque y haga clic sobre la carpeta con la cual desea trabajar en el panel izquierdo.

Ⓑ Ahora, en el panel derecho, seleccione todos los archivos y carpetas que desea copiar o mover.

Ⓒ Si usted quiere mover esta selección, haga clic sobre este botón. Por favor tenga en cuenta que una vez que el sistema operativo termine de mover esta selección a la nueva carpeta estos archivos o carpetas sólo quedarán en la carpeta a la cual usted los movió. Alternativamente, también puede completar esta operación haciendo clic sobre "File" y después sobre "Move" para moverlos.

Ⓓ Si usted quiere copiar los artículos seleccionados, haga clic sobre este botón. Alternativamente, también puede hacer clic sobre "File" y después sobre "Copy".

Ahora otra ventana pequeña de diálogo se abre, como podrá ver a continuación y en ésta deberá escoger la carpeta/directorio donde desea copiar o mover esta selección usando Windows Explorer.

Ahora es necesario indicarle a Windows XP cuál es la carpeta a donde desea copiar o mover esta selección de archivos o carpetas, siguiendo los pasos en la próxima página.

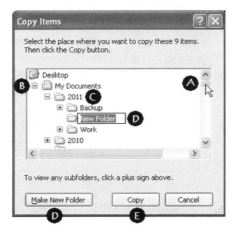

Estos son los pasos para terminar de copiar o mover una selección de archivos o carpetas en Windows XP:

A Primero coloque el indicador del ratón sobre esta guía en la barra de desplazamiento (vea el indicador del ratón en esta pantalla que capturé), después haga clic e inmediatamente sujete el botón izquierdo del ratón y después jale esta guía hacia arriba hasta que pueda ver el icono del "Desktop".

B Para expandir carpetas y ver su contenido, haga clic sobre el símbolo "+" a la izquierda de éstas. Por ejemplo, si usted desea copiar o mover su selección a la carpeta "My Documents", haga clic sobre el símbolo "+" junto a ésta para expandirla. Para copiar o moverla a otra unidad de almacenamiento (como, por ejemplo, un dispositivo del tipo "Flash"), haga clic sobre el símbolo "+" al lado del icono de "My Computer".

C Cuando usted vea la carpeta a la cual desea copiar o mover esta selección, hágale clic para seleccionarla. Para este ejemplo hice clic sobre la carpeta "2011".

D Si desea, en este momento puede hacer clic sobre "Make New Folder" para crear una carpeta debajo de la carpeta que usted seleccionó en el paso anterior (o sea, una sub-carpeta). Mientras ésta está resaltada (como puede ver en la gráfica anterior), escriba el nombre que desea usar para esta carpeta, y después haga clic fuera de ella.

E Finalmente, haga clic sobre el botón correcto: "Move", o "Copy", de acuerdo con lo que desea hacer.

Si su computadora cuenta con una versión anterior del sistema operativo Windows (como Windows 98), usted no verá los botones de copiar o mover una selección en la barra de herramientas de Explorador. En ese caso, si desea copiar una selección que hizo previamente de archivos o carpetas o ambos, haga clic sobre "Edit" y después sobre "Copy". Para moverlos será necesario usar el ratón, seleccionarlos y después jalarlos. Por favor recuerde que si comete un error, como por ejemplo borrar un archivo que desea guardar, lo puede recobrar fácilmente si *inmediatamente* después de borrarlo oprime las teclas CTRL + Z.

Cómo usar la función de enviar ("Send to")

Esta es una de las funciones más útiles que encontrará al usar programas como Windows Explorer, "My Computer" (en Windows XP) o "Computer" (en Windows 7/Vista).

Usando el menú de "Send To" (enviar a), podrá enviar una selección que haya hecho previamente de archivos o carpetas a:

- El escritorio virtual.
- Una dirección de correo electrónico.
- La carpeta de documentos.
- Otra unidad de almacenamiento permanente.

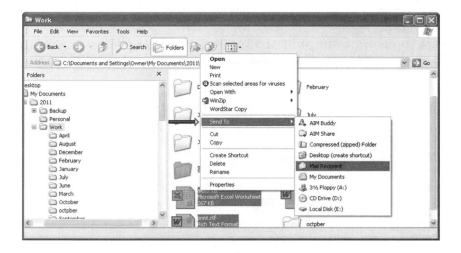

Para usar el menú de "Send To", simplemente haga clic con el botón derecho del ratón sobre la selección de archivos o carpetas y después elija la opción de "Send To". Ahora mueva el indicador del ratón hacia la derecha o la izquierda (esto depende del lado en que este menú abra). Ahora, en el menú desplegable que se abre, haga clic sobre la opción que desea usar.

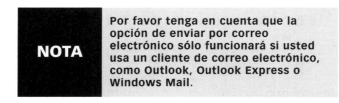

NOTA

Por favor tenga en cuenta que la opción de enviar por correo electrónico sólo funcionará si usted usa un cliente de correo electrónico, como Outlook, Outlook Express o Windows Mail.

Cómo suprimir o borrar archivos y carpetas

Esto es, desafortunadamente, muy fácil de hacer. Dependiendo de qué tipo de cuenta de usuario tenga (limitada o de administrador), a usted le será muy fácil suprimir la mayoría de archivos o carpetas que puede ver cuando usa un programa para trabajar con archivos y carpetas, como Windows Explorer.

Para comenzar a suprimir archivos o carpetas es primero necesario hacer una selección de lo que desea suprimir.

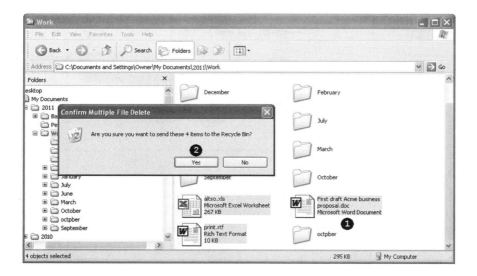

Estos son los pasos, como puede ver en esta imagen, para suprimir archivos o carpetas en Windows Explorer:

1. Primero selecciónelos de la manera que pudo ver antes.

2. Ahora oprima la tecla DELETE y después, en la ventana que aparece, haga clic sobre "Yes" para suprimirlos. O también puede oprimir la tecla ENTER. Pero si usted cambia de idea antes de hacer clic sobre "Yes" o oprimir la tecla ENTER, oprima ESC para cerrar esta ventanita.

Si usted accidentalmente suprime un archivo y/o una carpeta, los puede recobrar siguiendo estos pasos (sólo si lo hace inmediatamente después de cometer el error): oprima y sostenga la tecla CTRL y después oprima intermitentemente la Z (esta es la función de restaurar o "Undo"). Cuando encuentre el cambio que quiere deshacer, retire su mano del teclado. Una vez que cierre la ventana con la que usted estaba trabajando, la opción de CTRL + Z ya no funcionará para recobrar lo que perdió, pero todavía puede revisar la canasta de reciclaje o "Recycle Bin" para ver si están ahí.

Cómo restaurar artículos que ha enviado al "Recycle Bin"

Una vez que usted ha borrado un archivo o una carpeta, éste podrá ser restaurado con sólo hacer algunos clics del ratón en el lugar original de donde usted lo suprimió si no ha pasado demasiado tiempo entre el momento que lo suprimió y el momento en que lo está tratando de recobrar.

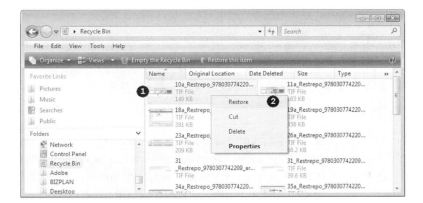

Para restaurar algo que haya enviado al "Recycle Bin", visite la parte superior de su escritorio virtual (si éste está cubierto por sus programas, escóndalos o ciérrelos), y haga doble clic sobre su ícono para abrirlo y ver su contenido.

Una vez que el "Recycle Bin" se haya abierto, siga estos pasos, para restaurar los artículos que están guardados en él:

1. Seleccione el artículo o los artículos (archivos o carpetas) que usted quiere restaurar. Para seleccionar un solo artículo, haga clic una vez sobre su nombre. Para seleccionar todos los artículos que están guardados aquí, oprima y sostenga la tecla CTRL y después la A. Para quitar algunos de los archivos o carpetas que seleccionó usando la combinación CTRL + A, oprima y sostenga la tecla CTRL y después haga clic sobre cada uno de los artículos que no desea restaurar.

2. Una vez que usted haya seleccionado el artículo o los artículos que desea restaurar, haga clic con el botón derecho del ratón sobre cualquiera de los artículos seleccionados y después haga clic sobre restaurar o "Restore". Ahora esta selección será restaurada exactamente al punto (unidad de disco duro, carpeta) de donde los borró.

En el evento improbable de que la unidad de disco duro de su computadora esté baja de espacio, (una forma de darse cuenta de que esto está sucediendo es que la computadora toma más tiempo de lo normal para terminar cualquier tarea que usted le pide), vacíe el "Recycle Bin" haciendo clic con el botón derecho del ratón sobre su icono y escogiendo "Empty Recycle Bin". Después confirme esta selección haciendo clic sobre "Yes".

Cómo proteger su trabajo cuando esté copiando o moviendo archivos y carpetas

En el capítulo de cómo usar archivos y carpetas, usted leyó en la sección acerca de cómo usar carpetas que el sistema operativo Windows no le permitirá tener duplicados de archivos con el mismo nombre y la misma extensión (como el apellido de un archivo) en la misma carpeta. Esto también es cierto con nombres de carpetas, pero con la diferencia de que éstas no tienen una extensión de 3 letras.

Esto no es un problema en la mayoría de los casos, ya que el sistema operativo le permite tener archivos con el mismo nombre y la misma extensión (o inclusive sub-carpetas con el mismo nombre) mientras estén en carpetas diferentes a todo lo largo de sus unidades de almacenamiento, como lo son sus discos duros. Pero esto deja la posibilidad de que a veces usted pudiera intentar copiar o mover esos archivos o carpetas con nombres y extensiones idénticas a otras carpetas en su computadora donde usted antes ya había guardado copias de estos mismos archivos o carpetas. El problema es que a veces algunos de esos archivos con el mismo nombre *pueden ser más recientes y por consiguiente más importantes para usted* que otros con el mismo nombre que ya están guardados en una carpeta en particular.

Digamos, por ejemplo, que a través de los años usted ha creado copias diferentes de su currículum de trabajo para las cuales siempre usó el mismo nombre y el mismo programa para crearlas, lo que aseguraba que siempre recibían la misma extensión (por ejemplo, *.doc*). Pero siempre las tenía separadas en *carpetas diferentes,* lo que puede hacer sin ningún problema.

Ahora, si un día usted compra un dispositivo de almacenamiento removible del tipo USB (al que el sistema operativo automáticamente le asigna una letra, como por ejemplo la "F") y envía una copia de su currículum allí, y más adelante trata de enviar una copia del mismo archivo de nuevo a esta unidad de almacenamiento removible F: desde otra carpeta, el sistema operativo le preguntará qué desea hacer. En las dos páginas siguientes verá ejemplos que le servirán si tiene Windows 7/Vista o Windows XP para proteger su trabajo.

 Es importante cuando está moviendo archivos o carpetas de un lado a otro en su computadora asegurarse bien antes de hacer clic sobre el botón de "Copy and Replace" o "Yes" de que esto es lo que desea hacer. Si no está seguro, haga clic sobre "Don't Copy" o "No", y abra ambos archivos en la carpeta original y en la que lo desea enviar para determinar cuál tiene más valor para usted.

Cómo trabajar con la ventana de diálogo de "Copy File" (copiar archivo)

La manera de proteger sus archivos en Windows 7/Vista para que estos no sean reemplazados accidentalmente con versiones menos valiosas es usar la ventana de diálogo "Copy File", que aparece cuando usted trata de copiar o mover un archivo con el mismo nombre y la misma extensión a una carpeta que ya tiene copias de estos archivos con el mismo nombre y la misma extensión.

Guíese por esta gráfica cuando vea la ventana de diálogo de "Copy File", para proteger su trabajo:

Ⓐ *Copy and Replace:* si usted hace clic sobre este icono, el archivo que ahora tiene guardado en esta carpeta será reemplazado por el que ahora está tratando de copiar ahí. Por favor note la fecha en frente del archivo para ver si éste es más reciente.

Ⓑ *Don't copy:* haga clic sobre este icono para cancelar esta operación de reemplazar el archivo que ahora está guardando en esta carpeta si no está seguro de cuál tiene más valor para usted.

Ⓒ *Copy, but keep both files:* ésta es una buena opción si no está seguro de cuál archivo tiene más valor para usted. Cuando le hace clic, le permitirá tener ambos archivos. El más reciente recibirá un número al final (en este ejemplo el número 2) y esto permitirá que los dos queden guardados en la misma carpeta.

Ⓓ Si usted está trabajando con muchos archivos, esta ventana seguirá apareciendo cada vez que responda si desea reemplazar un archivo o no, hasta que ya no haya más archivos para copiar. Si quiere responder lo mismo para un grupo de archivos que desea copiar a esta carpeta, entonces haga clic en la parte inferior izquierda de esta ventana de diálogo sobre "Do this for the next 7 conflicts" para seleccionarla, y después haga clic sobre la opción que le convenga (como "Don't Copy"). Si no está seguro de cómo trabajar con un archivo particular, haga clic sobre "Skip" para saltarlo. Si desea terminar esta operación, haga clic sobre "Cancel".

En Windows 7/Vista, cuando trata de copiar de una carpeta a otra, y en la nueva carpeta ya existía una carpeta con el mismo nombre, entonces verá el mensaje "Do you wish to merge this...". Si hace clic sobre "Yes", los contenidos de la carpeta a la cual está copiando serán mezclados —con la ayuda de la ventana de diálogo que acabamos de cubrir— con los contenidos de la carpeta que desea copiar allí.

Cómo trabajar con la ventana de diálogo de "Confirm File Replace"

Por favor guíese por la siguiente imagen para aprender a usar la ventana de "Confirm File Replace" que verá en Windows XP cuando esté tratando de copiar archivos con nombres idénticos a archivos que ya se encuentran guardados al nivel de la carpeta a donde los desea copiar o mover.

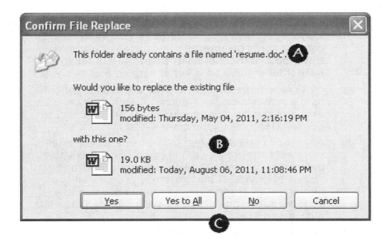

Esta es la forma de trabajar en esta ventana para asegurar que sus archivos importantes no sean reemplazados por otros de menos importancia:

Ⓐ Para comenzar, lea en la parte superior de esta ventana de "Confirm File Replace" el nombre del archivo que usted está tratando de reemplazar.

Ⓑ En la segunda parte de esta ventana de diálogo puede comparar el tamaño y la fecha del archivo que está tratando de copiar o mover con el que está guardado ahí.

- En esta línea puede ver la información del archivo que está guardado en esta carpeta.

- Esta es la información acerca del archivo que desea copiar. Si no está seguro sobre cuál de estos archivos tiene más valor para usted, haga clic sobre "Cancel" y después abra ambos archivos —en la carpeta original y en la carpeta a la que lo quiere enviar— para decidir cuál desea guardar. Una vez que decida esto, trate de copiarlos o moverlos de nuevo.

Ⓒ En la última parte de esta ventana de diálogo usted verá cuatro elecciones:

- Haga clic sobre "Yes" para reemplazar el archivo.

- Haga clic sobre "Yes to All" para reemplazar todos los archivos.

- Haga clic sobre "No" para saltar este archivo y reemplazar el próximo.

- Haga clic sobre "Cancel" para cerrar esta ventana de diálogo y terminar este proceso.

En Windows XP, cuando trata de copiar una carpeta a otra también verá una ventana similar a ésta, y si no está seguro de que la carpeta a la cual está copiando esta carpeta tiene más valor para usted, haga clic sobre "Cancel".

Para recordar

- Windows Explorer es el programa principal para trabajar con archivos y carpetas en computadoras que usan cualquier versión del sistema operativo Microsoft Windows.

- Utilizar Windows Explorer o "My Computer" o "Computer" es cuestión de preferencia personal.

- Use las opciones de ver o "View" cuando esté trabajando con sus archivos.

- Use la opción de "Open with" para abrir directamente archivos gráficos con los cuales desee trabajar.

- El primer paso para copiar o mover archivos es seleccionarlos.

- Use el proceso de copiar archivos para hacer respaldos de éstos.

- Si suprime un archivo accidentalmente, visite la canasta de reciclaje o "Recycle Bin" para ver si se encuentra ahí.

- Aprenda a usar la ventana de diálogo de copiar y reemplazar archivos cuando esté moviendo archivos en Windows Explorer, para proteger su trabajo.

El grupo de programas Microsoft Office

11

Introducción

Office 2010 es la más reciente versión de este grupo de programas de productividad, diseñados por Microsoft, y le ayudará a reducir el tiempo necesario para completar su trabajo.

Una de las ventajas más grandes de esta versión es la facilidad con la cual es posible intercambiar documentos con otras personas en su misma organización o fuera de ella.

Los programas principales incluidos en todas las versiones de Office son:

- *Word:* el procesador de palabras de más uso en todo el mundo.
- *Excel:* una de las mejores hojas de cálculo.
- *PowerPoint:* un programa para las presentaciones de negocios o tareas escolares.
- *Access:* uno de las mejores bases de datos.

En la siguiente gráfica se puede ver la versión "Office Home and Business", (para el hogar y los negocios) de Office 2010.

Si tiene una versión anterior de Office y desea obtener la nueva, sólo tiene que conseguir una actualización, o *upgrade,* de ésta.

Las diferentes versiones de Office

Office 2010 está a la venta en diferentes versiones: Office Home and Student, Office Home and Business y Office Professional.

El siguiente diagrama le puede ayudar a escoger la versión de Office 2010 que debe obtener, si es que no la tiene ya.

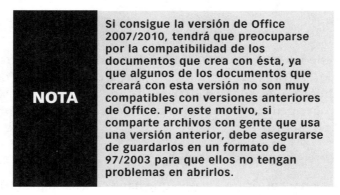

	Office Home and Student 2010	Office Home and Business 2010	Office Professional 2010
Word 2010 Cree y edite documentos	●	●	●
Excel 2010 Herramientas para analizar, compartir, y manejar datos	●	●	●
PowerPoint 2010 Cree presentaciones dinámicas	●	●	●
OneNote 2010 Junte sus notas e información en un solo sitio	●	●	●
Outlook 2010 Maneje todas sus cuentas de e-mail en un solo sitio		●	●
Publisher 2010 Diseñe y publique excelente documentos			●
Access 2010 Comparta fácilmente, maneje, auditoria, y respalde su información			●

La diferencia principal entre las diferentes versiones está en que algunas vienen con Publisher y Microsoft Access, y otras no.

> **NOTA**
>
> Si consigue la versión de Office 2007/2010, tendrá que preocuparse por la compatibilidad de los documentos que crea con ésta, ya que algunos de los documentos que creará con esta versión no son muy compatibles con versiones anteriores de Office. Por este motivo, si comparte archivos con gente que usa una versión anterior, debe asegurarse de guardarlos en un formato de 97/2003 para que ellos no tengan problemas en abrirlos.

Los menús de Office

En Office 2010, Microsoft regresa a usar la palabra "File" (estándar en casi todas las versiones anteriores de Office, y en la mayoría de los programas para Windows), en vez de seguir usando el botón que introdujo en Office 2007.

El botón de Office 2007 está localizado en la parte izquierda superior de la ventana de la mayoría de los programas que encontrará en Office 2007 y éste reemplaza el menú de "File". Usando estos menús le será posible, entre otras cosas, abrir, guardar, imprimir y compartir un archivo, como también cerrar el programa con el que esté trabajando.

Como puede ver en la gráfica, si tiene la versión de 2010, haga clic sobre "File"; si tiene la versión 2007, haga clic sobre el botón de Office. Ahora podrá ver una lista de iconos y opciones. Usándola puede escoger pedirle al programa que realice una tarea. Por ejemplo, haga clic sobre:

- *"New":* para comenzar un documento nuevo.

- *"Open":* para abrir un archivo que haya guardado previamente.

- *"Save":* para guardar su archivo.

- *"Save As", y después "Word Document":* para crear una copia de un archivo que desee preservar con otro nombre para proteger el archivo original. Y si le preocupa que su trabajo sea compatible con el de colegas de trabajo o cualquier otra persona con la cual intercambie archivos y no sabe si ellos tienen una de las versiones más recientes de Office instalada en su computadora, entonces haga clic en frente de "Save as Type" y después escoja Word 97-2003, para que ellos no tengan problemas abriendo el trabajo que usted les envía.

- *"Print":* para imprimir su trabajo.
- *"Close", y después "Exit...":* para cerrar el programa con el cual esté trabajando, ya sea Word, Excel o PowerPoint.

Ahora, en la mayoría de los casos cuando elija una de estas opciones en Windows 7/Vista o Windows XP, otra ventana secundaria se abrirá para ayudarle a completar la tarea que le acaba de pedir a la computadora que haga, por ejemplo, guardar un archivo haciendo clic sobre "Save".

Cómo evitar problemas de compatibilidad con versiones anteriores de Office

El mundo de las computadoras a veces se puede parecer mucho a una Torre de Babel virtual en la cual todos hablan un idioma diferente, y estas versiones de Office no son una excepción, ya que si usa una de éstas es posible que pueda tener problemas compartiendo el trabajo que hace y que le tiene que enviar a usuarios que tienen versiones anteriores a la suya. Lo que puede hacer para evitar algunos de estos problemas de compatibilidad es:

- Guardar el trabajo que hace en Office 2007/2010 como una versión anterior de Office (esto se explica a través de este capítulo) si tiene que compartirlos con personas que usen una versión anterior de Office.
- Sugerirles a aquellos usuarios que tienen una versión anterior a la que usted usa y con los cuales usted comparte trabajo que descarguen el nuevo paquete de compatibilidad de Office, que es gratis.

Para un usuario que tenga una versión anterior de Office, estos son los pasos que debe seguir para descargar el nuevo paquete de compatibilidad de Office:

1. Trate de abrir un archivo en el formato 2007 que alguien le envió.

2. Enseguida haga clic sobre "Yes" en la ventanita que se abre preguntándole, "Do you want to download..."

3. En la próxima ventana que se abra haga clic sobre "Download" para comenzar este proceso.

4. Para comenzar la instalación, haga clic sobre "Open" o "Run this program from its current location".

5. En la próxima ventana haga clic sobre "Click here to accept...", y después haga clic sobre "Continue".

6. Finalmente, debe ver el mensaje "The installation is completed". Haga clic sobre "OK" para continuar. Si este mensaje no aparece, empiece el proceso de nuevo.

Estas son solamente pautas que usted puede encontrar útil si consigue una de estas dos versiones de Office. No cubren todas las situaciones que usted puede encontrar cuando esté tratando de abrir archivos creados con estas versiones, o inclusive en una versión anterior de Office.

Si usa una versión anterior de Office, y está preocupado por saber si las instrucciones de este libro le ayudarán, debe saber que es posible que casi todos los temas de los que hablo en este libro (acerca de Office) y que siguen a continuación le serán útiles.

He aquí algunos de los cambios más fáciles de notar con respecto a versiones anteriores de Office:

Office 2010:

En esta versión, Microsoft regresa de nuevo a usar la palabra "File" (estándar en casi todos los programas para Windows) en su menú principal, en vez del botón que introdujo en Office 2007.

Office 2007:

- El botón de Office 2007 está localizado en la parte izquierda superior de la ventana de la mayoría de los programas que encontrará en Office 2007.

Office 2003:

- La barra de tareas o "Taskbar", que puede ver a la derecha de la ventana de trabajo. Más adelante en este capítulo, verá un poco más de información acerca de cómo usarlo para completar su trabajo.

Esta es la lista de los cuatro programas que componen la versión estándar de Microsoft Office y sus funciones.

- *Word:* el procesador de palabras de más uso en todo el mundo. Este es el tipo de programa que debe usar para redactar cartas, trabajos de investigación que incluyan gráficas, tareas escolares y en general cualquier documento que tenga que crear.
- *Excel:* la hoja de cálculo de más uso en el mundo. Este es el tipo de programa que puede usar para crear hojas de cálculo en las cuales quiere mostrar resultados con totales.
- *Outlook:* un programa para trabajar con correo electrónico que viene incluido en casi todas las diferentes versiones de Office. Este es el tipo de programa que debe usar con una cuenta de correo electrónico de su compañía, o inclusive el que es provisto por compañías como Google, o America Online.
- *PowerPoint:* un programa para hacer todo tipo de presentaciones, desde tareas escolares a presentaciones de negocios.

Para ayudarle, trataré de indicar cuándo una instrucción sólo aplica a una versión particular de este grupo de programas. Sin embargo, por lo general las indicaciones deberían serle útiles con casi todas las versiones de Office que salieron después del año 2000.

Sugerencias para cuando esté formateando texto en Office

Crear un documento en una computadora que tenga el sistema operativo Windows es muy fácil de hacer: abra el programa de su preferencia, y después empiece a redactarlo inmediatamente. Pero considere los siguientes puntos antes de empezar a cambiar el tipo de letra o "Font" al texto con el cual está trabajando en cualquier programa de Office:

- Usted puede usar muchos tipos diferentes de letra de diferentes tamaños en la misma carta o documento con el cual esté trabajando, y esto sólo es limitado por el tiempo que tenga para hacer estos cambios.

- Por ejemplo, escoja un tipo de letra o "Font" y empiece a escribir, y las palabras que escribe de ahora en adelante recibirán esta selección que usted acaba de hacer. Para regresar a usar el tipo (por ejemplo, Times New Roman) o tamaño (12) de letra anterior, escójalo de nuevo.

- Por ejemplo, para cambiar el tipo de letra en una carta completa, un párrafo o una palabra que usted haya escrito previamente, haga lo siguiente.

  1. Comience haciendo una selección del texto que desea cambiar. Refiérase a la sección de cómo compartir información en Windows si tiene dudas sobre cómo hacer esto.

  2. Después puede cambiarle el tipo de letra a esta selección de palabras, que debe estar sombreada, haciendo clic en la casilla con la lista de los "Fonts", y después haciendo clic sobre el nombre de la letra que desea usar. Ahora haga clic en cualquier parte de la pantalla para deseleccionar este párrafo, línea o palabra, y después regrese a trabajar con su carta. Note que ahora, cuando escribe, las palabras que ve en la pantalla usan el tipo de letra que estaba usando antes de este cambio.

Ahora, si por ejemplo, desea cambiar el estilo de letra a una línea en una carta que ve en la pantalla a letra cursiva, selecciónela y después haga clic sobre la *"I"*, en la barra de "Formating" o formatear de Office 2003 o la *"I"* en la pestaña "Home" en Office 2007/2010, y después haga clic afuera de la selección que cambió. De ahora en adelante las palabras que escriba recibirán esta selección de formato hasta que usted le haga clic de nuevo a la *"I"*.

Por favor recuerde que si se equivoca y accidentalmente borra un párrafo importante en un documento con el cual esté trabajado, siempre puede deshacer este cambio, o varios cambios, usando la función de deshacer cambios o "Undo", si no espera mucho después de hacer el cambio adverso, de la siguiente manera: oprima y *sostenga* la tecla CTRL y después, *muy lentamente,* oprima intermitentemente la tecla Z hasta llegar al cambio que desea deshacer, y cuando lo encuentre retire los dedos del teclado.

El panel de navegación en Office 2010

Office 2010 introduce una serie de mejoras —sobre versiones anteriores del grupo de programas de Office— y una de éstas es el panel de navegación, que le ayudará a trabajar con documentos que tienen muchas páginas, permitiéndole ver la presentación de diferentes páginas del documento (como en un tipo de cinta virtual).

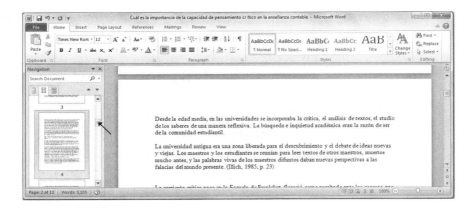

El panel de navegación es muy fácil de usar, y una vez que éste abra (si no lo ve abierto haga clic sobre la pestaña de "View", y después sobre "Navegation Panel"), lo puede comenzar a usar de la siguiente manera:

1. Lleve el indicador del ratón sobre esta guía y oprima el botón izquierdo del ratón.

2. Una vez que vea en esta cinta virtual la página —en este ejemplo le hice clic a la página cuatro— con la cual desea trabajar hágale clic para escogerla. Ahora ésta abre en el área principal de trabajo de Word.

Cómo añadir un idioma a su copia de Office

Es posible añadirle otro idioma a Office, pero antes de comenzar este proceso, cierre todos los programas con los cuales esté trabajando, para así no perder ninguno de sus cambios.

Para comenzar abra el panel de trabajar con las opciones de añadir idiomas, de la siguiente manera:

En Windows 7/Vista:

Haga clic sobre el botón de "Start", e inmediatamente escriba "Microsoft Office 2007 Language Settings" (si tiene Office 2003, escriba "2003" en vez de "2007"; si usa Office 2010, escriba "Microsoft Office 2010 Language Preferences"), y después oprima la tecla ENTER.

En Windows XP:

1. Haga clic sobre el botón de "Start" y después lleve el indicador sobre "All Programs". En Windows 98/Me o Windows 2000, dirá sólo "Programs".

2. Después llévelo sobre "Microsoft Office", y después sobre "Microsoft Office Tools". En versiones anteriores de Office, como Office 2000, verá "Microsoft Office Tools" en su propia carpeta.

3. Enseguida jale el indicador hacia la derecha hasta llegar a "Microsoft Office 2007 Language Settings" (cambie el año al de su versión de Office).

La gráfica de la próxima página le muestra la ventana que le permite añadir otros idiomas en Office 2010.

Esta es la manera de escoger trabajar con más idiomas en Office:

1. Primero busque el idioma que desea usar en esta lista, en este caso "Spanish". En Office 2010, es necesario hacerle clic al idioma que aparece seleccionado para ver la lista completa de

los idiomas disponibles. En algunas versiones anteriores de Office, es suficiente hacer clic sobre el idioma que desea usar para añadirlo.

2. Después haga clic sobre "Add".

3. Finalmente haga clic sobre "OK" y después haga clic sobre "Yes" para aceptar los cambios.

Cómo trabajar con la opción de corregir en varios idiomas a la vez

Una vez que tenga otro idioma seleccionado, le será posible trabajar con un documento con palabras en varios idiomas, y Office le indicará si tiene errores en cada uno de los idiomas.

Así se habilita la función de trabajar con varios idiomas a la vez:

En Office 2007/2010:

1. Hágale clic a la pestaña "Review".

2. Ahora, en el grupo de "Proofing", busque en Office 2010 al globo con una "A" dorada; y en Office 2007 al globo verde (como con una marca al lado), y hágale clic. Ahora jale el indi-

cador sobre "Set Proofing Language", para abrir la ventana de cambiar o añadir un idioma a su versión de Office.

En Office 2003:

1. Haga clic sobre "Tools".
2. Jale el indicador hasta llegar a la etiqueta de "Language", y después jálelo hacia la derecha y haga clic sobre "Set Language".

En la siguiente gráfica puede ver la opción de usar dos idiomas.

Para pedirle a Office que detecte errores en varios idiomas, haga clic sobre "Detect language automatically". Finalmente, haga clic sobre "OK".

Cómo cambiar el idioma predeterminado

Una de las ventajas de las versiones de Office es la de poder escoger el idioma que desea usar para corregir la ortografía y la gramática. En estas versiones encontrará 20 diccionarios diferentes de diferentes países hispanohablantes, y 13 de los diferentes países que hablan inglés.

ᴬᴮᏟ✓Spanish (Argentina)	ᴬᴮᏟ✓Spanish (El Salvador)	ᴬᴮᏟ✓Spanish (Peru)
ᴬᴮᏟ✓Spanish (Bolivia)	ᴬᴮᏟ✓Spanish (Guatemala)	ᴬᴮᏟ✓Spanish (Puerto Rico)
ᴬᴮᏟ✓Spanish (Chile)	ᴬᴮᏟ✓Spanish (Honduras)	ᴬᴮᏟ✓Spanish (Spain-Modern Sort)
ᴬᴮᏟ✓Spanish (Colombia)	ᴬᴮᏟ✓Spanish (Mexico)	ᴬᴮᏟ✓Spanish (Spain-Traditional Sort)
ᴬᴮᏟ✓Spanish (Costa Rica)	ᴬᴮᏟ✓Spanish (Nicaragua)	ᴬᴮᏟ✓Spanish (Uruguay)
ᴬᴮᏟ✓Spanish (Dominican Republic)	ᴬᴮᏟ✓Spanish (Panama)	ᴬᴮᏟ✓Spanish (Venezuela)
ᴬᴮᏟ✓Spanish (Ecuador)	ᴬᴮᏟ✓Spanish (Paraguay)	

En Office 2007/2010:

1. Para comenzar a cambiar el idioma predeterminado, o "Default", hágale clic a la pestaña de "Review".

2. Ahora, en el grupo de "Language" (Office 2010) o "Proofing" (Office 2007), hágale clic al icono de cambiar las opciones de lenguaje. En Office 2010, el globo con una "A" dorada, y en Office 2007 el verde con una marquita.

Así se cambia el idioma predeterminado en Office 2007/2003:

1. Haga clic sobre "Tools".

2. Jale el indicador hasta "Language", después hacia la derecha, y finalmente haga clic sobre "Set Language".

En la gráfica anterior puede ver los diferentes diccionarios disponibles de lengua española.

En el próximo recuadro podrá escoger uno de estos diccionarios como su idioma predeterminado.

A continuación, puede elegir el diccionario que desea usar como el predeterminado, o sea el que Office consultará para corregir la ortografía y gramática.

Escoja el diccionario que desea usar de la siguiente manera:

1. Haga clic sobre el diccionario que desea usar.

2. Después haga clic sobre "Set As Default".

La siguiente gráfica representa la próxima ventana que verá cuando elija "Set As Default".

Haga clic sobre "Yes", y después haga clic sobre "OK" para cerrar el menú de cambiar estas opciones.

Cómo usar el corrector de ortografía

Esta es una de las funciones más útiles de Office, ya que le sugiere cómo corregir palabras que haya escrito con errores de ortografía o de gramática. Para que esta función trabaje bien, es necesario que haya elegido correctamente el idioma que desea usar.

La siguiente gráfica muestra cómo usar el corrector de ortografía en Office.

①

Para cualquier país es necesariio educar a las nuevas generaciones hacia el desarrollo de una actitud crítica frente a lo tradicional, jóvenes que por su indomable particularidad logren restarse a las convenciones, a lo conocido; seres lúcidos, capaces de manejar procesos de cambios económicos y sociales. Bajo estos términos es necesario entonces, preparar estudiantes capaces de enfrentar dichos cambios, lograr personas idóneas, entendidas para la transformación en los diferentes procesos del hacer diario.

Esta es la manera de usar el corrector de ortografía y de gramática en Office:

1. Si una palabra aparece subrayada, puede que tenga errores de ortografía, como por ejemplo la palabra "necesariio" en el ejemplo de arriba. Para buscar la palabra correcta abra el corrector de ortografía oprimiendo la tecla F7, o:
   - En Office 2007/2010:
     Para trabajar con el corrector de ortografía, oprima la tecla F7 o haga clic sobre la pestaña "Review". Ahora haga clic sobre el icono de "Spelling and Grammar" en el grupo de "Proofing".
   - En Office 2003:
     Para trabajar con el corrector de ortografía, oprima la tecla F7 o coloque el indicador sobre "Tools", y después haga clic sobre "Spelling and Grammar".
2. Cuando la ventana de corregir se abra, hágale clic a la palabra correcta. En este caso "necesario" con una sola "i".
3. Después haga clic sobre "Change" para reemplazar la palabra en su documento con la palabra correcta.

4. Finalmente otra ventana se abrirá preguntándole si desea corregir el resto del documento con el que está trabajando. Haga clic sobre "Yes" para seguir corrigiendo su documento. Si no desea corregir el resto del documento haga clic sobre "No".

Cómo saber si el idioma predeterminado no está bien seleccionado

Si está trabajando con un documento y cada letra aparece subrayada, puede deberse a que tiene el idioma predeterminado mal seleccionado. Para corregir este problema, regrese a las páginas anteriores y escoja el diccionario del idioma que desea usar.

En la siguiente gráfica se puede ver que casi todas las palabras están subrayadas.

```
Compañías de asesoría Galaxia

Estimados Señores:

La presente es para agradecerles por su pronta respuesta a mi orden del
10 de Febrero, por las 20 copias de Microsoft Windows ME que me
enviaron.

Hoy mismo estoy remitiéndoles el total de esta orden a su dirección en
Santa Clara.

Cordialmente
```

Si está escribiendo palabras que usted sabe que están escritas correctamente, pero aparecen subrayadas, como en el ejemplo anterior, es necesario que cambie el idioma del sistema.

```
Compañías de asesoría Galaxia

Estimados Señores:

La presente es para agradecerles por su pronta respuesta a mi orden del
10 de Febrero, por las 20 copias de Microsoft Windows ME que me
enviaron.

Hoy mismo estoy remitiéndoles el total de esta orden a su dirección en
Santa Clara.
```

En la gráfica anterior se puede ver cómo esta carta cambió una vez que se escogió el idioma correcto, ya que ahora sólo dos palabras aparecen subrayadas.

La cinta o "Ribbon" de Office 2007/2010

La cinta de Office es el panel situado en la parte superior de la ventana del programa en donde, en versiones anteriores de Word, PowerPoint o Excel, podía ver sus herramientas de trabajo, y en el cual ahora encontrará iconos en los cuales puede hacer clic para completar su trabajo en el programa de Office 2007/2010.

Estos son los tres tipos de componentes que encontrará en la cinta de un programa de Office 2007/2010:

- *Tabs (pestañas):* De estas encontrará siete básicas, y cada una de ellas representa una área de actividad.

- *Groups (grupos):* Ahora, a su vez, cada una de estas pestañas está dividida en grupos, en los cuales encontrará iconos con propósitos comunes.

- *Commands (órdenes):* Es un botón o cajita donde debe escribir información, o un menú en el cual debe escoger algo.

Por favor note en la gráfica de arriba de Word 2010/2007 (2010 arriba, y 2007 abajo) que esta cinta de Office organiza sus órdenes a través de siete pestañas ("Home", "Insert", etc). Por ejemplo, la pestaña destacada en esta imagen es la de "Home", que siempre aparece destacada inmediatamente después de que usted abre cualquiera de los programas de Office que usan este nuevo tipo de menú. Para trabajar con una pestaña diferente, hágale clic a su título. Por ejemplo, para trabajar con las opciones que se encuentran en la pestaña de "Insert", hágale clic una vez. Y dentro de cada pestaña encontrará que cada una de estas opciones está organizada por grupos.

En Office 2007/2010, encontrará que la pestaña de "Home" está presente en todos sus programas, pero algunos programas tienen algunas pestañas que son específicas a la versión de Office que está usando. Por ejemplo, mientras la cinta de Excel tiene una pestaña para trabajar con las opciones de "Data" o referente a bancos de datos, Word no le ofrece esta capacidad, sino que tiene pestañas que le mostrarán las diferentes opciones que puede usar para controlar el formato de texto en un documento.

La pestaña "Home" en Office 2007/2010

Esta pestaña aparece seleccionada inmediatamente después de que abre uno de los programas de Office que usan el "Ribbon", como Word, Excel o PowerPoint.

Siguiendo la gráfica de arriba del "Ribbon" (note que en este momento la pestaña de Home está seleccionada) de Office, aprenderá lo siguiente:

- En el primer grupo, tipo de letra o "Font", encontrará opciones para trabajar con:
  - Los "Fonts"
  - El tamaño de letra
  - El estilo de letra: negritas, cursiva o subrayada

- Por ejemplo, si necesita centrar un título que acaba de escribir, trabaje con las opciones del grupo "Paragraph", en el cual encontrará opciones para:
  - Centrar y justificar el texto
  - Crear listas numeradas y viñetas

Por favor recuerde que, al igual que en versiones anteriores de cualquier programa para Office, si tiene dudas de la función específica que podrá hacer cuando usted le haga clic a uno de los iconos que ve en el "Ribbon", puede llevar el indicador del ratón sobre él, dejarlo unos segundos ahí y esperar a que una ventanita se abra indicándole su nombre y su propósito. En este ejemplo, dejé el indicador del ratón en la pestaña de "Home" sobre un icono que parece dos cartas una al lado de otra, y una ventanita se abrió recordándome que éste es el icono de "Copy", que copia una selección y la envía al "Clipboard" de Windows.

La herramienta de trabajo diminuta

Cuando comience a trabajar en Word y seleccione algunas palabras con la cuales quiere trabajar, notará que a veces un menú semi-transparente aparece arriba de éstas, como flotando. Este se llama la "Mini-Toolbar" o herramienta de trabajo diminuta, y la puede usar para completar algunas funciones, como por ejemplo cambiarle el tipo de letra a algo que haya escrito.

Por favor guíese por la siguiente imagen de Word 2007 para aprender a usar la "Mini-Toolbar" para cambiar el tipo de "Font" en un documento:

1. Para empezar, haga clic con el botón derecho del ratón sobre el texto o la selección de texto que desea cambiar.

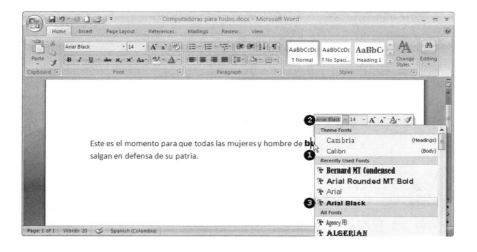

2. Ahora haga clic sobre la casilla de los "Fonts".

3. Finalmente, escoja el nombre de la que desea usar. Para este ejemplo, escogí usar "Arial Black".

En Word 2007/2010 también notará que el menú que se abre cuando hace clic con el botón derecho en cualquier parte del área de trabajo ha cambiado mucho, y le ofrece muchas más opciones, como por ejemplo escoger el tipo exacto de lista que desea usar en el menú de numerar listas. La puede escoger con sólo hacer clic sobre ella.

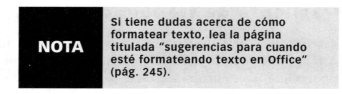

NOTA — Si tiene dudas acerca de cómo formatear texto, lea la página titulada "sugerencias para cuando esté formateando texto en Office" (pág. 245).

La barra de herramientas de acceso rápido

Esta es la barra de herramientas localizada, en programas de Office 2010, arriba del menú de "File"; y en programas para Office 2007, al nivel del botón de Office 2007. En ella hallará iconos que le ayudarán a realizar tareas como crear un nuevo documento, abrir un documento o invocar la función de "View".

Por ejemplo, para guardar un documento que acaba de empezar a redactar, puede hacer clic sobre el botón de Office 2007 y escoger "Save", o alternativamente hacerle clic al icono del disquito o "Save" (indicado por la flecha en la siguiente gráfica) en esta herramienta de acceso rápido o "Quick Access Toolbar", lo que también le permitirá comenzar el proceso de guardarlo.

Por favor guíese por la gráfica que ve arriba de Word 2010 (este tiene una presentación igual en la versión 2007) para aprender a usar el "Quick Access Toolbar":

A Esta es la herramienta de acceso rápido o "Quick Access Toolbar" que verá en Office 2007. Para invocar uno de los comandos que ve ahí, por ejemplo "Save", o guardar un documento, sólo hágale clic a su icono.

B Hágale clic a esta guía al final de esta herramienta de acceso rápido para abrir el menú que ve en esta gráfica, que le ayudará a añadirle o quitarle iconos a esta herramienta de trabajo. Por ejemplo, si desea ver el icono de "Open" si éste no es visible ahí, haga clic sobre el nombre "Open" para añadirlo a la herramienta de acceso rápido. Inclusive, si desea, al final de este menú desplegable verá la opción para esconder el "Ribbon" ("Minimize the...") con sólo hacerle clic. Para recobrarlo de nuevo, haga clic sobre la guía de arriba para ver otra vez el menú desplegable, y después haga clic de nuevo sobre "Minimize the..."

Ahora, si usted desea, también puede usar las mismas combinaciones de teclas que usaba antes para hacer su trabajo, especialmente las que comienzan con la tecla CTRL. Por ejemplo, CTRL + C para copiar, CTRL + ALT + X para cortar, o CTRL + ALT + O para abrir un documento.

En Office 2003:

Las barras de herramientas de más uso son:

- La barra de herramientas "Standard" le permite realizar funciones como guardar y abrir archivos.
- La barra de herramientas "Formatting" le permite realizar funciones como cambiar el tipo y el tamaño de letra.

La siguiente gráfica representa la barra de herramientas "Standard".

Haga clic sobre estos iconos en la barra de herramientas "Standard" de Office 2003 para:

Ⓐ Comenzar un nuevo documento.

Ⓑ Abrir un documento.

Ⓒ Guardar un documento que haya guardado previamente.

Ⓓ Imprimir el documento que está en la pantalla.

La siguiente gráfica representa la barra de herramientas de "Formatting".

Haga clic sobre estos iconos de "Formatting" de Office 2003 para:

Ⓐ Cambiar el tipo de letra.

Ⓑ Cambiar el tamaño de letra.

Ⓒ Trabajar con el tipo de letra en negritas, cursivas o subrayada.

Ⓓ Centrar y justificar el texto.

Ⓔ Crear listas numeradas y con viñetas.

Cómo ver o esconder las barras de herramientas en Office 2003

Para empezar, piense que está trabajando con un programa que no tiene barras de herramientas. Si fuera así, siempre tendría que usar los menús de funciones, y esto le tomaría un paso adicional.

La gráfica de abajo representa la pantalla de trabajo de Word 2003.

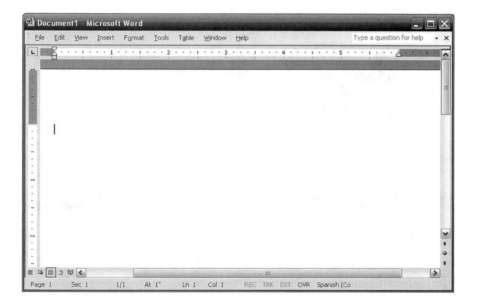

En este ejemplo puede ver que ninguna de las barras de herramientas disponibles en Word 2003 están habilitadas.

La siguiente gráfica ilustra los pasos para añadir la barra de herramientas "Standard" y la de "Formatting" a cualquier programa de Office 2003.

Siga estos pasos para ver las barras de herramientas "Standard" y la de "Formatting", en Word 2003 o ediciones anteriores a ésta, si estas barras de herramientas no son visibles ahora:

1. Haga clic sobre "View", para ver este menú desplegable. Si éste no se abre completamente, mantenga el indicador sobre él.

2. Jale el indicador hacia abajo sobre "Toolbars", después jálelo hacia la derecha y haga clic sobre "Standard" y después sobre "Formatting".

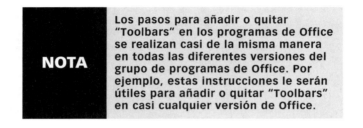

NOTA Los pasos para añadir o quitar "Toolbars" en los programas de Office se realizan casi de la misma manera en todas las diferentes versiones del grupo de programas de Office. Por ejemplo, estas instrucciones le serán útiles para añadir o quitar "Toolbars" en casi cualquier versión de Office.

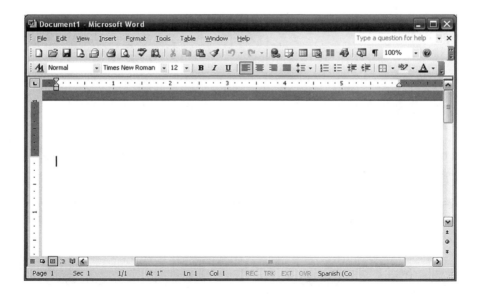

En la gráfica anterior se puede ver que las dos barras de herramientas que habilitó, la de "Standard" y la de "Formatting", ahora están disponibles.

El proceso de esconder las barras de herramientas funciona casi de la misma manera que cuando se añaden:

1. Haga clic sobre "View".
2. Jale el indicador hacia abajo sobre "Toolbars". Después jálelo hacia la derecha y haga clic sobre la barra de herramientas que no quiere ver.

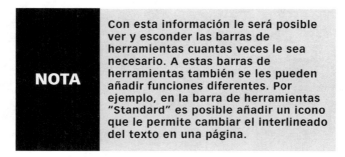

NOTA

Con esta información le será posible ver y esconder las barras de herramientas cuantas veces le sea necesario. A estas barras de herramientas también se les pueden añadir funciones diferentes. Por ejemplo, en la barra de herramientas "Standard" es posible añadir un icono que le permite cambiar el interlineado del texto en una página.

Cómo usar la orientación de página horizontal

La orientación de página de sistema que verá cada vez que abre Word es la de "Portrait" o vertical, pero si desea puede cambiarla en un documento (como por ejemplo, una circular) a la orientación de página horizontal usando las opciones de página o "Page Setup".

En Office 2007/2010:

Haga clic sobre la pestaña "Page Layout", en el grupo de "Page Setup" y por último haga clic sobre "Orientation". Ahora escoja "Landscape". Cuando cierre el programa, la orientación de sistema regresará a ser "Portrait".

En Office 2003:

Así se abre el menú para cambiar las opciones de página:

1. Haga clic sobre "File".
2. Jale el indicador hacia abajo, y haga clic sobre "Page Setup".

La siguiente gráfica representa las opciones de página en Word 2003.

Esta es la manera de cambiar la orientación de página de un documento a la orientación horizontal o "Landscape", en Word 2003:

1. Comience haciendo clic sobre "File" y después sobre "Page Setup" para abrir la ventana de diálogo que ve arriba. En la mayoría de los programas, haga clic sobre "Paper Size".

2. Cuando vea la opción de escoger si desea trabajar o en la manera "Portrait" o "Landscape" (o sea, vista vertical), escoja esta última y haga clic sobre OK.

En la siguiente gráfica puede ver una página en una orientación horizontal, o "Landscape".

Esta vista también es bastante útil cuando está tratando de imprimir un documento o inclusive una foto, si ésta fue tomada en forma horizontal.

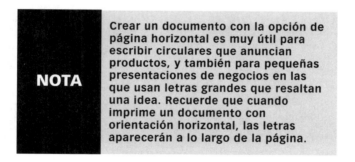

Crear un documento con la opción de página horizontal es muy útil para escribir circulares que anuncian productos, y también para pequeñas presentaciones de negocios en las que usan letras grandes que resaltan una idea. Recuerde que cuando imprime un documento con orientación horizontal, las letras aparecerán a lo largo de la página.

Para recordar

- Si tiene una versión anterior de Office (como 2003), y desea usar la versión nueva, sólo es necesario conseguir una actualización o *upgrade*.

- En Office 2010, Microsoft regresa a usar la palabra "File", para entrar a la lista de menús principales.

- En Office 2007, el botón de Office reemplaza las barras de herramientas que veía antes.

- En Office, cada documento que abra aparecerá en una ventana diferente.

- En Office , encontrará diccionarios de 20 diferentes países hispanohablantes y 13 de los diferentes países que hablan inglés.

- Si está trabajando con un documento y cada letra aparece subrayada, esto se puede deber a que tiene el idioma predeterminado mal seleccionado.

- Una barra de herramientas es un conjunto de iconos, cada uno de los cuales le ayudará a realizar una función específica cuando les hace clic.

El procesador de palabras Microsoft Word

12

Introducción

Word es uno de los procesadores de palabras más usados en el mundo. Este programa le permite crear desde una página a un libro completo. Su versión más reciente, la de Word 2010, es mucho más sofisticada que todas las versiones anteriores, y también está mucho más integrada a los otros programas que forman parte de Office.

Usando este procesador de palabras, podrá crear, entre otros, los siguientes tipos de documentos:

- Invitaciones a bodas, cumpleaños, bautizos
- Su currículum
- Circulares para alquilar apartamentos y casas o para algo que tenga para la venta
- Tareas de la escuela

Para seguir estos ejemplos, abra Word de acuerdo al sistema operativo con el cual cuente su computadora.

En Windows 7/Vista:

Lleve el indicador sobre el botón de "Start" y haga clic sobre éste, e inmediatamente escriba "Word" y después oprima la tecla ENTER, o si puede ver más de una versión de este programa en la lista debajo de "Programs", haga clic sobre la versión de Word que desea usar.

En Windows XP:

1. Lleve el indicador sobre el botón de "Start" y haga clic sobre éste.
2. Ahora jálelo hacia arriba y haga clic sobre "All Programs" (en versiones anteriores de Windows, por ejemplo Windows 98, busque "Programs"). Después busque el grupo de programas "Microsoft Office".
3. Finalmente, haga clic sobre el icono de Microsoft Office Word.

La siguiente gráfica muestra el área de trabajo de Word 2010.

Si ha trabajado con Word en el pasado notará que el área de las herramientas de trabajo ha cambiado mucho en comparación con ver-

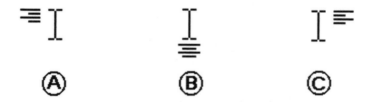

siones anteriores. Pero si todavía usa una versión anterior de Word, debe saber que casi todas las instrucciones en este capítulo le pueden ser útiles.

Cómo usar la función "clic y escriba"

Esta función le permite hacer clic en cualquier parte del área de trabajo de Word y comenzar a escribir. Esto es muy útil para trabajar en circulares o proyectos con gráficas sin tener que usar la tecla del tabulador.

En la siguiente gráfica se puede ver ejemplos de los iconos que verá cuando coloque el cursor sobre el área de trabajo.

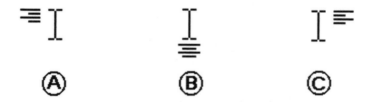

He aquí el resultado de hacer clic dos veces sobre un área de trabajo si comienza a escribir y el cursor se parece a uno de estos iconos:

- **A** El texto que escriba será alineado a la derecha.
- **B** El texto que escriba será centrado.
- **C** El texto que escriba será alineado a la izquierda.

Por ejemplo, si desea crear un título con el texto centrado, hágalo de la siguiente manera:

1. Coloque el cursor sobre el centro de la página y haga clic.
2. Observe el cursor, compárelo al de la gráfica anterior (**B**), y si se parece, haga clic dos veces.
3. Comience a escribir.

Computadoras para todos

En este ejemplo se puede notar como el título, *Computadoras para todos,* quedó centrado sin necesidad de usar el tabulador.

Cómo cambiar el espacio entre líneas

El espacio entre líneas o interlineado determina la cantidad de espacio en sentido vertical entre las líneas de texto. Cuando se abre un documento nuevo, Word usa el interlineado sencillo de forma predeterminada. El interlineado que seleccione afectará todo el texto del párrafo seleccionado o del texto que escriba después del punto de inserción.

En Office 2007/2010:

Haga clic sobre la pestaña "Home", en el grupo "Paragraph" y después haga clic sobre el icono de cambiar el interlineado. Por último, escoja el interlineado que desea usar.

En Office 2003:

La siguiente gráfica le ayudará a entender cómo cambiar el interlineado.

Una vez que el texto que desea cambiar de interlineado haya sido seleccionado, puede hacerlo de la siguiente manera:

1. Haga clic sobre "Format".
2. Jale el indicador hacia abajo y haga clic sobre "Paragraph".
3. Haga clic sobre el espacio en blanco debajo de "Line Spacing" y seleccione el interlineado que desea usar.

Cómo usar las listas de números

Esta es una función que le permite hacer listas de manera automática, ya que Word le asignará un número a cada una de las líneas que escriba. De esta manera puede hacer listas de cosas que tiene que hacer, escribiendo las que tienen más urgencia al principio.

En Word hay dos maneras de usar esta función:

1. Haciendo clic sobre el icono de numerar y después escribiendo cada línea de la lista.
2. Escribir una lista, seleccionarla y después hacer clic sobre el icono de numerar.

En los siguientes ejemplos, verá cómo numerar una lista después de seleccionarla.

En Office 2007/2010:

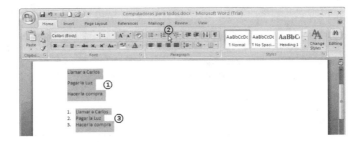

Si desea numerar una lista, siga estos pasos:

1. Seleccione la lista que desea numerar.
2. Haga clic sobre el icono de numerar en la pestaña "Home" en el grupo "Paragraph", y después seleccione el estilo de lista en el menú que se abre que desea usar, haciéndole clic.
3. Después haga clic sobre cualquier espacio en blanco, debajo de la lista para no borrarla accidentalmente mientras esté seleccionada. Finalmente, oprima la tecla ENTER dos veces.

En Office 2003:

Si desea numerar una lista, lo puede hacer de la siguiente manera:

1. Seleccione la lista que desea numerar.
2. Ahora haga clic sobre el icono de numerar.
3. Después haga clic sobre cualquier espacio en blanco, debajo de la lista para no borrarla accidentalmente mientras esté seleccionada. Finalmente, oprima la tecla ENTER dos veces.

Cómo usar las viñetas ("Bullets")

Esta es una función muy útil para destacar puntos importantes en un documento de manera automática. Si desea usar viñetas con Word, destacará todas las líneas que seleccione. De esta manera puede hacer listas de puntos para resaltar sus ideas.

En Word hay dos maneras de usar esta función:

1. Haga clic sobre el símbolo de viñetas, y después escriba cada línea.
2. Escriba una línea, selecciónela y haga clic sobre el símbolo de viñetas.

La siguiente gráfica muestra cómo usar las viñetas para hacer una lista después de haberla seleccionado.

En Office 2007/2010:

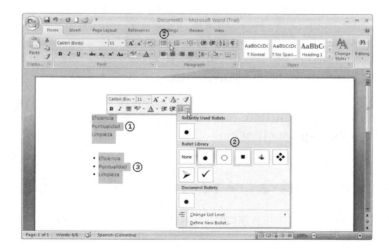

Si desea usar las viñetas para destacar una lista de puntos, hágalo de esta manera:

1. Seleccione los puntos que desea destacar.
2. Haga clic sobre el símbolo de viñetas en el "Ribbon" de Office (arriba de su ventana), o haga clic con el botón derecho del ratón sobre su selección para ver el menú en la gráfica de arriba. Después haga clic sobre el tipo de viñeta que desea usar.
3. Para terminar, haga clic con el ratón sobre cualquier espacio en blanco. Por último, presione la tecla ENTER dos veces para parar de usar esta función.

En Office 2003:

Si desea usar las viñetas para destacar una lista de puntos, hágalo de la siguiente manera.

1. Seleccione los puntos que desea destacar.
2. Haga clic sobre el símbolo de viñetas.
3. Para terminar, haga clic con el ratón sobre cualquier espacio en blanco. Por último, presione la tecla ENTER dos veces para parar de usar esta función.

Cómo encontrar y reemplazar palabras

La función de encontrar y reemplazar palabras o "Find and Replace" es muy útil si está trabajando con un documento o si desea cambiar una palabra y no sabe exactamente en qué página se encuentra. Con esta función se puede reemplazar sólo una palabra que busca o, si tiene muchas de estas palabras en un documento, puede reemplazarlas todas al mismo tiempo.

La siguiente gráfica muestra la manera de usar la función de encontrar y reemplazar palabras.

Use la combinación de teclas CTRL + H y después siga estos pasos para hallar y reemplazar una palabra:

1. En esta línea, "Find what:" escriba la palabra que desea buscar.

2. En esta línea, "Replace with:" escriba en la casilla la palabra con la cual desea reemplazar la palabra de arriba.

3. Haga clic sobre "Find Next" para buscar la primera vez que esta palabra aparece en este documento.

4. Haga clic sobre "Replace" para reemplazarla. Si desea reemplazar todas las instancias de esta misma palabra en un documento, haga clic sobre "Replace All".

Cómo trabajar con la alineación de texto

Esta es la función que le permite cambiar en la pantalla la posición del texto que usted elija, como por ejemplo, centrándolo. La alineación de sistema es siempre a la izquierda. De esta manera, cuando termina un renglón y comienza otro, las palabras se alinean en el lado izquierdo.

En Word hay dos maneras de usar esta función:

1. Haga clic sobre el icono de alinear texto que desea usar y después escriba una línea.
2. Escriba una línea, selecciónela y después haga clic sobre el icono de alinear.

La siguiente gráfica, y su explicación, le ayudarán a entender la manera de trabajar con los símbolos de alinear texto.

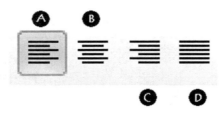

Cuando hace clic sobre este icono, el nuevo texto que escribe o el que seleccionó después de escribirlo:

Ⓐ Es alineado en el margen izquierdo. En este ejemplo esta es la opción seleccionada.

Ⓑ Es centrado

Ⓒ Es alineado contra el margen derecho.

Ⓓ Es espaciado, para que cada línea aparezca (el programa hace esto añadiendo espacios) a todo el largo de la página.

Por favor tenga en cuenta que estas opciones de alinear texto se encuentran en cada uno de los programas incluidos con Office 2010 y 2007, en la pestaña de "Home", en la sección de "Paragraph". Adicionalmente estas opciones, para trabajar con la alineación de texto, se hacen de igual manera en casi todos los programas para Windows, en los cuales le es posible alinear texto.

Ⓐ

Minutes of the meeting on August 10 2007

Ⓑ Dear Shareholders; ⟸━━━

Our company is commited to provide you, while keeping in mind our desire to protect the enviroment, with the best returns in your investment.

Ⓒ

Minutes of the meeting on August 10 2007

Dear Shareholders;

Our company is commited to provide you, while keeping in mind our desire to protect the enviroment, with the best returns in your investment.

Por ejemplo, esta es la manera de cambiarle la alineación a algo que ya ha escrito:

Ⓐ En este ejemplo, esta nota está toda alineada a la izquierda.

Ⓑ Por ejemplo, para centrar el título; empiece seleccionándolo.

Ⓒ Ahora haga clic sobre el símbolo de *centrar* una selección de palabras.

Ahora puede ver el título de esta nota centrado en la página. Recuerde que si todavía está escribiendo en su documento, y desea regresar a escribir al nivel del margen izquierdo, es necesario que le haga clic sobre el icono de alinear el texto a la izquierda, de lo contrario de ahora en adelante todo lo que escriba aparecerá centrado.

Cómo trabajar con la pantalla completa

Esta función le permite trabajar sin tener que ver las barras de herramientas. Así sólo verá el área de trabajo del documento con el que está trabajando. Si necesita hacer cambios de letra u otro tipo de formato, regrese a la pantalla regular.

En Office 2007/2010:

1. Haga clic sobre la pestaña "View".
2. Ahora, en el grupo de "Document Views", haga clic sobre "Full Screen Reading".
3. Cuando desee regresar a la presentación regular, en la que se ve el "Ribbon" de Office, oprima la tecla ESC.

En Office 2003:

En la siguiente gráfica se puede ver un documento que ocupa toda la pantalla.

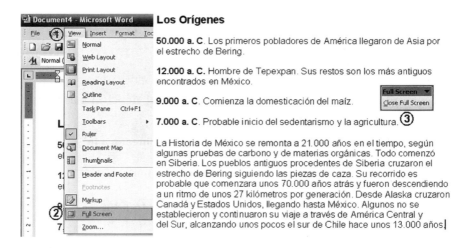

Esta es la manera de hacer que un documento tome toda la pantalla para que le sea más fácil leerlo:

1. Primero haga clic sobre "View".
2. Después jale el indicador hacia abajo y haga clic sobre "Full Screen".

3. Cuando desee regresar a la presentación regular con las barras de herramientas, haga clic sobre "Close Full Screen" u oprima la tecla ESC.

Para recordar

- Word es uno de los procesadores de palabras de más uso en todo el mundo y le permite crear desde una página hasta un libro completo.

- Si tiene una versión anterior de Word, puede conseguir la versión nueva comprando una actualización a este programa de Microsoft.

- En Word es posible imprimir hasta 16 páginas de un documento en una sola hoja.

- Use viñetas para destacar puntos importantes en un documento de manera automática.

La hoja de cálculo Microsoft Excel

13

Introducción

Excel es la hoja de cálculo electrónica o "spreadsheet" incluida en Office de Microsoft. Este tipo de programa es sumamente útil y le puede asistir en sumar o restar cantidades de una manera casi instantánea.

Además, le ofrece muchas herramientas para analizar los resultados de estas operaciones. De esta manera, puede crear informes que demuestren qué hay detrás de todos los números que salieron en una hoja de cálculo.

Usando esta hoja de cálculo, podrá crear, entre otros, este tipo de documentos:

- Presupuestos
- Listas de gastos
- Tareas de la escuela
- Tablas para seguir los marcadores de sus equipos favoritos

La siguiente gráfica muestra el área de trabajo de Excel.

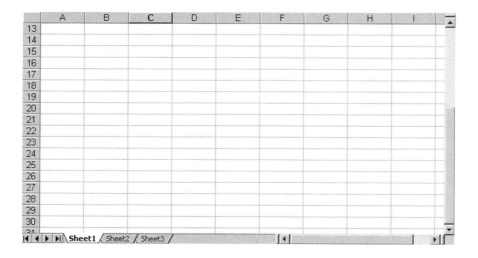

Como puede ver, la hoja de trabajo o "worksheet" de Excel consiste en una serie de casillas separadas por filas y columnas. Las filas empiezan con el número "1" y las columnas están representadas por letras, empezando con la letra "A".

Descripción de las casillas individuales ("Cells")

Una casilla es el espacio virtual que contiene información, como por ejemplo, texto, números e incluso modelos gráficos. Estas casillas también pueden contener las fórmulas que le permiten hacer cálculos basados en los valores de otras casillas o de otras fórmulas.

En la siguiente gráfica se puede ver claramente cómo el nombre de cada casilla se conoce por la fila y la columna en las cuales está situada.

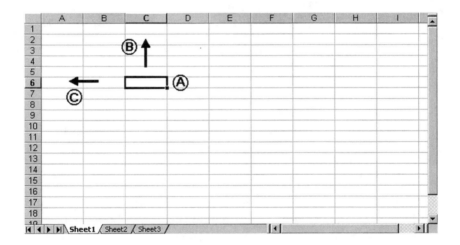

El valor de esta casilla está relacionado con la posición en la cual se encuentra en el área de trabajo:

Ⓐ Es la casilla individual y representa la posición de entrada en la hoja de cálculo.

Ⓑ Es la columna C en la cual está situada esta casilla.

Ⓒ Es la línea 6 en la cual está situada esta casilla. En este caso se puede decir que esta casilla se llama **C6**.

Cómo navegar en una hoja de cálculo ("Spreadsheet")

En una hoja de cálculo se pueden usar el ratón, el teclado y, en particular, las flechas que están al lado de la planilla de números. En una hoja de cálculo es preferible usar las flechas del teclado para cambiar de una casilla a otra, ya que así no se puede borrar ninguna información en las casillas.

En la siguiente gráfica se puede ver las flechas del teclado y la manera de usarlas para trabajar en Excel.

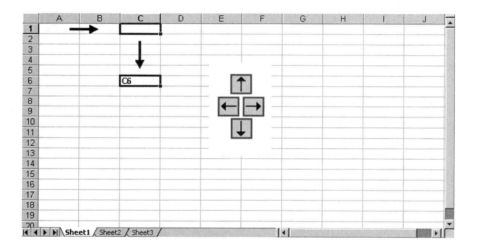

En esta gráfica se puede ver cómo el punto de entrada a esta hoja de cálculo es la casilla **A1**. Por ejemplo, si desea ir a la casilla **C6**, use la flecha de la derecha hasta llegar a la columna de la **C**, y después use la flecha que apunta hacia abajo hasta llegar a la línea **6**.

Cómo abrir y guardar una hoja de cálculo

Una de las grandes ventajas de este programa es la de poder, de una manera muy rápida, sumar y restar números en casillas que se encuentren incluidos en una fórmula.

Para seguir este ejemplo abra Excel de acuerdo a la versión de Windows en su computadora.

En Windows 7/Vista:

Haga clic sobre el botón de comienzo o "Start", e inmediatamente escriba Excel, y después oprima la tecla de "ENTER", o haga clic —si puede ver más de una versión de este programa en la lista debajo de "Programs"— sobre la versión que desea usar.

En Windows XP:

1. Lleve el indicador sobre el botón de "Start" y haga clic sobre éste.
2. Ahora jálelo hacia arriba y haga clic sobre "All Programs" (en versiones anteriores de Windows, busque "Programs"). Después busque el grupo de programas de "Microsoft Office".
3. Finalmente, haga clic sobre el icono de Microsoft Office 2010, 2007, o 2003, dependiendo de la versión que tenga instalada en su computadora.

La gráfica de abajo representa la ventana inicial de Excel. Si en su computadora tiene instalada la versión de Excel 2007, los menús que verá en la parte superior de esa ventana son diferentes.

Cuando abra Excel, éste automáticamente escoge un nombre, "Book 1", para su archivo. Por lo tanto, cuando esté comenzando a crear un archivo, es importante cambiarle el nombre lo más pronto posible usando la función "Save As".

Lo primero que haremos es cambiarle el nombre a este archivo de "Book 1" a uno de su preferencia. Para comenzar a guardar su trabajo use la combinación de teclas CTRL + S. El recuadro de guardar archivos se abrirá.

En Windows 7/Vista:

En la gráfica de arriba puede ver la ventana para guardar archivos en Excel 2007/2010:

A   Una vez que la ventana de diálogo (que puede ver arriba) abra, escoja la carpeta en que desea guardar su trabajo. En este caso hice clic a la guía que apunta hacia abajo y después escogí la carpeta "Personal".

B   Por último, dele un nombre a su archivo y termine haciendo clic sobre "Save".

En Windows XP:

Esta es la manera de trabajar (usando la gráfica anterior) con la ventana de guardar archivos en Excel 2003:

A Escoja la carpeta en donde desea guardar este archivo; en este ejemplo es la de "My Documents".

B En esta casilla escriba el nombre que desea usar para el archivo; para este ejemplo usé "Cuenta de gastos de la casa".

C Finalmente haga clic sobre "Save" para guardar este archivo usando el nombre que escogió.

Guíese por el capítulo 9, "Cómo guardar y abrir archivos" y por las páginas anteriores de este mismo capítulo, para clarificar sus dudas cuando tenga que guardar o abrir su trabajo en Excel.

NOTA

El ejemplo que sigue a continuación le ayudará a aprender cómo crear una hoja de cálculo llamada "Cuenta de gastos semestrales". Ésta funciona con todas las versiones de Excel que tenga, inclusive si el programa tiene los menús en español. Si desea, cambie los nombres de los gastos que son sugeridos en el libro por nombres de gastos que más representen sus necesidades.

Cómo añadir texto a una hoja de cálculo

En una hoja de cálculo el proceso de añadir texto tiene más que todo un fin informativo: ayudar al usuario a recordar a qué corresponden los valores en una hoja de cálculo. En todas las diferentes versiones de Excel, las funciones que ha aprendido hasta ahora en Office, como por ejemplo, cambiarle el tipo y el tamaño de letra a lo que escribe o inclusive algo que ya ha escrito, se hacen de la misma manera en este programa.

La siguiente gráfica muestra la manera de añadir un título a una hoja de cálculo.

Así se añade texto a una hoja de cálculo:

1. Coloque el indicador sobre la casilla donde desea añadir texto.

2. A continuación, escriba el título que desea usar para esta hoja de cálculo. Cuando termine, pulse la tecla ENTER. Finalmente, puede ver cómo el título que escribió aparecerá a lo largo de diferentes casillas, empezando en la casilla **C3**.

Enseguida añada nombres a cada una de las columnas individuales para entender de qué se tratan los totales que puede obtener al final de cada columna.

En la siguiente gráfica puede ver el proceso de nombrar cada columna.

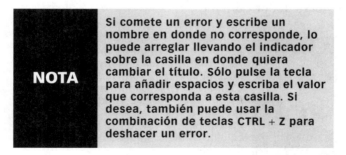

Añada nombres a las columnas de la siguiente manera:

1. Coloque el indicador a la casilla **B5,** haga clic sobre ella y escriba "Enero" para añadir el primer nombre.

2. Después oprima la tecla TAB una vez y escriba "Febrero". Repita este proceso hasta que termine de escribir los meses hasta Junio, oprimiendo la tecla TAB cuando termine de escribir cada mes.

> **NOTA**
>
> Si comete un error y escribe un nombre en donde no corresponde, lo puede arreglar llevando el indicador sobre la casilla en donde quiera cambiar el título. Sólo pulse la tecla para añadir espacios y escriba el valor que corresponda a esta casilla. Si desea, también puede usar la combinación de teclas CTRL + Z para deshacer un error.

Después nombre las líneas individuales. Los nombres pueden ser cualquier número de gastos que tenga cada mes, como por ejemplo, Comida, Hipoteca, Gasolina, Colegio, Crédito y Vacaciones.

En la siguiente gráfica se puede ver cómo una hoja de cálculo comienza a verse más organizada.

	A	B	C	D	E	F	G
1							
2							
3			Cuenta de gastos semestrales				
4							
5	①	Enero	Febrero	Marzo	Abril	Mayo	Junio
6							
7	Comida						
8	②						
9							
7	Comida						
8	Hipoteca						
9	Pagos						
10	Auto						
11	Gasolina						
12	Colegio						
13	Crédito						

Para añadir nombres a las líneas individuales, hágalo de la siguiente manera:

1. Coloque el indicador en la casilla **A7** y haga clic sobre ella. Después escriba "Comida" para añadir el primer gasto.

2. A continuación, oprima la flecha (en su teclado) que indica hacia abajo una vez, y luego escriba "Hipoteca". Repita este proceso hasta que termine de escribir el nombre de los gastos que puede tener cada mes.

> **!** Borrar el contenido de una casilla que no está protegida es muy fácil y se hace al colocar el indicador sobre la casilla y oprimir cualquier tecla. Por este motivo tenga cuidado en no reposar la mano en el teclado mientras esté usando la hoja de cálculo, a menos que la casilla esté protegida.

Cómo crear una fórmula para sumar cantidades

Ahora haga una fórmula sencilla con el propósito de sumar la primera columna de mes. Después le será posible copiar y pegar esta fórmula a las otras columnas con una combinación de teclas.

Ahora se puede ver en la siguiente gráfica cómo se empieza a hacer una fórmula en una hoja de cálculo.

Primero haga clic sobre la casilla **A15** y escriba "Total". Ahora puede hacer una fórmula de la siguiente manera:

1. Coloque el indicador en la casilla **B15** si desea ver el total de esta columna en esta casilla, y haga clic sobre ella.
2. Después coloque el indicador sobre el icono "Σ" indicado por la flecha, y haga clic una vez.

Para este ejemplo usé Excel 2007, pero si tiene una versión anterior de Excel (como por ejemplo la versión 2003) también puede crear una fórmula haciéndole clic al símbolo de sumar "Σ" en la barra de herramientas.

Cómo añadirle casillas a una fórmula

Ahora es necesario indicarle a la fórmula qué casillas debe tener en cuenta en esta suma. De esta manera la fórmula sabe qué casillas debe sumar para dar un total.

En la siguiente gráfica puede ver en la casilla **B15** el símbolo de sumar =**SUM()**.

	A	B	C	D	E	F	G	H	I
1									
2									
3			Cuenta de gastos semestrales						
4									
5		Enero	Febrero	Marzo	Abril	Mayo	Junio		
6									
7	Comida		←						
8	Hipoteca		①						
9	Pagos								
10	Auto								
11	Gasolina	↓ ②							
12	Colegio								
13	Crédito								
14									
15	Total	=SUM(B7:B13)							
16									
17									
18									
19									
20									

Sheet1 / Sheet2 / Sheet3

Finalmente, indíquele a esta fórmula qué casillas desea sumar de la siguiente manera:

1. Coloque el indicador en la casilla **B7** y haga clic sobre ella.
2. Jale el indicador **mientras** sostiene el botón izquierdo del ratón sobre todas las casillas que desee añadir a la fórmula (en este ejemplo sumé de **B7** a **B13**). Finalmente, oprima la tecla ENTER para terminar la fórmula.

Cómo copiar y pegar una fórmula

Ahora es posible copiar esta misma fórmula que recoge todos los valores de las columnas de **B7** a **B13**, y pegarla a todas las demás columnas en esta hoja de cálculo desde enero hasta junio.

En la siguiente gráfica se puede ver el proceso de copiar una fórmula.

Siga estos pasos para copiar —y después pegar— la fórmula que se hizo en la página anterior al resto de las columnas:

1. Coloque el indicador sobre la casilla **B15** y haga clic una vez. Después use la combinación de teclas CTRL + C para copiarla.

2. Coloque el indicador en la casilla **C15** usando la flecha en el teclado, y luego use la combinación de teclas CTRL + V para pegar la fórmula, y así sucesivamente, usando la combinación de teclas CTRL + V en cada casilla hasta llegar a **G15** (o al final de las columnas que desea sumar).

Cómo sumar los totales de cada fórmula

Ahora es posible añadir todos los totales de cada mes usando otra fórmula en una sola casilla para obtener el total del semestre.

La siguiente gráfica muestra cómo terminar esta hoja de cálculo.

Para añadir un título al total definitivo, coloque el indicador a la casilla **D19,** haga clic sobre ella y escriba "Total para el semestre". Después pulse la tecla ENTER.

Los pasos para hacer una fórmula para sumar totales se realizan de la misma manera que los pasos para hacer una fórmula sencilla. Primero escoja dónde desea ver el total, y después seleccione los totales que desea sumar.

La siguiente gráfica muestra la manera de hacer una fórmula sencilla para sumar totales.

Ahora puede sumar los totales de cada mes de la siguiente manera:

1. Coloque el indicador en la casilla **G19** si ésta es la casilla donde desea ver el total del semestre, y haga clic sobre ella.
2. Coloque el indicador sobre el icono "Σ" indicado por la flecha y haga clic una vez.

Para conseguir el total del semestre, escoja las casillas cuyos totales desea sumar. Esto se hace de la misma manera que hemos visto anteriormente: barriendo el indicador del ratón (mientras sostiene el botón del ratón izquierdo) encima de las casillas cuyos totales desea sumar. Finalmente, oprima la tecla ENTER para terminar la fórmula.

La siguiente gráfica muestra el proceso de ver la suma de todos los totales en una casilla.

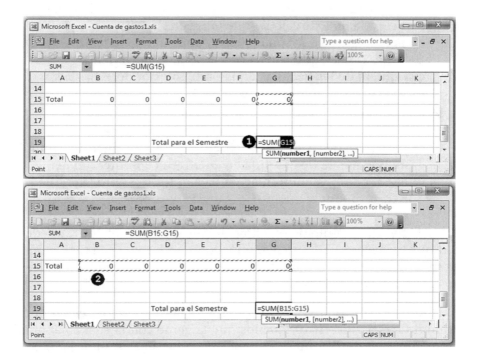

Esta es la manera de terminar una fórmula que le dé el total de todas la columnas.

1. Primero cerciórese que la casilla en la cual desee ver el gran total, en este caso **G19**, esté seleccionada.

2. Después haga clic en la primera casilla que desee sumar, en este caso **B15**, y después oprima y sostenga el botón izquierdo del ratón y jálelo hacia la derecha hasta llegar a la casilla **G15**. Para terminar, retire la mano del ratón, oprima la tecla ENTER, y use la combinación de teclas CTRL + S para guardar los cambios.

Finalmente, su hoja de cálculo está lista, y ahora puede comenzar a añadir sus gastos para mantener una relación de estos.

Estas son algunas de las pautas que le ayudarán a entender cómo usar esta hoja de cálculo:

- Para añadir cualquier gasto en particular, hágale clic primero a la casilla que corresponda, después escriba su cantidad. Para pedirle a la hoja de cálculo que la acepte, cambie a otra casilla de una de estas cuatro maneras: 1) oprimiendo la tecla ENTER, 2) haciendo clic en otra casilla, 3) oprimiendo cualquiera de las flechitas en la parte inferior derecha de su teclado o 4) oprimiendo la tecla TAB.

- Las cantidades que desea añadir a una hoja de cálculo no tienen que ser escritas en orden; es decir, que si escribió cuánto gastó de gasolina en febrero pero olvidó añadir cuánto gastó por cuenta de gasolina en enero, en cualquier momento puede escribir esta información haciendo clic sobre la casilla que corresponde.

En el siguiente ejemplo de una hoja de cálculo de Excel 2007, puede ver que todas las casillas tienen un valor, y en frente de la casilla del gran total puede ver el total que la hoja de cálculo sumó de los gastos para el semestre: 20258.

Cuando hace su trabajo con un programa más avanzado, como por ejemplo Excel 2007/2010, que los que la gente con la cual colabora usa, es útil averiguar qué versión de este programa están usando. Si estas personas tienen una versión anterior a la que usted usa, por ejemplo usted tiene la versión 2007 y ellos la versión 2003, entonces le será necesario preparar los documentos que piensa compartir con ellos de la siguiente manera:

1. Cuando esté guardando el documento, haga clic sobre el botón de Office.
2. Después haga clic sobre el botón "Save As".
3. Y por último, haga clic sobre "Excel 97-2003" (al lado de "Save as Type"). Ahora termine de guardar este archivo de la manera que aprendió antes.

Por ejemplo, si usted tiene Excel 2003, debe saber que si le envía un documento a un compañero de trabajo que usa Excel 2007/2010 éste lo podrá abrir (Excel 2007/2010 automáticamente arregla el archivo que usted envió), pero si alguien que tiene Excel 2007/2010 le envía un archivo a usted sin hacer el cambio al archivo que acabo de mostrar, a usted se le hará muy difícil abrir este archivo sin pasos adicionales, como conseguir el paquete convertidor de archivos de Office 2007/2010, del cual pudo leer al principio de este cápitulo.

Para recordar

- Una casilla es el espacio virtual que recibe la información con la cual quiere trabajar en Excel, como por ejemplo texto, números e incluso modelos gráficos.

- Use las flechas que están al lado de la planilla de números para cambiar de una casilla a otra.

- Excel es muy útil para crear fórmulas sencillas o bien complicadas que le pueden ayudar a mantener la contabilidad en su casa o en su negocio.

- Borrar el contenido de una casilla que no está protegida es muy fácil y se consigue llevando el indicador sobre ésta y oprimiendo cualquier tecla.

- Use la combinación de teclas CTRL + Z para deshacer un error a la vez.

El programa de crear presentaciones Microsoft PowerPoint

14

Introducción

PowerPoint es el programa para crear presentaciones incluido en Microsoft Office. Le permite crear presentaciones para negocios o para tareas escolares. De todos los programas de las nuevas versiones de Office (2010 y 2007), PowerPoint es el que más ha cambiado con respecto a versiones anteriores.

La siguiente gráfica muestra la ventana de PowerPoint 2007, y en el área de trabajo podrá ver la primera página de una presentación que diseñé para una charla que di en la Biblioteca Pública de la ciudad de Nueva York.

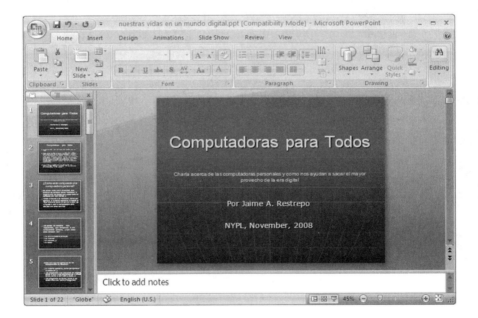

Si ha tenido la oportunidad de usar versiones anteriores de este programa, notará que en el actual ha cambiado mucho la presentación inicial. Se puede ver en el recuadro de la izquierda una lista de todos los temas que se tratan en cada una de las páginas de una presentación. A la derecha se encuentran las diapositivas individuales.

Para seguir los ejemplos en este capítulo, abra PowerPoint usando una de las siguientes maneras:

En Windows 7/Vista:

Haga clic sobre el botón de "Start" e inmediatamente escriba "PowerPoint" y después oprima la tecla ENTER. Si puede ver más de una versión de este programa en la lista debajo de "Programs", haga clic sobre la versión de este programa que desea usar.

En Windows XP:

1. Lleve el indicador sobre el botón de "Start" y haga clic sobre éste.
2. Ahora jálelo hacia arriba y haga clic sobre "All Programs" (en versiones anteriores busque "Programs"). Después busque el grupo de programas "Microsoft Office".
3. Finalmente, haga clic sobre el icono de Microsoft Office PowerPoint, dependiendo de la versión que tenga instalada en su computadora.

Cómo crear una presentación

Una presentación puede consistir en una o varias páginas (llamadas diapositivas), que por lo general usan diseños iguales al de la

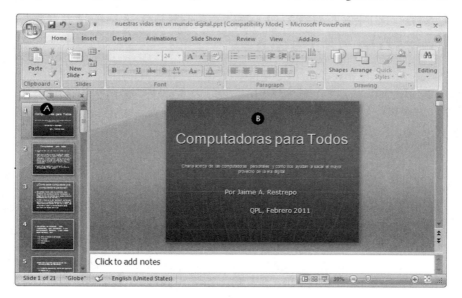

primera diapositiva y cuyo contenido puede ser una combinación de texto e imágenes.

Inmediatamente después de abrir este programa le será posible comenzar a crear una presentación añadiéndole páginas, imágenes o cambiándole el estilo, lo que aprenderá a hacer en el resto del capítulo.

Estas son las partes más prominentes que puede ver en cuanto abra el programa PowerPoint:

Ⓐ En el panel de la izquierda verá dos pestañas. Una le da la vista preliminar de toda la información en cada diapositiva de su presentación ("Outline") y la segunda le muestra todas las diapositivas. Para cambiar al panel de diapositivas, haga clic sobre su pestaña (indicada por la letra "A" en la imagen anterior). Si tiene PowerPoint 2007/2010, notará que la pestaña "Slides" es la primera, y la de "Outline" es la segunda.

Ⓑ En la mitad de esta ventana, puede ver la página con la cual está trabajando (señalada en el panel de la izquierda). Para trabajar con una página diferente, haga clic sobre ésta en la lista de la izquierda.

Cómo crear una presentación al escoger un estilo de página

PowerPoint le ofrece la opción de crear presentaciones usando plantillas de estilos o "Design Templates" (las cuales se incluyen en el programa). Estas son páginas prediseñadas y tienen una combinación de colores y formato especiales que se pueden usar en cualquier presentación para darle una apariencia personalizada.

En Office 2007/2010:

1. Haga clic sobre "File" (PowerPoint 2010) o sobre el botón de Office (PowerPoint 2007).
2. Después haga clic sobre "New".
3. En Office 2010, haga clic sobre "Sample Templates"; o si desea buscar una presentación, puede hacer clic sobre los diseños que están debajo de Office.com, aunque esto

requiere que tenga una conexión a Internet. En Office 2007, puede hacer clic sobre "Installed Templates". (En ambas versiones, si alguna categoría está escondida en esta ventana entonces use las barras de desplazamiento verticales para verla).

4. Finalmente, en la lista de la derecha de esta ventana, haga doble clic sobre la plantilla que desea utilizar.

Si el diseño que encontró no le gusta, entonces siga estos mismos pasos y trate de buscar una plantilla predeterminada que sea más de su agrado. Una vez que la escoja siempre le podrá añadir o quitar páginas hasta que quede a su gusto.

NOTA La mejor manera de aprender a usar un programa es usarlo a menudo y probar, en lo posible, la mayor cantidad de funciones. Esto es especialmente cierto de PowerPoint, ya que este es un programa un poco más complejo que los otros de Microsoft Office.

Cómo añadir una página nueva y escoger un estilo de página

Una presentación puede tener muchas páginas. Recuerde que cuando añade una página, ésta será añadida después de la diapositiva que estaba en la pantalla antes de completar la operación.

La siguiente gráfica muestra la manera de añadir una diapositiva nueva y escoger el estilo de página que desea usar.

Siga estos pasos para añadir una página nueva a una presentación en PowerPoint:

1. Oprima la combinación de teclas CTRL + M para añadir una página. También puede hacer clic sobre "New Slide". En Office 2007/2010, haga clic sobre la pestaña

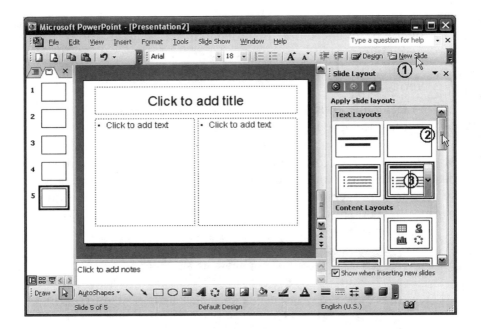

"Insert" y después haga clic sobre "New Slide" en el grupo "Slides".

2. Lleve el indicador del ratón sobre esta guía (mientras mantiene el botón izquierdo del ratón oprimido) y jálela de arriba a abajo, hasta encontrar el estilo de página que desee usar. En Office 2007/2010, haga clic sobre la pestaña "Home" y después haga clic sobre "Layout" (el icono que se encuentra a la derecha de "New Slide" en el grupo "Slides"). En la ventanita que se abre haga doble clic sobre el estilo de página que desea usar.

3. En el panel de tareas de la derecha haga clic dos veces sobre el estilo de página que desea usar, si es que no le gusta el que PowerPoint le sugiere.

Para quitar diapositivas haga clic con el botón derecho del ratón sobre la página que desea borrar y haga clic sobre "Delete Slide".

Ya que PowerPoint es uno de los programas del grupo de programas de Office que más ha cambiado en los últimos años, el proceso de añadir una página nueva en versiones anteriores de PowerPoint se efectúa de manera diferente.

La gráfica de abajo ilustra la manera de escoger el estilo que desea usar para esta nueva página en versiones anteriores de PowerPoint.

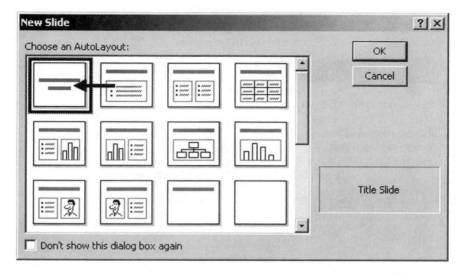

Esta es la manera de añadir páginas a una presentación en versiones anteriores de PowerPoint 2003:

1. Oprima la combinación de teclas CTRL + M para añadir una página nueva. Otra opción es hacer clic sobre "Insert" y después sobre "New Slide". Recuerde que cuando añade una página nueva, ésta será añadida después de la diapositiva que estaba en la pantalla antes de completar esta operación.

2. En este recuadro haga clic dos veces sobre el estilo de página que desea usar. Este proceso se puede repetir cuantas veces sea necesario para añadir más páginas a su presentación.

Cómo crear una presentación usando el asistente de autocontenido en PowerPoint 2003

Crear una presentación usando el asistente de autocontenido o "AutoContent Wizard" le ayudará a generar todos los elementos necesarios en una presentación. PowerPoint 2003 incluye más de 100 tipos de presentaciones sobre muchos temas diferentes.

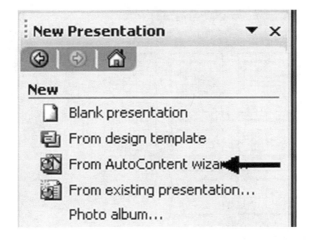

Para crear una presentación usando el asistente de autocontenido después de abrir PowerPoint 2003:

1. Haga clic sobre el menú de "File" y después haga clic sobre "New".

2. En el panel a la derecha haga clic sobre la opción "From Auto-Content Wizard". En versiones anteriores de PowerPoint, esta es una de las primeras opciones que puede escoger después de abrir el programa. Haga clic sobre "OK" para continuar.

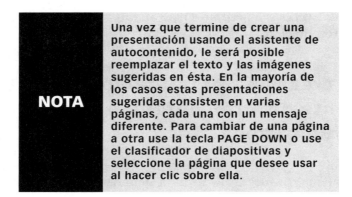

NOTA

Una vez que termine de crear una presentación usando el asistente de autocontenido, le será posible reemplazar el texto y las imágenes sugeridas en ésta. En la mayoría de los casos estas presentaciones sugeridas consisten en varias páginas, cada una con un mensaje diferente. Para cambiar de una página a otra use la tecla PAGE DOWN o use el clasificador de diapositivas y seleccione la página que desee usar al hacer clic sobre ella.

En la siguiente gráfica se puede ver el primer recuadro que se abre cuando se elige el asistente de autocontenido.

Haga clic sobre "Next" para comenzar a crear su presentación.

En la gráfica de abajo se puede ver el segundo recuadro del asistente de autocontenido.

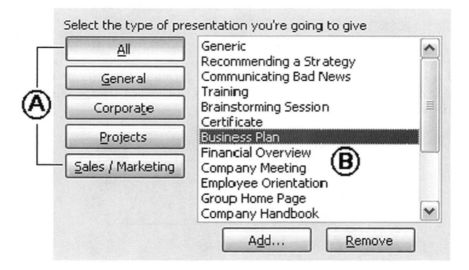

Ahora seleccione el tipo de presentación que desea crear de la siguiente manera:

Ⓐ Estos son los diferentes tipos de presentaciones incluidas con **PowerPoint**. Para este ejemplo, haga clic sobre todas o "All".

Ⓑ Estas son las presentaciones disponibles dentro del grupo de presentaciones "All". Para seguir este ejemplo, haga clic sobre "Business Plan" o sobre otra que desee tratar.

Las presentaciones que crea en PowerPoint pueden ser usadas en muchos tipos de medios electrónicos, como por ejemplo en Internet.

En este caso, escoja el formato más usado, es decir, el de presentación en pantalla u "On-screen presentation".

En este recuadro puede ver las opciones para escoger el tipo de medio en el cual desea usar esta presentación. Haga clic sobre "On-screen presentation" y después haga clic sobre "Next".

En la siguiente gráfica puede ver cómo escoger el título que desea dar a su presentación. Escriba el título que desea usar y después haga clic sobre "Next".

Ahora puede ver el último recuadro del asistente de autocontenido. Para terminar, haga clic sobre "Finish".

La siguiente gráfica muestra la presentación que fue creada con la ayuda del asistente de autocontenido.

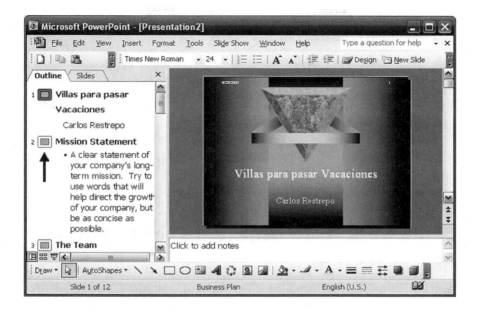

Ahora le es posible cambiar o añadir su propia información a esta presentación, usando las instrucciones a continuación. Para cambiar de página haga clic sobre el título de ésta, indicado por la flecha. En PowerPoint 2003 también puede hacer clic sobre la pestaña de "Slides" para ver la presentación preliminar. Para cambiar de página sólo haga clic sobre el número de la página en la que desea trabajar.

Los elementos de una presentación

Una presentación en un programa como PowerPoint puede estar compuesta de muchos objetos diferentes, como por ejemplo sonidos y vídeo. En la mayoría de las presentaciones sólo se usan dos tipos de elementos: los objetos de texto y las imágenes (como una foto).

Los siguientes son algunos de los objetos que se pueden añadir a una presentación:

■ Texto: éste puede ser copiado de otro programa o escrito directamente.

- Imágenes: éstas pueden ser seleccionadas de PowerPoint o importadas de una cámara digital.

- Sonidos: éstos pueden ser grabados por la computadora o copiados al disco duro.

- Vídeos: pueden ser capturados por la computadora o copiados de un CD.

En las páginas siguientes aprenderá a añadir texto e imágenes a las páginas de una presentación.

Cómo añadir un objeto de texto a una presentación

Añadir texto se puede hacer reemplazando el que ya está en una página sugerida o insertando un bloque de texto a una diapositiva.

Así se añade texto a una página en PowerPoint:

1. Si abrió una presentación sugerida y tiene letras sugeridas (en este ejemplo "Click to add title"), haga clic una vez sobre ella.

2. Enseguida reemplácela, escribiendo el texto que desea usar.

3. Para cambiar el tamaño de esta casilla, coloque el indicador sobre estas guías mientras sostiene el botón izquierdo del ratón y lo jala de lado a lado o de arriba a abajo.

4. Para añadir un bloque de texto adicional, haga clic sobre este icono. En PowerPoint 2007/2010, haga clic sobre la pestaña "Insert" y enseguida haga clic sobre "Text Box" (en el grupo de "Text"). Después coloque el indicador sobre la página, haga clic y, manteniendo el botón izquierdo del ratón, jálelo sobre el área de trabajo de la diapositiva que quiera usar, haciendo un rectángulo. A continuación, escriba el texto que desea usar (mientras vea el cursor destellante ahí, de otra manera haga clic en el lugar donde creó este "Text Box" de nuevo).

Cómo cambiar el tipo de letra

A pesar de que la manera de cambiar el tipo de letra es similar a la que se usa en otros programas para Windows, en PowerPoint es necesario escoger de manera diferente el bloque de texto cuya letra desea cambiar.

En Office 2007/2010:

En la próxima gráfica puede ver la ventana de PowerPoint 2007 y, en el área de trabajo, una diapositiva en la cual verá cómo hacer cambios al tipo de letra.

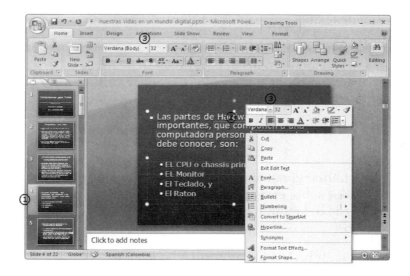

Así se hacen cambios al tipo, tamaño y estilo de letra:

1. Comience haciendo clic en el panel de la izquierda sobre la página con la cual desea trabajar.

2. Ahora seleccione la(s) palabra(s) que desea cambiar. Si quiere seleccionar todas las palabras que ve en un bloque de texto, oprima y sostenga las teclas CTRL+A.

3. Finalmente, cambie el tipo, tamaño o estilo de letra de una de estas dos maneras:

   • Haciendo clic en el "Ribbon" en la pestaña "Home" sobre el icono que corresponde al cambio que desea hacer. Por ejemplo, si desea cambiar el tipo de letra, haga clic sobre el icono "Font" y después sobre el nombre del tipo de letra que desea usar. Si desea cambiar su tamaño, hágale clic al número que ve al lado y escójalo.

   • Oprimiendo el botón derecho del ratón sobre una selección de texto para ver la herramienta de trabajo diminuta o "Mini-Toolbar" y hacer los mismos cambios ahí.

Tanto en el "Ribbon" como en la "Mini-Toolbar" encontrará otros iconos que le ayudarán a hacer cambios a su texto. Por ejemplo, si hace clic sobre el icono de la "A" con una flechita para arriba aumenta el tamaño de las letras que están seleccionadas, y haciendo clic sobre el icono de la "A" con una flechita hacia abajo disminuye el tamaño de la letra. Cuando termine de hacer sus cambios, haga clic una vez dentro del bloque de texto para que deje de estar seleccionado.

En Office 2003:

En la próxima gráfica puede ver la ventana de PowerPoint 2003 y, en el área de trabajo, una diapositiva de una presentación en la cual quiero hacer cambios al tipo de letra.

Así se hacen cambios al tipo, tamaño y estilo de letra del texto en una presentación en PowerPoint 2003:

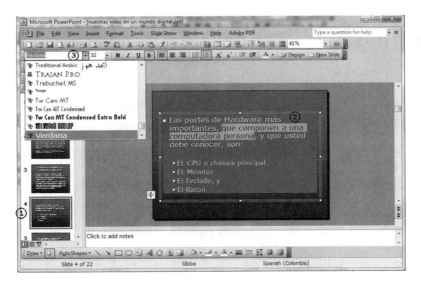

1. Comience haciendo clic en el panel de la izquierda sobre la diapositiva con la cual desea trabajar.

2. Ahora seleccione la(s) palabra(s) que desea cambiar.

3. Finalmente, cambie el tipo, tamaño o estilo de letra haciendo clic sobre el icono que corresponde al cambio que desea hacer. Por ejemplo, si desea cambiar el tipo de letra haga clic sobre el icono de "Font" y después haga clic sobre el nombre del tipo de letra que desea usar. Si desea cambiar su tamaño, hágale clic al número que ve al lado y escójalo.

Cuando termine de hacer sus cambios, haga clic una vez dentro del bloque de texto para que deje de estar seleccionado.

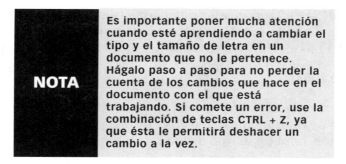

NOTA

Es importante poner mucha atención cuando esté aprendiendo a cambiar el tipo y el tamaño de letra en un documento que no le pertenece. Hágalo paso a paso para no perder la cuenta de los cambios que hace en el documento con el que está trabajando. Si comete un error, use la combinación de teclas CTRL + Z, ya que ésta le permitirá deshacer un cambio a la vez.

Cómo añadir una imagen a una diapositiva ("Slide")

En el ejemplo que sigue aprenderá a añadir una imagen a una página en blanco. Recuerde que en una presentación de PowerPoint puede combinar diferentes imágenes (arte o fotos), texto y sonido en la misma página.

Recuerde que las imágenes de arte o "Clip Art" que vienen incluidas con el programa y las que fueron copiadas antes están organizadas en categorías diferentes.

Siga la gráfica de arriba para añadir una imagen a una presentación
en PowerPoint de la siguiente manera:

1. Haga clic sobre este icono cuando vea la página (en una presentación) a la cual desea añadirle una imagen. Comience haciendo clic sobre la pestaña "Insert". Después haga clic sobre el icono de "Clip Art" (si está buscando un dibujo) en el grupo de ilustraciones.

2. En la casilla debajo de "Search for" escriba "houses" para buscar imágenes de casas y después haga clic sobre "Go".

3. Lleve el indicador del ratón sobre esta guía (mientras mantiene el botón izquierdo oprimido) y jálela de arriba a abajo hasta encontrar una imagen que le guste.

4. Cuando la encuentre, coloque el indicador del ratón sobre ella y después (mientras mantiene el botón izquierdo del ratón oprimido) jálela hacia el área de trabajo o haga clic dos veces sobre ella. Este proceso se puede repetir varias veces, inclusive en la misma página, hasta que tenga todas las gráficas que necesite en su presentación.

5. Una vez la gráfica se haya copiado a la diapositiva, la puede cambiar de lugar o de tamaño.

Después de haber añadido una imagen a una página en PowerPoint se puede:

A Cambiar una gráfica de lugar. Haga clic sobre ella y después mantenga el botón izquierdo del ratón oprimido mientras la cambia de lugar.

B Cambiarle el tamaño. Lleve el indicador sobre una de sus esquinas hasta que éste cambie a un icono doble (mientras mantiene oprimido el botón izquierdo del ratón) y jálelo para cambiarla de tamaño.

Como pudo leer al principio de este capítulo, PowerPoint es uno de los programas de Office que más ha cambiado en los últimos años. Por este motivo el proceso de añadir imágenes en versiones anteriores de PowerPoint se efectúa de manera diferente.

La gráfica de abajo muestra la primera ventana que ve cuando elija añadir una imagen a una presentación en algunas de las versiones anteriores de PowerPoint.

Para buscar imágenes relacionadas con la escuela, haga clic una vez sobre la categoría "Academic".

Ahora le será posible escoger la imagen que desea usar.

Esta es la manera de seleccionar una imagen para después añadirla a una presentación:

1. Haga clic sobre la imagen que desea usar.

2. Después haga clic sobre este icono para copiar la imagen a la diapositiva con la que esté trabajando. Por último, cierre este recuadro haciendo clic en la X para regresar a la presentación.

Para centrar la imagen haga clic sobre ella. Después mantenga oprimido el botón izquierdo del ratón mientras la cambia de lugar.

Cómo añadir fotos a una diapositiva

La manera de añadir una foto es similar a la de una imagen. Esta es la manera de hacerlo:

1. En Office 2007/2010, comience haciendo clic sobre la pestaña "Insert".

2. Después busque el icono de "Pictures" en el grupo de Ilustraciones y hágale clic. En Office 2003, el icono de añadir fotos (parece un dibujo de un volcán) está en la barra de herramientas en la parte inferior de su ventana. Ahora use la ventana de diálogo que se abre para buscar la foto que desea usar y, cuando la encuentre, haga clic dos veces sobre ella para copiarla a su presentación.

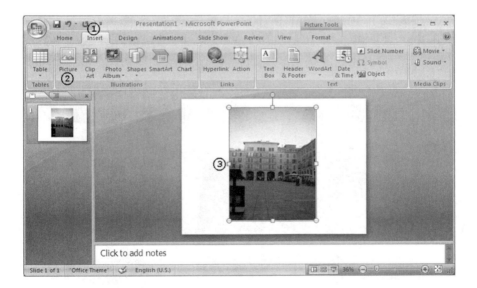

3. La manera de trabajar con una foto que haya añadido a una de las diapositivas es igual que como se hace con las imágenes, explicado anteriormente.

Cómo usar el clasificador de diapositivas ("Slide Sorter")

Una presentación de PowerPoint puede consistir en una o en muchas diapositivas. Por este motivo a veces puede ser difícil encontrar la diapositiva con la cual desea trabajar sin tener que revisarlas una por una. Por lo tanto, resulta muy útil usar el clasificador de diapositivas o "Slide Sorter", ya que éste le puede mostrar todas las diapositivas de una presentación de manera reducida.

En Office 2007/2010:

1. Haga clic sobre la pestaña "View".
2. Después haga clic sobre "Slide Sorter" (en el grupo "Presentation views"). Para regresar a la ventana de uso corriente, haga clic sobre "Normal".

En Office 2003:

1. Haga clic sobre "View".
2. Jale el indicador hacia abajo y haga clic sobre "Slide Sorter". Para regresar a la ventana de uso corriente, haga clic sobre "Normal".

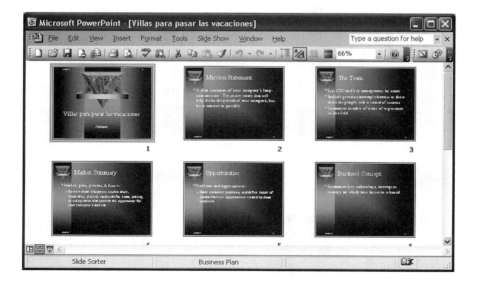

Dependiendo del tamaño de su presentación, cuando la pantalla cambie al clasificador de diapositivas, puede que éstas ocupen toda la pantalla o sólo una parte de ésta. Si toman toda la pantalla, puede ser necesario usar las teclas PAGE DOWN y PAGE UP para ver todas las diapositivas.

Finalmente, para ver "Show Slides" o muestra de diapositivas, oprima la tecla F5. Ahora puede usar las flechitas →← en su teclado para adelantar o regresar una diapositiva. Si no desea que la presentación termine una vez que ésta comience, oprima la tecla ESC para detenerla.

Para recordar

- PowerPoint es un programa con el cual puede crear presentaciones de todo tipo.
- Con el asistente de autocontenido es posible crear más de 100 tipos de presentaciones que después puede cambiar con su propia información.
- Use las plantillas de estilos que vienen con PowerPoint para crear circulares que anuncian productos o para hacer tareas escolares que sólo requieran unas cuantas páginas.
- Use el clasificador de diapositivas para ver todas las diapositivas de una presentación de una manera reducida.

El cliente de correo electrónico Microsoft Outlook

15

Introducción

Outlook es el cliente de correo electrónico que viene incluido con casi todas las versiones de Microsoft Office (como la Estándar y Negocios pequeños), y en este capítulo específicamente verá información acerca de cómo usar las versiones 2003, 2007 y 2010 (que son muy similares) de este programa, el cual le ayudará a:

- Enviar y recibir mensajes de correo electrónico.
- Crear calendarios con recordatorios.

Abra su copia de Microsoft Outlook de acuerdo con la versión del sistema operativo instalado en su computadora.

En Windows 7/Vista:

Haga clic sobre el botón de "Start", escriba "Outlook" y oprima la tecla de ENTER.

En Windows XP:

Haga clic sobre el botón de "Start". Después lleve el indicador sobre "All Programs" (en versiones anteriores, "Programs"). Ahora busque la carpeta llamada "Microsoft Office" y después haga clic sobre Outlook (en la versión de este programa que tenga instalada en su computadora).

En esta gráfica puede ver que el área de trabajo de Outlook está organizada de la siguiente manera:

A Esta es la casilla de sus carpetas favoritas.

B Estas son todas las carpetas individuales. Entre éstas puede ver el "Inbox".

C En esta ventana se encuentran los mensajes de correo electrónico que corresponden a la carpeta que tiene seleccionada.

D En este panel puede ver el mensaje en el panel de lectura que tiene seleccionado en este momento.

La barra de herramientas

Al usar la barra de herramientas es posible realizar la mayoría de las funciones necesarias para usar Outlook. Si desea realizar una función específica, coloque el indicador sobre el icono correspondiente (indicado abajo) y haga clic.

En la siguiente gráfica se puede ver la barra de herramientas visible en Outlook 2007/2003 cuando la carpeta de correo "Inbox" está seleccionada.

La barra de herramientas de Outlook se usa haciendo clic sobre estos iconos para:

A Crear un mensaje de correo electrónico.

B Imprimir el mensaje que está leyendo.

C Responder al mensaje que está leyendo.

D Añadir todas las direcciones de correo electrónico que estaban en el mensaje original a la lista de personas que recibirán una respuesta.

E Enviar una copia del mensaje que está leyendo a otra persona.

F Enviar y recibir su correo electrónico.

G Abrir la libreta de direcciones o "Address Book".

En Outlook 2010, esta barra de herramientas es un poco diferente y es más parecida a la cinta que verán en los diferentes programas de

Office 2007/2010 (Word y PowerPoint). Para llegar a estos menús sólo es necesario hacer clic una vez sobre su "Inbox" (al nivel de la pestaña de "Home"). Después encontrará que los iconos, aunque un poco diferentes a los de 2007, también le ayudarán a completar cualquier tarea muy rápidamente.

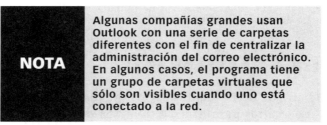

NOTA Algunas compañías grandes usan Outlook con una serie de carpetas diferentes con el fin de centralizar la administración del correo electrónico. En algunos casos, el programa tiene un grupo de carpetas virtuales que sólo son visibles cuando uno está conectado a la red.

Descripción de la lista de carpetas

Por motivo de organización, los mensajes electrónicos que recibe y envía desde una dirección de correo electrónico usando Outlook residen en una serie de carpetas o *folders*. Cada uno de éstos tiene una función específica. Por ejemplo, la carpeta llamada "Deleted Items" recibe todos los mensajes que eligió borrar.

La gráfica en la siguiente página representa la lista de carpetas presentes en Outlook.

Estas son las funciones de algunas de las carpetas que se usan más a menudo en Outlook:

Ⓐ La carpeta "Deleted Items" guarda todo el correo electrónico que borra.

Ⓑ La carpeta "Inbox" es la que recibe todo el correo electrónico nuevo.

Ⓒ Esta carpeta guarda los mensajes que se están enviando pero que todavía no han salido.

Ⓓ En esta carpeta encontrará copias de los mensajes que envió.

Ⓔ El panel de las carpetas favoritas o "Favorite Folders" contiene atajos o "Shortcuts" a las carpetas que usa más a menudo. Esta función es nueva en Outlook; por este motivo si tiene una versión anterior de este programa (como la de Outlook 2000) no la verá.

Cómo trabajar con el menú de "View"

Si desea sacarle el mayor provecho a este excelente programa, es importante que aprenda a ver o esconder las diferentes secciones del mismo. Use el menú de "View" para organizar los diferentes paneles que componen este cliente de correo electrónico de la manera que más le agrade.

Como puede ver en la siguiente gráfica, esta es la manera de ver o esconder los diferentes paneles que componen a Outlook 2003 después de hacer clic sobre "View":

A Haga clic sobre "Navigation Panel" para ver o esconder el panel de navegación que se encuentra a la izquierda del área de trabajo (debajo de correo o "Mail"). Por ejemplo, haga clic sobre "Off" (apagar) para esconderlo. En Outlook 2010, este menú está en la pestaña de "View", y una vez que haga clic sobre ésta, trabajar con estas funciones se realiza de la misma manera.

B Haga clic sobre "Reading Panel" y después sobre "Right", "Bottom" u "Off" para ver el panel a la derecha, verlo abajo o cerrarlo, respectivamente.

C Haga clic sobre "AutoPreview" para ver una vista preliminar del encabezamiento de sus mensajes.

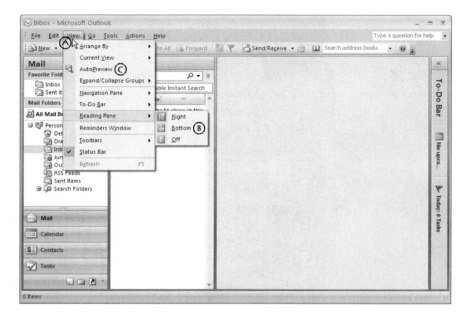

Cómo crear un mensaje

El proceso de redactar un mensaje de correo electrónico en Outlook es muy fácil de realizar. Primero abra la ventana de crear un mensaje (esta es muy similar a un pequeño procesador de palabras) y después redáctelo como si estuviera escribiendo una carta.

Estas son las dos maneras de abrir la ventana para crear un mensaje nuevo en Outlook después de hacer clic sobre el icono de "Mail":

- Oprima la combinación de teclas CTRL + N. Si está usando el calendario (y no ha hecho clic sobre el icono de "Mail"), puede comenzar a crear un mensaje de correo electrónico usando la combinación de teclas: CTRL + SHIFT + M.

- Haga clic sobre nuevo o "New" en la barra de herramientas. En Outlook 2010 es necesario hacer clic sobre la pestaña de "Home" para ver esta opción de "New Email" (correo nuevo).

Después es necesario añadir la dirección de correo electrónico de la persona o personas que recibirán este mensaje. Esto se puede hacer al escribir directamente la dirección de correo electrónico usando la libreta de direcciones o "Address Book" (si la dirección de correo electrónico que desea usar ya está guardada ahí).

En las casillas indicadas, como puede ver en la gráfica anterior de un nuevo mensaje que creé en Outlook 2007 (es similar al de Outlook 2003 o 2010), escriba las direcciones de correo electrónico de la persona o personas que recibirán el mensaje de la siguiente manera:

Ⓐ Dirija su mensaje de la siguiente manera:

- Al lado de "To", escriba la dirección de correo electrónico de la persona o personas a las cuales desea enviarle este mensaje.

- Al lado de "Cc", escriba la dirección de correo electrónico de otra persona a quien desea enviarle una copia del mensaje.

- Al lado de "Bcc", escriba la dirección de correo electrónico de otra persona a quien desea enviarle una copia del mensaje, sin que las otras personas a las cuales les ha enviado este mensaje lo sepan. Es necesario hacer clic sobre "Options" en la ventana del mensaje que está componiendo y después sobre "Show Bcc", para ver esta casilla.

- Al lado de "Subject", escriba el tema del mensaje.

Ⓑ Este es el espacio, similar al que ve cuando abre un procesador de palabras, donde puede escribir el texto del mensaje que desea enviar. Finalmente haga clic sobre "Send".

Por favor note en Office 2007 el botón de Office, que le ofrece un sinnúmero de opciones cuando usted hace clic sobre él. Por ejemplo, para guardar un mensaje haga clic sobre el botón y después sobre

"Save". En Outlook 2010, estas mismas opciones están disponibles después de hacer clic sobre "File". Le recomiendo adicionalmente que si añadió más de una cuenta de correo electrónico a Outlook, es muy prudente hacer clic sobre "From" (para ver esta opción haga clic sobre "Options" y después sobre "Show From") para elegir la cuenta desde la cual desea enviar un mensaje de correo electrónico. De otra manera, sus mensajes de correo electrónicos serán enviados de la cuenta predeterminada.

Cómo usar la libreta de direcciones

La libreta de direcciones es el lugar más eficiente para guardar las direcciones electrónicas de las personas con quienes corresponde mediante esta vía. Por este motivo es una buena idea guardar todas las direcciones de correo electrónico, siguiendo las instrucciones que verá más adelante en este capítulo.

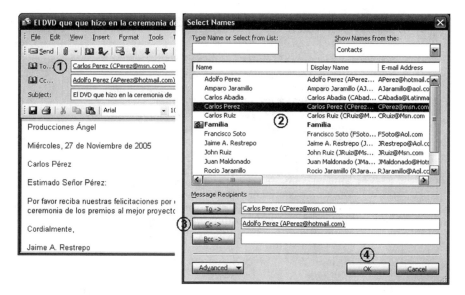

Esta es la manera de añadir direcciones de correo electrónico a un mensaje que desee enviar en Outlook si ya ha guardado las direcciones de sus contactos en la libreta de direcciones:

1. Haga clic sobre "To" para abrir la libreta de direcciones. Si tiene una versión anterior de Outlook esta ventanita es un poco diferente, pero la idea es la misma.

2. Escoja la persona a quien desea enviarle un mensaje, haciendo doble clic sobre su nombre. Repita esto por cada persona a quien le desea enviar el mensaje.

3. Para enviar una copia del mensaje, haga clic sobre "Cc" y después escoja las personas a las cuales les desea enviar una copia de este mensaje.

4. Finalmente haga clic sobre "OK" para añadir estas direcciones a su mensaje.

Cómo enviar un mensaje

Una vez que termine de redactar un mensaje y de añadir las direcciones de correo electrónico a quienes desea enviárselo, lo puede enviar o lo puede guardar para enviar más tarde.

Para enviarlo es necesario que tenga una conexión al Internet, a menos que trabaje en una oficina y este sea un mensaje a otro usuario en la misma red en la que trabaja.

El proceso de enviar un mensaje usando Outlook de este cliente de correo electrónico es el mismo:

1. Haga clic sobre "Send" para comenzar el proceso de enviar su mensaje.

2. Ahora este mensaje es enviado a la carpeta "Outbox". Haga clic sobre el botón "Send and Receive" u oprima la tecla F9 para enviarlo (o F5 en versiones anteriores de Outlook).

Si Outlook tuvo éxito en enviar el mensaje, lo copiará a la carpeta "Sent Items". Esta copia servirá como confirmación de que el mensaje fue enviado y que la persona a quien se lo envió lo recibirá la próxima vez que abra sus mensajes de correo electrónico.

Si por cualquier razón el mensaje no encuentra su destinatario, recibirá, en la mayoría de los casos, un mensaje diciendo que no pudo encontrar un destinatario para su mensaje y una explicación de la razón por la cual no lo pudo entregar (por ejemplo, que escribió mal la dirección de correo). En ese caso, cerciórese bien de la dirección del correo electrónico, redacte el mensaje y vuélvalo a enviar.

NOTA

Un mensaje de correo electrónico en el espacio cibernético viaja a la velocidad de luz. Por eso, no se debe tardar más de un minuto para llegar a cualquier parte del mundo. A pesar de esto, pueden haber situaciones en las cuales servidores de correo electrónico de ciertas compañías se encuentren agobiados por la cantidad de mensajes que están recibiendo y, como resultado, haya una demora en enviar y recibir sus mensajes.

Cómo guardar un mensaje

Una vez que termine de redactar un mensaje puede enviarlo o puede guardarlo para enviarlo más tarde. Si desea guardarlo para terminar de redactarlo en otro momento, será enviado a la carpeta de borradores o "Drafts".

En la siguiente gráfica se puede ver el proceso de guardar un mensaje para enviarlo en otra oportunidad.

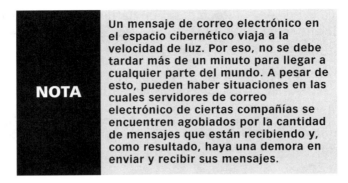

Si está redactando un mensaje y desea guardarlo para enviarlo más tarde, lo puede hacer de la siguiente manera:

1. Haga clic sobre el icono indicado por la flecha para guardar un mensaje que esté redactando. Este proceso se realiza de la misma manera en versiones anteriores de Outlook, haciendo clic sobre este icono en la barra de herramientas. Si tiene Outlook 2007, haga clic sobre el botón de Office, y después sobre "Save". En Outlook 2010, esta misma opción está disponible después de hacer clic sobre "File".

2. Si desea cerrar este mensaje, haga clic sobre la esquina del mismo.

Cuando elige guardar un mensaje para enviarlo en otra oportunidad, éste permanecerá guardado en la carpeta de "Drafts" de su cliente de correo electrónico Outlook hasta que lo envíe o lo borre.

En la siguiente gráfica se puede ver los mensajes que tiene guardados para enviarlos en otra oportunidad dentro de la carpeta "Drafts".

Así se regresa a este mensaje para trabajar más en él:

1. Haga clic sobre "Drafts" para ver los mensajes que tiene guardados.

2. En la ventana de la derecha puede ver los mensajes que eligió guardar. Si desea trabajar con uno de ellos, haga doble clic sobre él.

Cómo adjuntar archivos a un mensaje

Una de las ventajas de Outlook es la facilidad con la cual se pueden enviar archivos, adjuntándolos a un mensaje. Así puede enviar y recibir archivos sin necesidad de usar discos flexibles.

En la siguiente gráfica se puede ver el proceso de adjuntar un archivo a un mensaje.

Así se adjunta un archivo a un mensaje en Outlook:

1. Coloque el indicador sobre el icono del sujetapapeles y haga clic. Si todavía no lo puede ver, haga clic sobre la pestaña de "Insert" y después sobre el icono de "Attach File", o adjuntar archivo. (En algunas versiones anteriores de Outlook, el sujetapapeles está más hacia el centro de la barra de herramientas).

2. Cuando encuentre el archivo que desea enviar haga doble clic sobre él.

Para comenzar a buscar el archivo que desea adjuntar en Windows 7, haga clic sobre bibliotecas, o "Libraries", y después haga doble clic sobre su nombre de usuario. En Windows Vista, en los botones de la izquierda de esta ventana de diálogo, haga clic sobre su nombre de usuario y enseguida haga doble clic sobre la carpeta de "Documents/My Documents". Y finalmente haga doble clic sobre la carpeta donde está guardado el archivo que desea enviar, búsquelo y haga doble clic sobre él para adjuntarlo. Si desea adjuntar más de un archivo (por ejemplo, un grupo de archivos que están contiguos), haga clic sobre el primero de la lista mientras sostiene la tecla SHIFT y haga clic sobre el último archivo que desea enviar. Si los archivos que desea enviar no están contiguos, entonces haga clic sobre el primero de la lista mientras sostiene la tecla CTRL y haga clic sobre cada uno de los archivos que desea enviar. Estos pasos también sirven para quitarle archivos a una selección de archivos que está preparando.

Esta función de Outlook trabaja muy bien siempre y cuando la persona que reciba este archivo tenga el mismo programa con el cual usted lo creó. Por ejemplo, si alguien le envía una presentación creada en PowerPoint y usted no tiene PowerPoint, no lo podrá abrir, a menos que consiga *software* adicional.

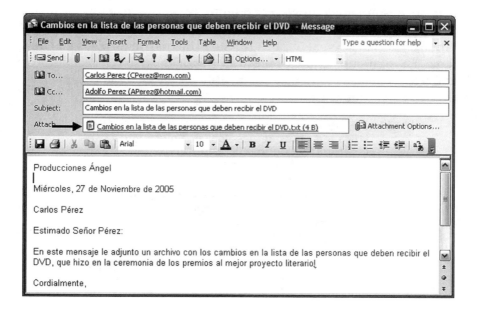

En la gráfica en la página anterior puede ver un archivo adjuntado a un mensaje. Se encuentra delante de la flecha y debajo de "Subject". En algunas versiones de Outlook, los archivos que adjuntó a un mensaje aparecen en la parte de abajo de éste.

Una vez que esté seguro de que desea enviar este mensaje, haga clic sobre "Send".

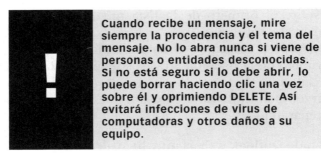

Cuando recibe un mensaje, mire siempre la procedencia y el tema del mensaje. No lo abra nunca si viene de personas o entidades desconocidas. Si no está seguro si lo debe abrir, lo puede borrar haciendo clic una vez sobre él y oprimiendo DELETE. Así evitará infecciones de virus de computadoras y otros daños a su equipo.

Cómo recibir mensajes

Esta es una de las funciones principales de un cliente de correo electrónico y es muy fácil de hacer en Outlook. Por lo general, los mensajes de correo electrónico siempre llegan a la carpeta llamada "Inbox", la cual se encuentra en la lista principal de carpetas en Outlook. La siguiente gráfica muestra el área de trabajo de Outlook 2007/2003. Esta es la manera de recibir un mensaje de correo electrónico en Outlook:

Ⓐ Haga clic sobre "Inbox" en uno de los dos sitios indicados por las flechas. En versiones anteriores de Outlook, el panel de carpetas favoritas o "Favorite Folders" no está disponible.

Ⓑ Estos son los mensajes que recibió. Si el panel de lectura está habilitado, dependiendo de su preferencia, le será posible leer el mensaje en el panel de la derecha o en el de abajo con sólo hacer clic una vez sobre él.

Ⓒ En la cabecera del mensaje podrá leer la dirección de correo electrónico de la persona que le envió el mensaje.

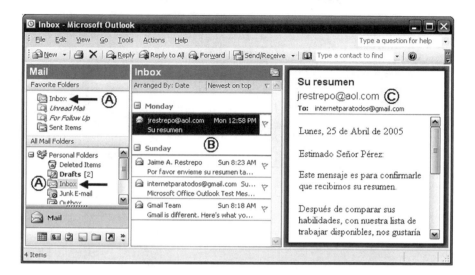

Si prefiere, también puede leer sus mensajes en una ventana completa. Cuando termine de leer el mensaje, cierre la ventana de éste y regrese a Outlook para leer otro mensaje.

Las siguiente dos gráficas muestran la manera de leer mensajes de correo electrónico en ventanas independientes.

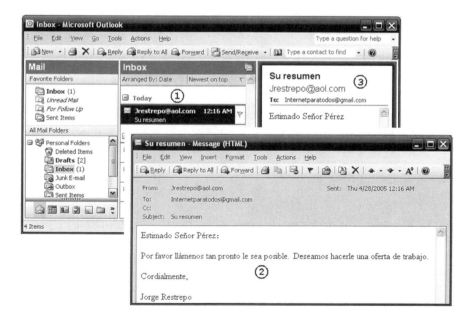

Esta es la manera de abrir sus mensajes de correo electrónico en Outlook, Outlook Express o Windows Mail.

1. Seleccione el mensaje que desea ver haciendo doble clic sobre él.
2. Este es el mensaje que recibió.
3. Esta es la dirección de la persona que le envió el mensaje.

Cómo responder a mensajes

Una vez que haya leído un mensaje de correo electrónico, puede borrarlo o redactar una respuesta. Para borrar un mensaje, haga clic sobre él, y después haga clic sobre la *X* en la barra de herramientas.

La siguiente gráfica muestra el proceso de contestar un mensaje en Outlook.

Así se contesta un mensaje de correo electrónico en Outlook:

1. Cuando haya leído el mensaje, haga clic sobre "Reply".
2. Redacte la respuesta al mensaje que recibió.
3. Haga clic sobre "Send" para enviar su respuesta.

Cómo guardar un archivo que recibió en un mensaje

El proceso de guardar un archivo que recibió adjuntado a un mensaje es muy similar al proceso de recibir un mensaje. Los mensajes que contienen archivos se reconocen por tener un sujetapapeles al lado del mensaje.

En la gráfica anterior se puede ver que el mensaje en negritas tiene un sujetapapeles.

Esta es la manera de guardar al disco duro un archivo que recibió adjuntado a un mensaje de una persona que conoce (si no conoce a la persona que le envió este archivo, tal vez sea mejor no abrirlo):

1. Seleccione el mensaje que desea ver, haciendo doble clic sobre él.

2. Para guardar este archivo haga clic en el icono al lado de "Attachments" con el botón derecho del ratón.

3. Haga clic sobre "Save As". Si no desea guardarlo, haga doble clic sobre el archivo para abrirlo.

Cuando la ventana de guardar archivos se abra, es necesario indicarle a su computadora dónde desea guardar este archivo, sea en su disco duro o bien en otra unidad de almacenamiento.

En Windows 7/Vista:

Esta es la manera de guardar a su disco duro, u a otra unidad de almacenamiento conectada a su computadora, un archivo que recibió adjuntado a un mensaje de correo electrónico:

1. Elija la carpeta donde desea guardar el archivo que recibió. Haga clic sobre esta guía, indicada por la flecha, para cambiar a otra carpeta que esté buscando para guardar este archivo o archivos.

2. Este es el nombre del archivo. Si desea, haga clic en esta línea y use BACKSPACE, para cambiarlo.

3. Haga clic sobre "Save" (si es más de un archivo haga clic sobre "Save all") para guardarlo en su disco duro o en otra unidad de almacenamiento que escogió previamente.

Adicionalmente, en Windows 7, si no puede ver la carpeta de "Documents" inmediatamente después de que la ventana para ayudarle a guardar documentos abra, puede hacer clic sobre "Libraries" y después doble clic sobre su nombre de usuario. En Windows Vista, tal vez sea necesario hacer clic sobre su nombre de usuario (como por ejemplo Lina01), doble clic sobre "Documents" y finalmente doble clic sobre la carpeta donde desea guardar este archivo o archivos.

En Windows XP:

Esta es la manera de guardar un archivo que recibió en un mensaje de correo electrónico a su disco duro o a otra unidad de almacenamiento:

Ⓐ Primero elija la carpeta donde desea guardar este archivo.

Ⓑ Este es el nombre del archivo. Si gusta, puede darle otro nombre.

Ⓒ Finalmente, haga clic sobre "Save" para guardarlo al disco duro o a otra unidad de almacenamiento.

Por lo general nunca abra archivos que recibe a través de su correo electrónico a menos que sepa exactamente quién se lo envió. De otra manera su computadora puede resultar comprometida con un virus que dañe sus archivos, o peor aún, con un programa que usará su computadora para propagar virus a las personas que estén en su libreta de direcciones.

La libreta de direcciones de Microsoft Outlook

La libreta de direcciones de Outlook le puede ahorrar mucho tiempo al añadir direcciones de correo electrónico que usa a menudo a sus mensajes con sólo usar el ratón.

Esta se puede abrir al oprimir la combinación de teclas CTRL + SHIFT + B o al hacer clic en el icono de ésta en la barra de herramientas de Outlook.

Name	Display Name	E-mail Address	E-mail Type
Carlos Abadia	Carlos Abadia (CAbad...	CAbadia@Latinmail.com	SMTP
Carlos Perez	Carlos Perez (CPerez...	CPerez@msn.com	SMTP
Carlos Ruiz	Carlos Ruiz (CRuiz@M...	CRuiz@Msn.com	SMTP
Familia (B)	Familia		MAPIPDL
Francisco Soto	Francisco Soto (FSoto...	FSoto@Aol.com	SMTP
Jaime A. Restrepo	Jaime A. Restrepo (J...	JRestrepo@Aol.com	SMTP
John Ruiz	John Ruiz (JRuiz@Ms...	JRuiz@Msn.com	SMTP
Juan Maldonado (A)	Juan Maldonado (JMa...	JMaldonado@Hotmail.com	SMTP
Rocio Jaramillo	Rocio Jaramillo (RJara...	RJaramillo@Aol.com	SMTP
Rogelio Maldonado	Rogelio Maldonado (R...	RMaldonado@Latinm...	SMTP

Address Book

File Edit View Tools

Type Name or Select from List:

Show Names from the:

Contacts

En esta libreta de direcciones puede ver los siguientes objetos que puede usar para añadir direcciones de su correo electrónico a sus mensajes:

Ⓐ Nombres de contactos individuales.

Ⓑ Grupos de contactos.

NOTA

Cada una de las direcciones en la libreta de direcciones de Outlook es considerado un "contacto". Esto se debe a que usted puede guardar mucha información acerca de una persona o acerca de una compañía. Esta libreta también puede extraer contactos de otros programas o enviar sus contactos a otros usuarios de Outlook.

Cómo añadir un contacto a la libreta de direcciones

La libreta de direcciones de Outlook le permite guardar todas las direcciones de correo electrónico que necesite usar a menudo. De esta manera es posible llenar la información acerca de las personas a quienes desea enviarles mensajes de correo electrónico con sólo hacer doble clic con el ratón.

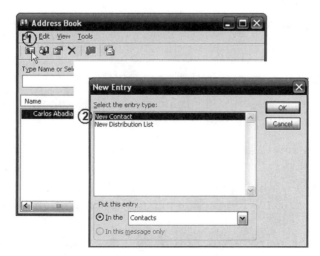

A continuación, aprenderá a añadir un contacto a esta libreta de direcciones después de abrir Outlook y hacer clic en el icono de la libreta de direcciones (en la barra de herramientas), o usando la combinación de teclas CTRL + SHIFT + B.

Esta es la manera de abrir el recuadro para añadir una dirección de correo electrónico después de abrir la libreta de direcciones (siga la gráfica de la página anterior):

1. Haga clic sobre "File" y después sobre "New Entry". En Outlook 2003, puede hacer clic sobre este dibujo.
2. Ahora haga doble clic sobre "New Contact".

Finalmente, puede ver en la gráfica de abajo la ventana con que se añade una dirección de correo electrónico a la libreta de direcciones.

En esta ventana escriba la información del contacto que desea añadir de la siguiente manera:

1. En el primer espacio escriba el nombre y el apellido de la persona.
2. Si desea también puede escribir otra información, como por ejemplo los teléfonos de la persona o la dirección (debajo de "Addresses").
3. En este espacio escriba la dirección de correo electrónico de la persona y después haga clic afuera de esta casilla.

4. Finalmente, haga clic sobre "Save and Close", para guardar y cerrar este contacto.

Para escribir información en una casilla distinta a la cual acaba de escribir algo, puede hacerlo de dos maneras: a) lleve el indicador sobre la casilla en la cual desee trabajar y hágale clic, o b) use la tecla TAB para saltar de una casilla a otra.

Cómo crear un grupo de contactos en la libreta de direcciones

Si tiene una lista de personas a quienes de vez en cuando les manda el mismo mensaje de correo electrónico, tal vez sería buena idea crear un grupo de contactos (por ejemplo, usando direcciones de miembros de su familia). De esta manera puede redactar y enviar un mensaje a todas las personas en este grupo con sólo añadir el nombre del grupo (como el destinatario), en frente de "To:".

Para comenzar este proceso regrese a Outlook. Si está cerrado, ábralo de nuevo, y después haga clic en el icono de la libreta de

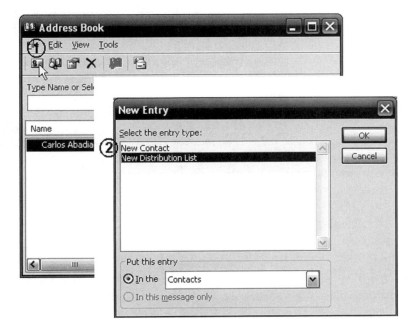

direcciones (en la barra de herramientas), o use la combinación de teclas CTRL + SHIFT + B para abrirla.

Esta es la manera de crear una lista de distribución después de abrir la libreta de direcciones:

1. Haga clic sobre "File", y después sobre "New Entry". En Outlook 2003, puede hacer clic sobre este dibujo.

2. Haga doble clic sobre "New Distribution List" para empezar a crear una lista de distribución.

Ahora puede comenzar el proceso de crear una lista de distribución en la libreta de direcciones de Outlook. A ésta puede añadir las direcciones de correo electrónico de personas a quienes con frecuencia desea enviarles el mismo mensaje.

En la ventana de arriba puede comenzar a crear una lista de distribución de la siguiente manera:

1. En la casilla al lado de "Name", escriba el nombre del grupo que desea crear. En este ejemplo puede usar "Familia" o "Amigos".

2. Después haga clic sobre "Select Members" si desea añadir direcciones que ya están en la libreta Outlook. Si tiene Out-

look 2007/2010, hágale clic al botón "Select Members" en el "Ribbon" de Office 2007. En las próximas dos páginas verá más información acerca de cómo añadir contactos que tiene guardados en este grupo de contactos.

NOTA

Por favor tenga en cuenta que hoy en día muchas compañías proveedoras de servicio al Internet o "ISPs", están regulando más estrictamente el movimiento de los mensajes de correo electrónico que son enviados usando sus servicios. Por lo tanto, trate de no añadir muchos contactos a una lista de distribución. Por ejemplo, el límite de recipientes dentro de la red de Cablevision en Connecticut es de 50 por cada lista de distribución.

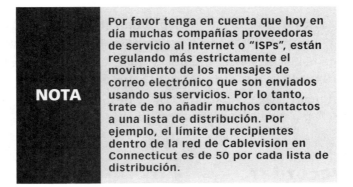

Ahora puede escoger los nombres de los contactos que desea añadir a esta lista de distribución.

Siga los siguientes pasos para añadir contactos de su libreta de direcciones a esta lista de distribución:

1. Haga clic mientras mantiene oprimido el botón CTRL sobre los nombres de los contactos que desea añadir a esta lista.

2. Ahora haga clic sobre "Members" para añadirlos a esta lista de distribución que creó en la página anterior.

3. Finalmente, haga clic sobre "OK" y después sobre "Save and Close", para guardar y cerrar esta lista.

Para recordar

- Outlook es el cliente de correo electrónico incluido con Office.

- Al usar la barra de herramientas es posible realizar la mayoría de las funciones necesarias para usar Outlook.

- Use la función de "View" para organizar los diferentes paneles que componen este cliente de correo electrónico de la manera que más le agrade.

- Una vez que termine de redactar un mensaje, lo puede enviar o lo puede guardar para enviarlo más tarde.

- Si Outlook tuvo éxito en enviar un mensaje, lo copiará a la carpeta "Sent Items".

- Revise siempre la procedencia y el tema del mensaje que acaba de recibir y nunca lo abra si viene de personas o entidades desconocidas.

- Los mensajes de correo electrónico que recibe siempre llegan a la carpeta llamada "Inbox".

- La libreta de direcciones de Outlook le puede ahorrar mucho tiempo, pues puede copiar direcciones que usa a menudo a sus mensajes con sólo usar el ratón.

La función de imprimir 16

Cómo imprimir documentos

La función de poder presentar una copia fiel de un documento que haya creado en la computadora es tal vez una de las funciones más útiles que se puede realizar con una computadora. En este capítulo aprenderá diferentes maneras de imprimir un documento.

Por ejemplo, en la siguiente gráfica, puede ver la manera de imprimir en Word 2010 y Word 2007. Word es el procesador de palabras que viene incluido con el grupo de programas de Microsoft Office.

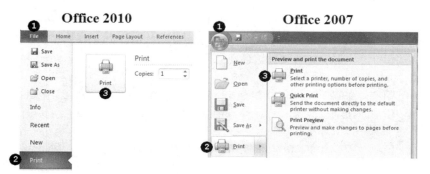

Esta es la manera de imprimir con la versión de Word que tenga instalada en su computadora:

1. Para comenzar, en Word 2010, haga clic sobre "File", o sobre —si tiene Word 2007— el botón de Office (el redondo). Si tiene una versión diferente de Word, como por ejemplo la 2003, entonces haga clic sobre "File" y después sobre "Print".

2. Ahora jale el indicador del ratón sobre "Print".

3. Finalmente haga clic sobre "Print" (en este momento también puede escoger, si hay más de una impresora conectada a la computadora, la impresora a la cual desea imprimir), para comenzar a imprimir su trabajo.

Alternativamente, si le gusta usar combinaciones de teclas para realizar diferentes tareas en Windows, use la combinación de teclas CTRL + P, para ver la ventana de opciones disponibles para imprimir. Una vez que ésta abra le será posible, entre otras, escoger: a) a qué impresora quiere imprimir, b) el rango de páginas que desea imprimir, y c) finalmente hacer clic sobre "Print", para imprimir su trabajo.

NOTA

Como puede ver en la gráfica anterior, cuando elige imprimir, el programa envía el documento a la impresora que escogió. Si ésta está lista, es decir tiene papel en una de sus bandejas y suficiente tinta, en la mayoría de los casos terminará de imprimir el documento que le envió, sin ningún problema. Si algo le falta, papel o tinta, se detendrá y le avisará por qué no pudo terminar de imprimir.

Cómo usar la impresión preliminar ("Preview")

Esta es una función muy útil, ya que le permite revisar un documento antes de enviarlo a la impresora y así también le ayuda a ahorrar papel.

Los ejemplos que siguen a continuación le ayudarán a aprender a usar la función de "Print Preview", o impresión preliminar, en la mayoría de los programas que encontrará, en las últimas versiones de Microsoft Office (2010 y 2007).

Para los siguientes ejemplos usé el programa Word 2007 y 2010, pero estos también le pueden dar una idea, si tiene un programa diferente o una versión de Word diferente, de cómo ver su trabajo antes de enviarlo a su impresora.

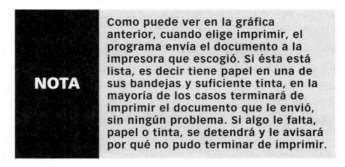

Siga estos pasos para ver una de las maneras de usar la función de "Print Preview":

1. En el programa de Office que esté usando, haga clic sobre la flechita (que apunta hacia abajo) de "Customize Quick...".

2. Si no está seleccionado, seleccione enseguida "Print Preview", haciéndole clic.

3. Finalmente, haga clic sobre el icono de la lupita, para ver la vista preliminar del documento con el cual esté trabajando. Si le agrada, entonces haga clic sobre "Print" para comenzar el proceso de enviarlo a la impresora que escogió previamente. Ahora, si desea regresar a trabajar en él, oprima la tecla ESC.

En Word 2007/2010 también es posible usar la vista preliminar del documento con el que esté trabajando de la siguiente manera: 1) En Word 2010, haga clic sobre "File", y en Word 2007 sobre el botón de Office. 2) Jale el indicador del ratón sobre "Print" y finalmente sobre "Print Preview".

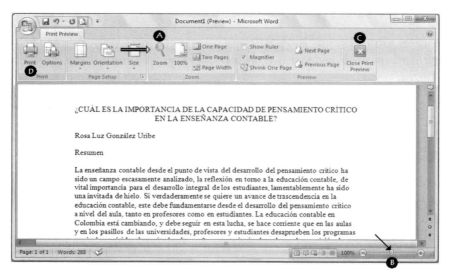

Esta es la manera de trabajar con las opciones que verá en la pantalla de la vista preliminar del documento:

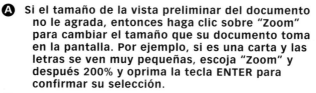

Ⓐ Si el tamaño de la vista preliminar del documento no le agrada, entonces haga clic sobre "Zoom" para cambiar el tamaño que su documento toma en la pantalla. Por ejemplo, si es una carta y las letras se ven muy pequeñas, escoja "Zoom" y después 200% y oprima la tecla ENTER para confirmar su selección.

Ⓑ Alternativamente, use estas guías, presentes en algunos nuevos programas para Windows, como Windows 2010, de la siguiente manera: 1) Comience llevando el indicador del ratón sobre la guía (indicada por la flecha). 2) Oprima y sostenga el botón izquierdo del ratón mientras mueve esta guía para la izquierda (si desea reducir la vista de lo que tiene en la pantalla) o hacia la derecha (si la desea agrandar).

C Para regresar a trabajar con el documento que tiene en la pantalla haga clic sobre "Close Print Preview".

D Finalmente, si desea imprimir su documento, haga clic sobre "Print" y después trabaje con las opciones disponibles en esta ventana de diálogo que abre para completar la tarea de imprimir su trabajo.

También, si no le agrada la vista preliminar del documento que desea imprimir y desea regresar a trabajar en él, puede oprimir la tecla ESC en vez de hacer clic sobre "Close Print Preview". En la siguiente gráfica puede ver la barra de herramientas estándar de Word 2003, que también encontrará (si está habilitada) en otros programas de Office 2003.

Para ver la impresión preliminar en un documento, haga clic sobre este icono (con el dibujo de una lupa sobre una página). En la siguiente gráfica puede ver la impresión preliminar en Word 2003.

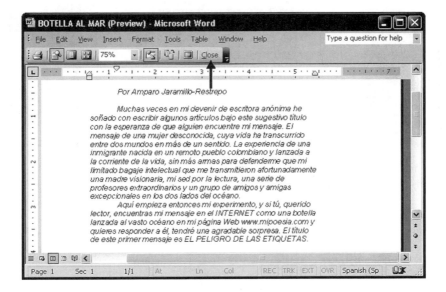

Esta le dará una idea de cómo se verá su documento una vez que lo imprima. Para cerrar la vista preliminar y regresar a su documento, haga clic sobre "Close", o oprima la tecla de ESC.

En algunos casos cuando se escoge la impresión preliminar, ésta sólo muestra una copia reducida del documento que desea ver. Si desea, lo puede ampliar muy fácilmente. En la siguiente gráfica se puede ver la impresión preliminar de un documento reducido al 50% de su tamaño.

Así se amplía el documento usando la barra de herramientas:

1. Haga clic sobre esta guía. Ahora podrá ver un menú desplegable.
2. Haga clic sobre "100%" para ampliar el documento.

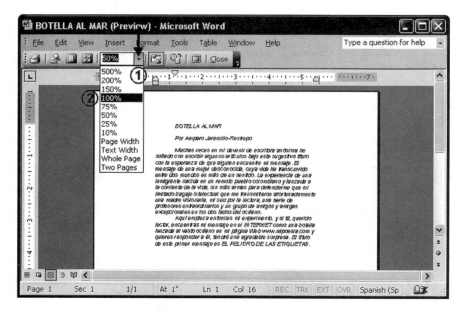

Ahora puede ver en la siguiente gráfica cómo el documento fue ampliado al 100% de su tamaño.

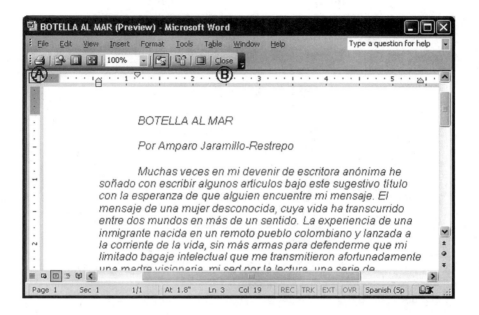

Ahora puede trabajar con este documento de la siguiente manera:

A Si quiere imprimirlo, haga clic sobre el icono de imprimir.

B Para regresar a trabajar en él, haga clic sobre "Close".

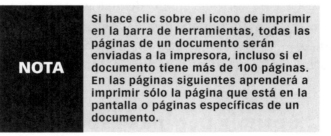

NOTA

Si hace clic sobre el icono de imprimir en la barra de herramientas, todas las páginas de un documento serán enviadas a la impresora, incluso si el documento tiene más de 100 páginas. En las páginas siguientes aprenderá a imprimir sólo la página que está en la pantalla o páginas específicas de un documento.

Cómo imprimir sólo la página que está en la pantalla

Esta función puede ahorrar mucho papel, ya que le permite imprimir sólo la página que está en la pantalla.

La siguiente gráfica muestra en la pantalla la tercera página de un documento que tiene muchas páginas.

Siga los siguientes pasos para imprimir la página que está en la pantalla:

1. Coloque el indicador en "File". En Office 2007, haga clic sobre el botón de Office. Y recuerde que en casi todos los programas para Windows siempre puede usar la combinación de teclas CTRL + P para abrir la ventana de diálogo de imprimir.

2. Ahora jálelo hacia abajo, y después haga clic sobre "Print".

3. En la ventana de "Print" haga clic sobre "Current page". Para imprimir sólo esta página, oprima la tecla ENTER.

Cómo imprimir páginas específicas de un documento

Esta función le permite imprimir sólo ciertas páginas de un documento que tenga muchas. Así puede ahorrar papel y también tinta, sobre todo si tiene una impresora de color.

La gráfica en la siguiente página muestra el límite de impresión o "Page Range" en el menú de imprimir.

Así se le indica a la impresora qué páginas debe imprimir:

Ⓐ Imprimir todas las páginas de este documento, o "All", es la opción de sistema cuando se elige usar la función de imprimir.

Ⓑ Haga clic sobre "Pages" si desea imprimir sólo ciertas páginas. Después escriba el primer y el último número de las páginas que desea imprimir (separados con un guión). Para imprimir, oprima la tecla ENTER.

Cómo cambiar la impresora predeterminada

La impresora predeterminada o "Default Printer" es la primera impresora que aparece en el menú cuando elige imprimir un documento. Si tiene acceso a dos impresoras, una de color y una láser de blanco y negro, es buena idea usar la impresora láser como la impresora predeterminada.

Para hacer este cambio en Windows 7/Vista:

Comience cambiando la impresora "Default" abriendo el panel de las impresoras de la siguiente manera:

1. Haga clic sobre el botón de "Start".

2. Inmediatamente escriba: "Printers", y después oprima la tecla de ENTER.

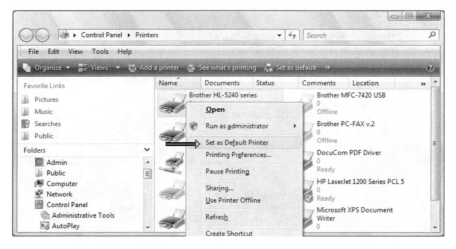

Cuando el panel abra —con el nombre de las impresoras instaladas/disponibles (ésta debe leer "Ready" o lista al lado de su nombre)— elija la que desea usar, haciéndole clic con el botón derecho del ratón sobre su nombre, y después sobre "Set as Default Printer".

Para hacer este cambio en Windows XP:

1. Lleve el indicador sobre "Start" y haga clic una vez.

2. Ahora jale el indicador hacia arriba hasta llegar a "Settings", después hacia la derecha y haga clic sobre "Printers".

Así se cambia la impresora predeterminada:

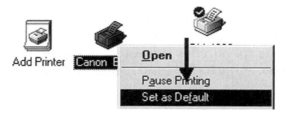

En la ventana de las impresoras, haga clic con el botón derecho del ratón sobre la impresora que desea designar como la predeterminada y después haga clic sobre "Set as Default". Más adelante, si cambia de opinión, puede deshacer este cambio siguiendo estos mismos pasos y eligiendo la impresora que estaba seleccionada originalmente.

Cómo usar una impresora diferente de manera temporal

Una de las ventajas del sistema operativo Windows es la de poder usar muchas impresoras diferentes que estén conectadas localmente a su computadora o a la red en la cual trabaja.

Las siguientes gráficas muestran cómo usar una impresora diferente de manera temporal.

1. Coloque el indicador sobre "File", y después haga clic sobre "Print", para abrir la ventana de diálogo de imprimir. En Office 2007, haga clic sobre el botón de Office.

2. En la ventana de dialogo de imprimir, haga clic (frente a "Name") sobre el nombre de la impresora que ve ahí (para abrir la lista de las impresoras disponibles). Finalmente, haga clic sobre el nombre de la impresora *que desea usar temporalmente*.

En la gráfica siguiente se puede ver claramente que la HP LaserJet 1200 está lista para imprimir.

```
Print                                                    [X]
  Printer
    Name:   [HP LaserJet 1200 Series PCL 5    ▼]  [ Properties... ]
    Status:  Ready
    Type:    HP LaserJet 1200 Series PCL 5
    Where:   DOT4_001
    Comment:                              [ ] Print to file
```

Cómo imprimir con la orientación horizontal

Esta función sirve para imprimir algo que tiene en la pantalla, como por ejemplo una fotografía, a lo largo de la hoja. De esta manera, la impresora hará mejor uso del papel, en algunos casos imprimiendo al usar el 90% de la página.

La siguiente gráfica muestra la manera de cambiar la orientación del papel antes de imprimir en Word 2010, pero si tiene una versión diferente de Word o inclusive otro programa diferente, los pasos que siguen a continuación le ayudarán a tener una idea de cómo hacer este cambio en el programa que tenga instalado en su computadora.

Así se cambia la orientación del papel en el panel de imprimir en algunas impresoras:

```
Print                                                [?] [X]
  Printer                                          ❶
    Name:   [🖨 HP LaserJet 1200 Series PCL 5   ▼] [Properties]

  🖨 Brother MFC-9440CN Printer Properties                [X]
  ❷
   [Basic] Advanced  Support

    ┌──────┐  Letter          Paper Size     [Letter          ▼]
    │      │  8 ½x 11 in
    │  1   │                  Multiple Page  [Normal           ▼]
    │      │
    └──────┘                  Page Order     [Right, then Down  ▼]

                              Border Line    [          ▼]  ❸

                              Orientation    ○ Portrait  ◉ Landscape
```

1. Para comenzar haga clic sobre "File" y después sobre "Print". En Office 2007, haga clic sobre el botón de Office. Usando la combinación de teclas CTRL + P también abre la ventana de diálogo de imprimir, en casi todos los programas para Windows. Ahora, después de escoger la impresora a la cual desea enviar su trabajo, haga clic sobre "Properties".

2. Dependiendo de la impresora que tenga, busque en qué pestaña está la opción de cambiar la orientación de página. En esta impresora, esta opción está debajo de "Basic" o básico.

3. Finalmente haga clic sobre "Landscape", o impresión horizontal. Ahora puede hacer clic sobre "Print", para imprimir el documento o foto con el que está trabajando.

Cómo cambiar la calidad de la impresión

En la siguiente gráfica se puede ver el panel de configurar de una impresora de tinta a color.

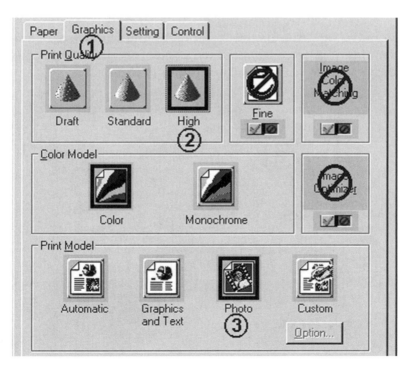

Esta es una función muy útil en las impresoras nuevas de tinta a color. Sobre todo es muy útil para cambiar la resolución de la impresión hasta la máxima calidad que permita una impresora. Por lo general, las impresoras usan una resolución baja con el propósito de ahorrar tinta.

Así se cambia la calidad de la impresión:

1. Abra el panel de configurar la impresora de la misma manera que en la página anterior. Después haga clic sobre "Graphics".

2. En este ejemplo se mejora la impresión haciendo clic sobre "High".

3. En la parte de abajo, donde dice "Print Model", haga clic sobre "Photo" para que ésta imprima a la máxima resolución. Entonces haga clic sobre "Apply" y después sobre "OK".

Cómo especificar qué tipo de papel desea usar

Como pudo ver en la página anterior, algunas impresoras a color pueden imprimir fotos cuya calidad puede hacerlas difíciles de distinguir de las que se revelan con equipos profesionales.

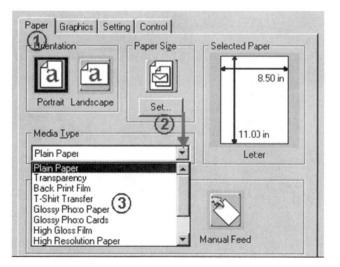

Pero esto sólo es posible si usa un papel especial, o el que se recomienda para el tipo de uso que le está dando a la impresora.

La gráfica anterior muestra el panel de controles de una impresora.

Este es un ejemplo de la manera de cambiar el tipo de papel que usará para imprimir (en su propia impresora puede ser un poco diferente hacer este cambio):

1. Abra el panel de configurar la impresora como se indicó en las páginas anteriores. Ahora haga clic sobre "Paper".

2. Haga clic sobre esta guía debajo de "Media Type" para ver los diferentes tipos de papel con los cuales su impresora puede imprimir.

3. Seleccione el tipo de papel que desea usar de esta lista. Por ejemplo, si tiene que imprimir una fotografía, use "High Gloss Film".

Cómo cancelar un trabajo que ya no desee imprimir

Lo primero que debe hacer para cancelar la impresión de un documento con muchas páginas es quitarle el papel a la impresora (removiéndole el papel o la bandeja del papel) y esperar a que termine de imprimir, antes de apagarla. Si la apaga antes de remover el papel o la bandeja, el papel que está en el proceso de ser impreso tal vez se atranque en la impresora.

Si desea cancelar la impresión de un trabajo que acaba de enviar a la impresora, puede hacerlo usando el icono de la impresora que está en la barra de tareas principal, pero tenga en cuenta que éste sólo es visible en la barra de tareas mientras el trabajo está en el proceso de ser impreso. Si el documento que desea imprimir ya fue enviado a la impresora, y ésta ya lo recibió, es posible que no sea visible en la barra de tareas y tenga que ir al "Control panel" para buscarlo.

Así se cancela la orden de imprimir un documento ya enviado a la impresora:

1. Haga clic sobre el icono que se encuentra en la barra de herramientas de Windows. Si no ve el icono, puede ser que el trabajo ya fue recibido por la impresora, y por ende, no se puede cancelar. En Windows 7/Vista, si no ve el icono de la impresora con la cual desea trabajar, 1) haga clic sobre el botón de "Start"; 2) escriba inmediatamente "Printers"; y 3) hágale clic a "Printers", para abrir el panel de trabajar con las impresoras, y doble clic sobre el nombre de la impresora con la cual desea trabajar.

2. En este recuadro, seleccione el trabajo que desea cancelar. Después haga clic sobre él con el botón derecho del ratón y seleccione "Cancel Printing".

Los diferentes tipos de papel para impresoras

Con la gran popularidad y bajo costo de las impresoras, también han salido al mercado muchos tipos diferentes de papel para todos tipos de impresoras. Cuando se escoge el tipo de papel adecuado para la impresora, se pueden evitar muchos problemas.

La siguiente gráfica muestra el tipo de papel que se recomienda para las impresoras de tinta a color.

Este papel es para uso general y sólo dice "Color Inkjet". Si necesita imprimir fotografías y tiene una impresora de color, debe usar papel especial, como el "High Gloss Paper".

La siguiente gráfica muestra el tipo de papel que se recomienda para las impresoras láser.

Este papel fue diseñado específicamente para soportar las altas temperaturas que se encuentran en una impresora láser. Cuando use este tipo de papel, siempre revise que las hojas no estén pegadas antes de ponerlas en la impresora.

Para recordar

- La impresión preliminar le permite revisar un documento antes de enviarlo a la impresora.
- Si hace clic sobre el icono de imprimir en la barra de herramientas, todas las páginas de un documento serán enviadas a la impresora.
- Use la opción de imprimir "Current Page" para imprimir sólo la hoja que está en la pantalla.
- La impresora "Default Printer" es la primera impresora que aparece en el menú cuando se elige imprimir un documento.
- Use la orientación horizontal para imprimir una fotografía a lo largo de la hoja.
- Seleccione el tipo de papel que corresponda al tipo de trabajo.

17

Guía para usar cámaras y escáneres en Windows

Información general acerca de cómo usar dispositivos para digitalizar imágenes

Si alguna vez se ha preguntado en qué manera le puede beneficiar usar una computadora con Windows, una de las respuestas es que la puede usar, junto con una cámara digital, para guardar y documentar los diferentes aspectos de su vida. Y una vez que estas fotos estén guardadas en su computadora, usted las puede editar, añadir a mensajes de correo electrónico o imprimir.

Una de las ventajas de usar una cámara digital, en comparación con una normal, es que puede escoger las fotos que quiere guardar, suprimir o imprimir. Además, una vez que éstas estén copiadas a su computadora, puede editarlas, como por ejemplo ajustar su claridad o su contraste.

Si desea comprar una cámara digital, considere la Nikon Coolpix P5000, que encontré en el sitio web de Nikon, y que por sus especificaciones y su precio es una cámara excelente para tomar fotos digitales.

Pero tenga en cuenta que si usted es un fotógrafo profesional y está pensando reemplazar su cámara SLR por una digital, debería comprar una de tipo DSLR, como por ejemplo, la Nikon D90 Digital SLR.

Un escáner (como por ejemplo este Epson Perfection 4490 Photo) es una buena adición a una computadora personal, ya que una vez que sea conectado a su computadora le permitirá hacer copias en papel de cualquier documento o foto que usted coloque sobre la superficie copiadora o el cristal del escáner. Su uso principal es el de permitirle cargar cualquier foto que fue impresa en un laboratorio de revelado de rollos, o aun copias de facturas (para, por ejemplo, enviarle una copia a una compañía de una tarjeta de crédito por correo electrónico) a su computadora, para ser guardada en ella.

El proceso básico para crear un archivo digital

El proceso que es usado por escáneres y cámaras digitales para cargar imágenes a una computadora se llama "digitalizar imágenes". Y, una vez que la imagen es digitalizada y cargada a su computadora como un archivo de computadora, la puede usar para completar el trabajo que hace con su computadora.

Estos son los dos tipos de dispositivos más comunes usados para digitalizar imágenes:

- Los escáneres, que pueden digitalizar copias en papel de cualquier cosa que usted puede poner sobre la superficie o el cristal del escáner.
- Las cámaras digitales, que le permiten tomar fotos que la cámara automáticamente convierte a archivos digitales.

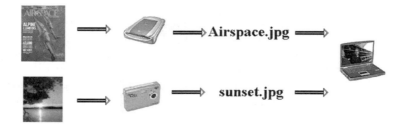

Este es el proceso general para digitalizar y transferir o copiar una imagen, el cual es muy similar cuando usa un escáner o una cámara, para que pueda ser usada en una computadora personal:

1. En un escáner conectado a su computadora, escanee una copia en papel de un documento, como por ejemplo, una página de una revista. Si está usando una cámara digital, tome una foto

de cualquier cosa que usted puede ver a través de su visor, como por ejemplo, la puesta de sol.

2. Ahora la foto es digitalizada, o cambiada a una forma con la cual una computadora pueda trabajar, y se le da un nombre (por usted o por la cámara o el escáner). En el ejemplo de la página anterior, el escáner creó el archivo "Airspace.jpg" de la cubierta de una revista, y la cámara creó el archivo "Sunset.jpg" de una puesta de sol.

3. Ahora la imagen digitalizada es cargada a una computadora como un archivo. Fíjese en el nombre "JPEG", de cuatro letras, o el "apellido del archivo". Ahora, la mayoría de cámaras y escáneres automáticamente generan archivos de imagen de tipo JPEG, el tipo de archivos para gráficas más compatible en uso hoy en día, lo que asegura que casi cualquier programa podrá abrirlo.

NOTA

Una vez que una imagen sea guardada en su computadora en la forma de un archivo, ésta permanecerá allí hasta que usted la suprima. Mientras tanto, usted puede usarla en una tarea para la escuela, enviarla con un mensaje de correo electrónico o imprimirla.

Cómo usar cámaras digitales

Una cámara digital es básicamente una cámara que no utiliza rollo convencional para guardar las fotos que toma. En una cámara digital, en vez de estos rollos, sus fotos son almacenadas en tarjetas de memoria no volátiles tipo "Flash" (las cuáles pueden ser reutilizadas miles de veces), donde permanecerán guardadas, a menos que usted las borre, listas para ser importadas o copiadas a su computadora.

Si usted está pensando en comprar una cámara digital, debe saber que éstas vienen en muchos tamaños diferentes y gamas de precios. Una de las consideraciones que debe tener antes de comprar una es con cuántos megapíxeles cuenta: mientras más megapíxeles tenga la cámara, como 10 ó 12, mucho mejor, porque este tipo de cámara puede producir fotos de más alta resolución. La desventaja, si así se puede llamar, es que las fotos tomadas con una cámara con muchos megapíxeles ocuparán más espacio en las tarjetas de memoria. Sin embargo, la mayoría de las cámaras de altos megapíxeles le permiten bajar su resolución para tomar fotos que requieren menos espacio en estas tarjetas de memoria tipo "Flash".

Estas son mis sugerencias, para evitar inconvenientes, cuando esté usando una cámara digital:

- Sujete la cámara firmemente, sin moverla, antes de tomar una foto. Una de las desventajas de la fotografía digital con casi todas las cámaras que no sean profesionales es el tiempo que se puede tomar desde que usted apretó su obturador al momento en que su foto digital es tomada. Si usted no mantiene la cámara firmemente nivelada, sus fotos podrían verse un poco borrosas.

- Aprenda los pasos específicos para apagar el flash en su cámara, porque en muchas ocasiones usarlo causa el efecto de "ojo rojo".

- Siempre lleve una tarjeta adicional de memoria con usted, aunque sea una de menos capacidad, por si acaso necesita tomar fotos adicionales y no tiene el espacio en la cámara o el tiempo para buscar fotos en la cámara que pueda borrar y que no quiere conservar.

- Aprenda a borrar y formatear la tarjeta de memoria interna de la cámara para que tan pronto como usted esté seguro de que éstas ya fueron transferidas a una carpeta en la unidad de disco duro de su computadora, las pueda borrar.

- Conserve sus baterías cargadas, y mantenga una de repuesto en la misma bolsa donde carga la cámara.

En este capítulo revisaremos el uso de las herramientas de *software* incluidas en Windows 7/Vista y Windows XP para importar o copiar las fotos que toma con su cámara digital a su computadora, si prefiere usar este *software* al que puede haber sido incluido con su cámara. Es su decisión.

Cómo importar o copiar sus fotos digitales a una computadora

Una vez que usted ha tomado fotos con su cámara digital, usted puede: a) copiarlas a una unidad de disco duro en una computadora o b) llevar la tarjeta de memoria de la cámara a un lugar de autoservicio para fotos, por ejemplo una farmacia, e imprimirlas de inmediato.

Estos son los pasos generales que debe seguir para importar las fotos que tomó con su cámara digital a una computadora:

1. Primero conecte su cámara a la computadora usando su cable (éste por lo general puede ser del tipo USB), o si la computadora tiene un puerto para ésta, retire la tarjeta de memoria "Flash" de la cámara e introdúzcala a este puerto en la computadora.
2. Si conectó la cámara directamente, préndala. Si ésta requiere que usted mueva una ruedita u oprima un botón, hágalo ahora.
3. Ahora puede importar sus fotos en una de estas formas:
   - Usando el *software* que vino con su cámara.
   - Utilizando el *software* de Windows (en las páginas que siguen verá los pasos que debe seguir para hacer esto).
   - Usando Windows Explorer o "Computer" (Windows 7/Vista) o "My Computer" (Windows XP), para buscar y seleccionar las fotos en su tarjeta interna de memoria (dependiendo de la configuración de su computadora, puede haber recibido la letra E:, F: u otra) y finalmente cargarlas a una carpeta en su computadora.

Por favor tenga en cuenta que la mayoría de las cámaras digitales almacenan las fotos que usted toma con un nombre descriptivo, seguido por el número de foto. Por ejemplo, los archivos que mi cámara Nikon crea siguen este patrón: DSCN más un número. Ahora, en la mayoría de los casos, si usted usa el *software* incluido con su cámara particular, los archivos de las fotos retendrán esos nombres una vez que los importe a su computadora.

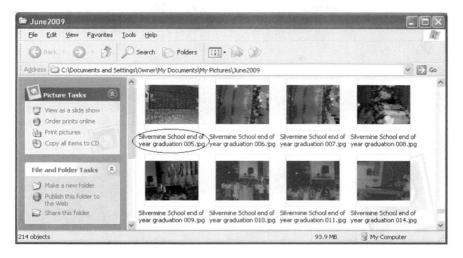

Si usted elige usar Windows (7/Vista o XP) para importarlas o copiarlas a su computadora, éstas recibirán un nombre que usted o el sistema escogió. En el ejemplo de arriba, el nombre que escogí fue "Graduación de fin de año de la escuela Silvermine", por eso estos archivos recibieron el nombre "SilvermineSchoolendofyeargraduation.001", etcétera.

Cómo importar las fotos que tomó con su cámara digital a su computadora en Windows 7/Vista

Windows 7/Vista, al igual que Windows XP, cuentan con un programa que le asistirá a importar y copiar fotos de su cámara (si tiene XP, vea la pág. 370).

Si decide usar el programa incluido en Windows 7/Vista en vez del que vino incluido con su cámara para importar sus fotos, comience conectándola a su computadora usando su cable, o introduzca su tarjeta de memoria al puerto correspondiente (por lo general la etiqueta de este puerto puede decir "SD") en su computadora. Ahora la ventanita que ve en la gráfica de la siguiente página (izquierda) se debe abrir para ayudarle a terminar esta tarea. Si instaló el programa que vino con su cámara y éste se abre primero, entonces úselo para importar o copiar sus fotos a su computadora.

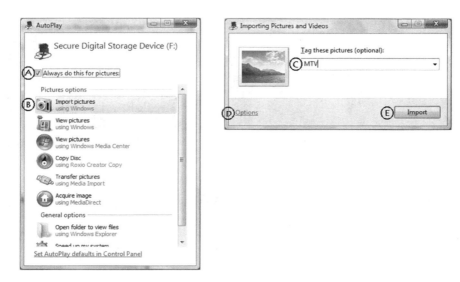

Ahora use la ventanita "Autoplay", si la ve, para comenzar este proceso:

A Si no desea ver esta ventana, cada vez que quiera importar fotos a su computadora haga clic aquí para seleccionar "Always do this...".

B Enseguida, haga doble clic sobre "Import pictures".

C Finalmente, cuando vea la ventana para nombrar sus fotos, escriba el nombre que desea usar para éstas, como por ejemplo, "MTV". Si ha usado este programa antes y hace clic sobre el nombre que ve aquí, podrá ver una lista de nombres que ha usado anteriormente. Si desea usar uno de estos nombres, hágale clic. Este paso de nombrar sus fotos es opcional.

D Haga clic sobre "Options" para trabajar con las diferentes opciones disponibles en este programa para decirle al sistema operativo dónde desea copiarlas, si desea borrarlas de su cámara o cómo quiere que las carpetas en las que las copia sean nombradas una vez que éstas sean copiadas a su computadora. En las siguientes páginas, aprenderá cómo hacer esto.

E Enseguida haga clic sobre "Import". Por favor note en la ventana de información que sigue, en frente de "Erase after importing" (borrar después de importar), que si esta opción está seleccionada (con una marquita al lado de este nombre) este programa borrará las fotos de su cámara después

**de terminar de copiarlas a su computadora. Si no
está seleccionada y las desea borrar, entonces
hágale clic para seleccionarla.**

Finalmente, las nuevas fotos que tenía en la cámara son copiadas a
su computadora, y Windows Photo Library o Windows Explorer se
abrirán mostrándoselas. De ahora en adelante éstas estarán
disponibles para ser impresas, enviadas a sus familiares o amigos o
simplemente para que usted las vea.

Pero si, cuando conecta su cámara y la prende o inserta la tarjeta de
memoria en un puerto en su computadora, no ve la ventanita "Auto-
Play" o la del programa que vino incluido con su cámara, entonces
tome los siguientes pasos:

1. Haga clic sobre el botón de "Start" y escriba "Windows Photo
   Gallery". Oprima la tecla ENTER.
2. Cuando este programa se abra, haga clic sobre "File" y
   después sobre "Import from Camera or Scanner".
3. En la ventana que se abre, haga doble clic sobre el nombre de
   su cámara o sobre el nombre de la tarjeta de memoria que
   usted introdujo en su computadora, la cual puede tener la etiqueta "Secure Digital Storage Device (F:)". Pero si sólo hizo
   clic una vez sobre su nombre para seleccionarlo, entonces
   haga clic sobre "Import".

Por favor note en la gráfica de arriba que a veces, dependiendo de la
configuración de su computadora, también podrá ver el nombre de
otros dispositivos que están listos para que usted los use, como en
este ejemplo, un escáner (Brother MFC-9440CN).

Cómo importar documentos y fotos usando un escáner a su computadora

El proceso de importar o copiar un documento o una foto que colocó en el cristal de su escáner a su computadora es bastante parecido al proceso de importar o copiar archivos de su cámara digital a su computadora. La diferencia principal es que usando un escáner para uso en la casa, por lo general, sólo podrá importar una imagen o foto a la vez, a diferencia de todas las fotos que haya tomado en una cámara y que se pueden importar a la computadora en un par de minutos.

Estos son los pasos para escanear un documento o una foto que colocó en el cristal de su escáner en Windows 7/Vista:

1. Haga clic sobre el botón de "Start" y escriba "Windows Photo Gallery". Después oprima la tecla ENTER.

2. Cuando este programa se abra, haga clic sobre "File" y después sobre "Import from Camera or Scanner".

3. En la ventana que se abre (como puede ver en la gráfica de arriba), haga doble clic sobre el modelo del escáner que usted conectó a su computadora. En este ejemplo es el Brother MFC-9440CN. Pero si sólo hizo clic una vez sobre su nombre para seleccionarlo, entonces haga clic sobre "Import".

En la mayoría de los casos, un escáner conectado a su computadora también se puede usar directamente desde algunos programas, como por ejemplo, Adobe Photoshop, pero los pasos para hacer esto pueden cambiar de programa a programa; y por lo general casi siempre lo que necesita hacer para comenzar a usarlos es hacer clic sobre "File" en el programa mismo y después sobre "Import".

Ahora tiene que abrir otra ventana para completar este proceso. Por favor recuerde que si este escáner no es compatible con el *software* incluido con Windows 7/Vista tendrá que usar el propio *software* que vino incluido con éste para trabajar con él.

A Empiece haciendo clic sobre el nombre (al lado de "Color Format") que describa el tipo de documento o foto que colocó en el cristal del escáner (en el ejemplo de arriba dice "Color"). Las elecciones válidas son:

- *Color:* la selección de sistema que siempre aparece seleccionada.
- *Grayscale:* para trabajar con fotos de tonos grises.
- *Black and white:* para fotos o texto a blanco y negro.

B Haga clic sobre "Preview" para ver una vista preliminar de lo que colocó en el cristal del escáner antes de pedirle a éste que lo escanee. Ahora, esta ventanita le mostrará una vista preliminar del documento que quiere copiar a su computadora.

C Si desea trabajar con su tamaño, lleve el indicador del ratón sobre cualquiera de las esquinas de la

imagen que ve en esta ventana hasta que éste
cambie a una flechita doble. Ahora oprima y
sostenga el botón izquierdo del ratón mientras lo
jala para seleccionar sólo la parte de esta imagen
que desea traer a su computadora. Cuando
termine, retire sus dedos del ratón.

 Finalmente, para escanear esta foto, haga clic
sobre "Scan".

Por favor siempre mantenga el cristal del escáner limpio, de otra
manera cuando está en el proceso de importar o copiar hojas, documentos o fotos podrá notar manchas que estaban en la superficie del
cristal una vez que estas imágenes sean copiadas y convertidas a
archivos en su computadora.

Inmediatamente, otra ventana se abrirá para ayudarle a terminar el
proceso de cargar el documento o la foto que colocó en el cristal del
escáner a su computadora para poderla usar en uno de sus archivos,
imprimirla o sólo verla.

Ahora, escriba el nombre que desee darle a esta foto que está importando a su computadora. Aunque este paso es opcional, yo le
recomiendo que le dé un nombre, ya que de esta manera le será más
fácil hallar esta imagen en su computadora. Fíjese que si ha usado
este programa antes y hace clic sobre el nombre que ve aquí, podrá
ver una lista de nombres que ha usado anteriormente. Si desea usar
uno de estos nombres, hágale clic. Finalmente, haga clic sobre
"Import".

Enseguida, la ventana de Windows Photo Gallery se debe abrir,
mostrándole las fotos más recientes que importó a su computadora

siguiendo las pautas de sistema (por ejemplo, si la configuración de sistema era copiar las fotos, usando como nombre de carpeta la fecha cuando las copió). Si usted no cambio esto, entonces las podrá encontrar, buscándolas por la fecha, en esta galería o haciendo clic sobre "Pictures", y después sobre el nombre de la carpeta.

Note lo siguiente en la ventana de la galería de fotos: a) si está buscando las fotos que ha tomado recientemente haga clic en la etiqueta "Recently Imported", b) debajo de "Tags" verá los nombres de las carpetas que usó para guardar las fotos o gráficas que ha importado a su computadora y, por último, c) si lleva el indicador del ratón sobre cualquier foto que ve aquí, ésta será resaltada un poco, tomando como al menos 50% más de su tamaño.

Cómo regresar a ver las imágenes y fotos que importó

Como pudo ver en las páginas anteriores, Windows Photo Gallery es un programa que le ayudará a mantener las fotos que ha importado con su cámara digital o escaneado a su computadora.

Para abrir este programa y trabajar con sus fotos, haga clic sobre el botón de "Start" y escriba "Windows Photo Gallery". Después oprima la tecla ENTER. Cuando esta galería se abra, haga doble clic sobre la foto con la cual desea trabajar.

Estos son los pasos, como puede ver en esta imagen, para hacer algunos cambios a una foto en el programa Windows Photo Gallery:

1. Para empezar haga clic sobre arreglar o "Fix".

2. Ahora note en el lado derecho de esta ventana que una serie de ajustes están disponibles. Por ejemplo, haga clic sobre "Auto Adjust" para dejar que el programa automáticamente ajuste la foto. O haga clic sobre "Adjust Exposure" y después use las guías llevando el indicador del ratón sobre ellas y oprimiendo y sosteniendo el botón izquierdo del ratón y después jalándolas de esta manera: hacia la izquierda para disminuir un valor, y hacia la derecha para aumentarlo.

3. Cuando termine de hacer cambios y desee guardarlos, sólo es necesario avanzar a la próxima foto haciendo clic sobre esta guía de avanzar, o usando las flechas en el teclado (← o →).

Cómo cambiar la configuración del sistema

Como pudo ver anteriormente, crear archivos para computadoras es muy fácil: abra un programa, escoja guardar el documento que creó, déle un nombre y haga clic sobre "Save". Pero si después de un tiempo de haber usado la computadora no organiza sus archivos bien en carpetas separadas por fecha o propósito, puede terminar con muchos archivos con nombres parecidos en la misma carpeta "Documents".

Esta situación es agudizada con el uso de cámaras digitales, de las cuales usted puede copiar o importar miles de fotos a la vez a su computadora. Por este motivo, si desea que las fotos que tomó con una cámara digital, o las imágenes que escaneó, que quiere importar en Windows 7/Vista sean mejor organizadas por éste en el momento que sean importadas a su computadora, entonces use las opciones disponibles en la ventanita de hacer estos cambios en el programa de Windows Photo Gallery.

Esta ventana se puede abrir de dos maneras:

- Haciendo clic sobre la línea de opciones (señalada con el indicador en la gráfica anterior) en la ventana que ve cuando está importando o copiando fotos de su cámara o tarjeta de memoria.

- Haciendo clic sobre el botón de "Start" e inmediatamente escribiendo "Windows Photo Gallery". Después oprima la tecla ENTER, y cuando este programa se abra, haga clic sobre "File" y después sobre "Options". En la ventana que se abre, haga clic sobre la pestaña "Import".

En Windows 7/Vista, a diferencia del programa que viene incluido con Windows XP, no hay manera de preseleccionar las fotos que usted desea importar a su computadora porque Windows 7/Vista sólo importará las fotos nuevas guardadas en la cámara que no han sido copiadas anteriormente a su computadora, y dejará en la cámara las que ya han sido copiadas a su computadora.

Ahora, cuando la ventana que puede ver en la próxima gráfica se abra, le será posible trabajar con las diferentes opciones para asegurarse de que las fotos que toma o que escanea sean mejor organizadas por el sistema operativo en el momento que las importa a su computadora. De esta manera, le será más fácil hallarlas cuando las necesite más tarde para completar su trabajo.

Esta es la manera de hacer estos cambios:

1. En esta ventana, elija cómo quiere que este programa (Windows Photo Gallery) maneje los archivos que importa usando:
   - En frente de "Settings for", haga clic si desea cambiar las opciones para su escáner, que ahora dice cámaras, y después haga clic sobre "Scanners", o viceversa.
   - En frente de "Import to", puede dejar el nombre del archivo que ve ahí o escoger uno diferente, haciendo clic primero sobre "Browse..." o buscar.
   - En frente de "Folder name" encontrará un sinnúmero de opciones, que le indicarán a este programa cómo debe nom-

brar las carpetas a las cuales desea importar las fotos o imágenes que está escaneando.

Por ejemplo, si escogió "Date Imported + Tag" (haciéndole clic) o la fecha en que las importó y el nombre, y si por ejemplo, usted eligió el nombre "Boston Hard Rock Cafe" para sus fotos y la fecha del día en que las copió es el 12 de mayo de 2011, entonces cuando las busque en Explorer o en Windows Photo Gallery, estas fotos estarán debajo de la carpeta "2011–05–12 Boston Hard Rock Cafe". Para ver (en el panel de la derecha) los archivos guardados en esta carpeta, hágales clic una vez.

2. Aquí puede ver otras opciones con las cuales puede trabajar haciéndoles clic. Por ejemplo, haga clic sobre "Always erase..." para que el sistema operativo siempre borre las fotos guardadas en su cámara después de importarlas a su computadora.

3. Finalmente, haga clic sobre "OK" para que este programa guarde estos cambios.

Cómo importar fotos de su cámara digital a una computadora con Windows XP

Estos son los pasos para usar el asistente para usar escáneres y cámaras, "Scanner and Camera Wizard", de Windows XP:

1. Para comenzar, conecte la cámara a su computadora usando su cable, o introduzca su tarjeta de memoria al puerto correspondiente (por lo general la etiqueta de este puerto será "SD") en su computadora.

Esta es la forma de trabajar en la ventana que debe abrirse a continuación:

Ⓐ Haga clic sobre el nombre apropiado para la acción que usted quiere completar. Por ejemplo, para importar sus fotos, haga clic sobre "Copy pictures to a folder in my computer using Microsoft...". Adicionalmente, si usted hace clic en frente de "Always do the...", entonces la próxima vez que usted conecte su cámara o inserte la tarjeta de memoria al puerto correspondiente en su computadora, esta ventanita no se abrirá.

Ⓑ Ahora haga clic sobre "OK" o presione la tecla ENTER (o si prefiere haga clic sobre "Cancel" para cerrar esta ventana y no importar ni copiar las fotos). Si usted seleccionó "Copy pictures to a folder in my computer using Microsoft...", ahora otra ventanita se abrirá. Para continuar, haga clic sobre "Next".

2. Por favor note en la próxima ventana que se abre ("Choose Pictures to Copy"), que todas las fotos guardadas en la tarjeta de memoria de la cámara están seleccionadas (indicado por la marquita en la esquina superior de cada foto) para ser importadas a su computadora.

Esta es la manera de trabajar, como puede ver en la próxima gráfica, con la ventana "Choose Pictures to Copy", para quitar o añadir fotos a esta 1selección de las fotos que quiere importar a su computadora:

Ⓐ En el área de trabajo de esta ventana usted podrá ver las "Thumbnails" de las fotos que usted tomó y que ahora están guardadas en su cámara.

Ⓑ Por favor note que en esta ventanita sólo podrá ver algunas de las fotos (ocho a la vez) guardadas en

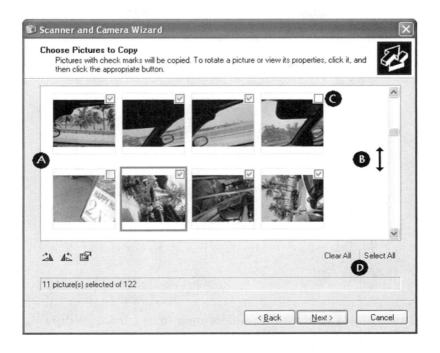

su cámara. Para ver el resto de las fotos (en este ejemplo hay veintidós, de las cuales once están seleccionadas) use la barra de desplazamiento (a la derecha) para subir o bajar entre este grupo de fotos, o use las teclas **PAGE UP** y **PAGE DOWN** para saltar de página a página de fotos.

C Ahora usted puede hacer: 1) nada (para dejar todas las fotos guardadas en la cámara seleccionadas para ser copiadas) o 2) deseleccionar las fotos que usted no quiere importar a su computadora haciendo clic en el cuadrito donde ahora ve una marquita o "Checkmark".

D Para deseleccionar todas las fotos, haga clic sobre "Clear all". Si usted quita una sola foto de la selección, entonces la opción de "Select All" estará disponible. Para seleccionar todas las fotos de nuevo, haga clic en "Select All". Pero si quitó veinte fotos de la selección y ahora sólo quiere añadir una sola, entonces haga clic en la esquina izquierda de ésta.

Para continuar al siguiente paso —la ventana "Picture Name and Destination" o nombre de foto y destinación— haga clic sobre "Next". Tenga en cuenta que si usted deselecciona una foto y no la borra de la cámara, ésta aparecerá lista para ser importada a su computadora la próxima vez que conecte su cámara a ella.

Ahora use la próxima ventana que abre, "Picture Name and Destination", para terminar de importar las fotos seleccionadas de su cámara a su computadora.

Esta es la forma de nombrar y seleccionar un lugar (disco duro y carpeta) antes de importar sus fotos:

A Primero usted debe decidir qué nombre quiere usar para la serie de fotos que está a punto de importar a su computadora. Para usar el nombre sugerido (que puede ver debajo de "Type a Name..."), que en este ejemplo es "Picture", (este nombre casi siempre será "Picture" o el último nombre que usó cuando utilizó el escáner), no cambie nada aquí. Ahora los nombres de los archivos de las fotos importadas seguirán la secuencia "Picture 01", "Picture 02", etcétera. (Si usted usó este mismo nombre antes de copiar fotos a la misma carpeta, el número de serie pudiera ser más alto). Para usar un nombre diferente, como por ejemplo, "Summer Vacation", haga clic sobre el nombre que ve ahí y use la tecla BACKSPACE, y después escriba el nuevo nombre. O sólo añádale una letra al final del nombre que ve ahí.

B Por favor note la dirección virtual debajo de "Choose a place...". Si la última parte de la dirección virtual corresponde al nombre que usted escogió en el paso "A" (por ejemplo, si usted termina de escribir la palabra "Summer" y este programa de "Scanner and Camera Wizard" le sugiere que use la carpeta "MyPictures\Summer"), entonces usted también está escogiendo crear

una carpeta usando como referencia el nombre
que usted escogió para las imágenes que está
importando de su cámara. Para usar el nombre de
la carpeta que ve debajo de "Choose a place...",
no cambie nada aquí. Para guardar sus fotos a una
carpeta diferente de la sugerida, haga clic sobre el
nombre que ve ahí; ahora puede escoger usar una
carpeta que usted ha usado para guardar fotos
antes, e inclusive puede hacer clic sobre una de
estas sugerencias, por ejemplo, una que le sugiere
crear una carpeta usando la fecha del día en que
la esta copiando. Para hacer una selección aquí,
hágale clic. Para continuar este proceso haga clic
sobre "Next".

Para suprimir fotos de la cámara o de la tarjeta de memoria de su cámara, haga clic en frente de "Delete Pictures from My Device..." para seleccionar esta opción. Finalmente, haga clic sobre "Next" para pedirle a este programa que comience a importar sus fotos al disco duro y la carpeta que escogió.

Ahora escoja, cuando la ventana de "Other options" se abra, qué desea hacer con las fotos que le pidió a este programa que importara a su computadora. Si usted sólo quiere verlas, haga clic sobre "Next".

Finalmente, otra ventana de diálogo se abrirá informándole de cuántas fotos fueron importadas (en este ejemplo, nueve fotos) a su computadora. Para verlas, lleve el indicador del ratón sobre su dirección virtual, fíjese que se cambie a una manita y haga clic sobre ésta, o alternativamente haga clic sobre "Finish". Ahora espere unos segundos, hasta que la ventana que ve en la próxima gráfica se abra, y antes de comenzar a trabajar con ellas haga clic sobre cualquier parte al lado de una de las fotos que ve ahí para deseleccionarlas.

Esta es la forma de trabajar con las fotos que importó a su computadora:

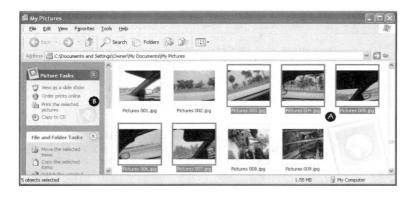

Ⓐ Para abrir una, simplemente haga doble clic sobre ella. Si el programa de "Windows Picture and Fax…" se abre, entonces use las flechitas (← o →) para cambiar entre ellas. Para editar una, es decir, cambiarles el brillo o el contraste, hágale clic con el botón derecho del ratón, y en el menú que se abre jale el indicador sobre "Open with" y después hacia la derecha. Después haga clic sobre el nombre de cualquier programa para trabajar con gráficas que tenga instalado en su computadora. Si desea seleccionar un grupo de fotos, haga clic sobre la primera, sostenga la tecla SHIFT y después haga clic sobre la última que desea seleccionar. Para quitar una o unas fotos de esta selección, sostenga la tecla CTRL y haga clic sobre las fotos que no desea en esta selección. Por último, retire sus dedos del teclado.

Ⓑ En el panel izquierdo, haga clic para seleccionar una acción que usted quiere aplicarle a las fotos que seleccionó. Por ejemplo, haga clic sobre "Copy to CD" para comenzar el proceso de guardarlas en un CD.

Más adelante, para regresar a trabajar con las fotos que usted importó, haga doble clic doble sobre la carpeta "My Documents", después sobre "My Pictures" y, por último, sobre el nombre de la carpeta a la cual le pidió al "Scanner and Camera Wizard" que copiara.

Cómo usar el asistente para escáneres y cámaras ("Scanner and Camera Wizard")

En las páginas que siguen a continuación usted aprenderá a utilizar el "Scanner and Camera Wizard". Es un programa incluido con Windows XP que le ayudará a importar documentos o fotos que usted necesita usar en su computadora.

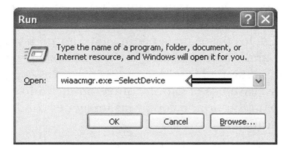

Welcome to the Scanner and Camera Wizard

Epson Perfection 4990 Photo

This wizard helps you copy pictures from your camera, scanner, or other device to your computer, your network, or the Web.

Para usar este programa en Windows XP, siga estos pasos:

1. Para empezar, asegúrese de que el escáner esté prendido y que su cable esté conectado a la computadora.

2. Ahora haga clic sobre el botón de "Start", jale el indicador del ratón un poco hacia la derecha y después haga clic sobre "Run" para ver la ventanita que ve arriba. Ahora use la tecla BACKSPACE para quitar cualquier palabra que vea allí, y después escriba "wiaacmgr.exe —SelectDevice". Por último, oprima la tecla ENTER.

3. Ahora puede ver la primera ventana que el programa "Scanner and Camera Wizard" usa para ayudarle a completar esta tarea. Para continuar con el siguiente paso, haga clic sobre "Next".

   Usted también puede abrir el "Scanner and Camera Wizard" haciendo clic sobre el botón "Start", llevando el indicador del ratón sobre "All Programs" y después sobre el grupo de programas "Accesories" y luego jalando el indicador del ratón hacia la derecha y hacia abajo. Por último, haga clic sobre "Scanner and Camera Wizard" para abrir este programa. Pero si este programa no se abre —es decir, si le da un error— trate lo siguiente: apague la computadora y el escáner y prenda el escáner y después la computadora.

Ahora, siga los pasos de la página anterior para ver si el "Scanner and Camera Wizard" se abre. Si este programa no se abre, entonces puede ser que su escáner no es compatible con él, en cuyo caso use el *software* que vino incluido con el escáner para importar o copiar las imágenes con las cuales necesita trabajar.

4. Cuando vea la próxima ventana, debe seleccionar el tipo de imagen que usted quiere traer a su computadora.

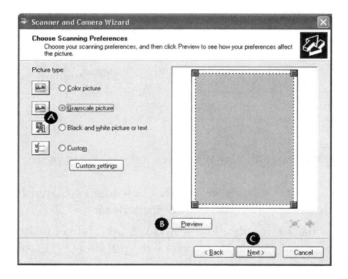

Ⓐ Haga clic sobre el nombre (debajo del tipo de foto) que corresponde al tipo de documento que usted colocó en el cristal del escáner. Las opciones que puede escoger son:

- *Color picture:* la selección de sistema que siempre aparece seleccionada.
- *Grayscale picture:* para fotos de tonos grises.
- *Black and white:* para fotos o texto a blanco y negro.
- *Custom:* para definir el tipo de documento con el cual desea trabajar.

B Haga clic sobre "Preview" para ver una vista preliminar de lo que colocó en el cristal del escáner antes de pedirle a éste que lo escanee. Ahora, esta ventanita le mostrará una vista preliminar del documento que quiere importar a su computadora.

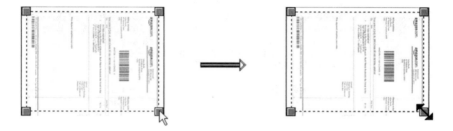

Si desea trabajar con su tamaño, lleve el indicador del ratón sobre cualquiera de las esquinas de la gráfica que ve en esta ventana hasta que éste cambie a una flechita doble. Ahora oprima y sostenga el botón izquierdo del ratón mientras lo jala para seleccionar sólo la parte de esta imagen que desea traer a su computadora. Cuando termine, retire sus dedos del ratón.

C Para continuar al siguiente paso, haga clic sobre "Next".

5. Ahora use la próxima ventana que se abre, "Picture Name and Destination", para terminar de importar el documento o la foto que colocó en el cristal de su escáner a su computadora.

Esta es la forma de terminar de importar el documento o foto que colocó en el cristal de su escáner:

Ⓐ Primero usted debe decidir qué nombre quiere usar para la imagen que está a punto de importar a su computadora. Para usar el nombre sugerido (que puede ver debajo de "Type a Name…"), que en este ejemplo es "Summer 2011" (este nombre casi siempre será "Picture" o el último nombre que usó cuando usó el escáner), no cambie nada aquí. Ahora, en este ejemplo, el nombre de la imagen recibirá el nombre "Summer 2011 01" (aunque, si usted había usado el nombre que ve ahí antes, el número de serie pudiera ser más alto). Para usar un nombre diferente, como por ejemplo "Summer Vacation", haga clic sobre el nombre que ve ahí y use la tecla BACKSPACE, y después escriba el nuevo nombre. O sólo añádale una letra al final del nombre que ve ahí para cambiarlo.

Ⓑ Por favor note la dirección virtual debajo de "Choose a place…". Si la última parte de la dirección virtual que ve aquí corresponde al nombre que usted escogió en el paso "A" (por ejemplo, si usted termina de escribir la palabra "Summer", y este programa de "Scanner and Camera Wizard" le sugiere que use la carpeta "MyPictures\Summer"), entonces usted también está escogiendo crear una carpeta usando como referencia el nombre que usted escogió para la imagen que está escaneando. Para usar el nombre de la carpeta que ve debajo de "Choose a place…", no cambie nada aquí. Para guardar su imagen a una carpeta diferente de la sugerida, haga clic sobre el nombre que ve ahí. Ahora puede escoger usar una carpeta que usted ha usado para guardar imágenes antes, e inclusive puede hacer clic sobre una de estas sugerencias, por ejemplo, la que le sugiere crear una carpeta usando la fecha del día en que la está copiando. Para hacer una selección aquí, hágale clic. Para continuar este proceso, haga clic sobre "Next".

Por favor no cambie el ajuste debajo de "Select File Format" (ahora mismo dice JPEG), el cual es uno de los tipos de archivo gráfico más compatibles, a menos que sea un formato diferente para la imagen que desea escanear, por ejemplo: BMP.

6. Cuando la ventana "Other options" se abra, escoja qué desea hacer con la imagen que le pidió a este programa que importara a su computadora. Si usted sólo quiere verla, haga clic sobre "Next".

Finalmente, otra ventana de diálogo se abrirá, informándole que una imagen fue importada a su computadora. Para verla, lleve el indicador del ratón sobre su dirección virtual hasta que cambie a una manita y haga clic sobre ésta, o alternativamente haga clic sobre "Finish".

Ahora usted puede escoger algunas opciones para trabajar con la imagen que acaba de escanear:

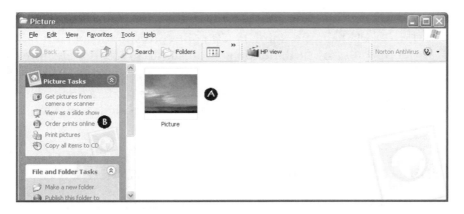

Ⓐ La imagen que usted acaba de escanear debe ser visible aquí. Por favor note que si hay más de una imagen guardada en esta carpeta que comienza con el mismo nombre que acaba de usar, la imagen que usted acaba de importar a su computadora será la que tiene el número más alto. Para sólo abrirla, haga doble clic sobre su nombre o vista preliminar. Para editarla, por ejemplo, para cambiarle el brillo a la foto, haga clic con el botón derecho del ratón, después lleve el indicador a la derecha o a la izquierda del menú que se abre hacia abajo sobre el menú de "Open with" y después haga clic sobre cualquier programa gráfico que vea en esta lista para abrirla.

Ⓑ En el panel izquierdo, usted puede hacer clic para seleccionar la acción que usted quiere aplicar a esta imagen o a una selección de imágenes. Por ejemplo, haga clic sobre "Copy all items to CD" si quiere comenzar el proceso de guardarlas en un CD.

Más adelante, para regresar a trabajar con la imagen que importó a su computadora, haga doble clic sobre la carpeta "My Documents" y después sobre "My Pictures" y por último sobre el nombre de la carpeta que le pidió al "Scanner and Camera Wizard" que copiara.

Pero si le pidió a este programa que importara o copiara una imagen a una unidad de almacenamiento tipo "Flash" USB externa, use Windows Explorer para hallarla de esta manera:

1. Haga clic con el botón derecho del ratón sobre el botón de "Start".

2. Después haga clic sobre "Explore".

3. Ahora haga clic sobre "My Computer".

4. Enseguida haga clic sobre la letra que corresponde a la unidad del tipo "Flash" USB, donde guardó sus archivos, por ejemplo, la letra *J*.

5. Finalmente, haga clic sobre el nombre de la carpeta donde los guardó para verlos en el lado derecho de la pantalla de Windows Explorer.

Como añadirle imágenes a un documento

A continuación aprenderá los pasos que debe seguir para usar en un documento las fotos que tomó con su cámara digital e importó a su computadora, las que le enviaron adjuntas a un correo electrónico, una que encontró en un sitio web o inclusive una imagen que importó a su computadora usando un escáner.

Para estos ejemplos usé Word 2010, pero sin embargo los pasos que aprenderá en esta sección también le servirán si: a) tiene una versión diferente de Word o b) quiere añadir una imagen al documento que esté redactando con un programa totalmente diferente.

Para comenzar, busque y abra Word. Tenga en mente que cuando está añadiendo una imagen a un documento, no tiene que preocuparse por hacer espacio suficiente en éste para pegarla, ya que esto sucede automáticamente. Por ejemplo, note que en la siguiente gráfica hay sólo dos líneas en medio del cursor destellante y la siguiente línea de la carta. En el ejemplo que sigue podrá ver claramente cómo el programa hará automáticamente suficiente espacio para la foto que importe.

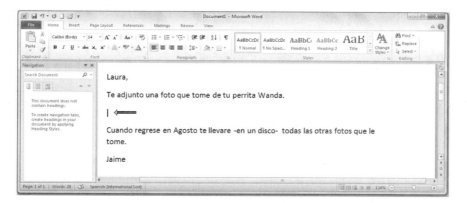

Estos son los pasos para añadirle una imagen a un documento en Word:

1. Abra un documento nuevo en Word o abra uno que creó previamente y donde ahora desea añadir una imagen. (Note la posición en la página del cursor destellante, indicado por la flecha, el cual le indica el punto exacto en el documento en donde el texto aparecerá si comienza a escribir o en donde una imagen será pegada a su documento si usa el comando de pegar o "Paste", o inclusive si usa la función de insertar un archivo o "Insert").

Recuerde que si, por ejemplo, está trabajando con la segunda página de un documento de varias páginas, y quiere añadirle una imagen a la página, puede usar la tecla PAGE DOWN hasta encontrar la página que desea. Una vez que la encuentre, haga doble clic sobre el punto exacto en la página donde desea pegarla.

2. Ahora haga clic sobre el menú de "Insert" (en las últimas versiones de Office es una pestaña), jale el indicador del ratón sobre "Picture" y haga clic.

Por favor recuerde que en algunos programas, esta opción puede estar escondida al final del menú desplegable que abre una vez que hace clic sobre "Insert". Por este motivo, si la opción de añadir una foto o no aparece inmediatamente, haga clic sobre las flechas dobles en la parte de abajo del menú de "Insert" y el resto del menú abrirá. En versiones anteriores de Word también es necesario hacer clic sobre "From File" para poder ver el menú de añadir sus fotos a un documento.

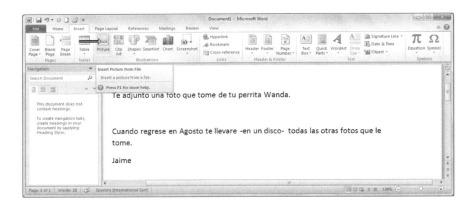

3. Si la carpeta que abre inmediatamente no es la carpeta en la cual se encuentra la imagen que desea usar, entonces haga clic sobre las diferentes opciones que aparecen en esta ventana para comenzar a buscarla (como por ejemplo "My Computer" o "Library" en Windows 7). Busque la carpeta donde se encuentra la imagen que desea añadir, haciéndole clic dos veces para abrirla. Cuando encuentre la imagen que desea, hágale clic dos veces.

En el siguiente ejemplo hice clic sobre la carpeta de "My Documents", después sobre la de "My Pictures" y finalmente sobre el archivo que deseaba usar.

Esta es la manera de añadirle una foto a un documento en una computadora con Windows 7:

Ⓐ Haga clic sobre "Insert".

Ⓑ Después haga clic sobre "Picture".

Ⓒ En esta ventana, haga clic sobre "Pictures", y si ve la foto que desea usar haga doble clic sobre ella para añadirla.

Ⓓ Si la foto está guardada en otra carpeta, búsquela y haga doble clic sobre ella para ver los archivos que contiene.

Ⓔ Cuando encuentre la foto, hágale doble clic para añadirla.

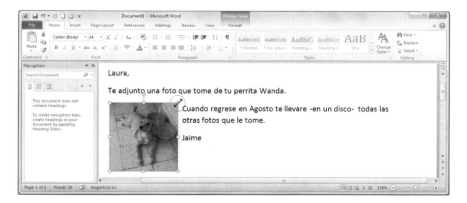

Además, ajustar el tamaño de una imagen es muy fácil en Word:

1. Haga clic en la imagen cuyo tamaño quiera cambiar para seleccionarla.
2. Ahora lleve el indicador del ratón sobre cualquiera de sus esquinas, hasta que ésta cambie a una flecha doble (como puede ver en la gráfica de arriba). Ahora presione y sujete el botón izquierdo del ratón, y jálelo hasta que la imagen esté del tamaño deseado.

También puede hacer que el texto fluya alrededor de la imagen, muy fácilmente:

En Word 2010:

1. Con el botón derecho del ratón, haga clic sobre la imagen y escoja "Wrap Text".
2. Haga clic sobre el formato que desea usar, como por ejemplo "Tight" o cercano.

En Word 2007:

3. Con el botón derecho del ratón, haga clic sobre la imagen y escoja "Format Picture" y después sobre "Layout".
4. En esta pestaña, escoja el tipo de formato que desea usar, haciéndole clic.

En Word 2003:

1. Con el botón derecho del ratón, haga clic sobre la imagen y escoja "Format" y después sobre "More layout options".
2. En la ventana que abre, escoja "Text Wrapping" y después escoja el tipo de formato que desea usar, haciéndole clic.

Tenga en cuenta que para deshacer un cambio que hizo por equivocación, puede usar la función de "Undo", usando la combinación de teclas CTRL + Z hasta que encuentre el cambio que desea deshacer.

Finalmente, puede añadirle a un documento imágenes que ha encontrado en una página web de la siguiente manera: a) haga clic sobre la imagen *con el botón derecho del ratón*; b) haga clic sobre "Copy" para copiarla; c) haga clic exactamente en el punto en su documento donde la desea usar y, por último, d) use el comando de pegar, CTRL + V. Recuerde que puede ser necesario darle crédito al artista, fotógrafo o dueño de la imagen que usó y/o pedir permiso antes de usarla, especialmente si es para un trabajo comercial.

Para recordar

- Las cámaras y los escáneres son los dos tipos de dispositivos de más uso para digitalizar imágenes.

- Windows 7/Vista y Windows XP tienen *software* que puede usar para trabajar con las fotos o imágenes que desea escanear.

- Una vez que copia una imagen de su cámara o escáner a su computadora, la puede imprimir, enviar a sus familiares o amigos o simplemente ver.

- Un escáner conectado a su computadora, en la mayoría de los casos, también se pude usar directamente desde algunos programas, como por ejemplo Adobe Photoshop.

- Use Windows Photo Gallery para importar las fotos de su cámara o las imágenes que puso en el cristal del escáner a su computadora.

- Use Windows Explorer para encontrar las imágenes que importó o copió a su computadora.

Introducción

Un sistema de computadora idóneo para permitirle la experiencia de multimedios es el tipo que está equipado con los dispositivos de *hardware* y *software* necesarios para permitir a sus usuarios recibir la experiencia de ver películas o escuchar sonido sin ninguna dificultad.

En una computadora equipada para multimedios, usted podrá ver imágenes, escuchar sonido y ver vídeos de casi cualquier formato de los archivos guardados en su computadora, de sus CDs o de sus DVDs, así como también de sitios web (como por ejemplo, *www.YouTube.com*) que usted visita en Internet.

Estos son algunos de los requisitos básicos con los cuales una computadora personal debe contar para permitirle aprovechar esta experiencia:

Hardware:

- Una buena tarjeta de vídeo.
- Una buena tarjeta de sonido.
- Unos buenos parlantes.
- Suficiente memoria RAM —al menos 3 gigas si tiene Windows 7/Vista.
- Una unidad de CD o DVD.

Software:

- Un programa de *software* reproductor de multimedios, como por ejemplo, el Media Player para Windows versión 10, 11 ó 12 de Microsoft.
- La más reciente actualización del *software* DirectX, el cual es ofrecido sin precio alguno por la compañía Microsoft. Si tiene una computadora que ha tenido por varios años y tiene dudas de si ésta tiene la última versión de DirectX, visite el sitio web de Microsoft en esta dirección virtual o URL: *http://www.microsoft.com/downloads* y una vez que esté allí siga los enlaces para conseguir el "DirectX End-User Runtime".
- El "codec" o archivo de *software* apropiado para poder usar el tipo de archivo de vídeo que está tratando de ver.

- Decodificador de *software* para DVDs, a fin de que usted pueda reproducir sus películas de DVD en su computadora. Algunas tarjetas de vídeo de alto rendimiento también ofrecen esta opción, la cual está incluida en el *hardware* de éstas.

Pero, generalmente, cualquier computadora que usted compre hoy en día reunirá los requisitos necesarios para que usted pueda recibir los beneficios que le ofrece usar un *software* reproductor de multimedios en Windows, y una vez que la tenga, sólo será necesario conectarle parlantes y poner un CD de música en la unidad de CD o DVD para poder comenzar a escucharlo.

Windows Media Player

El Media Player de Windows de Microsoft es el programa para usar archivos de multimedios incluido con Windows 7/Vista y Windows XP. Este también puede ser descargado o bajado del sitio web de Microsoft sin costo alguno.

En la gráfica en la siguiente página, puede ver la ventana principal del Windows Media Player 11, una de las versiones más recientes de este programa. Por favor note en la gráfica: a) la pestaña seleccionada es la de "Now Playing" y b) en el área del Media Player hay un clip de vídeo del lanzamiento de la misión STS-116 a la Estación Espacial Internacional que encontré y bajé del sitio web de la NASA.

Usando este *software* reproductor de multimedios en Windows usted podrá:

- Escuchar archivos de sonido o lo que se conoce como "wav" files, por ejemplo, la música que fue importada o copiada de sus CDs.
- Ver cortos de películas de vídeo de diferentes formatos, como por ejemplo, AVI y MP2.
- Copiar música de sus CDs a su computadora usando un proceso llamado "rip", que le permitirá escuchar esta música una vez que esté guardada en su computadora sin tener que producir el CD en que vino originalmente.
- Quemar sus propios CDs de música usando archivos de música que usted previamente importó a su computadora.
- Escuchar estaciones de radio que encontró en Internet.

Para seguir este capítulo puede usar cualquiera de las últimas versiones de Media Player (10, 11 ó 12). Y a través de este capítulo verá indicado cuando un proceso es muy diferente de una versión comparada al proceso que verá en la otra. Si tiene duda de qué versión tiene instalada en su computadora, fíjese en lo siguiente: la versión número 11 dice "Media Guide" en la esquina superior derecha de su pantalla, y en la versión 10 dice "Video". En la versión 12, que fue introducida con Windows 7, "Media Guide" se encuentra en la esquina izquierda inferior de este programa.

Cómo abrir el Media Player

En este capítulo aprenderá algunas de las funciones más básicas del Media Player de Windows, el cual es una parte intrínseca del grupo de programas de entretenimiento de Windows. Se encuentra debajo del grupo de programas "Accesories" y le permite, por ejemplo, añadir música a éste, hacer listas de sus canciones y quemar CDs.

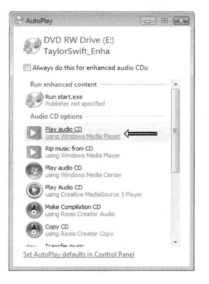

Estos son los pasos que debe seguir para abrir el Media Player de Windows para escuchar un CD de música:

- Para comenzar, abra la unidad de CD o DVD en su computadora, coloque el CD de música que desea escuchar en ésta y después ciérrela. Si el menú de "AutoPlay" se abre, esta acción debe abrir la ventana que ve arriba. Es un poquito diferente si tiene Windows XP, pero la idea es la misma. Ahora hágale doble clic al icono correspondiente. Por ejemplo, si este es un CD de música que desea escuchar, haga clic sobre "Play music CD".

- Si usted ve el icono del Media Player en su "Desktop" de Windows, haga doble clic sobre él para abrir este programa.

Windows
Media Player

- Usted también puede abrir el Media Player desde el menú de "Start", de la siguiente manera:

En Windows 7/Vista:

- Haga clic sobre el botón de "Start" e inmediatamente escriba "Windows Media Player". Después oprima la tecla ENTER para abrirlo. También lo puede abrir haciéndole clic sobre su nombre.

En Windows XP:

- Haga clic sobre el botón de "Start", jale el indicador del ratón sobre "All Programs" y espere unos segundos. Ahora jálelo hacia arriba y hacia la derecha sobre el grupo de programas "Accesories" y llévelo hacia la derecha y después hacia abajo hasta que esté encima del grupo de programas de "Entertainment". Finalmente, cuando vea su icono, haga clic sobre "Windows Media Player".

Una vez que el Media Player abra le será posible escuchar sus CDs de música, como las canciones que haya guardado en su computadora, y ver la mayoría de los tipos diferentes de archivos de multimedios para Windows que haya encontrado en Internet o que alguien le envió, excepto algunos que tienen un formato diferente, como por ejemplo los archivos de tipo Quicktime de Apple, para los cuales es necesario usar un programa diferente que se llama, apropiadamente, Quicktime Player.

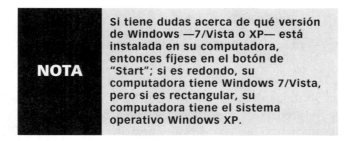

NOTA

Si tiene dudas acerca de qué versión de Windows —7/Vista o XP— está instalada en su computadora, entonces fíjese en el botón de "Start"; si es redondo, su computadora tiene Windows 7/Vista, pero si es rectangular, su computadora tiene el sistema operativo Windows XP.

Introducción a la versión 12 del Windows Media Player

Esta es la versión que viene preinstalada con el sistema operativo Windows 7, y se diferencia a las otras versiones de este programa por ser mucho más integrada al sistema operativo.

Estas son las diferentes partes de esta versión del Media Player:

Ⓐ Esta es la barra de menús.

Ⓑ Use estas guías para regresar o adelantarse a una página de controles.

Ⓒ A este nivel encontrará estos menús: "Organize" (para organizar su música), "Stream" (para enviar su música a través de Internet) y "Create Playlist" (para crear una lista de canciones).

Ⓓ Esta es la biblioteca de multimedios.

Ⓔ En el panel de la mitad verá el contenido de la selección en el panel de la izquierda.

F En el lado de la derecha encontrará tres pestañas: "Play" (para reproducir la música que se encuentra en la biblioteca), "Burn" (para copiar una selección a un CD) y "Sync" (para sincronizar su biblioteca con un reproductor de música del tipo MP3).

Una de las ventajas de esta versión del Media Player es que acepta más tipos de archivos, mientras que antes requería bajar un programita llamado "códec" para poder usarlos. Si a pesar de esto el programa aún no tiene el "códec" que corresponde al tipo de archivo que desea reproducir, visite http://windows.microsoft.com/en-US/windows7/Codecs-frequently-asked-questions.

La barra de tareas del Media Player

La barra de tareas o "Features" cuenta con en una serie de diferentes etiquetas o pestañas que podrá ver en la parte superior de las versiones del Media Player 11 y 10. La manera de trabajar con una diferente a la que está resaltada es haciendo clic sobre su nombre.

Esta barra de tareas no está presente en la versión 12. Por ejemplo, si está trabajando en la pestaña "Now Playing" y hace clic sobre la pestaña de "Library", se abrirá una nueva página con una cantidad de opciones que usted puede usar para trabajar con la música que importó a su computadora.

Como puede ver en la gráfica de arriba, puede hacer clic sobre:

- *"Now Playing"*: para ver un archivo de vídeo que abrió.
- *"Library"*: para trabajar con todos los archivos de música que usted o un programa copió a su computadora a la carpeta predeterminada para este tipo de archivos.
- *"Burn"*: para quemar CDs con la música que usted añadió a la computadora.
- *"Sync"*: para sincronizar reproductores de multimedios portátiles del tipo MP3 con la música que usted copió a la computadora usando el *software* del reproductor.

- *"Media Guide"*: que a su vez está dividido en las siguientes pestañas: "Music", "Movies", "TV/Celebs/Radio", "Games" y "Site Index".

En la versión 10 del Media Player, verá las siguientes etiquetas adicionales:

- *"Music"*: haga clic aquí para comprar música en línea.
- *"Radio"*: haga clic para ver una lista de estaciones de radio en Internet.
- *"Video"*: haga clic aquí para comprar vídeos en Internet.

En este libro verá muchas funciones comunes en las versiones 10, 11 y 12 del Media Player de Windows. Si tiene una computadora de varios años con Windows XP y Media Player 10, y éste le está funcionando muy bien y desea actualizarla a una nueva versión, entonces le recomiendo que sea prudente y que espere hasta cuando compre una nueva computadora con Windows 7/Vista.

En el Media Player 12 de Windows, si desea ver la biblioteca cuando introduzca un CD, hágale clic al botón localizado en la parte derecha superior del programa.

Cómo trabajar con los controles de vídeo, reproducción y volumen

En este programa usted encontrará y podrá usar un sinnúmero de controles que le ayudarán a cambiar la manera de escuchar su música o ver archivos de vídeos. Para darle una idea de lo útiles que son, considere el siguiente ejemplo: si un día, en su trabajo, está viendo un clip de vídeo de muchos minutos y necesita ver una parte específica que no aparece hasta minutos después del principio, puede usar estos controles para ir al punto exacto que desea ver.

En el Media Player 12 de Windows:

Esta es la manera de trabajar con los diferentes controles disponibles en Media Player 12:

1. Con el botón derecho, haga clic sobre el vídeo que esté presenciando. Después elija "Enhancements" o mejoras.
2. Ahora elija el grupo de controles con el cual desea trabajar.
3. Finalmente, puede usar estas guías para trabajar con las diferentes opciones que le son disponibles para mejorar la calidad de la película o clip que está viendo. Y esta es la manera de trabajar con éstas: a) lleve el indicador del ratón sobre la guía con la cual desee trabajar, b) sostenga el botón izquierdo del ratón y c) por último, jálela hacia arriba para aumentar o para abajo para disminuir el valor del control.

Si desea cerrar un grupo de controles, como el que ve arriba ("Graphic Equalizer"), hágale clic sobre la "X" en la parte derecha superior de su ventana. En este programa encontrará seis controles para trabajar con sus archivos de películas.

En el Media Player 11 y 10 de Windows:

Esta es la forma de trabajar con los controles en estas versiones del Media Player (como podrá ver en la próxima gráfica):

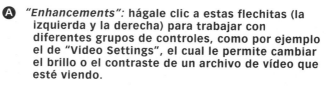

Ⓐ *"Enhancements":* hágale clic a estas flechitas (la izquierda y la derecha) para trabajar con diferentes grupos de controles, como por ejemplo el de "Video Settings", el cual le permite cambiar el brillo o el contraste de un archivo de vídeo que esté viendo.

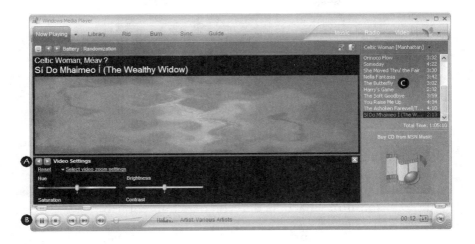

🅑 *"Playback Controls" o controles de reproducción* *"Play", "Pause", "Stop", "Rewind" y "Fast Forward":* podrá usarlos para trabajar con sus archivos de audio o de vídeo. Al lado de estos controles también verá el ajuste del volumen del Media Player.

🅒 *"Playlist" o compilación de música:* verá los nombres de las canciones en ésta a la derecha de la ventana. Para escuchar una canción diferente de la que está escuchando ahora, haga doble clic sobre su nombre. Para suprimir una canción que ve en esta lista, selecciónela haciéndole clic y después oprima la tecla DELETE.

Para este ejemplo usé el Media Player 10, porque en realidad la diferencia entre éste, para hacer funciones básicas como importar música y quemar CDs, y la versión 11 y 12 del Media Player de Windows, no es grande. Por ejemplo, note en la gráfica de la siguiente página, donde puede ver la diferencia entre los controles de reproducción de audio y vídeo entre los del Media Player 11 y los de la versión 10, es muy pequeña. La mayor diferencia es que en la versión 11 los botones de reproducción de audio y sonido son más grandes.

Siguiendo la próxima gráfica aprenderá a trabajar con los controles tipo "Slider" o deslizantes.

Por ejemplo, para hacer cambios al brillo en vídeos o fotos o el volumen de un archivo de vídeo: 1) lleve el indicador del ratón sobre la

guía del control con el que necesita trabajar (en este ejemplo puede ver el indicador sobre el control de brillo), y 2) oprima y sujete el botón izquierdo del ratón y después jálelo hacia la izquierda para reducir el valor de la configuración con la cual esté trabajando (por ejemplo el sonido), y hacia la derecha para aumentarlo.

Si a primera vista al abrir Media Player no puede ver el grupo de controles con el cual necesita trabajar para hacer ajustes a la manera de ver sus archivos de vídeo o escuchar los de audio, entonces siga los siguientes pasos de acuerdo con la siguiente gráfica de una captura de pantalla que hice en mi computadora.

Estos son los pasos, como puede ver en la gráfica anteríor de una captura de pantalla del Media Player 11, para ver o quitar diferentes controles en el Media Player de Windows:

1. Para comenzar, haga clic con el botón derecho del ratón sobre el lado extremo izquierdo de la barra "Features", y después lleve el indicador del ratón sobre "View".

2. A continuación jale el indicador del ratón, primero hacia la derecha y después hacia abajo, hasta llegar a "Enhancements", y después hacia la derecha.

3. Finalmente, haga clic sobre el nombre del control que desea ver en la parte inferior de la ventana del Media Player.

Este es un cambio que puede hacer muchas veces hasta que encuentre todos los controles que desea usar, o inclusive para quitar un control que no desea ver en la parte inferior del Media Player, siguiendo estos pasos y haciendo clic otra vez sobre su nombre.

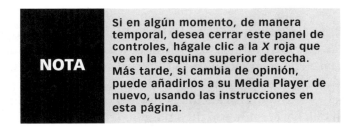

NOTA

Si en algún momento, de manera temporal, desea cerrar este panel de controles, hágale clic a la *X* roja que ve en la esquina superior derecha. Más tarde, si cambia de opinión, puede añadirlos a su Media Player de nuevo, usando las instrucciones en esta página.

Cómo digitalizar la música de sus CDs usando el proceso "rip"

Si las canciones guardadas en sus CDs fueran copiadas directamente a su computadora (para no tener que producir los CDs originales cada vez que quiera escuchar su música), tomarían mucho espacio en el disco duro de su computadora; por este motivo es mejor usar un programa como el Media Player de Windows para reducirlas de tamaño usando un proceso llamado "Ripping" que las convierte en un formato con una huella más pequeña en su disco duro. Y una vez que termine este proceso, usted podrá escuchar su música e inclusive —una vez que esté guardada en su computadora— la puede sincronizar con reproductores de multimedios portátiles o MP3 Players utilizando un proceso llamado "Sync".

Para comenzar a digitalizar su música, abra el Media Player de Windows de acuerdo al sistema operativo que tenga.

En Windows 7/Vista:

- Haga clic sobre el botón de "Start" y escriba "Windows Media Player". Después oprima la tecla ENTER para abrirlo.

En Windows XP:

- Haga clic sobre "Start", jale el indicador del ratón sobre "All Programs" y espere unos segundos. Ahora jálelo hacia arriba y hacia la derecha sobre el grupo de programas "Accesories", y después llévelo hacia la derecha y después hacia abajo hasta que esté encima del grupo de programas "Entertainment". Finalmente, cuando vea su icono, haga clic sobre Windows Media Player.

Es preferible que abra primero el Media Player antes de colocar el CD o DVD que desea digitalizar en la unidad de su computadora. Después haga clic en el menú de "AutoPlay" sobre "Rip Music From CD", lo cual abre inmediatamente su Media Player, y tal vez no le dé tiempo de seleccionar las canciones que no quiera digitalizar. Esto lo aprenderá a hacer en la próxima página.

En Windows Media Player 12, la opción de empezar este proceso automáticamente no está preseleccionada, y si esto es lo que desea, es necesario que entre al programa y siga los siguientes pasos para habilitarla: a) haga clic sobre "Tools" (si ve esta opción, haga clic con el botón derecho en la parte de arriba del programa, al lado de las guías de navegación que aparecen debajo de la etiqueta "Windows Media Player"), b) jale el indicador del ratón hacia la derecha y después hacia abajo y haga clic sobre "Options", y c) por último, haga clic sobre la pestaña de "Rip" y haga clic sobre "Rip CD Automatically". Termine haciendo clic sobre "Apply" y después sobre "OK", para que cada vez que introduzca un nuevo CD a su computadora este programa comenzará añadiendo el contenido de éste a su computadora.

NOTA

Le quiero recordar que si tiene un iPod, iPad o iPhone las canciones que quiera escuchar en éste deben ser digitalizadas usando un programa llamado iTunes. Aprenderá a hacer esto más adelante en este capítulo.

En Windows Media Player 12:

Para comenzar este proceso, abra su unidad de DVD/CD e introduzca el disco que desee copiar a su computadora. Si este programa empieza inmediatamente a reproducir sus canciones, mostrándole sólo la cubierta del CD, entonces hágale clic al botón en la parte derecha superior del programa para ver la biblioteca de música en donde encontrará las opciones de copiar un CD a su computadora.

Esta es la manera de añadir la música de un CD a su computadora en Windows Media Player 12:

1. Para comenzar, si no desea copiar todas las canciones en el CD, haga clic al lado de cada una (para quitarles las marquitas de selección) de las canciones que no desea copiar a la computadora. Esto funciona si la canción no fue añadida ya.

2. Finalmente haga clic sobre "Rip CD".

Una vez que este proceso termine, estas canciones serán añadidas a su biblioteca, donde permanecerán listas para: a) escucharlas, b) hacer listas de canciones o c) crear CDs con ellas. Todo esto sin necesidad de producir los CDs originales.

En Windows Media Player 10 y 11: si abrió el Media Player de Windows primero, continúe este proceso abriendo la unidad de CD o DVD en su computadora. Ahora coloque el CD de música que desea digitalizar en ésta, ciérrela y espere un momento. A continuación verá los pasos para terminar este proceso de digitalizar su música en el Media Player 10 y 11, que son un poco diferentes. Por ejemplo, en el Media Player 10, el botón de "Rip" está arriba en el centro.

Por favor guíese por esta gráfica para terminar este proceso:

1. Para comenzar este proceso, haga clic sobre la pestaña "Rip".

2. Por favor empiece haciendo clic en el cuadradito al lado del nombre de cualquier canción que usted no quiera digitalizar. Pero si hace clic al mismo nivel de "Title", todas las canciones serán deseleccionadas. Esto tal vez tiene sentido si necesita digitalizar una **sola canción** de un CD. Haga clic en el cuadrito, y después escoja la única canción que desea añadir a su biblioteca de Media Player.

3. Finalmente, haga clic sobre "Start Rip". En el Media Player 10, si el programa le pregunta qué formato quiere escoger, seleccione "Keep my current format settings".

Como vimos anteriormente, si usted colocó el CD de música antes de abrir Media Player de Windows e hizo doble clic en el menú de "Autoplay" sobre "Rip Music From CD", entonces este proceso comenzará automáticamente. Pero esto, siempre y cuando una canción no haya sido digitalizada, le da un poquito de tiempo para deseleccionarla, como pudo ver en la página anterior. Por esto es preferible abrir el Media Player de Windows primero, ya que en este caso el programa esperará hasta que usted haga clic sobre "Rip Music".

Si los nombres de las canciones no aparecen correctamente, es decir, sólo puede leer "Track1", "Track2", etcétera en Media Player 10 y está conectado al Internet, haga clic delante de "Find Album info" (al lado del botón de "Start Rip") para buscar los nombres de las canciones. En el Media Player 11, esto se debe solucionar automáticamente la próxima vez que esté conectado al Internet.

Cómo crear una compilación de música

Una de las ventajas de usar este programa es la facilidad con la cual le será posible crear diferentes compilaciones de música o "Playlists" para cada situación, por ejemplo, para una cena íntima o un cumpleaños. Para comenzar, abra el Media Player siguiendo los pasos que corresponden a la versión de Windows instalada en su computadora. Después siga las instrucciones que siguen a continuación de acuerdo con la versión instalada en su computadora.

En el Media Player 12 de Windows:

Siga estos pasos, siguiendo la gráfica anterior, para crear una compilación de música:

1. Haga clic sobre "Create playlist".

2. Inmediatamente note como, debajo de "Playlists", aparece el nombre "Untitled Playlist". Haga clic sobre este nombre para cambiarlo si desea usar otro nombre y después haga clic en la parte del centro del programa.

3. Para añadir la música a la compilación, haga clic sobre "Music".

4. En el panel de la mitad del programa, haga doble clic sobre el nombre del álbum con la música que desea añadir a su compilación.

5. Ahora seleccione las canciones de la siguiente manera: para seleccionar una sola canción, hágale clic con el botón derecho del ratón. Para seleccionar un grupo de canciones que estén contiguas, sostenga la tecla SHIFT y después haga clic sobre la última canción que desea añadir a esta compilación. Para seleccionar varias canciones que no están contiguas, sostenga la tecla CTRL y después hágale clic a todas las canciones que desea añadir a su compilación.

6. Por último, lleve el indicador del ratón sobre cualquiera de las canciones que eligió y hágale clic con el botón derecho del ratón. Después jale el indicador sobre "Add", y hacia la derecha o a la izquierda, dependiendo adonde le aparece este menú. Finalmente, haga clic sobre el nombre de su compilación. También es posible hacerle clic con el botón derecho del ratón sobre el nombre de un álbum, y después seguir este paso (el número 6) para añadir todas las canciones de este álbum a su compilación.

Como sucede con las otras versiones del Media Player, si desea escuchar su música sin hacer compilaciones, haga clic sobre "Music" y después doble clic sobre el nombre del álbum, y éste empezará a ser reproducido, canción por canción.

En el Media Player 11 de Windows:

Siga estos pasos, como puede ver en esta gráfica de una pantalla del Media Player 11, para crear una nueva "Playlist":

1. Para comenzar, una vez que el Media Player de Windows se abra, use la combinación de teclas CTRL + N. Ahora retire las manos de su teclado. Enseguida escriba el nombre que desea usar para esta combinación, como por ejemplo, "Cumpleaños", y después oprima la tecla ENTER.

2. Ahora haga clic sobre "Album" y después use las barras de desplazamiento de la derecha para buscar el álbum del cual quiere añadir canciones a esta compilación. Cuando lo encuentre, hágale doble clic.

3. Ahora puede añadir todas las canciones en este álbum a su compilación haciendo clic con el botón derecho del ratón sobre la cubierta de éste, y despues haciendo clic sobre "Add to Cumpleaños". Inclusive puede añadirlo a una compilación que haya creado anteriormente haciendo clic sobre la tercera opción: "Add to...", jalando el indicador del ratón hacia la derecha o la izquierda (si éste se abre de este lado) sobre el nombre de la compilación a la cual desea añadir todas la canciones en este álbum y haciendo clic.

Si sólo quiere añadir ciertas canciones a su "Playlist" de este álbum, selecciónelas siguiendo el paso 5 de la pág. 416:

4. Finalmente, haga clic sobre "Save Playlist" para guardar esta compilación. Aquí también, debajo de "Library", puede ver otras categorías que puede usar para buscar música que desea añadir a su compilación, como por ejemplo "Artist" y "Genre".

Si prefiere escuchar su música sin hacer "Playlists", busque el nombre del álbum cuya canción desee escuchar y hágale clic. Después, cuando vea sus canciones, haga clic una vez con el botón derecho del ratón y después haga clic sobre "Play". La canción debe empezar a tocar casi inmediatamente.

En el Media Player 10 de Windows:

En este reproductor de *software* de multimedios, antes de comenzar a crear una compilación de música y después de abrir Media Player haga clic en la pestaña de "Library". Ahora haga clic en el botón de "Now playing list" (en el lado derecho de esta ventana) y después haga clic sobre la etiqueta "Clear list". Adicionalmente, haga clic sobre "Library Options" (situado en la parte de arriba de esta ventana), y después haga clic sobre "Add to List on Double Click".

Siga los pasos que puede ver en esta gráfica de una pantalla del Media Player 10 para crear una nueva "Playlist":

 **A** Para buscar la música que desea añadir haga clic sobre el símbolo "+" en "Album Artist" (debajo de "All Music") o cualquier otra categoría que usted quiera usar para buscar música. Si habilita la función de añadir canciones haciendo doble clic sobre "Add to List on Double Click", entonces puede añadir álbumes completos a su "Playlist" haciendo doble clic sobre su nombre.

B Ahora usted podrá ver, en el panel del medio, la música correspondiendo a la selección que usted hizo en el panel izquierdo (ver el paso 5 de la pág. 416).

C Finalmente, en el panel derecho, podrá ver el nombre de las canciones que agregó a esta "Playlist".

Para guardarla, lleve el indicador del ratón sobre "Now Playing List" y después haga clic sobre "Save Playlist As" en el menú que se abre. En la próxima ventana que se abre escriba el nombre en frente de "File Name" que desea usar para su "Playlist", y después haga clic sobre "Save". Ahora su "Playlist" está lista.

Cómo escuchar una compilación de música

Cuando tenga una compilación de música puede regresar al Media Player de Windows y pedirle que la empiece a tocar con sólo un par de clics del ratón. Para comenzar, abra el Media Player, siguiendo los pasos que corresponden a la versión de Windows instalada en su computadora. Después siga las instrucciones a continuación de acuerdo con la versión del Media Player instalado en su computadora.

En el Media Player 12 de Windows:

Esta es la forma de escuchar una de sus compilaciones:

Ⓐ Comience haciendo clic sobre la pestaña de "Library". Ahora haga doble clic sobre el nombre de la compilación.

Ⓑ Si desea ver el menú "Now playing", haga clic sobre el botón en la parte derecha inferior del programa.

Si más adelante desea añadirle canciones a esta compilación, lo puede hacer de la misma manera que lo hizo cuando la creó. Para quitar una canción de su compilación hágale clic con el botón derecho del ratón y después seleccione "Remove from list". Para borrar una compilación, hágale clic sobre su nombre con el botón derecho del ratón y después elija "Delete". Si no quiere borrar esta música de su biblioteca, deje seleccionado "Delete from library only".

En Media Player 11:

Esta es la forma de escuchar una de sus "Playlists":

1. Comience haciendo clic sobre la pestaña de "Library".
2. Ahora, debajo de la lista de "Playlists", busque la compilación que desea escuchar.

3. Cuando la encuentre, haga doble clic sobre su nombre para escucharla.

Si desea, más adelante, añadirle canciones a una de sus "Playlists": 1) elíjala de la misma manera que acaba de ver, 2) haga clic sobre "Edit in List Panel", 3) añádale canciones de la misma manera que hizo cuando la creó originalmente y, por último, 4) guárdela haciendo clic sobre "Save Playlist". Para quitar una canción de una de sus compilaciones, hágale clic con el botón derecho del ratón y elija "Remove from list".

En el Media Player 10 de Windows:

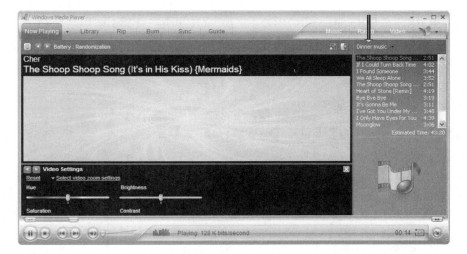

Esta es la forma de escuchar una de sus "Playlists":

1. Para comenzar, haga clic sobre la pestaña de "Now Playing".

2. En este ejemplo dice "Dinner music". Si, por ejemplo, ha estado escuchando una de sus compilaciones y ahora quiere escuchar una diferente, haga clic sobre el nombre que ve ahí y jale el indicador del ratón sobre "Open Playlist".

3. Finalmente, mueva el indicador del ratón, dependiendo de qué lado se abre este menú, hacia la izquierda o la derecha. Ahora verá los nombres de las compilaciones que guardó.

4. Cuando halle la que desea escuchar, hágale clic una vez.

Cuando esta compilación termine de tocar todas las canciones en ella, parará a menos que usted haga clic sobre el botón de "Stop" antes de que termine de reproducir todas las canciones que usted le añadió. Para quitar una canción de su "Playlist" mientras la está escuchando, en la pestaña de "Now Playing", simplemente haga clic con el botón derecho del ratón sobre el nombre de la canción en el panel derecho superior, y después haga clic sobre "Remove from list". Cuando vea la pregunta "Delete from library only" (borrar esta canción de la biblioteca), o "Delete from library and from My Computer" (borrar de la biblioteca y de la computadora), hágale clic a la opción apropiada, y después haga clic sobre "OK". Para añadirle canciones adicionales a una "Playlist", haga clic sobre la pestaña de "Library" y después haga clic sobre "Now Playing list". Ahora jale el indicador del ratón hasta "Edit Playlists" y hágale clic al nombre de la compilación con la cual quiere trabajar. Siga los mismos pasos que usó para añadirle canciones a esta "Playlist".

Cómo hacer sus propios CDs

Una vez que usted haya importado canciones de su colección de CDs, entonces podrá hacer sus propios CDs con la música que ahora está guardada en su computadora. Por ejemplo, si usted importó música a su computadora de varios CDs, entonces puede hacer un CD que incluya la canción número 2 de uno, la canción número 4 de otro, etcétera, hasta que tenga un CD completo. Por lo general, un CD acepta hasta 74 minutos de música.

Para comenzar, abra el Media Player de Windows siguiendo los pasos que corresponden a la versión de Windows instalada en su computadora. Después siga las instrucciones que siguen a continuación de acuerdo con la versión del Media Player instalado en su computadora. Y después ponga, dependiendo de qué tipo de unidad de CD-RW o DVD-RW tenga, un nuevo CD del tipo CD-R o CD-RW.

En el Media Player 12:

Siga los pasos siguentes, guiándose por la gráfica, para quemar un CD de la música que tiene guardada en la computadora.

1. Para comenzar haga clic sobre "Music" y después sobre "Artist", "Album" o "Genre", dependiendo de qué criterio desea usar para buscar la música que quiere grabar a su CD.

2. Después, haga doble clic sobre el álbum que contiene la música que desea grabar y seleccione las canciones (ver el paso 5 de la pág. 416).

3. Por último, lleve el indicador del ratón sobre cualquiera de las canciones que eligió y hágale clic con el botón derecho del ratón y después jale el indicador sobre "Add" hacia la derecha o la izquierda, dependiendo donde aparece este menú. Finalmente, haga clic sobre "Burn List" para quemar el CD. También es posible hacerle clic al nombre de un álbum, con el botón derecho del ratón, para añadir todas sus canciones a la lista de canciones a ser quemada.

4. Para terminar, haga clic sobre "Start burn".

Alternativamente, usted también puede hacerle clic con el botón derecho del ratón sobre una de sus compilaciones, elegir "Add to" y finalmente escoger "Burn list" para añadir esta selección a su CD. Pero tenga en cuenta que a un CD sólo se le pueden añadir canciones que no sumen más del espacio de éste, que es por lo general 700 megabytes (esto equivale a aproximadamente a unas 16–20 canciones).

En el Media Player 11:

Siga los pasos que puede ver en esta gráfica de una pantalla del Media Player 11 para quemar un CD de la música que guardó a su computadora con este programa:

1. Para comenzar, haga clic sobre "Album", y después use las barras de desplazamiento de la derecha (si hay muchos álbumes que no puede ver), para buscar el álbum del cual quiere añadir canciones a este CD que desea crear. Cuando lo encuentre, hágale doble clic para comenzar a añadir las canciones guardadas en él.

2. Ahora puede añadir todas las canciones en este álbum a su CD haciendo clic con el botón derecho del ratón sobre la cubierta de éste y después haciendo clic sobre "Add to burn list".

3. Pero si sólo quiere añadir algunas canciones de este álbum, siga el paso 5 de la pág. 416.

4. Finalmente, haga clic sobre "Start Burn" para pedirle a este programa que cree su CD.

Aquí también puede ver otras categorías que puede usar para buscar la música que desea añadir a este CD, como, por ejemplo "Artist" y "Genre".

En el Media Player 10:

Estos son los pasos, como usted puede ver en esta gráfica de una captura de pantalla, para quemar sus CDs:

1. Para empezar, haga clic sobre la pestaña de "Library".

2. Ahora haga clic sobre el símbolo de "+" debajo de "All Music" para buscar las canciones que desea añadir a este CD, y haga clic sobre "Album", "Artist", etcétera, para ver las canciones guardadas en cada una de estas categorías.

3. En este ejemplo, hice clic al símbolo de "+" al lado de "Album" para ver la lista de todos los álbumes guardados allí.

4. Si "Album" fue la categoría que eligió, haga clic sobre el nombre del álbum que tiene las canciones que usted quiere seleccionar. Para escoger todo un álbum, haga clic sobre su nombre con el botón derecho y después sobre "Add to burn list".

5. Para añadir una sola canción, hágale clic con el botón derecho del ratón y después lleve el indicador del ratón sobre "Add to".

6. Finalmente, lleve el indicador del ratón sobre "Burn list" para añadir esta canción a la lista que desea añadir a este CD.

Alternativamente, usted también puede hacer clic con el botón derecho del ratón sobre una "Playlist" particular, a la cual usted añadió muchas canciones, y hacer clic sobre "Add to burn list". Repita este proceso hasta que haya seleccionado todas las canciones que usted quiere grabar a su CD. Pero tenga en cuenta que si el mensaje "Will not fit" aparece junto a cualquiera de las canciones que usted ha seleccionado, esas canciones no serán añadidas al CD.

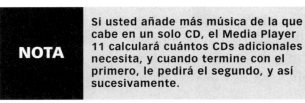

Para comenzar a quemar su CD, simplemente haga clic sobre la etiqueta de "Start Burn". Cuando este programa termine su disco, deberá abrirse automáticamente la puerta de la unidad de CD-RW o DVD-RW de su computadora y ahora lo podrá usar en la mayoría de los reproductores de CD que tenga, como por ejemplo el que está instalado en su auto —siempre y cuando sea de modelo reciente— y el que tenga en su casa.

NOTA

Si usted añade más música de la que cabe en un solo CD, el Media Player 11 calculará cuántos CDs adicionales necesita, y cuando termine con el primero, le pedirá el segundo, y así sucesivamente.

El reproductor de multimedios iTunes de Apple

iTunes es hoy en día el programa reproductor de multimedios más popular en el mundo, y usándolo podrá organizar la música y vídeo que haya importado a su computadora de sus CDs o de Internet. La ventaja de usar este tipo de programa en vez de copiar manualmente disco por disco es que las canciones que copia a su computadora quedan mucho más organizadas. De esta manera, le será más fácil regresar a escuchar su música, hacer una selección de canciones para hacer un CD de música o simplemente sincronizar el contenido de su biblioteca con un iPod, iPhone o iPad.

En la siguiente gráfica, puede ver la ventana de la versión 9.2 de iTunes.

Por favor note, en el panel de la izquierda, los nombres de las carpetas o de las acciones que puede elegir con sólo hacerles clic. Por ejemplo, haga clic sobre la carpeta "Music" o "Movies" para ver su contenido en el panel de la derecha.

En esta sección del capítulo de multimedios, aprenderá a usar iTunes para:

- Importar la música de sus CDs a la biblioteca de música de iTunes.
- Escuchar la música que tiene guardada en su biblioteca de música.

- Sincronizar esta biblioteca de música con su iPod, iPhone o iPad.

Este programa es gratis, y si no lo tiene todavía lo puede descargar del sitio web de Apple, el cual está en el siguiente enlace: *http://www.apple.com/itunes/*. Si visita el sitio web de iTunes y desea bajar este programa a su computadora, haga clic sobre "Download Now", y después responda a todos los mensajes que verá a continuación (que por lo general le pedirán que haga clic sobre "Agree" o "Next") para terminar de instalar este programa en su computadora.

Cómo importar música de sus CDs a iTunes

Una de las ventajas que tiene el manejar su colección de música usando una computadora y un programa como iTunes, es que usándolo podrá bajar y organizar todos sus CDs para poder escucharlos más tarde en el orden que usted quiera. El punto más importante es que lo hará sin necesidad de producir los CDs originales en que vinieron. Y aunque la fidelidad de éstos no sea la misma, una vez que sean copiados a su computadora, a no ser que sea un experto en música, le será muy difícil notar la parte del sonido que se perdió cuando esté escuchando una canción que fue digitalizada para poder ser usada en su computadora personal.

Para comenzar el proceso de importar o copiar su música a la biblioteca de iTunes, debe abrir este programa siguiendo los pasos que corresponden al sistema operativo con el cual cuenta su computadora.

En Windows 7/Vista:

- Para comenzar, abra la unidad de CD o DVD en su computadora y coloque el CD de música que quiere importar a la biblioteca de iTunes. Después ciérrela. Si el menú de "AutoPlay" se abre, haga clic sobre el botón "Import songs, using iTunes". Ahora iTunes se debe abrir, y cuando vea el mensaje "Would you like to import...?" haga clic sobre "Yes" para empezar a importar estas canciones.

- Si después de poner el CD en su unidad de CD o DVD nada pasa (es decir, una ventanita no se abre pidiendo que haga clic en una selección dentro de un menú), entonces abra el programa de iTunes primero haciendo clic sobre "Start", e inmediatamente escribiendo "iTunes" y después busque su nombre en la lista que ve debajo de "Programs". Cuando lo encuentre, hágale clic para abrirlo.

En Windows XP:

Para comenzar, abra la unidad de CD o DVD en su computadora y coloque el CD de música que quiere importar a la biblioteca de iTunes. Después ciérrela. Si el menú de "AutoPlay" se abre, haga clic sobre el botón "Import songs, using iTunes".

Si después de colocar el CD en su unidad de CD o DVD y cerrarla nada pasa (es decir, una ventanita no se abre pidiendo que haga clic en una selección dentro de un menú), entonces abra el programa de iTunes primero haciendo clic sobre el botón de "Start". Ahora lleve el indicador del ratón sobre "All Programs" y después jálelo hacia la derecha y hacia arriba hasta llegar al grupo de programas iTunes. Después jálelo hacia la derecha sobre el icono de iTunes y haga clic para abrir este programa.

Por favor note que a veces en Windows XP, si nunca ha usado el programa de iTunes, éste puede pedirle, como puede ver en la gráfica anterior, que elija manualmente a qué carpeta desea guardar la nueva música que ahora quiere añadir a la biblioteca de iTunes.

La manera de trabajar en esta ventana es: 1) buscando la carpeta de "iTunes Music" y haciéndole clic, y después 2) haciendo clic sobre "OK" para confirmar que esta es la carpeta que desea usar. Ahora, iTunes se debe abrir, y cuando vea el mensaje "Would you like to import...?", haga clic sobre "Yes" para comenzar a importar estas canciones a su computadora.

De ahora en adelante, cuando desee importar otro CD a su computadora, no le será necesario elegir de nuevo a qué carpeta desea guardar la música que desea importar a su computadora de sus CDs de música, y sólo verá de nuevo la ventanita pequeña que le preguntará "Would you like to import...?".

Ahora, en Windows 7/Vista o Windows XP, iTunes se debe abrir, e inmediatamente en el panel de la derecha podrá ver la lista de la música que comenzó a importar a este reproductor de multimedios.

En esta gráfica de una captura de pantalla de iTunes que hice en mi computadora, puede ver lo siguiente:

Ⓐ En la parte de arriba, puede leer el nombre de la canción que está siendo importada a la carpeta de "Music" en iTunes.

B Ahora note, debajo de la columna de "Names", a) la lista de todas las canciones que vienen en el CD, y b) que todas estas canciones son automáticamente seleccionadas (tienen una marquita al lado de sus nombres) para ser importadas a la biblioteca de iTunes. Si no desea copiar una de las canciones en esta lista, hágale clic antes de que ésta sea importada o copiada sobre el cuadrito (señalado con el indicador del ratón) al lado de su nombre para quitarle la marquita y removerla de esta selección.

Si la computadora que está usando para importar música de CDs no tiene una conexión a Internet, las canciones que usted desea importar a su computadora aparecerán en la ventana principal de iTunes como "Track01", "Track02", etcétera. Más adelante, cuando tenga una conexión a Internet, haga clic sobre la carpeta de "Music", después sobre cualquiera de las canciones en el panel de la derecha y enseguida sobre "Advance". Finalmente, haga clic sobre "Get CD Track Names" para que este programa busque sus nombres.

Cómo escuchar, organizar y hacer CDs con iTunes

Ahora, la música que importó a su computadora, y que fue organizada por iTunes, estará disponible para ser escuchada en su computadora, quemada a CDs o bajada a un iPod, iPad o iPhone.

Para comenzar el proceso de escuchar la música guardada en la biblioteca de iTunes, debe abrir este programa siguiendo los pasos que corresponden al sistema operativo con el cual cuente su computadora.

En Windows 7/Vista:

Haga clic sobre "Start" y escriba "iTunes". Después busque su nombre en la lista que ve debajo de "Programs" y haga clic.

En Windows XP:

Haga clic sobre "Start", lleve el indicador del ratón sobre "All Programs" y jálelo hacia la derecha y hacia arriba hasta llegar al grupo de programas iTunes. Después jálelo hacia la derecha sobre el icono de iTunes y haga clic.

Una vez que iTunes se abra, podrá comenzar a escuchar la música que guardó a su biblioteca de esta manera: haga clic sobre la carpeta "Music" y después haga doble clic sobre el nombre de cualquier canción en el panel a la derecha para comenzar a escuchar todas las canciones guardadas en ella. Por favor note que los botones que usará para trabajar con su música, en la parte superior izquierda de esta ventana, son parecidos a los controles que encontrará en un reproductor de CDs regular.

Cuando iTunes se abra, como puede ver en esta captura de pantalla que hice en mi computadora, le será posible escuchar su música, crear listas de sus canciones e inclusive quemar CDs con las canciones que creó en estas listas, de la siguiente manera:

Ⓐ Para crear una lista de canciones, comience haciendo clic sobre el símbolo "+" en la parte inferior de la pantalla de iTunes. Inmediatamente, escriba un nombre para éste en la casilla que aparece resaltada. Por último, haga clic en la ventana de la derecha.

Ⓑ Ahora haga clic sobre la carpeta de "Music" para ver la música que importó a la biblioteca de iTunes. Después lleve el indicador del ratón sobre la lista de canciones y selecciónelas como se explica en el paso 5 de la pág. 416.

Ⓒ Si desea quemar un CD con la música que añadió a una de sus "Playlists", lo puede hacer de la siguiente manera: 1) haga clic sobre la lista debajo de "Playlist" cuya música quiere grabar a un CD, 2)

abra su unidad de CD o DVD, coloque un disco del
tipo CD-R o CD-RW en ella, cierre su puerta

 Finalmente, haga clic sobre el botón de "Burn Disc"
para grabar esta "Playlist".

Note, por favor, las marquitas al lado del nombre de cada canción. Si
no desea quemar una de las canciones en esta lista, hágale clic antes
de que esta sea quemada sobre el cuadrito al lado izquierdo de su
nombre para quitarle la marquita, y removerla de esta selección.

NOTA Este CD que quemó usando una
selección de música que encontró en
iTunes debe ser compatible con la
mayoría de las unidades de CD que
haya comprado recientemente.

Cómo usar iTunes con un iPod, iPad o iPhone

Los iPod, iPad y iPhone son sin lugar a duda los reproductores de
multimedios de más popularidad en todo el mundo, y sirven tanto
para guardar su música, como para ver —si tiene el modelo de iPod
que le permite hacerlo— películas comerciales que compró en el
Internet. En las páginas que siguen aprenderá a sincronizar la
música y las películas que bajó a su biblioteca de iTunes con su
reproductor Apple para que pueda disfrutar de ellas directamente

en él. Y, por supuesto, iTunes es definitivamente el programa de preferencia para copiar música y películas a su iPod.

Hoy en día también el iPhone y la tableta iPad son dispositivos idóneos para escuchar su música y trabajan con iTunes de la misma manera que lo hace con los iPods. En el resto del capítulo se explicará el proceso usando el iPod, pero los mismos pasos aplican al iPhone y al iPad.

Sincronizar su reproductor Apple, como el iPod Touch que puede ver en esta gráfica, es muy fácil de hacer siempre y cuando tenga el programa iTunes instalado en su computadora.

Pero antes de comenzar a trabajar con su iPod y iTunes, tenga muy en cuenta que un iPod sólo puede ser sincronizado con una sola biblioteca de iTunes a la vez (ésta a su vez puede ser compartida, dentro de la misma casa, con varias computadoras), es decir, que si por cualquier motivo lo conecta a la computadora de un amigo o pariente, aunque sea por equivocación, y la computadora a la cual lo conectó tiene iTunes, entonces es muy importante que lea los mensajes que le da este programa para no sobrescribir las canciones que tenga guardadas en éste. Si no tiene cuidado y hace clic sobre uno de estos mensajes, es posible que reemplace cualquier cantidad de canciones (que pueden llegar a los miles) con, por ejemplo, 100 canciones que su amigo tiene en su computadora.

Mire el próximo mensaje en la gráfica de debajo que apareció en mi computadora cuando conecté el iPod de mi hija a ésta para añadirle unas canciones.

El mensaje es simple: iTunes me está avisando que el iPod de Sara ésta sincronizado con otra biblioteca de iTunes y que éste sólo puede ser sincronizado con una biblioteca al mismo tiempo. Por esto ahora me pregunta si deseo sincronizar la música con esta biblioteca de iTunes.

Si esto es lo que quiere, haga clic sobre "Sync Music". De lo contrario haga clic sobre "Cancel", para cancelar esta operación. Ahora, si tiene un iPod que no ha sido sincronizado con esta biblioteca antes, y en éste tiene canciones que ha comprado, el mensaje será diferente. Le preguntará si desea mover las canciones que compró, o "Transfer Purchases", a esta biblioteca. Si esto es lo que desea, hágale clic a esta opción. Una vez que haga esto, si quiere sincronizar este iPod, iPhone o iPad con la biblioteca, haga clic sobre "Erase and Sync" para borrar todo el contenido de éste y reemplazarlo con el contenido de esta biblioteca.

Cómo sincronizar la música que tiene en iTunes con un iPod, iPad o iPhone

Hay dos maneras de sincronizar la música y los vídeos guardados en su computadora y cuyos nombres aparecen en la lista de "Music" o "Videos" en iTunes, después de conectar un iPod, iPad o iPhone: automáticamente o manualmente.

Es fácil saber si su iTunes está configurado para ser automáticamente sincronizado:

- Cuando conecta un iPod, IPad o iPhone nuevo a la computadora, una ventana le pide permiso para sincronizarlo.
- En la parte superior de la mitad de iTunes puede ver el mensaje "Syncing iPod, Do not disconnect". Cuando esta operación termine, le mostrará el mensaje "iPod Sync is complete, OK to disconnect". De otra manera, iTunes está configurado para ser sincronizado manualmente.

Si le preocupa que iTunes esté configurado para autosincronizarse con los iPods que se conecten a la computadora, entonces deshabilite la autosincronización de esta manera:

1. Después de abrir iTunes, haga clic sobre "Edit" y luego sobre "Preferences".

2. Haga clic sobre "Syncing" y, finalmente, en la pestaña de opciones haga clic sobre "Disable automatic syncing for all iPhone and iPods", para seleccionar esta opción si no está seleccionada y después haga clic sobre OK.

Cuando cambie la configuración de iTunes para ser sincronizado sólo manualmente, entonces tendrá que hacer clic sobre "Sync", como podrá ver en la próxima página, para sincronizarlos.

Esta es la manera de sincronizar manualmente un iPod con el contenido de una biblioteca de iTunes después de conectarlo:

Ⓐ **Para comenzar, fíjese en el nombre del iPod que está conectado a la computadora. Si éste no es el correcto, haga clic sobre el símbolo al lado derecho de la batería, escoja "Eject", quítelo y después conecte el que desea sincronizar.**

Ⓑ **Si es el correcto, haga clic sobre "Sync".** Cuando este proceso termine, verá el mensaje "iPod Sync is complete, OK to disconnect".

Es su decisión cuál configuración para sincronizar los iPods a su computadora le conviene más escoger, si la automática o la manual. Mi recomendación es que, si tiene un iPod, iPad o iPhone que no comparte con nadie, elija que éste sea sincronizado automáticamente cada vez que lo conecte a su computadora, para que así no tenga que preocuparse si su iPod tiene la última música que importó de sus CDs o bajó de Internet a su computadora usando iTunes. Pero si a menudo tiene visitantes que tienen iPods, es preferible que iTunes sea configurado para sincronizar su música manualmente.

Cómo ajustar el volumen de la tarjeta de sonido en su computadora

Si usted no puede escuchar el sonido de los parlantes que le conectó a su computadora se puede deber a que el volumen está muy bajo. Esto es fácil de arreglar ajustando el volumen de su tarjeta de sonido desde el control que verá en la extrema derecha de la barra de tareas, en la bandeja de sistema o "System Tray".

In Windows 7:

Esta es la manera de ajustar el volumen, como puede ver en la gráfica anterior, de su tarjeta de sonido:

1. Haga clic sobre el área de "Hidden icons", o iconos escondidos, a menos que el icono de cambiar el volumen ya sea visible; en ese caso hágale clic.

2. Ahora haga clic sobre el icono del parlante.

3. En esta ventanita puede ver una guía, que le ayudará a cambiar el volumen. Para cambiar el volumen, oprima y sostenga el botón izquierdo del ratón mientras la jala hacia arriba para aumentar el volumen, y hacia abajo para disminuirlo.

Finalmente, cuando esté satisfecho con los cambios que hizo, haga clic sobre cualquier parte de su "Desktop". Si después de ajustar el volumen todavía no puede escuchar música, revise la conexión de sus parlantes.

En Windows Vista/XPp:

Esta es la manera de ajustar el volumen, como puede ver en esta captura de pantalla, de su tarjeta de sonido:

1. Comience haciendo clic sobre el icono del parlante para abrir el ajuste de volumen.
2. Ahora una pequeña ventanita se abre. Para cambiar el volumen, lleve el indicador del ratón sobre la guía, y oprima y sostenga el botón izquierdo del ratón mientras lo jala hacia arriba para aumentar el volumen o para abajo para disminuirlo.

Para terminar, haga clic afuera de esta ventanita. Si esto no funciona, es decir, todavía no puede escuchar su música, entonces trate de ver si tiene algún problema con los parlantes que conectó a la salida de audio de la tarjeta de sonido de la computadora.

Para recordar

■ En una computadora usted podrá ver imágenes, escuchar sonido y ver vídeos de casi cualquier formato de los archivos guardados en su computadora, de sus CDs o de sus DVDs, así como también de sitios web que usted visita en Internet.

■ El Media Player de Windows es el programa para usar archivos de multimedios incluido con Windows 7/Vista y Windows XP.

- Si tiene dudas acerca de qué versión de Windows está instalada en su computadora, fíjese en el botón de "Start": si es redondo, su computadora tiene Windows Vista, pero si es rectangular, su computadora tiene el sistema operativo Windows XP.

- Para importar la música que tiene en sus CDs, use el proceso "rip". Una de las ventajas de usar este programa es la facilidad con la cual le será posible crear diferentes compilaciones de música, de diferentes géneros, para cada situación, por ejemplo, para una cena íntima o un cumpleaños.

- Si usted no puede escuchar el sonido en los parlantes que le conectó a su computadora, esto se puede deber a que el volumen está muy bajo.

- iTunes es el programa de preferencia para importar música y películas a su iPod, iPhone o iPad.

Introducción al Internet

19

Introducción

"Internet" es tal vez una de las palabras de más uso en casi todas las conversaciones que tienen que ver con computadoras hoy en día. Esta palabra se refiere al sistema de interconexión de computadoras que se ha venido efectuando durante los últimos años alrededor del mundo a través de líneas de teléfono o cables de fibra óptica. Esta red de computadoras, que ha causado una verdadera revolución en las comunicaciones mundiales, funciona casi de la misma manera que una red local de computadoras (LAN), con la diferencia de que el Internet opera a nivel mundial.

Si a veces usted ha tenido una pregunta acerca del Internet y no ha podido encontrar la respuesta a ella, recuerde lo siguiente:

- El Internet no le pertenece a ningún gobierno ni persona en particular.
- Las líneas de teléfono usadas para llevar la información pertenecen a su compañía local, o a una internacional, como por ejemplo AT&T. Pero no por esta razón se considera que estas compañías sean dueñas del Internet.
- La mayoría de la información en el Internet es gratuita; si alguien le quiere cobrar por la información, trate de buscar un sitio web que no le cobre.
- El Internet está regulado por una asociación que también decide la asignación de territorios virtuales o "Domain Names", como por ejemplo *www.IBM.com*.

Hoy en día la gran mayoría de las compañías que pretenden hacer negocios alrededor del mundo tienen una presencia en Internet. Desde bancos hasta floristerías, las personas de negocios se afanan por colocar el nombre de sus compañías en una página de entrada o "Home Page".

Historia abreviada del Internet

El Internet tuvo su comienzo en un proyecto del Ministerio de Defensa de los Estados Unidos en 1969 para crear una red de computadoras que no tuviera un sólo punto de falla en el caso de un ataque nuclear. A esta red de computadoras se le llamó "ARPA-Net". Fue la precursora del Internet, y a través de los años entidades y personas en diferentes países fueron conectándose a esta red que hoy conocemos como el Internet.

Al principio esta tecnología nueva llamada Internet sólo fue usada por un número limitado de investigadores en sus sitios de trabajo como medio ideal para intercambiar ideas con sus colegas.

El Internet comenzó su auge en 1987, gracias a un protocolo de comunicaciones llamado TCP/IP o "Transfer Control Protocol/ Internet Protocol", ya que la Fundación Nacional de Ciencias de los Estados Unidos permitió que muchas universidades y compañías se conectaran a sus super-computadoras.

Al principio usar el Internet era una hazaña de las comunicaciones debido a la baja velocidad de los módem (los dispositivos electrónicos que convierten la información de las computadoras en información que pueda ser enviada por la línea de teléfono y viceversa). En ese entonces sólo se podía enviar y recibir menos de una página de texto por segundo. Hoy en día un módem (de Internet por cable) puede enviar cerca de 10.000 páginas por segundo.

El número de usuarios que tiene actualmente el Internet ha permitido que compañías de mucho prestigio, como AT&T, se comprometan a mejorar las vías por las cuales circula la mayoría de la información en Internet.

El éxito del Internet ha sido tan extraordinario que existen hoy en día billones de usuarios de Internet.

El protocolo TCP/IP

Todos anhelamos una sociedad ideal en que los individuos pueden disfrutar de una mayor libertad para pensar y comunicarse unos con otros, a pesar de sus diferencias de idioma y de cultura. En el mundo de las computadoras sucede algo parecido, ya que un sistema ideal debe ser capaz de comunicarse con otro, aunque sea mediante diferentes plataformas (UNIX™, Macintosh y PC).

A comienzos de los años 80, un proyecto del Centro Europeo de Alta Energía (CERN) se avocó a resolver este problema, conectando diferentes computadoras con distintos sistemas operativos por medio de un protocolo llamado TCP/IP.

Un protocolo como TCP/IP funciona de la siguiente manera: imagine usted una ciudad donde existe gente de muchos países y se ha adoptado una regla de oro: no importa de qué país vengan o qué idioma hablen, cuando se acerquen a la casa del Señor Sánchez deben tocar la puerta de la misma manera e identificarse ante él con un número único.

Sin el TCP/IP, la comunicación entre tantas computadoras diferentes sería tan difícil como el problema de las lenguas que existió en la Torre de Babel. A este protocolo se le debe que el Internet sea uno de los medios de intercambio de información más importantes.

TCP/IP facilita que computadoras conectadas al Internet en diferentes partes del mundo puedan intercambiar información con la misma facilidad que computadoras conectadas a redes locales en un mismo edificio de oficinas.

La gráfica en la siguiente página ilustra la manera en que TCP/IP, sin intervención directa de los usuarios, permite a dos personas en distintas partes del mundo, con sistemas distintos, enviar y recibir diferentes tipos de archivos con un margen de error muy pequeño.

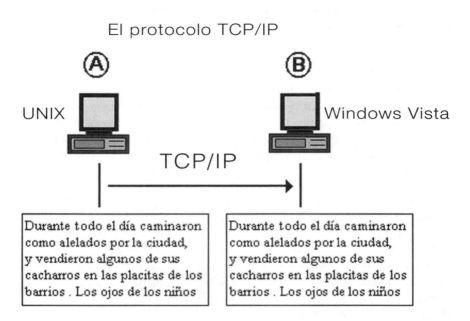

El protocolo TCP/IP

Se puede observar lo siguiente:

Ⓐ Esta computadora con base en Francia (usando el sistema operativo UNIX™) y conectada al Internet por medio de un servicio en línea francés, envía un mensaje a una computadora conectada al Internet en los Estados Unidos.

Ⓑ Esta computadora en los Estados Unidos (usando Windows Vista), conectada al servidor de Internet America Online, recibe sin ningún problema la carta enviada por la computadora en Francia.

Lo significante de este hecho es que si estas computadoras, corriendo dos sistemas operativos tan diferentes, estuvieran en la misma mesa, sería dificil intercambiar archivos entre ellas sin usar el protocolo TCP/IP.

El concepto de los "Domain Names"

El Internet es un mundo virtual. Es decir, que no existe físicamente en un lugar determinado, sino que está compuesto por millones de computadoras conectadas.

Como en todas las demás situaciones que rodean nuestras vidas, desde el principio ha sido necesario un nivel de organización para evitar el caos.

Con este objetivo se crearon los "Domain Names"; así se garantiza que haya solamente un territorio virtual por compañía o individuo, como en el caso de la revista *Latina,* cuyo territorio virtual está señalado con la dirección: *www.latina.com.* De esta manera la organización que regula actualmente el Internet nos permite buscar recursos e intercambiar información en una forma organizada.

Por ejemplo, si una persona solicita el "Domain Name" www .mipoesia.com y nadie lo ha pedido anteriormente, se le asignará a esa persona.

Esta dirección virtual es única, por esto cuando la escriba en la casilla de direcciones de un navegador en cualquier país del mundo, a menos que el dominio virtual sea vendido y dejado de mantener, siempre visitará el mismo sitio web.

Las direcciones web o URLs

Una dirección web o URL es la dirección virtual asignada a una página web por la persona que la diseñó. Cada URL es única; por esta razón es importante escribirla exactamente de la manera como le fue dictada.

Una vez que escriba la URL y oprima la tecla ENTER, si esta es la dirección correcta, su navegador recibirá la orden de cargar esta página en el área de trabajo.

http://www.ecodryingsystems.com
  Ⓐ   Ⓑ   ©   Ⓓ

Siguiendo esta gráfica aprenderá a reconocer las diferentes partes de una URL:

Ⓐ **La primera parte es el protocolo, como por ejemplo "http", "https" o "ftp".**

Ⓑ **Esta abreviatura denota que está buscando información en la red mundial, pero a veces esta parte de una dirección puede que no sea**

necesaria. Es decir, si escribe
http://ecodryingsystems.com, sin el "www", el
navegador abrirá la misma página.

C Este es el nombre registrado del dominio.

D Este es el nombre del sufijo que identifica el tipo de
entidad a la que le pertenece este sitio web. En el
caso de *internetparatodos.com,* es ".com", que es
el sufijo asignado a sitios comerciales.

Esta información le puede parecer
muy técnica, pero es importante
porque la dirección que aparece en la
casilla de direcciones corresponde a
la página web que aparece en el área
de trabajo de su navegador. Recuerde
que esta dirección tiene que ser
escrita exactamente de la manera
como le fue dada. Por ejemplo, nunca
asuma que la dirección virtual que le
dieron termina con ".com", ya que
muchas direcciones terminan con
".gov" u otras.

¿Por qué le llaman al Internet "La autopista de la información"?

Este término se debe a una frase que usó el ex vicepresidente de los Estados Unidos Albert Gore, al referirse al Internet como una vía de comunicaciones virtual por medio de la cual sería más rápido diseminar información.

Hoy en día el Internet es la fuente de información y de intercambio de ideas más importante creada por la humanidad.

Esta red fue usada al principio sólo por las universidades y centros de investigación. En algunos países latinoamericanos se han firmado acuerdos entre distintas organizaciones gubernamentales con el fin de que aun las escuelas de los sectores marginados tengan acceso a Internet.

Hoy en día esta "autopista de la información" está cada vez más congestionada. Mientras que pasaron 38 años hasta que la radio llegara a 50 millones de usuarios y 13 años para la televisión, el Internet sólo tomó 5 años para llegar a ese número de usuarios.

Recuerde que, aquí en los Estados Unidos, si no tiene servicio de Internet en su casa usando un proveedor de servicio a Internet o "Internet Service Provider (ISP)" casi todas las ciudades tienen en sus bibliotecas computadoras que le permiten usar Internet con la misma facilidad que si tuviera una computadora en la casa.

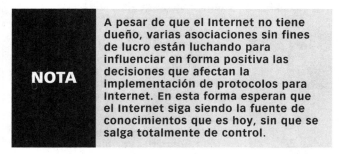

NOTA

A pesar de que el Internet no tiene dueño, varias asociaciones sin fines de lucro están luchando para influenciar en forma positiva las decisiones que afectan la implementación de protocolos para Internet. En esta forma esperan que el Internet siga siendo la fuente de conocimientos que es hoy, sin que se salga totalmente de control.

El modelo cliente-servidor y el Internet

El modelo en el cual se basa el Internet se llama el modelo cliente-servidor. Esto quiere decir que en el sistema algunas computadoras actúan como servidores (computadoras que permiten acceso a la información que está en sus discos duros) y otras computadoras actúan como clientes (las computadoras que buscan información en los diferentes servidores).

El Internet funciona de esta misma manera, sólo que con una cobertura más amplia. Hoy en día casi todas las compañías y los países del mundo tienen una presencia en Internet.

La siguiente gráfica ilustra el proceso de obtener información con America Online sobre temas de interés a los hispanos.

El proceso de obtener información funciona de la siguiente manera:

Ⓐ Una computadora (que llamaremos cliente) establece una conexión al proveedor de servicio a Internet (que llamaremos el servidor); a continuación el cliente abre un navegador y pide información.

Ⓑ En este momento el servidor comienza a recibir pedidos de información del cliente.

El proceso de pedir y obtener información del Internet

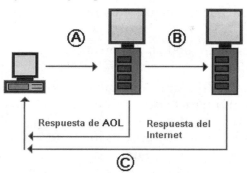

Respuesta de AOL   Respuesta del
Internet

C El servidor localiza la información que se le pide y
la envía al cliente. Si la información no está al
nivel del servidor de AOL éste seguirá buscándola
hasta encontrarla en otro servidor. Por último, si
la información no puede ser localizada por el
servidor de AOL, éste enviará un mensaje de error
indicando que no pudo encontrar la información y
pedirá al cliente que localice algún posible error
en la información de la solicitud inicial.

Las diferentes maneras de conectarse al Internet

Para usar Internet debe conseguir acceso directo usando su propia
cuenta o indirecto compartiendo una cuenta con los otros usuarios en
su oficina. Después de un tiempo de usar Internet, también se dará
cuenta que la consideración más importante es la velocidad con la que
recibe la información que solicite de páginas web que esté visitando.

La manera más común de conseguir este servicio es usando un ISP.
La mayoría de los ISP no le ofrecen mucho contenido, simplemente
le conecta su computadora al Internet. La excepción es America
Online, que le ofrece mucho contenido personalizado, para lo cual
es necesario usar el *software* de America Online.

Estas son las maneras más comunes de conectarse al Internet:

- *Dial-Up:* usa una línea de teléfono regular y un módem. Este
  tipo de conexión, además de ser la más lenta, también ocupa
  su línea de teléfono.

- *DSL:* usa un módem y una línea de teléfono digital. Este tipo de conexión, además de ser muy rápida, no ocupa su línea de teléfono.

- *Cable:* necesita un módem y el mismo cable que trae la señal de la televisión.

- *"Wi-Fi":* un tipo de conexión inalámbrico; es decir, puede conectarse al Internet sin tener que conectar su computadora directamente al modem con un cable. El Wi-Fi es muy popular hoy en día, ya que le permite usar el Internet donde quiera, sin tener que manterse en un lugar fijo, e incluso usarlo con su computadora portátil en otros sitios que le ofrecen Wi-Fi, como bibliotecas.

Una de las maneras más rápidas de conectarse a Internet es subscribiéndose al servicio de Internet por cable o DSL. Para conseguir este servicio es necesario usar un módem de cable o DSL, como el de esta gráfica.

Los beneficios del Internet

Algunas personas pueden preguntarse: ¿cómo me puedo beneficiar con el Internet?

Las respuestas a esta pregunta son infinitas. Una de las más simples es la oportunidad de hacer por Internet muchas tareas que antes implicaban hacer una fila y esperar su turno por horas.

A continuación encontrará algunos ejemplos de los múltiples usos del Internet:

- Buscar trabajo, no sólo en el sitio en donde vive sino en otros lugares.

- Balancear su chequera (reconciliar su cuenta bancaria).

- Comprar pasajes de avión, libros, juguetes, ropa, etc.

- Leer el periódico o la revista favorita de su país de origen.

- Buscar el mejor restaurante de la ciudad en la que vive o la ciudad que piensa visitar.

- Comunicarse con parientes y amigos en diferentes puntos del planeta.

- Averiguar el estado del tiempo y la tasa de cambio en el país que piensa visitar.

- Tomar cursos en varias universidades de su país o del exterior.

- Usar mapas y obtener indicaciones de cómo llegar de un lugar a otro.

- Bajar canciones a su reproductor de música (como su iPod o MP3).

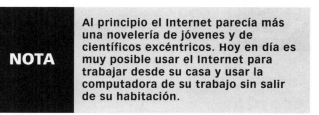

NOTA Al principio el Internet parecía más una novelería de jóvenes y de científicos excéntricos. Hoy en día es muy posible usar el Internet para trabajar desde su casa y usar la computadora de su trabajo sin salir de su habitación.

Consideraciones de seguridad mientras usa el Internet

El Internet es uno de los medios de comunicación e intercambio de ideas con más uso en el mundo, y desde un par de años para acá muchas compañías han decidido hacer negocios en él.

En un principio, el comercio en Internet se limitaba a un monto de 500 millones de dólares; hoy en día esa figura es mucho más alta. Debido a la rapidez con la que se ha desarrollado el Internet, es entendible que se hubieran dejado de lado algunas consideraciones muy importantes de seguridad y que no fuera hasta que empezaron a aparecer problemas que las distintas compañías comenzaran a tomar medidas para asegurarse de que sus computadoras no fueran objeto de intrusiones por usuarios malintencionados. Por eso hoy en día tenemos que ser conscientes de las precauciones que necesitamos tomar cuando usamos un navegador, por ejemplo:

1. No haga clic sobre una ventana del tipo *pop-up* —el tipo de ventana secundaria que se abre cuando está visitando un sitio web— a menos que entienda qué es lo que le están ofreciendo.

2. Si tiene que hacer una compra a través de Internet, asegúrese que la dirección de la página que está visitando empiece con "https". De lo contrario, puede ser que la página no sea completamente segura.

Nunca divulgue información personal acerca de usted o de su familia inmediata a nadie en Internet a menos que usted ya haya tenido experiencia con una compañía o tratos comerciales con ella en el pasado.

Para recordar

- El Internet no le pertenece a nadie, ni a ningún gobierno ni ninguna entidad en particular.

- El Internet tuvo sus comienzos en un proyecto del Ministerio de Defensa de los Estados Unidos en 1969.

- El protocolo TCP/IP ha sido uno de los factores más decisivos en que el Internet adquiriera el auge que tiene hoy.

- Para usar el Internet es necesario ser miembro de un servicio en línea, de un proveedor de servicio al Internet o usar una conexión a través de la red de su compañía o universidad.

- Nunca divulgue información personal a compañías, entidades o individuos que no le sean conocidos por experiencia personal o recomendados por alguien de confianza.

Cómo usar el Internet 20

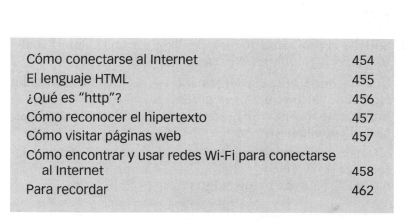

Cómo conectarse al Internet

Como pudo ver en el capítulo anterior, hoy en día existen varias maneras para conectarse al Internet. Si su computadora todavía no cuenta con acceso al Internet, se puede conectar usando un ISP.

Siga estos pasos para conectar su computadora a Internet, usando una línea de teléfono:

1. Solicite el programa que le permite abrir una cuenta "Dial-Up" en el área donde vive, como America Online.
2. Una vez que reciba el programa, instálelo en su computadora siguiendo las instrucciones de éste. En este punto es muy importante que guarde la contraseña que eligió ya que más tarde la puede necesitar.
3. Una vez que termine este proceso, le será posible entrar al Internet con sólo abrir el programa, escribir su contraseña y hacer clic sobre el botón "Sign On".

Si necesita que su computadora esté conectada al Internet en todo momento, inscríbase a un servicio de Internet por cable o uno de DSL de esta manera:

1. Llame a su compañía de cable, y pregúnteles qué clase de ofertas tienen para Internet por cable. Después haga lo mismo con su compañía de teléfono, y pregúnteles el costo del servicio DSL. Decida cuál de estos servicios le es más favorable, y por último solicite que la compañía que eligió le envíe el equipo para conectar su computadora al Internet.
2. Una vez que reciba el módem, siga las instrucciones que vienen con el equipo para conectarlo al Internet. Una vez que haya terminado de conectar el módem y de configurar su computadora, ésta permanecerá conectada al Internet mientras esté prendida, sin ningún paso adicional.

La diferencia consiste en que si elige una conexión de Internet por cable, su conexión va a ser mucho más rápida que si elige una conexión "Dial-Up".

El lenguaje HTML

El texto resaltado de marcadores, o "HTML", es un lenguaje usado para crear páginas en la web. Estas páginas se pueden observar con un navegador, como por ejemplo Internet Explorer o Firefox.

La mayoría de los documentos publicados en la web están escritos en este lenguaje. Esta clase de documentos se puede reconocer por la extensión HTM o HTML. Este lenguaje les permite a los diseñadores de páginas web crear enlaces de información, las cuales son archivadas en una computadora diferente situada en el mismo sitio de trabajo o inclusive en un país remoto.

```
Source of: http://www.hisp.com/ - Netscape

<html>
<head>
<!-- Copyright 1996 -->
<!-- Copyright 1997 -->
<!-- Copyright 1998 -->
<BASE HREF="http://www.hisp.com/">
<font face="TIMES NEW ROMAN, TIMES, ARIAL, HELVETICA">
<title>HISPANIC Online</title>
<body background="images/back7.gif" BGCOLOR="#FFCD62" LII
</head>
<center>
<table border="0" cellpadding="0" cellspacing="0" width='
<tr>
<td align="center" valign="top" width="60">
<font size="1"><A HREF="table.html"><img src="images/tak
Issue!" BORDER=0 width="48" height="48"></A><p>This Mont
<p><A HREF="chat.html"><img src="images/chat.gif" ALT="(
height="48"></A></p>
```

La gráfica de arriba muestra el código necesario para crear la página web de entrada a *Internet para todos*. Para el usuario normal, todo esto sucede *automáticamente* y usted no tiene que preocuparse en pensar cómo fue creada esta página.

¿Qué es "http"?

"Http" es la sigla del protocolo de control de hipertexto, o "Hyper Text Control Protocol". Este es un protocolo de bajo rendimiento que se basa en el hecho de que toda la información necesaria para localizar documentos está contenida directamente en los mismos documentos. La idea no es nueva, por supuesto; para un usuario de una computadora equivale a la operación de consultar un libro con diferentes capítulos y encontrar en él referencias a otros capítulos del libro que está leyendo o de otros libros.

La web se basa en la operación de "http" como medio de comunicarse con los usuarios de los navegadores. Técnicamente se puede decir que "http" es lo mismo que texto, con una diferencia importante: éste contiene la información acerca de cómo conectarse con otros archivos.

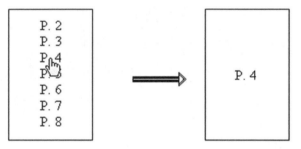

En un navegador, esta operación funciona en forma tan sencilla como voltear una página en el libro que está leyendo. Y así como al leer el libro verá algunas veces referencias a otra páginas, "Hypertext" hace lo mismo, pues le ordena al navegador ir a otra dirección virtual cuando usted elija el enlace que está escondido debajo del texto.

Esta página y la anterior acerca del HTML sólo se incluyen de manera informativa, ya que la manera como funciona este protocolo es casi transparente para el usuario de un navegador.

Cómo reconocer el hipertexto

La manera de distinguir el texto común del hipertexto en una página web es pasando el indicador del ratón por encima del texto. Usted puede observar por ejemplo que si pasa el indicador del ratón por encima del texto, el símbolo que representa el ratón no cambia. Si pasa éste encima de hipertexto, en cambio, el indicador del ratón cambiará a una mano. En esta forma se dará cuenta claramente que detrás de este texto existe un enlace o "link" a una dirección virtual que podrá visitar si elige este nombre o símbolo.

Por ejemplo, si ordena a su navegador visitar la dirección *http://gort.ucsd.edu/news/hc.html#other,* le será posible ver una lista de recursos de medios de información latinos, como puede ver en la siguiente gráfica. Si pasa el indicador del ratón encima del título "Latin American News Links", la flechita (que indica la posición del ratón en la pantalla) cambia a una pequeña mano. Esta es una señal de que si escoge este enlace haciendo clic sobre él, visitará un sitio web diferente.

Cómo visitar páginas web

Estos son los pasos para visitar páginas web, escribiendo la dirección virtual de éstas directamente en la casilla de direcciones del navegador:

1. En un navegador, haga clic en la casilla de direcciones. Después escriba la dirección web que desea visitar. Por ejemplo: *http://www.hcpl.net*.

2. Una vez que termine de escribir la "URL", oprima ENTER. Ahora podrá ver en el área de trabajo de su navegador la página web que corresponde a la "URL" que escribió.

Piense en el proceso de conectarse al Internet como crear un puente que sale de su computadora a un mundo virtual en el cual usted puede recibir noticias, aprender o comunicarse con sus seres queridos.

Cómo encontrar y usar redes Wi-Fi para conectarse al Internet

Usted tal vez habrá notado anuncios en hoteles y aeropuertos ofreciéndole "Wi-Fi" o cafés que tienen "hot spots", que le permiten conectarse al Internet si tiene una computadora portátil con una tarjeta inalámbrica compatible o "Wireless". Esto puede ser especialmente útil si viaja muy a menudo. Para conectarse a este tipo de red inalámbrica, si es abierta, sólo tiene que hacer un par de clics en su computadora. (Tenga en cuenta que no todas las redes "Wi-Fi" públicas son gratis. A veces tendrá que pagar antes de poder conectarse).

Las instrucciones que siguen a continuación sólo le ayudarán si su computadora está configurada para que Windows administre sus conexiones inalámbricas. Pero si su tarjeta inalámbrica tiene su propio *software* entonces use las instrucciones de ésta para conectarse a una red de "Wi-Fi".

Para comenzar siga los pasos de acuerdo a la versión de Windows que tenga.

En Windows 7:

Si ha esperado más de un minuto después de abrir su navegador de Internet y todavía no tiene conexión, entonces siga estos pasos:

1. Lleve el indicador sobre el icono de su conexión inalámbrica y haga clic una vez sobre él. (Este es el que tiene barritas en la parte derecha de la barra de tareas. Si la computadora no está conectada al Internet podrá ver un asterisco sobre él).

2. Ahora busque, si está en un sitio público, una red abierta (si lleva el ratón sobre su nombre debe decir "Security Type: Unsecure"). Cuando encuentre uno, haga doble clic sobre su nombre para conectarse (si desea que su computadora se conecte automáticamente a esta red, haga clic sobre su nombre y después sobre "Connect automatically" y finalmente sobre "Connect").

Si la red que necesita usar no es abierta y tiene la clave para entrar, hágale clic a su nombre, después entre la clave cuando se la pidan, y finalmente haga clic sobre "Connect". Una vez que se conecte, abra su navegador de Internet y trate de visitar una página web. Si después de tratar estos pasos todavía no tiene acceso al Internet, entonces trate de conectarse a una red diferente.

En Windows Vista:

Si después de prender la computadora y esperar unos minutos todavía no puede conectarse al Internet (es decir, abre su navegador y sólo ve una página en blanco), entonces siga los siguientes pasos:

1. Lleve el indicador sobre el icono de su conexión inalámbrica (éste se encuentra en la parte derecha de la barra de tareas o "Taskbar", y si todavía no está conectado al Internet, verá una *X* sobre él) y haga doble clic sobre él.

2. Ahora haga clic sobre "Connect to a network".

3. En la lista que se abre de redes "Wi-Fi" que están disponibles, haga doble clic sobre el nombre al cual desea conectarse (por ejemplo, en Starbucks el servicio inalámbrico es provisto por la compañía AT&T). Si esta lista es larga y usted no sabe el nombre exacto de la red a la cual debe conectarse, pregúntele a alguien que trabaja en el lugar que está visitando, que le averigüe su nombre. Por favor note en la gráfica anterior que las redes que no están abiertas, y para las cuales necesita saber

la contraseña, tienen una gráfica de un candadito al lado de su nombre. Ahora haga clic cuando vea el próximo mensaje que le avisa que esta no es una conexión segura sobre "Connect anyway" y por último sobre "Close".

Ahora, cuando abra su navegador de Internet y trate de conectarse al Internet, debe tener una conexión. Pero si todavía no la tiene, siga los mismos pasos que vio en estas páginas, y trate de conectarse a una red "Wi-Fi" diferente para ver si le funciona.

En Windows XP:

Si después de prender la computadora y esperar unos minutos todavía no puede conectarse al Internet (es decir, abre su navegador y sólo ve una página en blanco), entonces siga los siguientes pasos.

1. Lleve el indicador sobre el icono de su conexión inalámbrica (este icono se encuentra en la parte derecha de la barra de tareas, o "Taskbar" y si todavía no está conectado al Internet, tendrá una *X* sobre él) y haga doble clic sobre él.

2. En la lista que se abre de las redes "Wi-Fi" que están disponibles, haga doble clic sobre el nombre al cual desea conectarse (por ejemplo, en Starbucks el servicio inalámbrico es provisto por la compañía AT&T). Si esta lista es larga y usted no sabe el nombre exacto de la red a la cual debe conectarse, pregúntele a alguien que trabaja en el lugar que está

visitando que le averigüe su nombre. Por favor note en la gráfica anterior que las redes seguras, y para las cuales necesita
saber la contraseña, tienen una gráfica de un candadito al lado
de su nombre.

3. Ahora haga clic cuando vea el próximo mensaje que le avisa
que ésta no es una conexión segura sobre "Connect anyway".

Ahora cuando abra su navegador de Internet y trate de conectarse a
Internet debe tener una conexión. Pero si todavía no la tiene, siga
los mismos pasos que vio en estas páginas, y trate de conectarse a
una red "Wi-Fi" diferente para ver si le funciona.

Para recordar

■ Las maneras más populares de conectarse al Internet hoy en
día son por cable o usando un servicio llamado DSL.

■ Una URL es el localizador uniforme de recursos en Internet en
la cual puede encontrar una página web.

■ Si tiene una computadora portatil con una tarjeta de red
inalámbrica y está en un sitio público o está de viaje, busque
una red "Wi-Fi" que le dé acceso al Internet.

Los navegadores 21

La red mundial

La red mundial, o "World Wide Web", que también se conoce como la "web", tuvo su origen en marzo de 1989, cuando Tim Berners-Lee del CERN propuso una forma de intercambiar información más eficientemente entre los distintos miembros de la organización, los cuales vivían y trabajaban en diferentes países.

Para usar la web es necesario tener un programa llamado un navegador, como por ejemplo Mozilla Firefox o Internet Explorer; éstos descifran todo el texto, el sonido y el vídeo enviados a través del Internet y los presentan al usuario en un formato parecido al de los demás programas para Windows.

La gráfica de abajo muestra los iconos que representan estos dos excelentes navegadores:

Internet
Explorer
Browser

Mozilla
Firefox

Para abrir uno de estos navegadores es suficiente hacer doble clic sobre el icono que lo representa, si está en el escritorio virtual, o sólo un clic si está en el menú de "Start".

La diferencia entre un sitio web y una página web

A través de este libro usaré muchos términos que pueden ser nuevos para usted. Dos de estos términos que pueden confundirle fácilmente son "sitio web" y "página web".

¿Qué es un sitio web? Por lo general un sitio web se entiende como una o varias computadoras conectadas al Internet cuya función es administrar un dominio virtual asignado (como por ejemplo el dominio de *Internetparatodos.com*) y atender pedidos de información de computadoras de todas partes del mundo.

Una página web es una de las páginas guardadas en una de las computadoras en un sitio web. Un sitio web, como por ejemplo *www.Microsoft.com,* puede tener miles de páginas web.

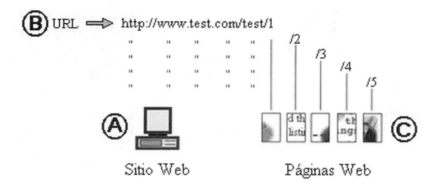

Sitio Web   Páginas Web

En la gráfica de arriba (no la trate de encontrar en el Internet, ya que este es sólo un ejemplo), puede ver la diferencia entre un sitio web y una página web:

A Este es el sitio web con la URL *http://www.test.com*. Este sitio web consiste de cinco páginas web.

B Ahora note que la dirección web de cada una de estas cinco páginas es parecida, y la única parte que cambia en cada una es el último número.

C Estas son las cinco páginas web con direcciones virtuales desde *http://www.test.com/test/1* hasta *http://www.test.com/test/5*.

¿Qué es un navegador?

Un navegador, o "Browser", es un programa que le permite hallar, bajar y mostrar archivos con texto, vídeo, sonido y todas las imágenes que comprenden una página virtual.

El navegador descifra internamente todas las instrucciones que recibe su computadora a través de Internet y las presenta en su pantalla como texto e imágenes.

El primer navegador que salió al mercado se llamó Mosaic, y fue el producto de un centro de investigación de la Universidad de Illinois. El éxito de este programa consistió en que tenía una plataforma gráfica que le permitía usar el indicador para buscar documentos en Internet.

Hoy en día también existen compañías que usan navegadores para distribuir información internamente; las redes de este tipo se llaman "intranets". Cuando usa un navegador usted puede visitar un servidor en Rusia y después otro en África, todo en unos pocos minutos.

En los últimos años, dos navegadores se han destacado por la cantidad de adelantos técnicos que utilizan en la presentación de la información. Por la misma razón, ellos cuentan con un mayor número de usuarios:

- Internet Explorer de Microsoft.
- Firefox de Mozilla.

En realidad ambos son tan buenos que hoy en día la mayoría de los usuarios de Internet prefieren usar uno de ellos. La compañía Google también ofrece un navegador, el cual se llama Chrome.

Algunas de las cosas que puede hacer con un navegador

Hoy en día millones de personas entran a Internet para buscar noticias, comprar acciones, obtener información acerca de las vacaciones que piensan tomar y comunicarse con parientes, amigos o asociados alrededor del mundo. Todo esto, sorprendentemente, sin abandonar la casa u oficina.

Un navegador le permitirá efectuar un número indefinido de diligencias que en el pasado casi siempre le hubieran significado hacer un viaje y tal vez esperar en una fila, o hacer cola, como decimos algunos latinos.

Un navegador tiene la ventaja adicional de ofrecer al usuario la posibilidad de buscar información en otras partes del mismo servidor, o de otros alrededor del mundo, los cuales son accesibles con sólo oprimir el botón izquierdo del indicador sobre el enlace.

El navegador Internet Explorer de Microsoft

La versión más reciente de este navegador es la versión 8.0. La versión 7.0 de Internet Explorer fue la actualización más importante en cinco años que este programa ha recibido, y la diferencia principal que usted notará con versiones anteriores de este programa es el uso de pestañas de página o "Page Tabs".

Las "Page Tabs", como usted puede ver en esta gráfica, se abren al lado de la primera página que abrió en este navegador (en este ejemplo puede ver cuatro "Page Tabs"), para ayudarle a mantener las páginas que usted ha abierto disponibles. Por favor note que la "Page Tab" seleccionada en esta a pantalla (vea la flecha) es la que lee "Miami-Dade...", cuyo contenido llena el área principal de este navegador. Por ejemplo, si usted está en la página de entrada de un periódico en línea y ve un enlace que le interesa y le gustaría fácilmente regresar a su página de entrada, oprima y sujete la tecla CTRL.

Ahora, con muy pocas excepciones (por ejemplo, cuando está trabajando con su correo de Gmail en Internet, que se abrirá en una ventana nueva), una nueva "Page Tab" será creada al lado de la que contiene este periódico en línea. Para ver la información en esta nueva "Page Tab" sólo es necesario hacer clic sobre ella. Recuerde que si hace clic sobre un enlace, pero no presiona y sujeta la tecla CTRL, esta página nueva puede abrirse normalmente debajo de la misma en la que ha estado trabajando.

Si más tarde abre una sesión completamente nueva del navegador Internet Explorer haciendo clic a su icono, una nueva copia del programa se abrirá en una ventana separada.

Los botones de Internet Explorer

La mayoría de los botones en este navegador de Internet no han cambiado mucho con respecto a las versiones anteriores, aunque algunos de sus botones ahora están en diferentes partes de su barra de herramientas.

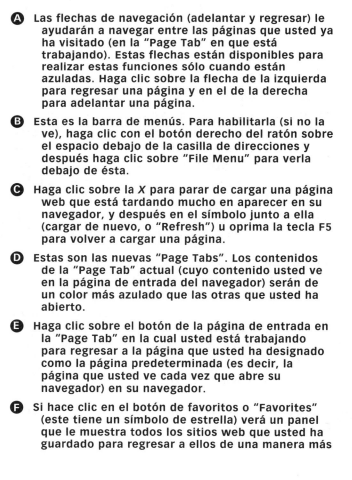

Esta es la descripción de algunos de los botones pertinentes en este navegador:

A Las flechas de navegación (adelantar y regresar) le ayudarán a navegar entre las páginas que usted ya ha visitado (en la "Page Tab" en que está trabajando). Estas flechas están disponibles para realizar estas funciones sólo cuando están azuladas. Haga clic sobre la flecha de la izquierda para regresar una página y en el de la derecha para adelantar una página.

B Esta es la barra de menús. Para habilitarla (si no la ve), haga clic con el botón derecho del ratón sobre el espacio debajo de la casilla de direcciones y después haga clic sobre "File Menu" para verla debajo de ésta.

C Haga clic sobre la X para parar de cargar una página web que está tardando mucho en aparecer en su navegador, y después en el símbolo junto a ella (cargar de nuevo, o "Refresh") u oprima la tecla F5 para volver a cargar una página.

D Estas son las nuevas "Page Tabs". Los contenidos de la "Page Tab" actual (cuyo contenido usted ve en la página de entrada del navegador) serán de un color más azulado que las otras que usted ha abierto.

E Haga clic sobre el botón de la página de entrada en la "Page Tab" en la cual usted está trabajando para regresar a la página que usted ha designado como la página predeterminada (es decir, la página que usted ve cada vez que abre su navegador) en su navegador.

F Si hace clic en el botón de favoritos o "Favorites" (este tiene un símbolo de estrella) verá un panel que le muestra todos los sitios web que usted ha guardado para regresar a ellos de una manera más

fácil. Para regresar a un sitio web cuyo nombre usted ve en esta lista, haga clic sobre él. Para añadir un sitio web a esta lista, haga clic sobre el signo de estrella y después en el menú que se abre haga clic sobre "Add a Favorite" y después haga clic sobre "Add".

Si usted es un usuario de Internet por cable o DSL y su cliente de correo electrónico es Outlook o Outlook Express, haga clic en el botón de página y verá algunas opciones disponibles. Haciendo clic sobre ellas, usted conducirá algunas opciones que le son disponibles, como por ejemplo hacer clic sobre "enviar página por correo electrónico" ("Send Page by E-mail") o "enviar enlace por correo electrónico" ("Send Link by E-mail"). Haga clic sobre el icono de "Print" para imprimir todas las páginas de la página web con la cual está trabajando.

Cómo trabajar con la función de "Page Tabs" en Internet Explorer

Para trabajar con una nueva "Page Tab" o una que usted ha abierto antes, simplemente haga clic sobre su título. Si usted no está seguro de cuál de las pestañas corresponde a la página a la cual desea regresar, entonces lentamente lleve el indicador del ratón sobre las "Page Tabs", y esta información será exhibida.

Para cerrar una sola "Page Tab", haga clic sobre la *X* junto a su nombre.

Adicionalmente, cuando usted intenta cerrar este navegador de Internet haciendo clic sobre la *X* en la esquina superior derecha de la ventana del navegador, verá una ventana de diálogo que le pregunta: "Do you want to close all tabs?" ("¿Quiere cerrar todas las pestañas de página?"). Si usted hace clic sobre "Close Tabs" cerrará todas las pestañas. De otra manera, haga clic sobre "Show Options" (mostrar más opciones) y después haga clic sobre la selección "Open

these the next time..." ("Abra estas páginas la próxima vez..."), para que éstas se abran automáticamente la próxima vez que abra el navegador.

La página de entrada de Internet Explorer

En la siguiente gráfica puede ver la ventana del navegador Internet Explorer, el cual está recibiendo información del servidor web de la biblioteca pública de Nueva York.

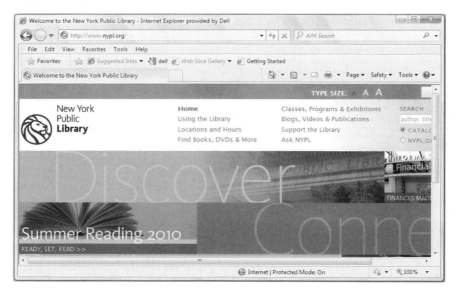

La versión 8.0 de este navegador, que viene incluida con el sistema operativo Windows 7, es mucho más segura que versiones anteriores.

A continuación aprenderá sobre las partes principales de Internet Explorer. Recuerde que visitar sitios web con la nueva versión de este navegador se realiza de casi la misma manera a como se trabajaba en versiones anteriores.

Siga esta gráfica para reconocer las partes más importantes de Internet Explorer:

Ⓐ Esta es la barra de menús.

Ⓑ Esta es la barra de herramientas.

Ⓒ Esta es la barra de direcciones, o "Address Bar", donde debe escribir la URL de las páginas web que desea visitar. Y una vez que empiece a navegar estas páginas, la URL que ve aquí, cambiará a la dirección de la página cargada en el navegador.

Ⓓ Este es el área de trabajo.

Ⓔ Haga clic sobre estas guías (al lado de las flechas), mientras mantiene el botón izquierdo del ratón oprimido. Por ejemplo, mueva la guía horizontal de un lado a otro para revelar partes de una página web que parecen estar escondidas en su navegador. Mueva la guía verticalmente, de arriba abajo, si desea adelantarse una página o regresar a la página anterior.

También le será posible adelantarse o regresar a una página web usando las teclas HOME, PAGE DOWN o PAGE UP.

Los menús de funciones en Internet Explorer

Usando la barra de menús es posible realizar la mayoría de funciones necesarias para usar este navegador. La barra de menús se puede usar con el ratón o con el teclado. Con el ratón es suficiente hacer clic sobre el nombre del menú con el cual desea trabajar, y con el teclado presione la tecla ALT, y después oprima la letra que está subrayada en el menú con el cual desea trabajar.

Para familiarizarse con la barra de menús en este navegador, haga clic una vez sobre el nombre del menú con el cual desea trabajar. Después un menú desplegable se abrirá revelándole más opciones, en las cuales también puede hacer selecciones con sólo hacer clic sobre el nombre de la selección que desea usar:

A Haga clic sobre "File" para encontrar el menú de imprimir una página web, y después clic sobre "Print". Si desea usar el teclado para abrir este menú, sostenga la tecla ALT y después la tecla F y si desea imprimir, haga clic sobre "Print".

B Si hace clic sobre "Edit", verá la opción para seleccionar todas las páginas o para buscar información en una sola página haciendo clic sobre "Find".

C Cuando hace clic sobre "View", aparecen más opciones útiles para cambiar la manera como el navegador le presenta información. Por ejemplo, si hace clic sobre "View", y después sobre "Text Size", puede cambiar el tamaño de las letras que aparecen en su navegador.

D Cuando hace clic sobre "Favorites", el navegador le presenta varias opciones para trabajar con la lista de los sitios web que visita a menudo.

E Cuando hace clic sobre "Tools", tendrá acceso a varias opciones, como la opción para limitar las "pop-ups".

Recuerde que una de las ventajas de usar Windows es que muchos programas funcionan de manera similar; por este motivo si aprende a usar los comandos básicos en un programa, como imprimir y buscar texto, es muy posible que le sirva cuando use otro programa, como este navegador.

La casilla de direcciones o "Address Bar" en Internet Explorer

La casilla de direcciones es el espacio en el navegador donde va la URL de las páginas web que desee visitar. Note que cuando está navegando el Internet y cambia de página web, la URL también cambia.

Si quiere, piense en esta acción, la de escribir la dirección de una página web en esta casilla y de oprimir la tecla ENTER, como tocar a la puerta en una casa. A veces alguien abrirá la puerta, y a veces puede que no encuentre a nadie. Si por equivocación entra a un lugar diferente y algo desagradable aparece en su pantalla, cierre el navegador haciendo clic en la *X* en la esquina superior derecha.

En la gráfica de arriba puede ver la casilla de direcciones, señalada por la flecha, en Internet Explorer. El contenido en el área de trabajo (la página del Fondo para la Conservación de los Guepardos), corresponde a la dirección en la casilla de direcciones (*http://www.cheetah .org/?nd=home*).

La barra de herramientas o "Toolbar" en Internet Explorer

Como casi todos los programas para el sistema operativo Windows, este navegador cuenta con lo que se llaman barras de herramientas o "Toolbars". Estas están compuestas de iconos o símbolos que, cuando usted hace clic sobre ellos, le permiten efectuar un número de funciones usando solamente el ratón.

Para usar la barra de herramientas, lleve el indicador encima del icono con el cual desea trabajar, y haga clic sobre él (oprimiendo el botón izquierdo una vez). Estos son los iconos más útiles, y su función, en esta barra de herramientas:

A Haga clic sobre estas flechas para avanzar o regresar a páginas que haya visitado previamente en un sitio web. Por ejemplo, si hace clic sobre la flecha de la izquierda ("Back"), regresará a la página que visitó anteriormente, y si hace clic sobre la flecha de la derecha ("Forward") se adelantará a una página que ya visitó previamente.

B Haga clic sobre el símbolo de *X* si una página está tomándose mucho tiempo en cargar; a veces es necesario llevar el ratón a este símbolo y después a "Refresh" para entrar a una página virtual.

C Haga clic sobre el símbolo "Refresh" para intentar cargar de nuevo la página virtual que está tratando de ver.

D Haga clic sobre el símbolo de "Home" para regresar a la página de entrada que el navegador abre al principio.

E Haga clic sobre el símbolo de "Print" si desea imprimir la página web que está visitando.

La mayoría de las funciones que se realizan haciendo clic sobre estos iconos, como por ejemplo imprimir, también se pueden realizar desde el menú de archivos o "File Menu".

El área de trabajo o "Workspace" en Internet Explorer

El área de trabajo en un navegador se puede considerar como la ventana al resto del mundo cibernético, pues no importa dónde esté usando este navegador, usted podrá tener acceso (si el Internet no está filtrado) a casi todos los recursos que el Internet ofrece.

Por ejemplo, en la gráfica de abajo puede ver la página de entrada al sitio web de una ciudad de Polonia.

Desde esta ventana es de donde usted envía y recibe la información que le permite ser un ciudadano virtual de esta gran comunidad de usuarios del Internet.

Note que cuando mueve el indicador del ratón por esta ventana, el símbolo de la flecha va a cambiar algunas veces a una pequeña mano; esto le indica que este es un enlace, y si hace clic sobre él, el navegador le mostrará una página web en el mismo sitio web que está visitando u otra página web en otro sitio web en otra parte del mundo.

Cómo regresar a las páginas web que visitó recientemente con Internet Explorer

En este navegador es muy fácil regresar a sitios web sin necesidad de recordar y escribir las URLs que visitó recientemente, ya que puede exhibir su URL en la casilla de direcciones, siempre y cuando su navegador esté configurado para guardarlos.

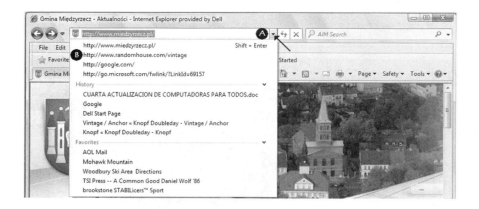

Siga estos pasos para regresar a un sitio web que haya visitado recientemente, sin necesidad de tener que escribir la URL de éste:

Ⓐ Primero haga clic sobre este símbolo, indicado por la flecha, para ver la lista de los sitios web que ha visitado en los últimos días.

Ⓑ Esta es la lista de las URLs de los sitios que ha visitado en los últimos días. Si desea regresar a un sitio determinado, lleve el ratón sobre el enlace y oprima el botón izquierdo una vez.

Esta lista cambia de acuerdo a la cantidad de sitios web que visita. Si casi nunca ve los sitios que ha visitado el día anterior, puede ser que su navegador esté configurado para borrar en vez de guardar estas direcciones después de un número determinado de días.

Si desea borrar las direcciones de los sitios web guardados en esta lista, use la combinación de teclas CTRL + SHIFT + DEL, y después seleccione la información que desea borrar (haciéndole clic al lado). Por ejemplo, para borrar la información de los sitios web que ha visitado, haga clic al lado de "History". Para terminar haga clic sobre "Delete". Pero tenga en cuenta que si decide borrar los "Cookies", o galletas virtuales, que la información de sus cuentas, como la de su banco, será borrada de su computadora, y la próxima vez que trate de entrar al sitio web de su banco, tendrá que proveer su información de nuevo.

Cómo trabajar con los sitios favoritos en Internet Explorer

Use los sitios favoritos, o "Favorites" (estos también se conocen como marcadores), si desea guardar la URL de un sitio o una página web que visita a menudo en una lista permanente. Una vez que la URL esté guardada en esta lista, le será posible regresar a ella sin necesidad de tener que escribirla.

Siga el siguiente ejemplo para aprender a usar los marcadores en Internet Explorer:

1. Haga doble clic sobre el icono de Internet Explorer para abrirlo desde su "Desktop", o sólo un clic sobre el icono de éste en el menú de "Start".
2. Ahora haga clic en frente de "Address" y después escriba la dirección virtual del servidor web que desea visitar. Para remover la dirección web, haga clic sobre ella y después use la tecla BACKSPACE para borrarla. En este ejemplo visitaremos el servidor de la NASA con dirección virtual *http://www.Nasa.gov.*

Cuando termine de escribir esta dirección, oprima la tecla de ENTER para ordenarle al navegador que cargue el contenido de esta página web en el área de trabajo de este navegador.

> **!** No se preocupe si la dirección que escribió en la casilla de direcciones cambió después de que oprimió ENTER. Los servidores web a veces hacen eso para dirigir el tráfico a una página que han diseñado mejor. Mientras la nueva dirección empiece con *http://www.nasa.gov/* no hay problema.

3. Ahora si desea guardar esta URL para regresar a visitar este servidor web en otra oportunidad, haga clic sobre "Favorites", y después sobre "Add to Favorites". Si prefiere usar el teclado, puede usar la combinación CTRL + D, para comenzar este proceso.

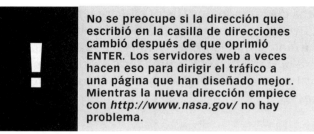

Ahora otra ventana se abre, pidiéndole que confirme que desea guardar esta dirección virtual en su lista de favoritos.

Add a Favorite

⭐ **Add a Favorite**
Add this webpage as a favorite. To access your favorites, visit the Favorites Center.

Name: NASA - Home

Create in: ⭐ Favorites ▾   New Folder

➡️ Add   Cancel

4. Finalmente haga clic sobre "Add" para guardar esta dirección web. Ahora esta dirección web permanecerá disponible hasta el momento en que la borre.

Recuerde que cuando guarde la URL de un sitio web al cual desea regresar en otra oportunidad, y usa Windows 98, ésta también estará disponible para cualquier otra persona que use la computadora. Si usa Windows XP, la lista de favoritos no estará disponible para otros usuarios que entren a la computadora con nombres de usuarios diferentes.

Si en un futuro desea regresar a este sitio web lo puede hacer muy fácilmente, de esta manera:

1. Abra Internet Explorer, si este navegador no está abierto ya, y haga clic sobre "Favorites".

2. Ahora busque, en la lista que aparece en el menú desplegable, el nombre del sitio web al cual desea regresar, y haga clic sobre él para abrirlo. En este ejemplo, es NASA-Home.

Para borrar permanentemente una dirección web que haya guardado previamente en la lista de favoritos en este navegador, haga clic sobre el menú desplegable de "Favorites".

Después haga clic con el botón derecho del ratón sobre la dirección web que desea borrar de esta lista, en este caso NASA-Home, y después en el próximo menú que aparece haga clic sobre "Delete" para borrarla, y por último oprima la tecla ENTER.

Para recordar

- La web es la plataforma de trabajo de más uso en el Internet.
- Los navegadores son las herramientas de trabajo más importantes para usar la web.
- Usando un navegador, puede realizar un número indefinido de operaciones o diligencias que antes le exigían hacer un viaje fuera de su casa y muchas veces esperar en una fila.
- Los dos navegadores de más uso hoy en día son Internet Explorer y Firefox.
- El área de trabajo de un navegador conectado al Internet es como una ventana al resto del mundo virtual.
- Si desea visitar un servidor web de nuevo, añádalo a su lista de favoritos.
- Cuando pase el indicador en un navegador por encima de "Hypertext", el símbolo del indicador cambiará a una mano para indicar un enlace o *link*.

Cómo navegar la web 22

Cómo navegar la web

No se sabe con seguridad quién fue el primero que utilizó el término "Surf the Web" ("Navegar la web"). Pero lo importante es que se usa actualmente en diferentes idiomas, y en casi todos los países del mundo, para describir las distintas operaciones que efectuamos a través del Internet o para localizar diferentes clases de información utilizando este medio.

Recordemos que cuando Cristóbal Colón descubrió el nuevo mundo, su viaje le tomó más de dos meses. Pues bien, hoy en día es posible visitar todavía más países desde la comodidad de su casa sin tener que seguir la ruta de Colón y subirse en una carabela.

Las reglas básicas para la navegación en la web son las siguientes:

- Disponer de una computadora o un sistema que le permita acceso al Internet.
- Usar un navegador.
- Contar con una conexión directa o indirecta al Internet.

En las próximas páginas aprenderá a navegar la web, lo que podrá hacer con su navegador de preferencia, ya sea Internet Explorer o Firefox.

Internet
Explorer
Browser

Mozilla
Firefox

En la gráfica de arriba puede ver los iconos de Internet Explorer y Mozilla Firefox. La manita que aparece cuando mueve el indicador del ratón sobre una página web le avisa que éste es un enlace, y que cuando haga clic sobre él, el navegador cambiará de página web en el mismo sitio web, o en otro externo (que puede inclusive estar en otro país); a esto se debe el dicho de que está "navegando la web". Todo esto, por supuesto, sin necesidad de salir de su casa o usar el pequeño velero.

Cómo usar las direcciones virtuales

La manera más común de visitar una página web, es escribiendo directamente la dirección virtual o URL en la casilla de direcciones del propio navegador.

Las instrucciones que siguen funcionan de la misma manera en todos los programas diseñados para navegar la web.

En la gráfica de abajo puede ver la casilla de direcciones virtuales del navegador Internet Explorer.

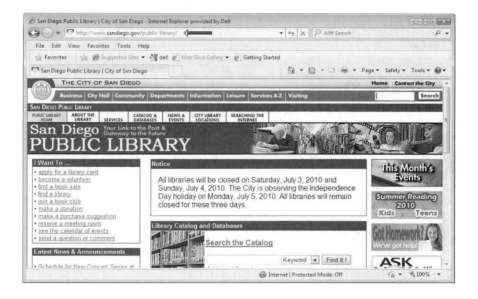

En la casilla, indicada por la flecha, escriba la URL de la página web que desea visitar. Cuando esta barra de direcciones (o "Address Bar") muestre una dirección, y quiera visitar otra página, haga clic sobre el nombre que ve en la barra de direcciones y use la tecla BACKSPACE para borrarla (oprimiéndola poco a poco, hasta borrar la parte de la dirección que necesita borrar). Ahora escriba la nueva URL de la página web que desea visitar, y después oprima ENTER. En este ejemplo, puede ver la página de entrada al sitio web de la biblioteca pública de San Diego, California, cuya URL es *http://www.sandiego.gov/public-library/*.

El ejemplo que sigue le ayudará a aprender a escribir la dirección del sitio web que desea visitar en la casilla de direcciones de un navegador.

Primero abra una conexión al Internet (si tiene Internet por cable esta conexión está abierta todo el tiempo). Una vez que tenga una conexión al Internet, abra su navegador.

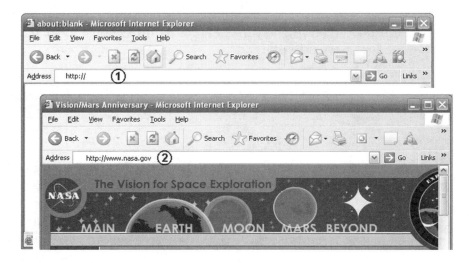

Siga esta gráfica para aprender a escribir direcciones virtuales de las páginas web que desee visitar en su navegador:

1. En su navegador, haga clic dos veces sobre la casilla de direcciones virtuales, hasta que no esté seleccionada, o sea, que tenga una sombra azul. Ahora oprima la tecla BACKSPACE poco a poco para acortar esta dirección virtual hasta que sólo quede la primera parte, o sea, *http://*.

2. Ahora escriba la dirección virtual de página web que desea visitar. Para este ejemplo escriba *http://www.nasa.gov.* Si siguió el primer paso (reducir la dirección que estaba en su navegador cuando lo abrió) sólo es necesario escribir el resto de la dirección, o sea, *www.nasa.gov.* También funciona escribir solamente *www.nasa.gov,* ya que su navegador añade automáticamente el *http://* que va al principio de la dirección virtual.

3. Por último, oprima la tecla ENTER para confirmarle al navegador que cargue la página web.

Qué hacer si la dirección virtual le indica un error

Una de las situaciones más frustrantes cuando usa el Internet es la de no poder abrir una página virtual porque cuando trata de visitarla el navegador le muestra un error.

Este ejemplo le enseñará qué hacer si alguien le da la dirección virtual de un servidor web para buscar noticias y cuando trata de usarla recibe un mensaje de error, como el de la siguiente gráfica.

La URL para este ejemplo es: *http://www.latimes.com/features/2.html*.

En el recuadro anterior puede ver lo siguiente:

A   Esta es la dirección virtual que está tratando de visitar.

B   Este es el mensaje que el servidor web del periódico *Los Angeles Times* le devuelve cuando trata de visitar esta página virtual: "Page not Found", o sea, "La página no se encuentra disponible".

Si tiene problemas hallando un sitio web, trate de reducir segmento por segmento la dirección virtual; de esta manera tal vez pueda encontrar que el recurso fue cambiado de sitio en el mismo servidor web.

En la siguiente gráfica puede ver claramente los diferentes segmentos de la dirección virtual de la página anterior. Por el error que devolvió el servidor web del periódico *Los Angeles Times,* es fácil deducir que el último segmento de esta dirección virtual no corresponde a un archivo en ese servidor web. Si desea insistir en esta dirección virtual, redúzcala segmento por segmento.

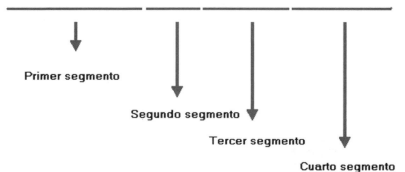

Los segmentos de una dirección virtual ("URL")

http://www.latimes.com/HOME/ARCHIVES/power3.htm

Primer segmento

Segundo segmento

Tercer segmento

Cuarto segmento

La gráfica anterior representa los diferentes segmentos de una dirección virtual.

Cuando siga este ejemplo es importante recordar que si el servidor web ha cambiado de lugar o por algún motivo lo han clausurado temporal o permanentemente, el navegador le mostrará un error en la pantalla diciendo que no se pudo comunicar con el servidor web.

Si desea seguir este ejemplo, visite el servidor web del periódico *Los Angeles Times* en la dirección virtual: *http://www.latimes.com/HOME/ ARCHIVES/power3.htm.*

Este ejemplo es excelente por el hecho de que este servidor web le da más información acerca del por qué usted no puede encontrar la página virtual que está buscando.

Recuerde cuando siga este ejemplo que cada página virtual tiene una dirección única; es decir, que si escribe mal la dirección virtual o esta página ya no existe, el servidor web que está tratando de visitar le mostrará un error como en la página anterior.

Cómo reducir una dirección virtual segmento por segmento

La manera de reducir una dirección virtual es removiendo el último segmento, o sea, la parte antes del divisor, que es el símbolo "/". Si después de quitar el último segmento todavía no aparece una dirección real, siga quitando segmentos hasta que encuentre una página que funcione.

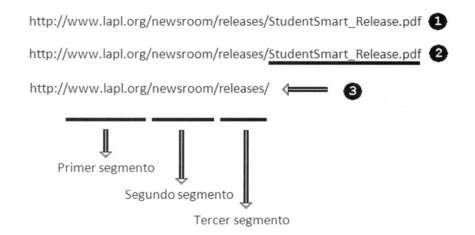

Siga estos pasos para quitar uno o varios segmentos de una dirección virtual:

1. Primero haga clic sobre el final de la dirección virtual. Si la dirección queda seleccionada, o sombreada, haga clic de nuevo, hasta que ya no esté sombreada y pueda ver el indicador (|) destellando.
2. Después oprima, poco a poco, la tecla BACKSPACE para remover el último segmento de la dirección que aparece en la casilla de direcciones (los segmentos están separados por el símbolo "/").
3. Ahora puede ver la nueva dirección virtual.

Ahora trate de cargar esta dirección virtual oprimiendo la tecla ENTER. Si esta dirección es válida, cargará la información que ofrece en el área de trabajo del navegador, y desde aquí puede continuar la búsqueda de la información que necesite. Si no es válida, siga quitando segmentos hasta que llegue a una dirección virtual que funcione o llegue a la página de entrada del sitio web.

Cómo usar los enlaces

En la siguiente gráfica aparece el área de trabajo de un navegador. Cada vez que pasa el indicador por encima de un enlace, una mano le indica que detrás de esa palabra o esa gráfica existe un enlace que puede perseguir para visitar otra página virtual u otro servidor web totalmente nuevo.

Como puede ver en la gráfica de arriba, cuando lleva el indicador del ratón sobre un enlace (en el ejemplo de arriba la frase "Sucursales de la Biblioteca Pública de Los Angeles"), el indicador cambia a una manita. Esto le indica que éste es un enlace. Para cargar la información que este enlace le ofrece en el área de trabajo de su navegador, sólo es necesario hacer clic sobre él. Después, el navegador cargará en el área de trabajo la página web correspondiente a este enlace.

De manera invisible a los usuarios de navegadores, cada enlace tiene detrás del nombre que usted puede ver su propia dirección virtual, en este caso *http://www.lapl.org/branches/index.html*, la cual su navegador cargará en el área de trabajo.

El ejemplo que sigue le ayudará a entender cómo utilizar enlaces para navegar en un sitio web, y también cómo buscar información en él:

1. Primero abra su navegador, y después escriba la dirección virtual *http://www.lapl.org/espanol/* en la casilla de direcciones para visitar el servidor web de la biblioteca pública de la ciudad de Los Angeles, California. Después oprima la tecla ENTER para cargar esta página web en el área de trabajo del navegador.

2. Por ejemplo, digamos que desea buscar un libro. Para comenzar, lleve el ratón en frente de "Search For" y haga clic una vez en el espacio en blanco. Cuando vea el símbolo del indicador (|) destellando, escriba "Vivir para contarla" (el libro autobiográfico de Gabriel García Márquez).

3. Ahora haga clic sobre la flechita, indicada por la manita, para ordenarle a este sitio web que busque en su catálogo si tiene este libro en su colección.

También es importante recordar que puede que de vez en cuando un enlace no funcione (o sea, cuando hace clic sobre el enlace, una página errónea se abre debido a que a veces las personas que administran sitios web se olvidan de cambiar la referencia a enlaces).

Finalmente, este sitio web le muestra los cuatro resultados que encontró con la descripción anterior, "Vivir para contarla", en varias de las bibliotecas del sistema de bibliotecas públicas de la ciudad de Los Angeles, California.

LAPL Catalog   Resource Description   Top

Results 1 to 4 of 4 for "Vivir para contarla"
1.   **Vivir para contarla**
     Author: Garcia Marquez, Gabr
     Date: 2003
     Call Number: S 863 G2165Ga-1 2003
       [View Details]

4. Por ejemplo, en el resultado número uno en la gráfica de arriba, haga clic sobre "View Details" (note como la flecha del indicador del ratón cambia a una mano cuando la lleva encima de "View Details") para ver los detalles de éste.

Ahora el navegador cargará otra página con información adicional acerca de la sucursal en donde puede encontrar este libro, y su disponibilidad.

Where to find it

Agency	Availability	Call Number	Status
Will & Ariel Durant Branch	CIRC	S 863 G2165Ga-1 2003	Checked out
Edendale Branch Library	CIRC	S 863 G2165Ga-1 2003	Checked out
El Sereno Branch	CIRC	S 863 G2165Ga-1 2003	Checked out
Felipe De Neve Branch	CIRC	S 863 G2165Ga-1 2003	Checked out
Granada Hills Branch	CIRC	S 863 G2165Ga-1 2003	Not Checked Out

En esta ventana busque debajo de "Where to find it" hasta que encuentre una sucursal donde tengan el libro ("Not Checked Out"). Si es necesario, lleve el indicador del ratón sobre la guía (indicada por la fecha) y sostenga el botón izquierdo del ratón mientras lo jala hacia abajo para ver más resultados, u oprima la tecla PAGE DOWN.

Cómo usar el ratón para navegar la web

En un navegador es posible usar ambos botones del ratón: el izquierdo se utiliza más que todo para efectuar selecciones, y el de la derecha es útil para efectuar funciones como, por ejemplo, ver menús sobre los cuales puede hacer selecciones para navegar en páginas web.

Internet Explorer   Mozilla Firefox

Siga estos ejemplos para aprender a adelantar una página y regresar a otra página que haya abierto anteriormente al navegar la web:

A Si tiene Internet Explorer, haga clic con el botón derecho sobre una parte libre de texto o gráficas hasta ver el menú de arriba; después oprima el botón izquierdo del ratón sobre la primera opción "Back", para regresar a la página anterior, o "Forward", para adelantarse una página.

B Si tiene Mozilla Firefox haga clic con el botón derecho sobre una parte libre de texto o gráficas hasta ver el menú de arriba; después oprima el botón izquierdo del ratón sobre "Back" para regresar a la página anterior o "Forward" para adelantarse una página.

NOTA

Si los menús de "Back" o "Forward" no están disponibles, se debe a que acaba de entrar a este sitio web y todavía no ha abierto suficientes páginas como para usar esta función. Recuerde que también puede adelantarse o regresar a la última página que abrió usando la barra de herramientas, haciendo clic sobre la flecha de regresar (←) o sobre la de adelantar (→).

Para recordar

- La web es la plataforma de trabajo de mayor uso en el Internet.

- Para navegar la web use un navegador como Internet Explorer o Mozilla Firefox.

- El área de trabajo de un navegador conectado al Internet es como una ventana virtual al mundo.

- Usando un navegador se puede realizar un número ilimitado de operaciones o diligencias que antes le exigían salir de su casa y, muchas veces, esperar en línea.

- Para visitar un sitio web escriba su URL en la casilla de direcciones, y después oprima la tecla ENTER.

- Un enlace es fácil de reconocer en el área de trabajo de un navegador porque cuando pasa el indicador sobre su texto o gráfica, el símbolo del indicador cambia de una flecha a una mano.

- Navegar la web es el proceso de seguir enlaces hasta encontrar la información que se busca.

- Si la información en la página web que está tratando de visitar no se carga, puede ser que no tiene una conexión al Internet o que la dirección virtual no es la correcta.

El correo electrónico

Introducción

El correo electrónico convierte a su computadora en un mensajero de servicio postal virtual. Es decir, que su computadora puede recibir y enviar mensajes electrónicos a pesar de la lluvia, la nieve y la distancia, donde quiera que tenga disponible una conexión al Internet.

Cómo usar el correo electrónico

Estas son las dos principales maneras de usar el correo electrónico que aprenderá en este capítulo:

- Usando un programa para Windows, como Windows Live Mail u Outlook Express, si su proveedor de servicio al Internet le suministró una cuenta de correo del tipo POP3 o IMAP, que es el tipo de correo electrónico que se puede usar con este tipo de programa.
- Usando un navegador web como Internet Explorer o Mozilla Firefox para llegar a la página web de un servicio de correo electrónico basado en la web o "Web-based" como America Online.

Ambos tipos le ofrecen sus ventajas. Por ejemplo, si usted tiene que compartir muy a menudo archivos con sus compañeros de trabajo y tiene una cuenta del tipo POP3 o IMAP, es casi obligatorio que use Windows Live Mail u Outlook Express. Por otro lado, una cuenta de correo electrónico basada en la web se puede usar desde cualquier computadora que tenga una conexión al Internet y un navegador web.

También es importante añadir que hoy en día mucha gente y compañías inescrupulosas están enviando mensajes de correo electrónico no deseado, que también se conocen como "Spam". Desgraciadamente, esto le puede traer muchos problemas si recibe uno de estos mensajes y su computadora no está bien protegida con un programa de *antivirus,* y usted elige abrirlo. Por esto le recomiendo que si no reconoce la dirección de correo electrónico de la persona que se lo envió, mire las casillas "From" y "Subject" del mensaje y no lo abra; bórrelo de inmediato.

Cómo enviar mensajes de correo electrónico

En esta sección aprenderá a enviar y recibir mensajes de correo electrónico usando el cliente de correo electrónico que tenga instalado en su computadora, ya sea Windows Live Mail (incluido con Windows 7) o Windows Mail (Vista). Estos programas se pueden usar con cuentas de correo electrónico para buzones del tipo POP3 o IMAP (como el provisto por compañías que ofrecen servicio de Internet por cable, como por ejemplo Optimum Online).

Para comenzar abra el cliente de correo electrónico que usa. Por ejemplo, si usa Windows Live Mail, Windows Mail o Outlook Express, los puede abrir de esta manera;

En Windows 7/Vista:

Haga clic sobre el botón de "Start" e inmediatamente escriba Windows Live Mail (Windows 7) o Windows Mail (Windows Vista). Ahora busque en la lista (debajo de "Programs") Windows Live Mail o Windows Mail y hágale clic para abrirlo.

En Windows XP:

Busque el icono de Outlook Express en el "Desktop" y hágale clic para abrirlo, o si no lo ve ahí, haga clic sobre "Start", después sobre "All Programs" y finalmente lleve el indicador hacia la derecha sobre "Outlook Express" y hágale clic para abrirlo.

Si tiene Windows 7 pero aún no tiene Windows Live Mail, lo puede conseguir de manera gratis visitando el siguiente sitio web: http://explore.live.com/windows-live-mail. Una vez que este sitio web abra, haga clic sobre "Download" para bajarlo y después hágale clic al archivo que descargó para instalar este programa. Siga los pasos que ve ahí, y cuando termine, reinicie su computadora. Ahora, la primera vez que abra este programa, añade la cuenta de correo electrónico que desea usar con este programa de correo electrónico.

En la anterior gráfica puede ver una captura de pantalla de Windows Live Mail. Este es el reemplazo a Windows Mail y Outlook Express (que era el cliente de correo electrónico incluido con Windows XP). Afortunadamente para aquellos usuarios que se acostumbraron a usar Outlook Express, casi todas las funciones para enviar y recibir mensajes de correo electrónico se hacen de la misma manera.

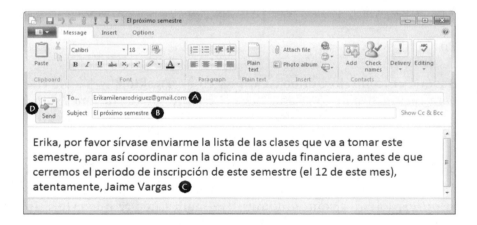

Cuando el programa se abra, haga clic sobre "New" (en Windows Live Mail haga clic sobre "Email Message"). Cuando la ventanita de redactar un nuevo mensaje se abra, siga las instrucciones y la gráfica que siguen a continuación.

Ⓐ En esta casilla escriba la dirección electrónica de la persona que recibirá el mensaje electrónico; si desea enviar este mensaje a más de una persona, escriba una coma y después la dirección de la segunda persona que recibirá el mensaje.

Ⓑ En esta casilla escriba el tema del mensaje.

Ⓒ En el recuadro principal, escriba el mensaje.

Ⓓ Finalmente haga clic sobre "Send". Ahora este mensaje será copiado a la carpeta de salida o "Outbox", y será enviado al intervalo de tiempo predeterminado en el programa. Si no desea esperar, oprima la tecla F5.

Para enviar y recibir mensajes de correo electrónico es necesario que su computadora tenga una conexión abierta al Internet. Por ejemplo, si tiene servicio de Internet por cable, esta conexión siempre debe estar abierta mientras el módem de cable está prendido y conectado a su computadora. Si tiene una conexión por línea de teléfono o "Dial-up", es preciso que se conecte al Internet antes de usar su cliente de correo electrónico, de lo contrario no podrá enviar o recibir mensajes.

Cómo recibir mensajes de correo electrónico

En las páginas que siguen a continuación aprenderá el proceso de recibir, abrir y leer mensajes usando la cuenta de correo electrónico que le fue asignada por su proveedor de Internet o ISP, o inclusive una que consiguió en un sitio web.

Para trabajar con cualquier mensaje de correo electrónico que le enviaron y que recibió usted puede:

■ Seleccionarlo con un sólo clic y borrarlo sin abrirlo inmediatamente, haciendo clic sobre la *X* en la barra de herramientas u oprimiendo la tecla DELETE.

■ Leer el mensaje y después contestarlo, haciendo clic sobre "Reply" o sobre "Forward".

■ Leer el mensaje y después cerrarlo. Ahora éste permanecerá guardado debajo de "Inbox" hasta que decida borrarlo.

■ Leer el mensaje y después borrarlo, haciendo clic en la *X* en la barra de tareas.

Para comenzar este proceso, abra su cliente de correo electrónico guiándose por las instrucciones de las páginas anteriores para revisar si recibió nuevos mensajes en su buzón de correo electrónico.

Una vez que su cliente de correo electrónico se abra le será muy fácil abrir y leer los mensajes de correo electrónico, de la siguiente manera:

1. Primero haga clic sobre la carpeta de "Inbox".

2. En el panel de la derecha verá los mensajes que recibió. Para abrir el mensaje que desee leer haga doble clic sobre él.

Si ve en este buzón de correo electrónico un mensaje de alguien que no conoce o uno con un encabezamiento ofensivo, lo puede borrar inmediatamente —sin abrirlo primero— haciendo clic *una sola vez* sobre él (si hace doble clic lo abrirá), y después haciendo clic sobre la *X* en la barra de herramientas.

En este ejemplo hice clic sobre "Reply", y después la próxima ventana se abrió. En su caso, si necesita hacerlo, puede hacer clic sobre "Forward" para enviarle una copia de un mensaje que acaba de recibir a otra persona, pero en este último caso —a diferencia de cuando usted elige "Reply", que rellena esta información automáticamente— le será preciso añadir la dirección de correo electrónico de la persona o entidad a la que quiere enviarle una copia de este mensaje.

Esta es la manera de contestar a un mensaje de correo electrónico que recibió y ahora ve en su "Inbox":

1. En el área de trabajo de esta ventana escriba su respuesta.
2. Cuando termine de redactar su mensaje haga clic sobre "Send".

Si desea, también puede esconder este mensaje haciendo clic en el símbolo de menos (–) para regresar a la pantalla de entrada. También se puede hacer clic sobre el icono de Outlook Express en la barra de tareas.

Una vez que termine de enviar y recibir sus mensajes, puede o dejar el programa abierto o cerrarlo haciendo clic sobre la *X* en la esquina superior derecha de la ventana del programa.

El correo electrónico de America Online

Si está de viaje, o inclusive en su propia casa, y desea usar su dirección de correo electrónico de America Online (AOL) desde una computadora que no tiene el programa de America Online instalado, es suficiente tener una computadora con acceso al Internet y un navegador web.

Para comenzar a usar la versión web de correo electrónico de America Online, abra su navegador y después escriba en la casilla de direcciones *http://webmail.aol.com,* y enseguida oprima la tecla ENTER.

Cuando vea esta página web podrá comenzar a enviar y recibir mensajes. Y si no tiene una cuenta AOL la puede conseguir desde esta misma página web.

Estos son los pasos para usar su correo electrónico de America Online usando un navegador web:

Ⓐ Escriba su nombre de usuario debajo de "Enter Screen Name", y su contraseña debajo de "Password".

Ⓑ Después haga clic sobre "Sign In" para entrar a su cuenta de correo electrónico. Si aparece otro recuadro preguntándole si desea guardar su contraseña, haga clic sobre "No" si está usando una computadora a la cual más personas pueden entrar. Haga clic sobre "Yes" sobre el mensaje —si lo ve— que le indica que está saliendo de un servidor web seguro.

Ⓒ Si todavía no tiene una cuenta de correo electrónico y le interesa conseguir una cuenta gratis de correo electrónico con AOL, haga clic sobre "Sign up for a Free account" y siga los pasos que muestran ahí. Cuando termine de llenar la información que le piden en esta página, haga clic sobre "Submit"para enviarla.

Cómo enviar mensajes de correo electrónico usando America Online

Una vez que se abra su correo electrónico de America Online le será posible enviar y recibir mensajes de correo electrónico a sus familiares y amigos con sólo hacer unos pocos clics del ratón.

Enviar un mensaje de correo electrónico es muy sencillo. Haga clic sobre "Compose", y después:

Ⓐ En frente de "To" escriba la dirección de correo electrónico de la persona o entidad a la cual desea enviar este mensaje. Si tiene otro nombre al cual le desea enviar este mensaje escriba una coma "," después de la primera dirección de correo electrónico y así sucesivamente. Y en frente de "Subject", escriba, aunque no es obligatorio, el motivo de su mensaje.

Ⓑ Si quiere, también puede hacer clic sobre "Cc" en la extrema derecha de esta línea, la casilla de copiar, en donde también puede añadir direcciones de correo electrónico de la gente a la cual le desea enviar una copia del mensaje. Inclusive, si desea, también puede hacer clic sobre "Bcc", la casilla de "Blind Copy", en la cual puede añadir direcciones de correo electrónico de aquellas personas a las cuales también desea enviarles este mensaje, pero que no quiere que vean las otras personas a las cuales usted les está enviando este mensaje.

C Haga clic en el área de trabajo de su mensaje y escriba lo que quiere decir.

D Cuando termine de redactar su mensaje, haga clic sobre "Send" para que sea enviado a las direcciones de correo electrónico que usted añadió en "To", "Cc" o "Bcc".

Por favor note que después de varias veces de haber usado la versión basada en la web del correo electrónico de America Online, en el momento de añadir direcciones de correo electrónico en "To", "Cc" o "Bcc" este programa le sugerirá que use las direcciones de correo electrónico en una lista que America Online ha estado guardando de las personas a las cuales usted le envía mensajes o de las cuales recibe mensajes de correo electrónico. Por ejemplo, si usted le ha enviado mensajes de correo electrónico a un amigo cuya dirección de correo electrónico empieza con la letra C, este programa le sugerirá su dirección de correo electrónico tan pronto usted escribe *C* en "To" o "Cc", o "Bcc". Para usar la dirección guardada y añadirla a la lista de recipientes, haga clic sabre ella.

Cómo recibir mensajes de correo electrónico usando America Online

Para a abrir y leer los mensajes de correo electrónico que le enviaron, regrese a la página web del correo electrónico de America Online, de la manera que vio anteriormente. Si recibe un mensaje de correo electrónico de alguien que no conoce y piensa que éste puede ser dañino para su computadora, bórrelo de esta manera: haga clic sobre el cuadrito al lado izquierdo del mensaje para selec-cionarlo poniéndole una marquita y haga clic sobre "Delete".

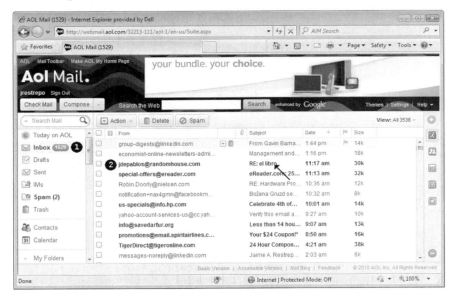

Esta es la manera de trabajar con su correo electrónico de America Online para recibir y abrir sus mensajes de correo electrónico usando un navegador:

1. Para comenzar, haga clic sobre "Inbox" para ver los mensajes que recibió.

2. Estos son los mensajes que recibió. Si desea abrir un mensaje, haga doble clic sobre él.

Si ha estado usando su correo electrónico de America Online y alguien le llamó para avisarle que le acaba de enviar un mensaje de correo electrónico, haga clic sobre el botón de "Check Mail" para ver si ya lo recibió.

Ahora su mensaje se debe abrir, y si desea puede contestarle a la persona que le escribió o solamente borrar el mensaje haciendo clic sobre "Delete".

Esta es la manera de contestar a un mensaje de correo electrónico usando un navegador y America Online:

A   Este es el mensaje original.

B   Para contestar a un mensaje, haga clic sobre "Reply". O también puede hacer clic sobre "Forward" para enviarle una copia de un mensaje que acaba de recibir a otra persona. En este último caso, a diferencia de cuando usted elige "Reply" (que llena esta información automáticamente), le será preciso añadir las direcciones de correo electrónico a las cuales les quiere enviar una copia de este mensaje.

C   En este espacio escriba la respuesta al mensaje original.

D   Por último, para enviarlo, haga clic sobre "Send".

Por favor note cómo, cuando usted elige contestar a un mensaje que recibió, la dirección de la persona que le envío el mensaje es copiada automáticamente en "To:" como alguien que recibirá este mensaje. Y si desea, antes de enviarlo, puede añadir más direcciones de correo electrónico siguiendo las mismas reglas que pudo ver anteriormente en la pág. 495.

Introducción al sistema de correo electrónico de Gmail

Gmail es un sistema de correo electrónico gratis, ofrecido por la compañía Google, y se puede usar tanto con un navegador de Internet o con un cliente de correo electrónico. Uno de los sistemas de más uso en el mundo, éste le ofrece mayor espacio (más de 7 gigas) para guardar su trabajo y la posibilidad de enviar archivos de mayor tamaño (hasta de 25 megabytes).

Para comenzar a usar Gmail, es necesario conseguir una cuenta única que servirá como su dirección de correo electrónico, visitando al sitio web, www.gmail.com (vea la pág. 482 para más información sobre cómo navegar la web) y haciendo clic sobre "Create an account" (crear una cuenta). Por favor recuerde que una cuenta de correo electrónico tiene que ser única *para el sistema en el cual desea usarla*. Es decir, si su nombre es Germán Rendón y ya existe la dirección de correo electrónico German.Rendon@gmail.com, no le será posible abrir otra cuenta de correo electrónico con este mismo nombre en el sistema de Gmail. En ese caso, añádale números o letras. Por ejemplo si desea usar el nombre German.Rendon@gmail.com y este nombre ya está reservado, entonces trate de usar German.Rendon01@gmail.com, o sea añadiéndole el 01 al final, y así sucesivamente, hasta que encuentre una combinación disponible. Ahora si nadie ha tomado esta cuenta en el sistema de Gmail, le será posible crear una cuenta de correo electrónico que efectivamente será *German.Rendon@gmail.com*. Y una vez que ésta le sea asignada, cada vez que alguien trate de abrir una cuenta de correo electrónico usando este mismo nombre, no le será posible.

Las diferentes partes del área de trabajo de Gmail

Una vez que tenga una cuenta de Gmail, le será posible usarlo en una computadora con acceso al Internet con: a) un cliente de correo electrónico como Outlook (vea los capítulos 15 y 23); o b) un navegador de Internet como Internet Explorer.

Estos son los pasos para usar su correo electrónico de Gmail, usando un navegador de Internet. Para comenzar, abra su navegador de Internet, escriba la dirección virtual www.gmail.com en la barra de direcciones y oprima la tecla ENTER. Ahora escriba su nombre de usuario (en frente de "Username") y su contraseña (en frente de "Password"). Si esta es su computadora, y no desea que este navegador le pregunte esta información cada vez que desea regresar a Gmail, entonces haga clic sobre "Stay signed in". Por último, haga clic sobre "Sign In" para entrar a su cuenta.

En la siguiente gráfica verá las diferentes partes que componen este programa de correo electrónico una vez que entre:

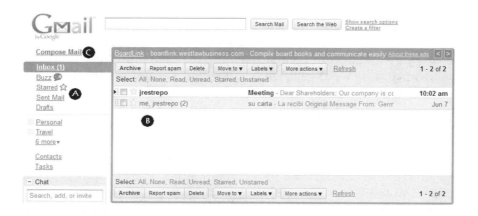

Ⓐ En la parte de la izquierda encontrará sus carpetas de correo electrónico ("Folders"). La bandeja de recibir mensajes se llama el "Inbox". Cuando esta ventana abre, esta es la carpeta seleccionada. Para cambiar a otra carpeta, hágale clic.

Ⓑ Estos son los mensajes que corresponden a la carpeta seleccionada a la izquierda. Para abrir un mensaje que haya recibido, hágale clic. Para seleccionar uno o más mensajes, hágale clic a la casilla que está a la izquierda del mensaje y después hágale clic a la acción que le quiere aplicar a todos los mensajes seleccionados. Por ejemplo, haga clic sobre "Delete" para borrarlos.

Ⓒ Para comenzar a crear un nuevo mensaje de correo electrónico, haga clic sobre "Compose Mail".

Y por favor tenga en cuenta que no es necesario abrir un mensaje antes de borrarlo o aplicarle cualquier otra acción. Por ejemplo, si recibe un mensaje con un encabezamiento ofensivo: 1) haga clic sobre el cuadrito a la izquierda del mensaje; y 2) haga clic sobre el botón de "Report Spam" para reportarlo a Gmail.com, o sobre "Delete" para borrarlo, *sin necesidad de abrirlo.*

Cómo enviar un mensaje usando Gmail

El proceso de crear un mensaje de correo electrónico en Gmail es muy simple. Para comenzar, haga clic sobre "Compose Mail" (componer mensaje) y después guíese por los pasos en la gráfica siguiente:

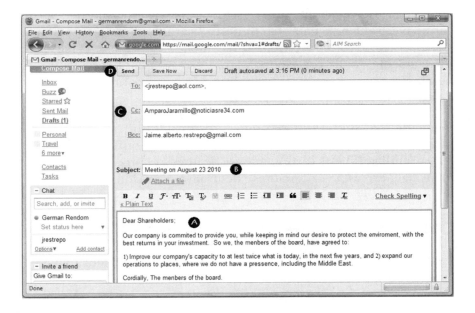

Ⓐ Haga clic en la parte principal del mensaje y escríbalo (vea la pág. 164 para más información sobre cómo copiar y pegar un mensaje que tiene guardado).

Ⓑ En esta casilla escriba el tema del mensaje o "Subject". A veces, dependiendo de qué escriba aquí, su mensaje puede ser detenido por filtros de correo electrónico, como "Spam" (o sea, correo no deseado).

© Ahora es necesario proveerle al mensaje la
dirección de correo electrónico de la persona o
personas que lo deben recibir. Por lo general,
escriba la dirección de correo electrónico del
recipiente principal en frente de "To". Para enviar
una copia del mismo mensaje a otra persona, haga
clic sobre "Add Cc" y después escriba en esta
casilla la dirección de correo electrónico
correspondiente. Y finalmente, si desea enviar
una copia confidencial a otra persona, haga clic
sobre "Add Bcc", y escriba su dirección de correo
electrónico en la casilla que abre.

© Por último, haga clic sobre "Send" para enviar el
mensaje.

Note cómo a medida que usted escribe en cualquiera de las casillas de
añadir las direcciones (To, Cc o Bcc), si ya tiene varias personas a las
cuales les ha escrito anteriormente, el programa le sugerirá direcciones de correo electrónico. Si desea usar una de estas direcciones de
correo electrónico, hágale clic. Si desea usar una dirección guardada
en su libreta de correo electrónico, hágalo de esta manera: 1) haga clic
directamente donde corresponda (To, Cc, o Bcc) para abrir la libreta
de direcciones; y 2) seleccione la dirección o direcciones a las cuales
desea enviar este mensaje y haga clic sobre "Done" cuando termine.

Recuerde que si escribió mal una dirección de correo, recibirá una
notificación, cuyo encabezamiento será "Delivery notification failure",
o algo similar. En este caso, comience de nuevo el proceso de crear un
mensaje, pero esta vez cerciórese de usar la dirección correcta.

Cómo recibir mensajes usando Gmail

Para recibir sus mensajes de correo electrónico, por favor tenga en
cuenta lo siguiente:

- Cuando reciba un mensaje, lo puede seleccionar, haciendo clic
  una vez al cuadrito del lado e inmediatamente borrarlo sin
  abrirlo si desea. Hoy en día hay compañías e individuos que
  se dedican a enviar "Spam" e inclusive algunos de estos mensajes pueden tener *software* que puede afectar el uso de la computadora (un virus, u otro *software* llamado "malware"). Por
  este motivo es importante aprender a borrar mensajes no
  deseados sin tener que abrirlos.

- Haga clic en el mensaje para abrirlo, leerlo y después haga clic sobre "Reply" para contestar. (Note que los mensajes que no han sido leídos aparecen en letras negritas). Ahora, si desea reenviar este mismo mensaje sin contestar, haga clic sobre "Forward". En este caso, tendrá que proveer la dirección de correo electrónico del recipiente.

- Después que haya leído y cerrado un mensaje, éste permanecerá en su "Inbox" hasta que lo borre, seleccionando la casilla al lado del mensaje y haciendo clic sobre "Delete".

Y una vez que abra su mensaje, esta es la manera de trabajar con él:

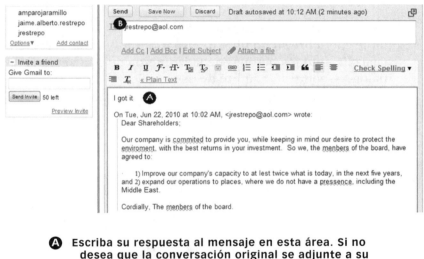

Ⓐ Escriba su respuesta al mensaje en esta área. Si no desea que la conversación original se adjunte a su respuesta, la puede borrar de esta manera: 1) antes de comenzar su respuesta, haga clic dentro del mensaje; 2) oprima la combinación de teclas CTRL + A; y 3) oprima la tecla DELETE.

Ⓑ Cuando esté listo para enviar el mensaje, haga clic sobre "Send".

Cómo adjuntar un archivo usando Gmail

Este proceso es bastante fácil de completar. Debe tener en cuenta si la persona a la cual le está enviando el archivo tiene el programa que usted usó para crearlo. Esto no es un problema con archivos de procesadores de palabras como Word. Pero si envía un archivo de

Excel, por ejemplo, a una persona que no tiene este programa, no lo podrá abrir.

Send	Save Now	Discard	

To: <jrestrepo@aol.com>,

Add Cc | Add Bcc

Subject: El contrato

🖉 Attach a file ⟵ ~~Insert: Invitation~~

Para comenzar a adjuntar un archivo, haga clic sobre "Compose Mail" y después sobre "Attach a File" (adjuntar archivo).

1) En Windows 7, haga clic sobre "Libraries" y después haga doble clic sobre su nombre de usuario. En Windows Vista, haga clic —en los botones de la izquierda de esta ventana de diálogo— sobre su nombre de usuario.

2) Haga doble clic sobre la carpeta de "My Documents" (o "Documents" en Windows Vista).

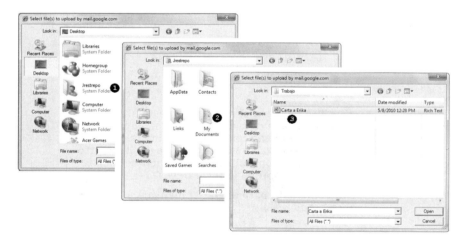

3) Finalmente, haga doble clic sobre la carpeta donde está guardado el archivo, búsquelo, y cuando lo encuentre, hágale doble clic para adjuntarlo a su mensaje. Si desea enviar más archivos, repita este proceso. Recuerde que hay un límite de 25 megabytes por mensaje. (Si tiene que enviar muchos archivos grandes, le recomiendo que cree diferentes mensajes

y reparta los archivos entre ellos). Una vez que termine de redactar el mensaje y adjuntarle archivos, haga clic sobre "Send" para enviarlo.

Cómo recibir y guardar un archivo que recibió en Gmail

Cuando reciba un mensaje de correo electrónico con un archivo adjunto, lo puede abrir, borrar o guardar (o también guardar y abrir después). Recuerde que idealmente es necesario tener el mismo programa que fue usado para crear el archivo que le enviaron para poder abrirlo, o al menos uno compatible.

Estos son los pasos que debe seguir para trabajar con un archivo que haya recibido adjunto a un mensaje:

Ⓐ Puede hacer clic sobre una de estas tres opciones: 1) "View as HTML", lo cual abrirá una página web para verlo o imprimirlo; 2) "Open as a Google document" (abrir como un documento de Google); o 2) "Download" (bajar).

Ⓑ Si hace clic sobre "Download", aparecerá una ventana con tres opciones adicionales: 1) "Open", para abrir el documento; 2)"Save" para guardarlo; y 3) "Cancel", para cancelar este proceso y regresar a su mensaje. Si decide hacer clic sobre "Save", entonces otra ventana se abrirá para ayudarle a completar esta tarea, lo que significa buscar la carpeta donde lo desea guardar. Una vez que esté en su disco duro podrá abrirlo, leerlo y borrarlo después.

Introducción al sistema de correo electrónico de Yahoo Mail

Yahoo Mail es un sistema de correo electrónico desarrollado por la compañía Yahoo. Este sistema es también uno de los más populares en todo el mundo.

Para comenzar a usar Yahoo, es necesario conseguir una cuenta única, como pudo ver en la sección anterior de Gmail, que servirá como su dirección de correo electrónico, visitando al sitio web, www.yahoomail.com y haciendo clic sobre "Create New Account". Este sistema tiene dos niveles; a) el gratis, lo cual se usa con un navegador de Internet; y b) el Plus (que cuesta cerca de 20 dólares), que permite usar su cuenta con clientes de correo electrónico como Outlook. Cuando use Yahoo Mail con un cliente de correo electrónico, no verá anuncios.

Las diferentes partes del área de trabajo de Yahoo Mail

Para comenzar a usar su cuenta de Yahoo Mail una vez que tenga una cuenta, abra su navegador de Internet y visite el sitio web, www.yahoomail.com. Ahora escriba su nombre de usuario (debajo de "Yahoo ID") y su contraseña (debajo de "Password"). Si esta es su computadora y no desea que el navegador le pida esta información cada vez que desea usar su cuenta de correo electrónico, entonces haga clic sobre "Keep me signed in". Por último, haga clic sobre "Sign In" para entrar a su cuenta.

Guíese por la siguiente gráfica para aprender a trabajar con las diferentes partes importantes que componen este correo electrónico:

A En la parte de la izquierda encontrará sus carpetas ("Folders"). La bandeja de recibir mensajes se llama "Inbox". Ésta es la carpeta seleccionada cuando abre su correo. Para cambiar a otra, simplemente hágale clic.

B Estos son los mensajes que corresponden a la carpeta seleccionada a la izquierda. Para recibir un mensaje, hágale clic. Para seleccionar uno o más mensajes, hágale clic a la casilla que está a la izquierda del mensaje, y después hágale clic a la acción que le desea aplicar a todos los mensajes seleccionados. Por ejemplo, haga clic sobre "Delete" para borrarlos.

C Para crear un nuevo mensaje, haga clic sobre "New".

Recuerde que no es necesario abrir un mensaje antes de borrarlo o aplicarle cualquier otra acción. Vea la pág. 495 para leer más sobre la importancia de borrar mensajes no deseados ("Spam") antes de abrirlos.

Cómo enviar un mensaje usando Yahoo Mail

El proceso de crear un mensaje de correo electrónico en Yahoo es muy simple. Para comenzar, elija crear un mensaje, haciendo clic sobre "New", y después guíese por los pasos en la siguiente gráfica:

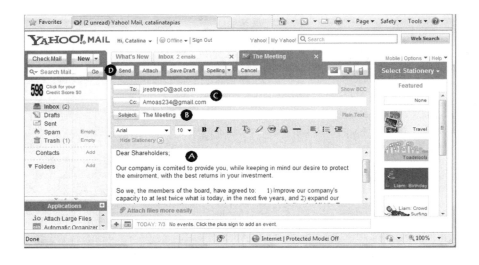

Ⓐ Haga clic en la parte principal del mensaje y escríbalo (vea la pág. 164 para más información sobre cómo copiar y pegar un mensaje que tiene guardado).

Ⓑ En esta casilla escriba el tema del mensaje o "Subject", recordando que su mensaje puede ser detenido dependiendo de qué escriba aquí.

Ⓒ Donde corresponda (To, Cc, o Bcc), provea la dirección de correo electrónico de la persona o personas que lo deben recibir, como aprendió anteriormente en la pág. 495. (Para leer más sobre cómo usar su libreta de correos electrónicos, refiérese a la pág. 508).

Ⓓ Por último, haga clic sobre "Send" para enviar el mensaje.

Cómo recibir mensajes usando Yahoo Mail

Para recibir sus mensajes de correo electrónico en Yahoo, por favor tenga en cuenta lo siguiente:

■ Cuando reciba un mensaje, puede borrarlo sin abrirlo (vea la pág. 513, letra "B").

■ Note que los mensajes que no han sido leídos aparecen en letras negritas. Haga doble clic en el mensaje para abrirlo y después sobre "Reply" para contestar, o "Forward" para reenviar el mensaje sin una respuesta (en este caso tendrá que proveer la dirección de correo electrónico del recipiente nuevo).

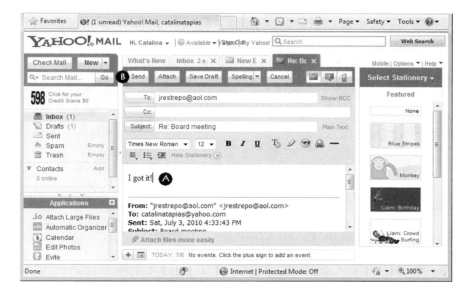

■ Después que haya terminado de leer y cerrar un mensaje, éste permanecerá en su "Inbox", hasta que lo borre, seleccionando la casilla al lado del mensaje y haciendo clic sobre "Delete".

Una vez que abra su mensaje, esta es la manera de trabajar con él:

Ⓐ Escriba su respuesta al mensaje, en esta área.

Ⓑ Cuando esté listo para enviar el mensaje, haga clic sobre "Send".

Cómo adjuntar un archivo usando Yahoo Mail

El proceso de adjuntar archivos en el sistema de Yahoo Mail es muy parecido al de Gmail. Para adjuntar un archivo a uno de sus mensajes en Yahoo Mail, haga clic sobre "New" y después sobre "Attach". A continuación, siga los pasos en la pág. 510.

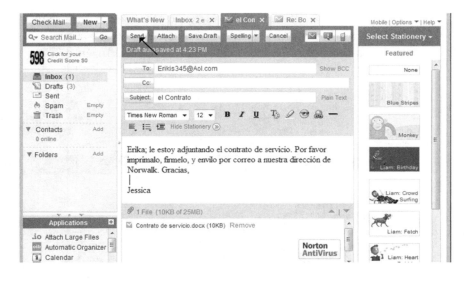

Recuerde que hay un límite de 10 megabytes por mensaje para el servicio de Yahoo Mail gratis (y 20 megabytes para el Plus). Cuando termine de redactar el mensaje y adjuntar archivos, haga clic sobre "Send" para enviarlo.

Cómo recibir y guardar un archivo que recibió en Yahoo Mail

Como pudo ver anteriormente en la sección de Gmail (pág. 505), una vez que reciba un mensaje con un archivo adjunto, lo puede abrir, borrar o guardar.

Estos son los pasos que debe seguir para trabajar con un archivo que haya recibido adjunto a un mensaje en Yahoo Mail:

Ⓐ Después de abrir el mensaje, haga clic sobre el nombre del archivo adjunto (conocido como un "Attachment" en inglés). En la próxima ventana que se abra, haga clic sobre "Download Attachment", para confirmarle al programa que desea bajar el archivo.

Ⓑ A continuación, otra ventana abrirá con tres opciones adicionales: 1) "Open" para abrir el documento; 2)"Save" para guardarlo; y 3) "Cancel", para cancelar este proceso. Si elige

"Save", otra ventana se abrirá para ayudarle a completar esta tarea, lo que significa buscar la carpeta a donde lo desea guardar. Una vez que esté en su disco duro podrá abrirlo, leerlo y borrarlo después.

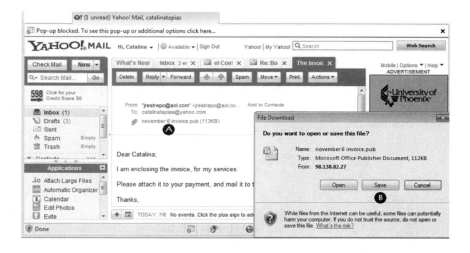

Para recordar

- El correo electrónico convierte a su computadora en un mensajero de servicio postal virtual.

- Para usar el correo electrónico, es necesario tener una dirección de correo, acceso a una computadora conectada al Internet y el *software* apropiado para el tipo de cuenta de correo electrónico que tiene.

- Si su cuenta de correo electrónico le fue provista por su compañía de cable o DSL, debe usar un cliente de correo electrónico, como por ejemplo Windows Live Mail (Windows 7).

- No abra nunca un mensaje si viene de personas o entidades desconocidas.

- Si no tiene su propia computadora puede conseguir una cuenta de correo electrónico basada en la web, de compañías como AOL, Google o Yahoo.

Algunos usos prácticos del Internet 24

Introducción

El Internet cambia mucho todos los días. Por esto es difícil predecir exactamente lo que estará de moda mañana o cuando salga este libro al mercado. Con esto en mente, en este capítulo veremos cómo visitar y usar algunos servicios o sitios web que tal vez usted pueda encontrar agradables o útiles, para sacarle más provecho a su computadora conectada al Internet.

Estos son:

Redes sociales o *Social networking sites:*

- *Facebook:* el sitio web para relacionarse con usuarios de gustos similares más frecuentado en el mundo.

Sitios web para ver y compartir vídeos:

- *YouTube:* el sitio web más popular del mundo en esta categoría.

Programas de hacer llamadas de teléfono de computadora a computadora:

- *Skype:* uno de los programas más populares para hablar con sus familiares o amigos.

Sitios web para buscar empleo:

- *www.monster.com:* uno de los sitios con más ofertas de trabajo en el mundo.

Programas de mensajes instantáneos:

- *America Online Instant Messenger (AIM).*

Tiendas virtuales:

- *www.amazon.com:* la tienda virtual con más volumen de ventas en el mundo.

Sitios Web para buscar direcciones de manejo:

- *Yahoo Maps:* direcciones puerta a puerta, con mapas, en todos los Estados Unidos.

Si todavía no tiene una cuenta de correo electrónico, por favor lea el capítulo anterior, ya que muchos de estos sitios le requerirán que se registre con ellos usando una dirección de correo electrónico.

La red social virtual Facebook

Facebook es hoy en día uno de los sitios web más populares en el Internet, y su propósito principal es el de permitirle conectarse con gente y formar/mantener amistades con el objeto de intercambiar información con ellos.

Para usar Facebook, el cual es gratis, necesita abrir una cuenta de usuario y buscar a gente que conoce que ya tiene una cuenta de Facebook para pedirles que lo añadan a su lista de amigos. También puede esperar a que alguien lo encuentre a usted y le pida que lo añada a su lista de amigos.

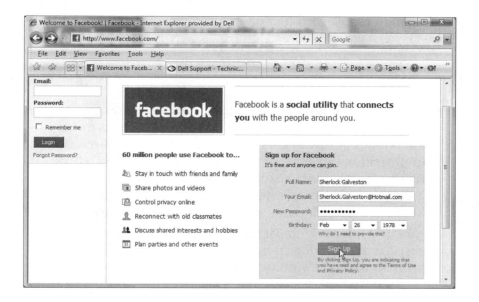

Para comenzar a usar este sitio web, escriba su dirección virtual en la casilla de direcciones de su navegador, *www.facebook.com,* y después oprima la tecla ENTER.

Cuando la página web de Facebook se abra, rellene la información que se le pide haciendo clic sobre cada línea y después haga clic sobre "Sign Up" para inscribirse sin costo alguno.

Si desea cambiar el idioma de inglés al español, haga clic sobre "English (US)" y después sobre la flechita al lado de "Español". Haga clic sobre el tipo de español que desea usar, y el programa lo usará de ahora en adelante. Puede cambiar el idioma otra vez en cualquier momento; pero dado que el inglés se usa principalmente en Estados Unidos, usaré Facebook en inglés en este libro. De esta forma, usted puede aprender los términos en inglés por si alguien le pregunta algo en el trabajo u otro lugar.

Tras hacer clic sobre "Sign Up", Facebook le enseñará unas frases que usted tendrá que copiar **exactamente** (incluso el espacio entre palabras) en la casilla "text in the box". Esta es una medida usted es seguridad que Facebook usa para asegurarse de que usted es una persona y no un programa diseñado para crear varias cuentas a la vez. Si no entiende las frases que Facebook le pide, haga clic sobre "try different words" para cambiar las palabras hasta que las pueda leer. Cuando esté seguro de que escribió las palabras exactamente como las ve, haga clic sobre "Sign Up".

Ahora Facebook le preguntará si desea:

- Buscar amigos usando su cuenta de correo electrónico. Si usted hace clic sobre "Find Friends", puede ver si algunas de las direcciones que tiene guardadas en su cuenta de correo electrónico representan personas que ya pertenecen a Facebook. De esta forma, podrá añadirlas a su lista de amigos. Pero si desea familiarizarse con Facebook antes de añadir amigos, haga clic sobre "skip this step" para continuar al próximo paso.

- Añadirle información básica a su perfil de Facebook. Si la desea añadir, escriba su información en las casillas y haga clic sobre "Save and Continue". Si desea hacerlo más tarde, haga clic sobre "Skip".

- Añadirle fotos a su perfil. Haga clic sobre "skip" si las desea añadir más adelante.

Para completar el proceso de crear una cuenta, tendrá que abrir su correo electrónico y responder al mensaje que Facebook le mandará para certificar que esta dirección de correo electrónico es suya, con sólo hacer clic sobre el enlace en el mensaje (recuerde que en algunos programas de correo electrónico tendrá que sostener la tecla CTRL mientras hace clic sobre un enlace dentro de un mensaje). Si su navegador es la versión de Internet Explorer 8.7, es necesario hacerle clic a la siguiente pestaña (en este ejemplo, "Facebook Getting Started"); de otra manera (si por ejemplo tiene Internet Explorer 6.0), cuando le haga clic a este enlace una nueva página web se abrirá en una ventana diferente anunciándole que su cuenta fue aceptada.

Ahora le será posible regresar a Facebook cuantas veces quiera para buscar amigos, añadir fotos, escribir comentarios en los perfiles de sus amigos, enviar mensajes y hacerle cambios a su perfil.

Cómo entrar a su cuenta de Facebook

Para usar Facebook desde una computadora que tenga una conexión al Internet, escriba *www.facebook.com* en la casilla de direcciones de su navegador y después oprima la tecla ENTER.

Después:

1. Haga clic, si el cursor no está destellando ya en la casilla, debajo de "E-mail" y escriba la dirección de correo electrónico que usó para abrir su cuenta de Facebook. Si hace clic en la casilla de "Keep me logged in", es posible que la próxima vez que trate de entrar a Facebook éste entre inmediatamente, sin pedirle que escriba su contraseña. Recuerde que la próxima persona que use la computadora también podrá entrar a su cuenta de Facebook de esta forma, o sea, si está usando Facebook en una computadora pública, no haga clic en esta casilla.

2. Ahora oprima la tecla TAB para ver el cursor destellante debajo de "Password". Escriba su contraseña y haga clic sobre "Log in" para entrar a su cuenta.

Ahora la página de inicio ("Home") se abrirá, mostrándole los comentarios más recientes de sus amigos ("News Feed") y todas las opciones que puede utilizar para hacerle cambios a su perfil. Usando las opciones que puede ver debajo de "News Feed" podrá: escribir un comentario ("Status"), compartir una foto ("Photo"), un enlace ("Link") o un vídeo, así como hacerles una pregunta a sus amigos ("Question"). Recuerde que cualquier cosa que elija hacer será compartida con *todos sus amigos en Facebook*, o sea, siempre debe asegurare antes de escribir algo o subir un archivo a Facebook de que realmente desea que la gente lo vea.

Para subir un saludo o una noticia para que lo vean todos sus amigos, haga clic sobre "What's on your mind?" y escriba su mensaje. Cuando termine haga clic sobre "Share" para compartirlo con sus amigos.

Para hacerle cambios a su perfil, haga clic sobre "Edit My Profile" (debajo de su nombre en el lado izquierdo de la ventana de "Home") or "Edit Profile" (en el lado derecho de la ventana de "Profile"). Desde allí podrá escoger su foto principal y añadir información acerca de su vida, su trabajo y sus intereses. Cuando termine, haga clic sobre "Save Changes". Ahora puede ver como su perfil a cambiado.

Por ejemplo, para cambiar su foto de perfil: 1) haga clic sobre "Facebook"; 2) después sobre "Edit my profile" y 3) enseguida sobre "Profile picture". En la ventana que se abre, haga clic sobre "Browse" o "Choose File" y use la ventana que se abre para buscar una foto en su disco duro. Cuando la encuentre hágale doble clic.

Finalmente, haciendo clic sobre la opción "Account", podrá modificar su cuenta de Facebook, ya sea si desea cambiar su contraseña (haciendo clic sobre "Account Settings") o configurar sus opciones de privacidad (haciendo clic sobre "Privacy Settings"). Es importante familiarizarse con esta sección de privacidad en Facebook, ya que como leyó anteriormente, cualquier cosa que suba a su perfil será compartido con sus amigos o posiblemente con cualquier persona en Facebook. Desde "Privacy Settings" puede escoger quién podrá ver su información, sus comentarios, y/o sus fotos y vídeos.

Si desea, trate de familiarizarse con todos estos procesos —ya sea el de añadir fotos, editar su perfil o configurar su privacidad— antes de añadir amigos para evitar compartir algo accidentalmente.

Como crear un álbum de fotos en Facebook

Para añadirle fotos que desee compartir con sus amistades o con todos los usuarios de Facebook, es necesario crear un álbum de fotos primero, y depués añadirle las fotos individuales. Para llegar a la pantalla de añadir fotos, haga clic sobre "Profile" y después sobre "Photos" y enseguida sobre "Upload Photos" o sobre "Upload Video" si desea subir vídeos. Estos dos botones se encuentran en la parte superior derecha de su perfil.

Después, siga estos pasos para crear un álbum de fotos en Facebook: 1) haga clic sobre "Select Photos" y 2) enseguida busque en su disco duro/memoria Flash, las fotos que desea subir (selecciónelas como pudo ver anteriormente) y después haga clic sobre "Open".

A continuación:

A. En la ventana de diálogo que abre, escriba el nombre que desea usar para su álbum, o deje el monbre sugerido por Facebook. En esta ventana también puede hacer clic sobre "Standard" (para subir fotos en una resolución regular) o "High Resolution" (para que suban en alta resolución). Aquí también puede elegir si desea coompartir este álbum con todos los usuarios de Facebook ("Everyone") o solo con sus amigos ("Friends Only").

B. Para crearlo haga clic sobre "Create Album" y después sobre "Publish Now". En este paso también puede añadir descripciones de cada foto que está subiendo. Cuando termine haga clic sobre "Save Now" para guardar estos cambios a su perfil.

También puede borrar un álbum que creo anteriormente de la siguiente manera: 1) haga clic sobre "Photos" y después sobre el nombre del álbum que desea borrar; 2) haga clic sobre "Edit Album" y finalmente sobre "Delete Album".

Para añadirle más fotos a un álbum, regrese a "Photos", escogiendo el nombre del Álbum, y después haciendo clic sobre "Add Photos".

Para borrar una foto, selecciónela y después haga clic sobre borrar o "Delete This Photo".

Cómo añadir amigos a su red en Facebook

Para comenzar a encontrar amigos, haga clic sobre "Find Friends". En la próxima ventana que se abre, podrá añadir amigos usando su cuenta de correo electrónico (como pudo ver anteriormente) o invitar a personas que conoce a abrir una cuenta de Facebook. Note que puede buscar a personas que conoce en cualquier momento escribiendo su nombre en la casilla de "Search" en la parte superior de la página.

Cuando ya tenga unos cuantos amigos, verá que la próxima vez que haga clic sobre "Find Friends" Facebook le mostrará diferentes opciones, las cuales son:

- "Hometown": buscar amigos basado en sus ciudades de nacimiento.
- "Current City": buscar amigos basado en la ciudad en la que vive actualmente.
- "High School/College or University": buscar amigos que estudiaron con usted.
- "Mutual Friend": buscar amigos que también conocen otro amigo suyo.
- "Employer": buscar amigos que trabajan con usted.

También verá diferentes perfiles que Facebook le recomendará. Si desea añadir una de estas personas, simplemente haga clic sobre "Add as Friend". De otra manera, haga clic sobre "Friends" en el lado izquierdo de la página de "Home" para ver a los amigos que le han pedido que usted los añada, buscar amigos usando su correo electrónico de nuevo y/o ver perfiles recomendados por Facebook.

De vez en cuando otra gente también le añadirá a usted y recibirá invitaciones de ellos en a) su correo electrónico y b) en la parte superior izquierda de la pantalla de Facebook si hace clic sobre "Friends". Para aceptarlos y añadirlos a su perfil, haga clic sobre "Confirm" al lado de la foto de esa persona.

Introducción al servicio de buscar/subir vídeos YouTube

YouTube es un sitio web donde usted puede ver y subir vídeos (para después compartirlos con sus amistades e inclusive con todo el mundo). Cabe notar que este sitio —que es el más popular en esta categoría y cuenta con millones de vídeos— pertenece a la compañía Google. Y hoy en día se puede decir que este servicio ha revolucionado la manera en que se comunica la gente. Por ejemplo, en algunas de las últimas elecciones en Estados Unidos, los candidatos políticos han dejado vídeos en YouTube para compartir noticias con sus seguidores.

Entrar a YouTube es muy fácil. Simplemente abra un navegador de Internet, escriba *www.youtube.com* en la casilla de direcciones de éste y después oprima la tecla ENTER. Este sitio web también está disponible en teléfonos del tipo "SmartPhone", como lo son el Blackberry y el iPhone, como también en otros dispositivos que tienen algún tipo de acceso al Internet como el iPad. (Recuerde que también puede cambiar el idioma en cualquier momento. Simplemente haga clic sobre "Language: English" en la última línea de esta página y escoja español, haciéndole clic. Dado que el inglés es el idioma principal de Estados Unidos, lo usaré en estos ejemplos por si necesita usar YouTube en inglés en el trabajo u otro sitio).

La página web de entrada a YouTube es muy intuitiva, ya que todo está organizado muy bien. (Nota: últimamente he notado anuncios comerciales en la parte de arriba de YouTube, los cuales a veces toman casi una tercera parte de esta página. Para cerrarlos busque la opción de cerrar, o "Close", que casi siempre es visible en la parte superior derecha de ellos).

Guíese por la gráfica de la página anterior para aprender a trabajar con las diferentes partes importantes de YouTube:

A En la parte derecha de esta pantalla encontrará información sobre su cuenta. Haga clic sobre la flechita para ver, por ejemplo, sus vídeos ("My Videos") o sus vídeos favoritos ("Favorites").

B Estos son algunos de los vídeos que YouTube le sugiere que vea.

C Esta es la línea más importante de toda la página. Desde aquí puede comenzar a buscar vídeos.

Cómo buscar vídeos en YouTube

Siga la próxima gráfica para aprender a buscar vídeos en YouTube:

1. Escriba el tipo de vídeo que busca. En este ejemplo estaba buscando un partido de fútbol entre México y Sudáfrica, escribiendo "partido de". Como puede ver este partido apareció segundo en la lista de partidos que YouTube pensó que yo quería ver. Para ver uno de los vídeos sugeridos hágale clic. También puede oprimir la tecla ENTER o hacer clic sobre "Search" cuando termine de escribir en la casilla.

2. Ahora otra lista aparecerá, mostrándole varios vídeos. Para ver uno de ellos, simplemente hágale clic a la foto o el nombre del vídeo. Si la lista de vídeos es muy grande, puede ser necesario hacer clic sobre la segunda página (en la parte de inferior de esta página) de resultados o la tercera, y así sucesivamente para encontrar el vídeo que busca.

Ahora, como podrá ver en la próxima gráfica, el vídeo que desea abrirá y empezará inmediatamente. Si su conexión al Internet es muy lenta, su vídeo puede detenerse de vez en cuando mientras su navegador lo carga.

Si desea que este vídeo tome toda la pantalla, lo puede hacer de dos maneras:

 A Haciendo clic dos veces sobre el área del vídeo

B Haciendo clic sobre el control del vídeo (el botón con cuatro flechitas)

Para regresar al tamaño normal, haga doble clic sobre él o presione la tecla ESC. Una vez que el vídeo termine, puede verlo de nuevo si desea, haciendo clic sobre "Replay".

Cómo conseguir una cuenta en YouTube

Aunque no es necesario para ver vídeos en YouTube, abrir una cuenta es totalmente gratis y tiene ciertas ventajas, que son: a) la habilidad de añadir vídeos a listas y b) poder subir y compartir sus propios vídeos.

Para comenzar el proceso de abrir una cuenta en YouTube, haga clic sobre "Create Account" a la derecha de esta página web. Ahora, en la página que sigue, comenzará este proceso. (Nota: Ahora es necesario tener una cuenta de Gmail para abrir una cuenta de YouTube. Vea la página 505 para más información acerca de Gmail).

Username: Catalinatapias1

A Username available!
Your username can only contain letters A-Z or numbers 0-9

Check Availability

Location: United States

Postal Code: 0685-

B Date of Birth: February 11 1978

Gender: ○ Male ● Female

Para registrarse:

A Comience haciendo clic en frente de "Username" para escoger el nombre de usuario que desea usar. Si éste no está disponible, puede escoger una de las selecciones adicionales que YouTube le da, o escriba uno diferente y después haga clic sobre "Check Availability" para ver si está disponible.

B Ahora termine de completar la segunda parte, incluyendo su código postal y su fecha de nacimiento. Cuando termine haga clic sobre "I Accept".

A continuación verá cómo completar este proceso usando su cuenta de correo electrónico.

Do you already have a Google Account? (Why are we asking?)

Yes. Add YouTube to my Google Account.

Enter your Google Account email and password to add YouTube to your Google Account.

Google **Account**

Email: Germanrendom

Password: •••••••••••••••

☑ Stay signed in

Sign in

Can't access your account?

Ⓐ

No. I need a new You **Tube** | Google™ **Account.**

Enter your **current email address** and create a **password.**

Your current email address: Catalinatapias@Yahoo.com

e.g. myname@example.com. This will be used to sign-in to your account.

Choose a password: •••••••

Minimum of 8 characters in length.
Password strength: Strong

Re-enter password: •••••••

☑ Enable Web History. Learn More

Word Verification:

plessess

plessess

Create New Account and Finish

Ⓑ

Ⓐ **Si tiene una cuenta de Gmail, haga clic en frente de "Email" y escríbala en este espacio. Ahora haga clic en frente de "Password" y escriba su contraseña. Para terminar haga clic sobre "Sign in" para añadir su cuenta de Gmail a su cuenta de YouTube.**

Ⓑ **Si no tiene una cuenta de Gmail, puede abrir una cuenta de YouTube con la cuenta de correo electrónico que usa, completando todas las preguntas de la otra mitad de la página, y haciendo clic sobre "Create New Account and Finish".**

Cuando termine, YouTube le enviará un mensaje de correo electrónico a la dirección que les proporcionó, o sea que es necesario abrir este mensaje para completar el proceso. Una vez que tenga el mensaje abierto, haga clic sobre el enlace que le enviaron en él y después otra ventana se abrirá indicándole que pasó la verificación de su cuenta.

De ahora en adelante cuando regrese a YouTube, haga clic sobre "Sign in" y escriba su nombre de usuario/contraseña. Por último, haga clic sobre "Sign in" para entrar a su cuenta.

Cómo subir un vídeo a YouTube

Una vez tenga un vídeo en su computadora, lo puede subir a YouTube para compartirlo con amigos o familiares, e inclusive con el mundo entero; pero tenga en cuenta lo siguiente antes de comenzar:

- Es **contra la ley** subir vídeos que no son suyos o que no tenga permiso para subir, como por ejemplo un programa de televisión que haya grabado.

- Es posible que mucha gente pueda ver su vídeo. Si esto le preocupa, puede hacerlos privados para que sólo ciertas personas los puedan ver. Siempre piense antes de subir un vídeo y recuerde *que estos también pueden ser copiados* —aun después de que usted los borre es posible que aparezcan copias de ellos en YouTube o por todo el Internet.

Para comenzar, regrese al sitio web de YouTube; *www.youtube.com.*

Estos son los pasos que debe seguir para subir uno de sus vídeos a YouTube:

1. Para comenzar haga clic sobre "Upload" (subir).

2. Después haga clic sobre "Upload video".

3. Busque el vídeo que desea subir, y una vez que lo encuentre, haga clic dos veces sobre él para empezar a subirlo. (Para más información sobre cómo buscar y abrir archivos guardados en su computadora, vea la pág. 186).

Cuando termine de subir el vídeo ("Upload progress: 100%") debe decidir: a) en qué categoría lo quiere listar, haciendo clic sobre la flechita y después seleccionándola ("Autos y Vehicles", etc.) y b) los niveles de privacidad de éste:

- "Public": para que todo el mundo lo pueda ver
- "Unlisted": para que el vídeo no sea no listado
- "Private": para que sólo los usuarios que usted seleccione lo puedan ver

Para terminar, guarde estos cambios haciendo clic sobre "Save changes". Ahora el vídeo que subió estará disponible basado en la opción de privacidad que seleccionó.

El servicio de llamadas por Internet Skype

Skype es un servicio muy popular que le permitirá hacer llamadas usando una computadora con conexión al Internet a otros usuarios de Skype de manera gratis e inclusive a teléfonos regulares (por un cargo adicional). Este servicio también le permite tener conversaciones instantáneas o *chats,* transferir archivos y vídeo-conferenciar con otros usuarios de Skype.

El requisito más importante para usar este servicio, fuera de tener una computadora con una conexión al Internet, es la de tener un buen juego de auriculares, como lo son el modelo labtec® stereo 242 que ve en esta foto. Conecte el cable del micrófono a la entrada del micrófono en la tarjeta de sonido de su computadora y el de las bocinas del auricular a la salida de sonido de la computadora.

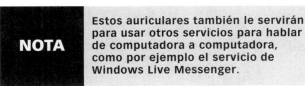

NOTA Estos auriculares también le servirán para usar otros servicios para hablar de computadora a computadora, como por ejemplo el servicio de Windows Live Messenger.

Si le interesa averiguar cuánto le costará hacer llamadas usando Skype, sólo tiene que abrir su navegador y visitar la página web *http://www.skype.com* y después haga clic en la casilla "Where is the person…". Ahora introduzca el nombre del país a donde desea llamar y por último haga clic en la lupita para conseguir esta información.

Cómo registrarse con Skype

Si todavía no tiene una membresía de Skype, es necesario que consiga una para poder usar este servicio. Para comenzar, en la primera ventana que ve después de abrir Skype, haga clic sobre "¿No tienes nombre de usuario de Skype?" En la próxima ventana que se abre, escriba lo siguiente: 1) su nombre completo, 2) el nombre de usuario que desea usar (este servicio le sugerirá que use como nombre de usuario su nombre completo). Si desea, lo puede cambiar a otro nombre haciendo clic a esta línea y después oprimiendo la tecla BACKSPACE para borrar todo o una parte de su nombre), 3) la contraseña (que debe escribir dos veces). Ahora haga clic sobre "Sí, he leído…", y después haga clic sobre "Siguiente".

Ahora es necesario que escriba su dirección de correo electrónico en la primera casilla de la ventana que se abrió, y en la de abajo el nombre de la ciudad donde vive. Por último, haga clic sobre "Conectar". Tenga en cuenta que si el nombre de usuario que desea usar ya está en uso, entonces este servicio le sugerirá uno, o también puede hacer clic sobre la última casilla de esta ventana de diálogo y escoger otro de su propio parecer. Para continuar, haga clic sobre "Conectar" otra vez.

Una vez que esté listo para bajar el *software* de Skype, abra su navegador y escriba en la casilla de direcciones: *http://www.skype.com/ intl/en-us/get-skype/on-your-computer/windows/* y después oprima la tecla ENTER.

Cuando este sitio web abra haga clic sobre "Download Skype" para descargar este programa.

Ahora hágale clic al icono que corresponde y si ya tiene una cuenta de Skype, haga clic sobre "Sign in". De lo contrario llene toda la información que se le pide ahí y por último haga clic sobre "I agree-Continue" para crear su cuenta de Skype.

Ahora puede añadirle crédito a su cuenta, haciendo clic sobre "Add $10 Skype", o si no desea añadir crédito, haciendo clic sobre "No thanks...". Finalmente, haga clic sobre "Download skype..." para descargar este programa. Si ve una ventana preguntándole si desea ejecutar el programa o "Run", hágale clic a éste.

Si su computadora usa Windows Vista, tal vez sea necesario hacer clic sobre "Continue" si una ventanita abre pidiéndole permiso para instalar el programa Skype.

Usando esta ventana de diálogo podrá instalar este programa de la siguiente manera:

1. Para empezar, haga clic en la casilla indicada por la flechita, y después, si desea, escoja el idioma español para ver los menús de Skype en Español.
2. Ahora haga clic sobre "Sí, he leído y acepto...".
3. Finalmente, haga clic sobre "Instalar" para comenzar el proceso de agregar este programa a su computadora.

Por último, haga clic sobre "Finish" o terminar. Ahora, a menos que el programa le dio un error, este programa estará instalado en su computadora y lo puede usar para hacer llamadas a otros usuarios de Skype, o aun a teléfonos regulares.

Cómo abrir Skype

Una vez que Skype esté instalado, ábralo para comenzar a repasar los pasos para establecer llamadas de una computadora a otra usando una computadora con una conexión al Internet. Estos son los pasos que debe seguir para abrir Skype, de acuerdo al sistema operativo con el cual cuente su computadora.

En Windows 7/Vista:

- Haga clic sobre "Start" y escriba "Skype". Después oprima la tecla ENTER para abrir este programa. Si éste no se abre, haga clic sobre "All Programs" y busque la carpeta de Skype. Cuando la vea, hágale clic. Ahora, busque el icono de Skype y haga clic para abrirlo.

En Windows XP:

- Haga clic sobre "Start", jale el indicador del ratón hacia arriba hasta llegar a "All Programs" y después jálelo hacia la derecha y busque el grupo de programas de Skype.
- Ahora jálelo hacia la derecha y haga clic sobre el símbolo de Skype para abrir este programa. Este número puede ser diferente de acuerdo a la versión instalada en su computadora.

Cómo añadir otros usuarios de Skype a su lista de contactos

Para empezar a usar este servicio es necesario añadir personas con las cuales quiere comunicarse, lo que se hace de dos maneras: 1) añadiendo el nombre de usuario o buscando el nombre de usuario de la persona con la cual desea conversar, o 2) esperar a que alguien lo llame a usted y aceptar su llamada. Siga el ejemplo a continuación para empezar a añadir contactos a los cuales desea llamar. Si ya sabe su nombre de usuario, haga clic sobre "Añadir" en la página de entrada de Skype. Pero primero debe abrir Skype de la manera que vio en las páginas anteriores.

Estos son los pasos que debe seguir cuando vea la ventana de diálogo de entrada a Skype para comenzar el proceso de hacer llamadas de computadora a computadora:

Ⓐ Comience escribiendo su nombre de usuario y su contraseña debajo de sus respectivas casillas.

Ⓑ Después haga clic sobre "Conectar".

Ⓒ Si todavía no se ha registrado con Skype, para abrir una cuenta haga clic sobre: "¿No tiene...?"

A continuación podrá ver la pantalla principal de Skype, y enseguida puede comenzar el proceso de añadir usuarios para hacer llamadas a éstos de computadora a computadora.

Esta es la manera, como puede ver en esta gráfica que capturé en mi computadora, de añadir un contacto a su lista de teléfonos de Skype:

1. En la ventana que se abre después de hacer clic sobre "Buscar" escriba el nombre de usuario de la persona con la cual se desea conectar.

2. Ahora haga clic sobre "Finalizar búsqueda".

3. En la lista de resultados, haga clic dos veces sobre el nombre del usuario que estaba buscando para enviarle un mensaje.

4. En la próxima ventana que se abre, escriba el mensaje que desea enviarle a este usuario de Skype para indicarle que lo está añadiendo a su lista.

5. Por último, haga clic sobre "OK".

A veces la búsqueda de usuarios con los cuales desea hablar puede mostrarle muchos nombres a la vez, y por este motivo no todos cabrán en esta ventana; por esto tal vez sea necesario usar las barras de desplazamiento para ver el resto de los nombres que este programa halló. Cuando vea el que busca, hágale clic.

Cómo hacer llamadas en Skype

Una vez que haya añadido el nombre de usuario de otro miembro de Skype, le será posible entablar una conexión con éste, sin cargo alguno, siempre y cuando sea de computadora a computadora. Es decir, usted hablará por el micrófono del juego de auriculares, y la otra persona lo escuchará a través del auricular o de sus parlantes. Cuando la otra persona hable, usted la debe escuchar en los parlantes de la computadora o en el auricular.

Estas son las dos maneras, como puede ver en esta gráfica, de hacer llamadas de computadora a computadora en Skype:

Ⓐ Haga doble clic al nombre de usuario con el cual desea conversar, o seleccione el nombre del usuario y después haga clic sobre el teléfono rojo que ve en la parte de abajo de esta ventana.

Ⓑ Espere que un usuario de Skype le llame, y después haga clic sobre "Contestar" para aceptar su llamada. Una vez que se conecte, puede conversar por el tiempo que quiera. Cuando termine de hablar, puede hacer clic sobre el teléfono colgado para terminar la llamada.

Después de tratar este servicio, le puedo decir que la calidad es bastante buena, pero teniendo en cuenta que tanto la persona a quien llamé —mi hermano— como yo, tenemos Internet por cable. Por ejemplo, si usted tiene Internet por cable pero la persona a la cual está llamando tiene servicio de conexión telefónica o "Dial-Up", tal vez pueda escuchar un eco. La mejor manera es tratarlo para ver cómo le funciona, lo que no le cuesta nada.

Cómo buscar empleo usando el sitio web Monster.com

En el Internet existen muchos sitios Web dedicados a ayudarle a buscar un empleo. El más importante es el sitio web *www.monster .com*. Este le será útil para buscar empleo en los Estados Unidos en casi todas las profesiones.

La siguiente gráfica muestra la página de entrada al sitio web de *Monster.com*.

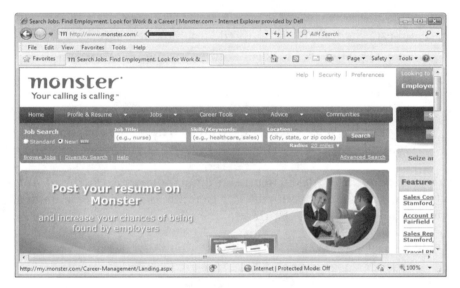

Así se busca trabajo en el sitio *www.monster.com:*

1. Escriba *http://www.monster.com* en la casilla al lado de "Address" en su navegador. Luego oprima la tecla ENTER.
2. Ahora es necesario indicarle a este sitio web qué clase de trabajo está buscando y la localidad en donde está dispuesto a trabajar. De esta manera, el sitio de Monster.com buscará sólo los trabajos disponibles en la industria en la que desea trabajar en una localidad específica.

La siguiente gráfica muestra el menú para seleccionar la ciudad y la profesión en la que desea trabajar.

Siga estos pasos para comenzar a buscar trabajo:

1. En esta casilla escriba el tipo de trabajo que busca.
2. En esta casilla escriba sus habilidades, para realizar el trabajo que busca.
3. De esta lista seleccione el estado y la ciudad donde desea buscar empleo.
4. Finalmente, haga clic sobre "Search" para comenzar a buscar empleo.

Si *www.monster.com* no encuentra ningún trabajo en la ciudad que eligió, modifique su búsqueda. Por ejemplo, busque trabajo en una ciudad que sea vecina a la primera que eligió.

En la gráfica de abajo puede ver los resultados de esta búsqueda.

Monster.com encontró varios trabajos en el campo seleccionado en la página anterior. Si desea ver más información acerca de un trabajo en la lista, haga clic sobre él. Este se abrirá para ocupar toda la pantalla.

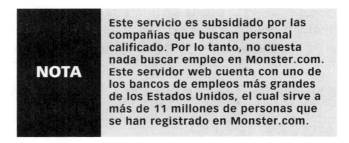

NOTA

Este servicio es subsidiado por las compañías que buscan personal calificado. Por lo tanto, no cuesta nada buscar empleo en Monster.com. Este servidor web cuenta con uno de los bancos de empleos más grandes de los Estados Unidos, el cual sirve a más de 11 millones de personas que se han registrado en Monster.com.

En la siguiente gráfica puede ver una descripción completa del empleo señalado con una flecha en la página anterior.

En esta gráfica puede ver que esta compañía está buscando una persona, preferiblemente bilingüe, para su departamento de servicio al cliente.

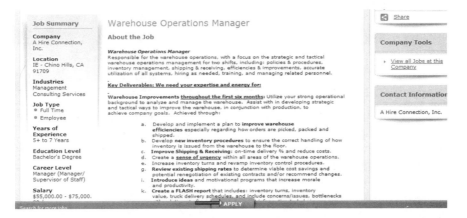

Oprima la tecla PAGE DOWN o use las guías de desplazamiento vertical para terminar de leer la información sobre este trabajo, y si le interesa, haga clic sobre "Apply" para llenar una aplicación y pedir este trabajo.

Introducción a la red social virtual Twitter

Twitter es una red social que permite a sus usuarios crear y leer mensajes de texto de un máximo de 140 carácteres. Este tipo de mensaje, dentro de Twitter, es denominado como un "Tweet". La creación de un "Tweet" se puede realizar tanto desde el mismo sitio web de Twitter o enviando un SMS desde un teléfono móvil, desde programas de mensajería instantánea e incluso desde un sin número de aplicaciones, como Facebook, Xbox, Hootsuite y Twitterfeed.

Esta es la pantalla de entrada a Twitter, que se alcanza visitando la dirección virtual *www.twitter.com*. Los "Tweets" suyos y los de las personas que sigue aparecen a la izquierda de la pantalla, inmediatamente después del nombre de usuario de la persona o entidad que los creó. A la derecha podrá ver alguna información acerca de los usuarios de Twitter que usted sigue y también acerca de los usuarios que siguen lo que usted escribe en Twitter. Además, debajo de "Who to follow" (o "quién seguir") verá algunas sugerencias acerca de usuarios que tal vez le gustaría seguir. Finalmente, en la sección "Trends" puede ver lo que está de moda, o sea, los temas de conversación más populares en Twitter. Si hace clic en uno de estos temas, podrá ver el resultado de lo que la gente está escribiendo acerca de estos.

NOTA   Para regresar a esta página de entrada en cualquier momento, haga clic sobre la palabra "Twitter" en la esquina superior izquierda de su pantalla.

Cómo abrir una cuenta en Twitter

Usar Twitter es gratis y lo único que necesita es tener una membresía, la cual se puede conseguir en un par de minutos. Para comenzar visite el sitio web de Twitter, www.twitter.com. Una vez que entre en esta página, haga clic sobre "Sign Up" para inscribirse. (Si en ese momento hay otro usuario de Twitter conectado, haga clic sobre "Sign Out" antes de comenzar).

En la gráfica anterior puede ver los pasos para abrir una cuenta de Twitter, que son:

- Sobre "Full name" escriba su nombre y su apellido, como desea que sea visible en su perfil de Twitter.
- Sobre "Email" escriba su dirección de correo electrónico.
- Sobre "Password", escriba la contraseña que desea usar.
- Sobre "Username" escriba el nombre de usuario que desea usar en Twitter. Si este no está disponible, verá sugerencias sobre cual debería usar. Si el nombre sugerido no le agrada, cámbielo o escoja uno completamente nuevo.

- Debajo de "Username" verá la casilla "Keep me logged-in on this computer". Haciendo clic en ésta le mantendrá conectado a su cuenta de Twitter. Si usa una computadora pública y/o no quiere que otras personas puedan ver su cuenta, asegúrase que ésta opción no esté seleccionada.
- Finalmente, haga clic sobre "Create my account".

Ahora verá sugerencias de Twitter acerca de quién seguir y cómo buscar gente usando la lista de personas que están guardadas en la libreta de direcciones de su correo electrónico. Más adelante recibirá un mensaje de correo electrónico con un enlace en el cual debe hacer clic para confirmar que realmente es usted el que está abriendo la cuenta. Mientras no haga esto su acceso a Twitter será limitado. Una vez que abra una cuenta puede hacer clic sobre su "Profile" para añadirle una foto suya a su perfil y/o usar uno de los fondos sugeridos en su perfil.

Cómo crear un mensaje o "Tweet" nuevo

Crear un mensaje o "Tweet" nuevo es muy fácil de hacer. Esta es la manera —siga la siguiente gráfica para completar esta tarea.

Ⓐ Haga clic sobre la casilla que aparece debajo de "What's happening?" (o "¿Qué está pasando?") y después escriba su mensaje. Finalmente, oprima la tecla ENTER.

Ⓑ Ahora su mensaje será publicado y todos sus seguidores lo podrán ver.

Cuando usted escribe uno de estos "Tweets", éste aparece en la pantalla de entrada de su cuenta de Twitter inmediatamente. Su "Tweet" también será visible en la pantalla de entrada de los usuarios que siguen sus mensajes.

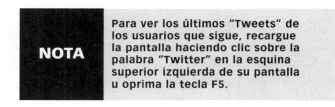

NOTA Para ver los últimos "Tweets" de los usuarios que sigue, recargue la pantalla haciendo clic sobre la palabra "Twitter" en la esquina superior izquierda de su pantalla u oprima la tecla F5.

Las "Hashtags" y cómo usarlas

Hashtags son palabras precedidas por un símbolo que ayudan a Twitter a clasificar sus tweets. Por ejemplo si le interesan los autos y escribe algo sobre esto, puede añadirle a su mensaje un "Hashtag" de esta manera:

Nissan para la venta en Hialeah #autos

En este caso, "#autos" es un hashtag que permitirá que cualquier usuario de Twitter que también le interesan los autos pueda encontrar su mensaje, ya que éste aparecerá cuando alguien busca el hashtag "#autos" en Twitter. Para una lista de los hashtags más populares visite la dirección virtual www.hashtags.org.

Cómo seguir los "Tweets" de alguien en Twitter

Hay varias maneras de seguir a alguien en Twitter, como por ejemplo enviándoles una invitación por correo electrónico, añadiéndolos manualmente después de encontrarlos o respondiendo a una invitación que le hayan enviado por correo electrónico. Para comenzar, haga clic sobre "Who to follow" en la parte superior de su pantalla. Después, siga la siguiente gráfica para aprender más sobre cómo buscar y seguir usuarios en Twitter.

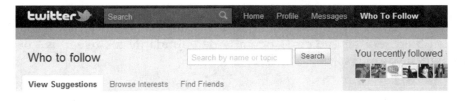

- Si hace clic sobre "View Suggestions", verá una serie de sugerencias de Twitter de usuarios que tal vez conozca o quiera seguir. Simplemente haga clic sobre la palabra "follow" que aparece al lado del nombre de este usuario.
- Si hace clic sobre "Browse interests", podrá buscar usuarios basado en sus intereses. Simplemente haga clic en las palabras "view all" para ver todas las sugenrecias en cada categoria. Para seguir a uno de estos, haga clic sobre "follow" como pudo ver anteriormente.
- Finalmente, si hace clic sobre "Find friends" podrá buscar amigos usando la libreta de direcciones en su correo electrónico.

Cómo bloquear un seguidor o "Follower"

Siga la siguiente gráfica para aprender cómo bloquear un usuario que sigue sus mensajes para que no pueda seguir/ver sus mensajes.

Esta es la manera para bloquear a un usuario de Twitter:

1. Haga clic sobre "Followers" para ver todos sus seguidores.
2. En la lista de seguidores (esta puede ser de muchas páginas), haga clic en el símbolo de una persona (como puede ver en la gráfica anterior) a la derecha del nombre del usuario que desea bloquear.
3. Haga clic sobre "Block . . ." para completar el proceso.

De ahora en adelante este usuario no podrá ver sus "Tweets". Más adelante, si cambia de opinión, puede hacer clic sobre deshacer o "Undo" para desbloquear a este usuario.

Cómo buscar libros en el sitio web Amazon.com

Amazon.com es la compañía que más libros vende en el Internet. Si tiene problemas consiguiendo un libro, lo más posible es que Amazon.com lo tenga. Para usar este servidor web lo único que necesita es una tarjeta de crédito y una dirección de correo electrónico.

En la siguiente gráfica puede ver la pantalla de entrada de *Amazon.com*.

Esta es la manera de buscar libros en el sitio web de *Amazon.com*:

1. Escriba la URL *http://www.amazon.com* en la casilla de direcciones de su navegador. Después oprima la tecla ENTER.

2. Haga clic sobre este menú y después seleccione "Books".

3. En esta casilla escriba el nombre del libro que busca. Por ejemplo, "Computadoras para todos" y después haga clic sobre "Go".

4. Después haga clic sobre el título del libro para ver más información acerca de éste.

Entonces este sitio web le presentará más información acerca del libro que escogió. Si desea, puede comprarlo o bien seguir buscando otros libros. Este es sólo un ejemplo, y la versión de *Computadoras* que debe aparecer aquí debe ser la última.

Estos son los pasos necesarios para comprar mi libro, *Computadoras para todos,* en el sitio web de *Amazon.com*:

1. Haga clic sobre "Add to Cart".

2. Si no desea comprar más libros, haga clic sobre "Proceed to Checkout".

En la siguiente gráfica se puede ver cómo el navegador le presentará otra pantalla. En ésta el sitio web le pide su dirección de correo electrónico.

Ordering online is easy.
We'll walk you through the process, step by step.

Amazon.com Safe Shopping Guarantee

Enter your e-mail address: jarestrepo@email.msn.com ②

⊙ I am a new customer. ①
(You'll create a password later.)

○ I am a returning customer, and my password is:

③ ▶ Sign in using our secure server

We guarantee that every transaction you make at Amazon.com will be safe. This means you pay nothing if unauthorized charges are made to your credit card as a result of shopping at Amazon.com.

Entonces comienza el proceso de comprar este libro en este sitio web:

1. Si nunca ha comprado libros de este sitio web, haga clic sobre "I am a new customer".
2. Escriba su dirección de correo electrónico en la casilla.
3. Después haga clic sobre "Sign in using our secure server".

La siguiente gráfica representa el próximo recuadro que verá, el cual le indica que está entrando a un sitio seguro.

Security Alert ⊠

You are about to view pages over a secure connection.

Any information you exchange with this site cannot be viewed by anyone else on the Web.

☐ In the future, do not show this warning

OK   More Info

Para continuar, haga clic sobre "OK".

La siguiente gráfica representa el formulario que debe llenar para registrarse en este sitio web.

Full Name:	Su nombre y apellido(s)
Address Line 1 (or company name):	
Address Line 2 (optional):	Dirección
City:	Ciudad
State/Province/Region:	Estado
ZIP/Postal Code:	Código postal
Country:	United States
Phone Number:	Teléfono

Is this address also your billing address? ⊙ Yes

○ No (If not, we'll ask you for it in a moment.)

Continue ▶

Rellene el formulario. Para proseguir, haga clic sobre "Continue".

En la siguiente gráfica escoja la forma de envío que desea para recibir el libro.

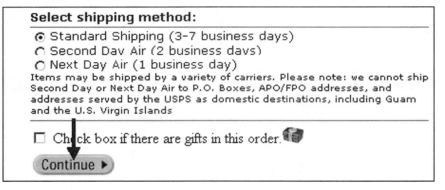

Select shipping method:

⊙ Standard Shipping (3-7 business days)
○ Second Day Air (2 business days)
○ Next Day Air (1 business day)
Items may be shipped by a variety of carriers. Please note: we cannot ship Second Day or Next Day Air to P.O. Boxes, APO/FPO addresses, and addresses served by the USPS as domestic destinations, including Guam and the U.S. Virgin Islands

☐ Check box if there are gifts in this order.

Continue ▶

Finalmente, haga clic sobre "Continue". En la siguiente página escriba toda la información acerca de la manera de pago para así finalizar la compra.

Cómo buscar direcciones usando el sitio web Yahoo Maps

Una de las cosas más útiles que puede hacer en el Internet es la de poder buscar direcciones de manejo usando sitios web sin costo alguno, que le ofrecen direcciones con mapas detallados para que se pueda guiar con ellos desde que salga de su casa hasta casi la puerta de la casa adonde desea ir. En este ejemplo visitaremos Yahoo Maps, que pertenece a Yahoo, uno de los motores de búsqueda más conocidos a través del mundo.

Para comenzar a buscar direcciones de manejo abra su navegador y escriba en la casilla de direcciones la URL *http://maps.yahoo.com,* y después oprima la tecla ENTER.

Esta es la manera de buscar direcciones de manejo, como puede ver en esta captura de pantalla, usando el sitio web de mapas de Yahoo:

1. Para comenzar haga clic en frente de la casilla "A" y escriba la dirección de dónde desea empezar a manejar. Después haga clic en frente de "B" y escriba la dirección de dónde quiere llegar.
2. Finalmente, haga clic sobre "Go".

En algunos casos, este sitio web, o cualquier otro que esté usando para buscar direcciones, le indicará que no pudo encontrar una dirección exacta a la dirección que usted escribió. Si esto sucede, haga clic sobre la flecha de "Back" en la barra de herramientas y escriba la dirección de manera más detallada. En este sitio web, puede hacer clic sobre "Clear" para comenzar esta búsqueda de nuevo y modificarla un poco, tal vez escribiendo una calle alterna.

En la siguiente gráfica puede ver el resultado de la búsqueda de ejemplo que le pedí a este sitio web que encontrara desde mi propia computadora.

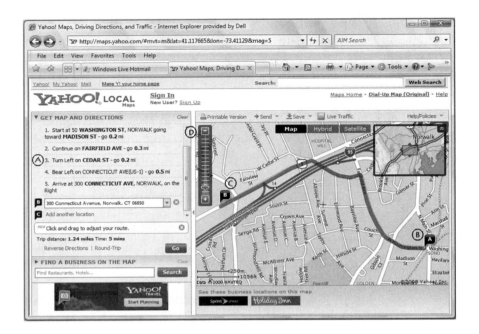

Como puede ver en el ejemplo de arriba, este sitio web ahora me ofrece la siguiente información:

A En la casilla de la izquierda encontrará la ruta pormenorizada que debe seguir para viajar desde el sitio de partida al sitio adonde desea llegar.

B A la derecha, en el mapa verá una línea del punto de salida al punto de destino. Encuentre el punto de partida.

C Como puede ver en el mapa, el punto "B" es el punto de destino.

D Use los controles, de esta manera: haga clic sobre el "–", para disminuir los detalles que ve en el mapa (hasta sólo ver los continentes), y sobre el "+", para acercarse a nivel de la calles.

Por favor tenga en cuenta que si las direcciones de manejo que está buscando, por ejemplo en Nueva York, no caben en esta pantalla, tal vez le sea necesario usar las barras de desplazamiento para seguirlas desde el principio hasta el final. También le será posible, en la página web que le muestra los resultados de una búsqueda en particular, oprimir y sostener la tecla CTRL (si tiene la opción de bloquear ventanas automáticas habilitada), y después hacer clic sobre "Printable Version" para ver estas direcciones en un formato más claro, que usted puede enviar a su impresora haciendo clic sobre "Print".

Para recordar

- El Internet, a pesar de ser una tecnología relativamente nueva comparada, por ejemplo, con el sistema de transporte, cambia mucho todos los días.

- Facebook es el sitio web para relacionarse con usuarios de gustos similares más frecuentado en el mundo.

- Skype es unos de los programas más populares para hablar con sus familiares o amigos a través de su computadora.

- AIM, o America Online Instant Messenger, también le permite comunicarse con sus familiaries y amigos, con mensajes cortos de texto o mensajes instantáneos.

El dispositivo de leer libros electrónicos Kindle de Amazon 25

Introducción

El Kindle es un dispositivo que le permite leer libros electrónicos (o un "eBook reader"), escuchar música y hasta guardar sus propios documentos, diseñado por Amazon con el fin de hacer el hecho de leer libros electrónicos y cargar muchos libros a la vez más fácil. Con el Kindle es posible subir cientos de libros, que estarán listos para ser leídos, en cuestión de segundos, sin aumentar el peso de su maleta.

El Kindle utiliza una tecnología de pantalla de alta resolución llamada "papel electrónico", que usa muy poca energía. Esta es una de las ventajas de usar un Kindle para leer libros en lugar de una computadora. Cuando usted está leyendo un libro en un Kindle, la experiencia es muy parecida —algunos hasta dicen que es igual— que cuando está leyendo un libro o un periódico físico. Esto se debe a que esta pantalla es supremamente clara (incluso a pleno sol). Además, este tipo de pantalla no requiere que la batería la energice para mantener la tinta en su lugar, lo que hace que la batería en un Kindle dure hasta dos semanas. Compare esto con lo que dura la batería de una computadora portátil típica, que nunca es más de 4 o 5 horas.

En la siguiente gráfica puede ver una comparación de las tres versiones del Kindle actualmente disponibles.

Kindle Wi-Fi   Kindle 3G + Wi-Fi   Kindle DX

	Kindle Wi-Fi	Kindle 3G + Wi-Fi	Kindle DX
Tamaño de la pantalla	6" Diagonal	6" Diagonal	9.7" Diagonal
Tamaño	7.5" x 4.8" x 0.335"	7.5" x 4.8" x 0.335"	10.4" x 7.2" x 0.38"
Peso	8.5 Onzas	8.7 Onzas	18.9 Onzas
Vida de la batería (Con el "Wireless" prendido)	1 Mes	1 Mes	2-3 Semanas
Vida de la batería (Con el "Wireless" apagado)	3 Semanas	10 Días	7 Días
Capacidad de guardar libros	3500 Libros	3500 Libros	3500 Libros
Libros en menos de 60 segundos	✓	✓	
Servicio Gratis 3G		✓	✓
Soporte Nativo para PDF's	✓	✓	✓
Texto a Palabra	✓	✓	✓

Fuera de lo obvio (como el tamaño), estas son las diferencias principales entre estos tres modelos disponibles del Amazon Kindle:

- Los parlantes en el modelo DX están en la parte inferior de éste.
- El teclado en el modelo DX toma menos espacio.
- La batería en el modelo Kindle Wi-Fi (si tiene el "Wireless" apagado) ¡dura hasta 3 semanas!

Si le interesa conseguir uno de estos tres, visite el sitio web, www.amazon.com. En el sitio web de eBay, www.ebay.com, también se consiguen Kindles nuevos o usados.

Cómo navegar los diferentes menús del Kindle

Para navegar su Kindle use: el controlador de cinco maneras (arriba/abajo, de un lado a otro y el botón del medio para seleccionar), el botón de Home, el de Menú, el de regresar ("Back"), los botones de adelantar páginas ("Next") o regresar ("Previous") y el teclado ("Keyboard").

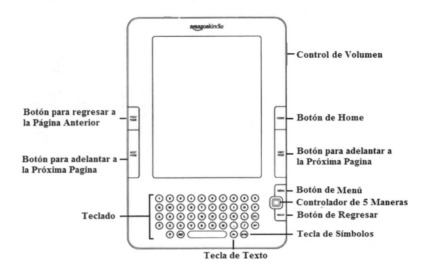

En la gráfica anterior puede ver algunos de los botones en un Kindle y sus funciones.

Por ejemplo, para seleccionar algo específico como una opción de menú o una palabra en su lectura, suba el controlador hacia abajo hasta destacar su elección y presione el botón de seleccionar. Presione los botones "Previous Page" para regresar a una página, o el de "Next Page" para adelantar.

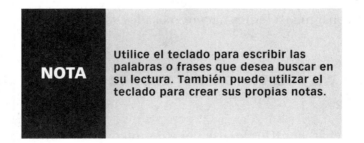

NOTA

Utilice el teclado para escribir las palabras o frases que desea buscar en su lectura. También puede utilizar el teclado para crear sus propias notas.

La pantalla de "Home"

La pantalla de entrada, o "Home", le muestra una lista de todo el contenido guardado en el Kindle, como por ejemplo, libros, periódicos, revistas, blogs y documentos personales, así como libros en audio y música.

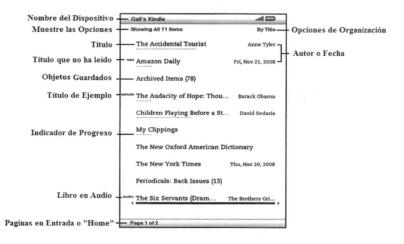

Cuando oprime el botón de Home, podrá ver todo el contenido guardado en el Kindle. Esto aparecerá en orden, empezando con el que ha visto más recientemente (o con el artículo que ha adquirido más recientemente). Cada artículo que está guardado en el Kindle tiene una descripción y una etiqueta diferente. Cuando encuentre algo que le interesa, selecciónelo con el controlador. Éste, cuando lo mueve hacia arriba/abajo o de un lado a otro, le ayudará a navegar el contenido guardado en su Kindle.

NOTA

Los libros en el Kindle son organizados por el nombre del título y el autor. Debajo del título de libro verá una serie de puntos que le dará una idea de cuántas páginas tiene el libro. Los puntos en negrillas —dentro de la serie— le indican cuánto ha avanzado en la lectura, basado en la última página que leyó.

Cómo añadir contenido a su Kindle

Una de las ventajas del Kindle es la facilidad con la cual se le puede añadir contenido, pero es necesario tener una cuenta de 1-Click en Amazon. Si no tiene una cuenta de 1-Click, entonces abra una. Después, sólo tiene que entrar usando lo que se llama Whispernet y seleccionar "Shop in Kindle Store" (comprar en la tienda de Kindle), usando el controlador hasta que esté seleccionado y después oprimiendo el botón de seleccionar.

Una vez que entre a la tienda de Kindle, busque el libro que desea comprar, y cuando lo encuentre oprima el botón de seleccionar sobre "Buy". Ahora éste será enviado —sin costo adicional— a su Kindle por medio de una conexión celular que pertenece a la compañía Sprint. En los modelos más recientes de Kindle, esta conexión es posible gracias a la red de AT&T.

Por favor tenga en cuenta que esta conexión al Internet está habilitada cuando consigue un Kindle, pero se puede apagar para ahorrar un poco de batería. Si no se puede conectar para comprar un libro, habilite la conexión de la siguiente manera: 1) apriete el botón de Menú, suba en la pantalla usando el controlador hasta que "Turn Wireless On" esté subrayado y después presione el botón de seleccionar. Para cerrar esta conexión, siga los mismos pasos, pero asegúrese de que "Turn Wireless Off" esté seleccionado antes de oprimir el botón de seleccionar.

Glosario de términos en inglés

Accessories: *Accesorios*
Account Settings: *Configuración de la cuenta (Facebook)*
Address Bar: *Casilla de direcciones*
Address Book: *Libreta de direcciones*
Adminstrator: *Administrador*
All Programs: *Todos los programas*
Artist: *Artista*
Autocontent Wizard: *Asistente de autocontenido*
Backspace: *Tecla de retroceso*
Bold: *Negritas*
Browse: *Buscar*
Browser: *Navegador (Internet)*
Buy: *Comprar*
Cancel: *Cancelar*
Check Boxes: *Cajitas de seleccionar*
Clipboard: *Pizarrón virtual*
Close: *Cerrar*
Continue: *Continuar*
Control Keys: *Teclas de control*
Control Panel: *Panel de control*
Copy: *Copiar*
Copy File: *Copiar archivo*
Create New Account: *Crear una nueva cuenta*
Create New Folder: *Crear una nueva carpeta*
Create Password: *Crear una contraseña*
Cut: *Cortar*
Data Files: *Archivos de datos*
Default: *Predeterminado*
Default Printer: *Impresora predeterminada*
Delete: *Tecla de borrar*
Design Templates: *Plantillas de estilos*
Desktop: *Escritorio virtual*
Details: *Detalles*
Dialog Box Window: *Ventana de diálogo*
Don't Copy: *No copiar*

Dot Pitch: *Punto de separación*
Drafts: *Carpeta de borradores*
eBook reader: *Dispositivo para leer libros electrónicos*
Edit my profile: *Editar mi perfil (Facebook)*
Email: *Correo electrónico*
End: *Tecla de final*
Enter: *Tecla de aprobar*
ESC: *Tecla de "escapar"*
Exit: *Salir*
Favorite Folders: *Carpetas favoritas*
File: *Archivo*
File Name: *Nombre de archivo*
Filmstrip: *Tira de película*
Find and Replace: *Encontrar y reemplazar*
Folder: *Carpeta*
Follower: *Seguidor (Twitter)*
Font: *Tipo de letra*
Function Keys: *Teclas de funciones*
Genre: *Género*
High Resolution: *Alta resolución*
Home: *Tecla de comienzo*
Home: *Incio*
Home Page: *Página de entrada*
Inkjet printer: *Impresora de tinta*
Insert: *Tecla de insertar*
Italics: *Letra cursiva*
Keyboard: *Teclado*
Landscape: *Orientación horizontal*
Laptop: *Computadora portátil*
LCD: *Monitor de cristal líquido*
Libraries: *Bibliotecas*
Look In: *Buscar en*
Minimize: *Minimizar*
Mini-Toolbar: *Herramienta de trabajo diminuta*
Motherboard: *Tarjeta madre*
Mouse: *Ratón*
My Computer: *Mi computadora*

My Documents: *Mis documentos*
My Network: *Mis sitios de red*
My Recent Places: *Mis sitios recientes*
Name: *Nombre*
New: *Nuevo*
New Folder: *Nueva carpeta*
Next: *Próximo*
Open: *Abrir*
Open With: *Abrir con*
Options: *Opciones*
Organize: *Organizar*
Page Down: *Tecla de bajar una página*
Page Setup: *Opciones de página*
Page Tabs: *Pestañas de página*
Page Up: *Tecla de subir una página*
Password: *Contraseña*
Paste: *Pegar*
Playlists: *Compilaciones de música o videos*
Pop-up windows: *Ventanas de aparición automática*
Previous: *Regresar*
Print: *Imprimir*
Privacy Settings: *Configuración de la privacidad (Facebook)*
Profile: *Perfil*
Profile Picture: *Foto del perfil (Facebook)*
Program Files: *Archivos de programa*
Program Window: *Ventana de programa*
Properties: *Propiedades*
Pull-down menus: *Menú de despliegue*
Quick Access Toolbar: *Herramienta de acceso rápido*
RAM: *Memoria temporal*
Recycle Bin: *Canasta de reciclaje*
Refresh: *Cargar de nuevo*
Remove Password: *Borrar una contraseña*
Restore: *Restaurar*
Ribbon: *Cinta*
Run: *Ejecutar un programa*
Save: *Guardar*
Save as: *Guardar como*

Save in: *Guardar en*
Scroll Bars: *Barras de desplazamiento*
Search: *Buscar*
Shared Documents: *Documentos compartidos*
Shortcut: *Atajo*
Shut Down: *Apagar*
Slide: *Diapositiva*
Slide Sorter: *Clasificador de diapositivas*
Slider: *Guía movible*
Social Networks: *Redes sociales virtuales*
Space Bar: *Tecla espaciadora*
Spam: *Correo electrónico no deseado*
Spinner: *Rueda de opciones*
Spreadsheet: *Hoja de cálculo electrónica*
Standard: *Estándar*
Start: *Comienzo*
Start Menu: *Menú de comienzo*
Submit: *Enviar*
Switch Users: *Cambiar de usuario*
System Properties: *Propiedades del sistema*
Tab: *Pestaña*
Taskbar: *Barra de tareas*
Template: *Plantilla*
Thumbnails: *Vistas en miniatura*
Tools: *Herramientas*
Turn Off: *Apagar*
Tweet: *Mensaje (Twitter)*
Underline: *Subrayar*
Undo: *Deshacer cambios*
Upload Photos: *Cargar fotos*
Upload Videos: *Subir videos*
User Account Control: *Panel de controlar cuentas de usuarios*
User Accounts: *Cuentas de usuarios*
View: *Ver*
What's happening?: *¿Qué está pasando? (Twitter)*
Who to follow: *Quién seguir (Twitter)*
Wi-Fi: *Tipo de conexión inalámbrico (Internet)*
Workspace: *Área de trabajo*
World Wide Web: *La red mundial*

Índice